DEMON SLAYER

KIMETSU NO YAIBA

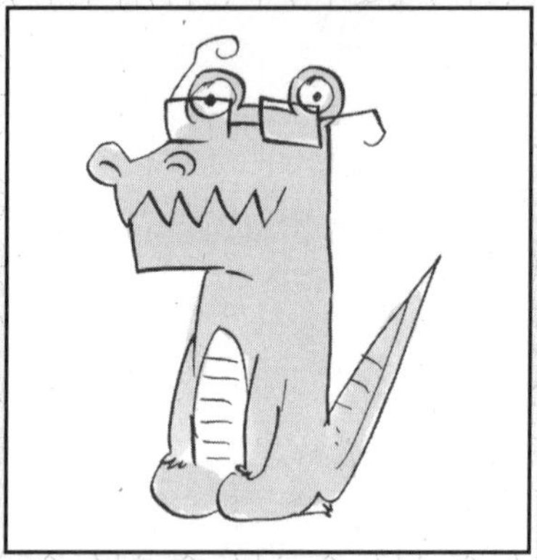

KOYOHARU GOTOUGE

Hallo zusammen, hier ist Koyoharu Gotouge. Nun ist schon der siebte Band erschienen! Vielen Dank an alle, die mich ermuntert und unterstützt haben. Ich stehe in letzter Zeit sehr auf Miso, und am Wochenende brate ich alles, was mir unter die Augen kommt, mit Miso. Wie geht es euch? Sicher, man hat immer diverse Probleme, aber ich hoffe, beim Lesen dieses Manga könnt ihr die harte Wirklichkeit für eine Weile vergessen und eure Zeit genießen.

7

Kampf in der Enge

Demon Slayer

Kimetsu no Yaiba

Koyoharu Gotouge

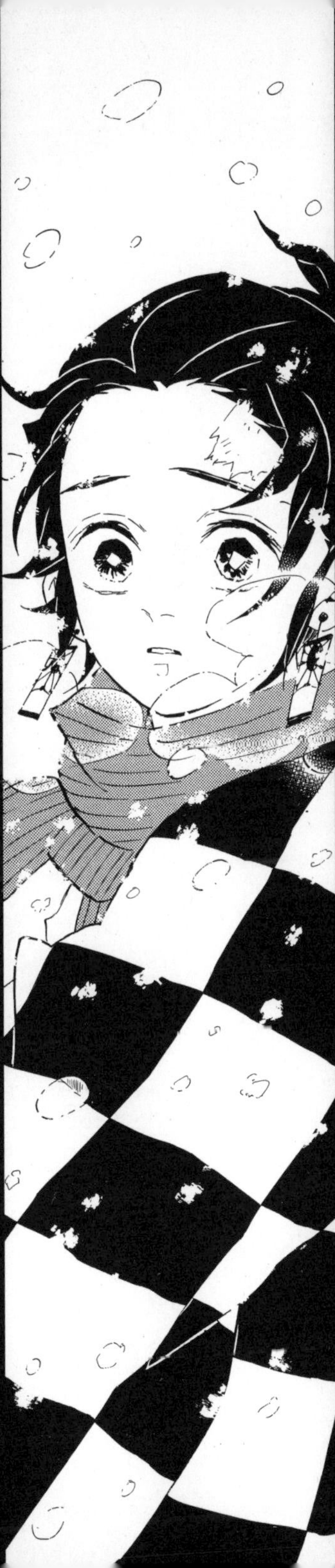

Die Charaktere

Tanjiro Kamado

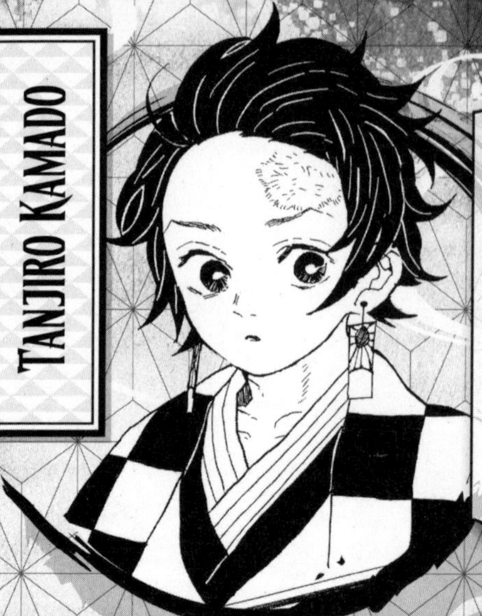

Ein lieber Junge, der seine Schwester retten und seine getötete Familie rächen will. Er kann die Schwachstellen von Dämonen und anderen Feinden am Geruch erkennen.

Nezuko Kamado

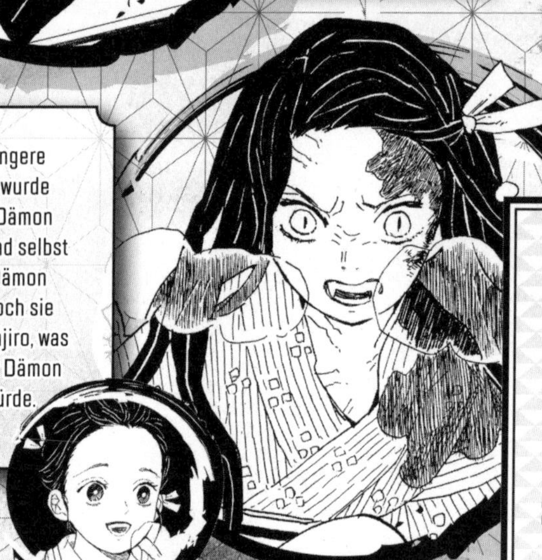

Tanjiros jüngere Schwester wurde von einem Dämon angefallen und selbst zu einem Dämon gemacht, doch sie beschützt Tanjiro, was ein normaler Dämon nie tun würde.

Was bisher geschah

Die Geschichte spielt im Japan der Taisho-Zeit (1912-1926). Der junge Tanjiro verkauft Kohlen, doch eines Tages wird seine Familie von einem Dämon umgebracht und seine Schwester Nezuko in einen Dämon verwandelt. Er will nun Nezuko in einen Menschen zurückverwandeln und den Dämon finden, der seine Familie auf dem Gewissen hat. Um diese Ziele zu erreichen, geht er mit Nezuko auf Reisen.
Als Demon Slayer bekommt er seinen ersten Auftrag und zieht mit Nezuko zusammen los. Unterwegs erhält er von Frau Tamayo und Yushiro, die Kibutsuji feindlich gegenüberstehen, Hinweise, wie seine Schwester wieder zu einem Menschen werden kann.
Gemeinsam mit Zenitsu Agatsuma und Inosuke Hashibira begibt er sich zum Berg Natagumo, wo sie von Spinnendämonen angegriffen und verletzt werden. In Shinobus Anwesen werden die drei behandelt und kommen zu neuen Kräften. Andernorts hat Kibutsuji die rangniedrigen Abnehmenden Dämonenmonde zu sich gerufen und erteilt am Ende dem einzigen Überlebenden den Befehl, Tanjiro und eine der Säulen der Demon Slayer zu töten …

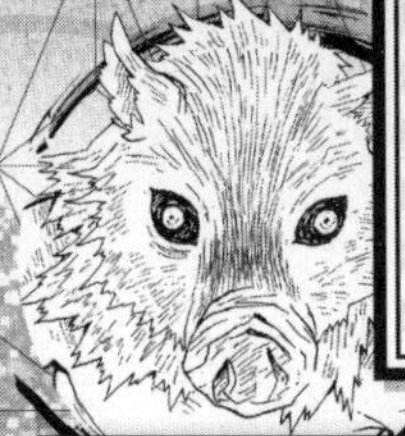

Inosuke Hashibira

Auch er ist in Tanjiros Alter. Er umhüllt sich mit einem Wildschweinfell und ist sehr kampflustig.

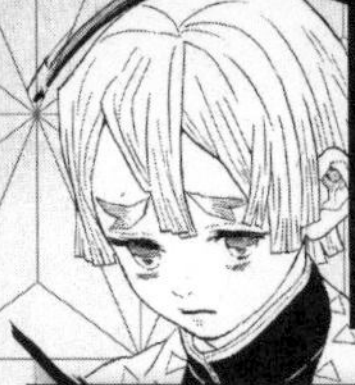

Zenitsu Agatsuma

Er ist im gleichen Alter wie Tanjiro. Im Wachzustand ist er feige und weinerlich. Erst im Schlaf entfaltet er seine wahre Kraft.

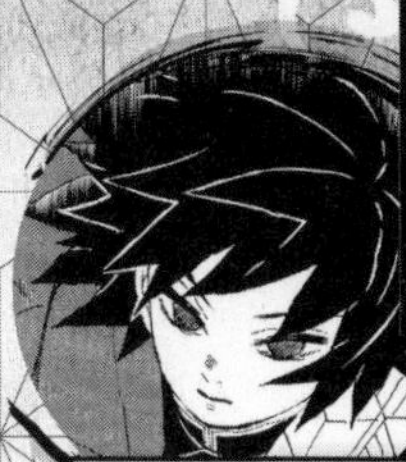

Giyu Tomioka

Als eine der Säulen der Demon-Slayer-Truppe hat er Tanjiro zur Truppe geführt, und nun kommt er zu seiner Rettung.

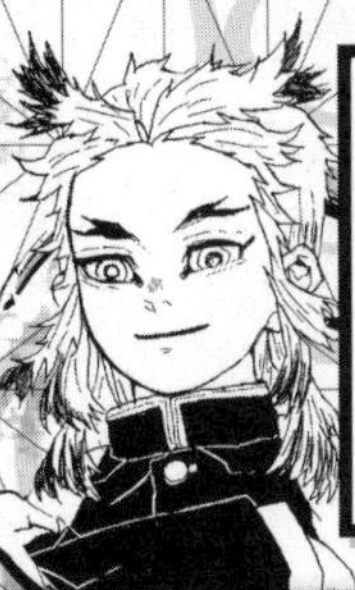

Kyojuro Rengoku

Als eine der Säulen der Demon-Slayer-Truppe vernichtet er Dämonen mit seiner Flammenatmung.

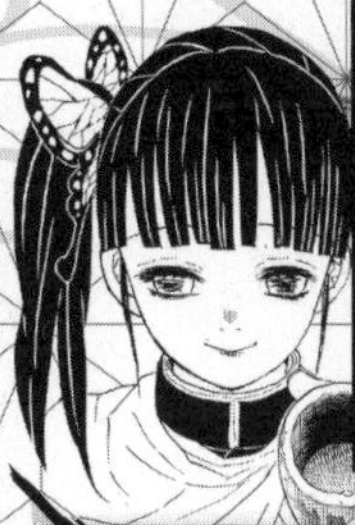

Kanao Tsuyuri

Shinobus „Tsuguko" ist sehr wortkarg und tut sich schwer, selbstständig Entscheidungen zu treffen.

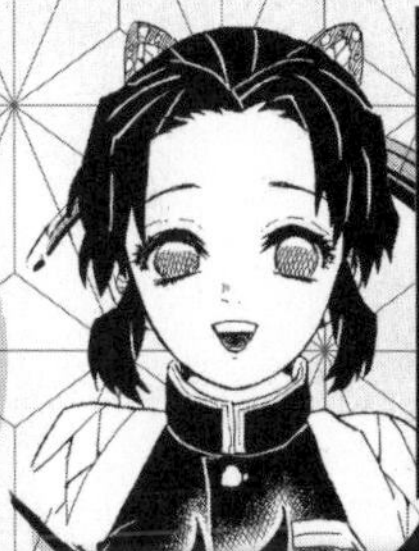

Shinobu Kocho

Auch sie ist eine der Säulen der Demon-Slayer-Truppe. Das Fachgebiet dieser Schwertkämpferin ist die Pharmazie, und sie braut Gifte, die Dämonen töten können.

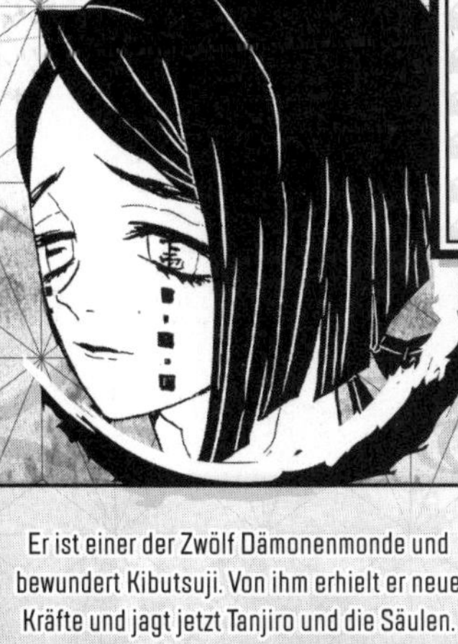

Die Abnehmende Eins

Er ist einer der Zwölf Dämonenmonde und bewundert Kibutsuji. Von ihm erhielt er neue Kräfte und jagt jetzt Tanjiro und die Säulen.

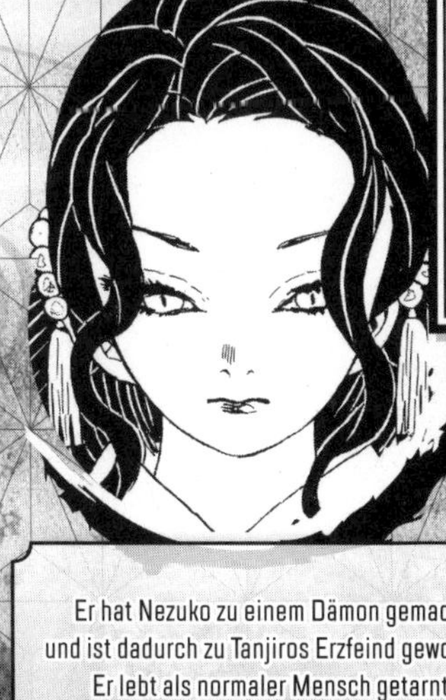

Muzan Kibutsuji

Er hat Nezuko zu einem Dämon gemacht und ist dadurch zu Tanjiros Erzfeind geworden. Er lebt als normaler Mensch getarnt.

INHALT

DEMON SLAYER
KIMETSU NO YAIBA

7

KAMPF IN DER ENGE

Kapitel 53: Du

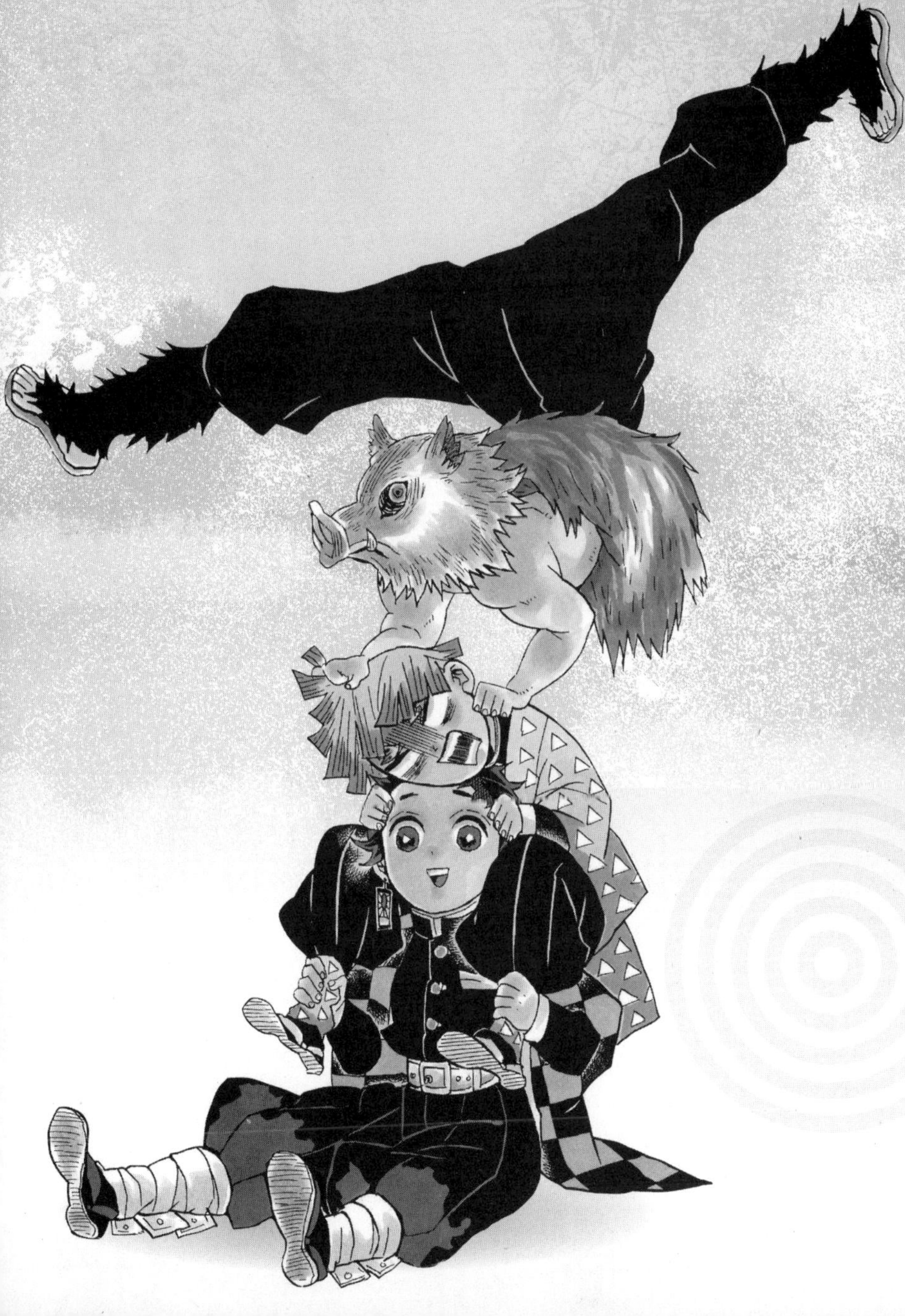

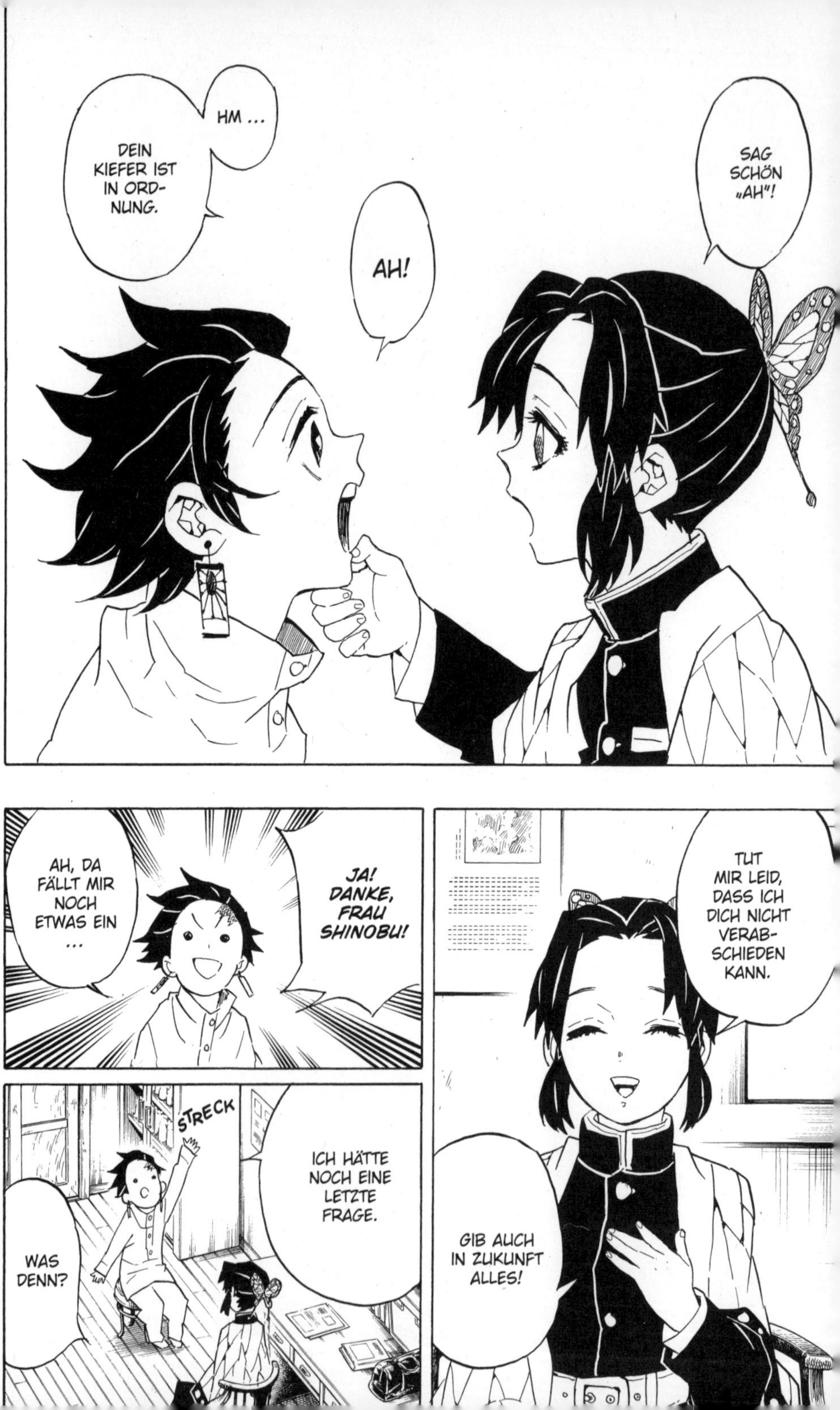
SAG SCHÖN „AH"!
AH!
HM …
DEIN KIEFER IST IN ORDNUNG.
TUT MIR LEID, DASS ICH DICH NICHT VERABSCHIEDEN KANN.
GIB AUCH IN ZUKUNFT ALLES!
JA! DANKE, FRAU SHINOBU!
AH, DA FÄLLT MIR NOCH ETWAS EIN …
ICH HÄTTE NOCH EINE LETZTE FRAGE.
STRECK
WAS DENN?

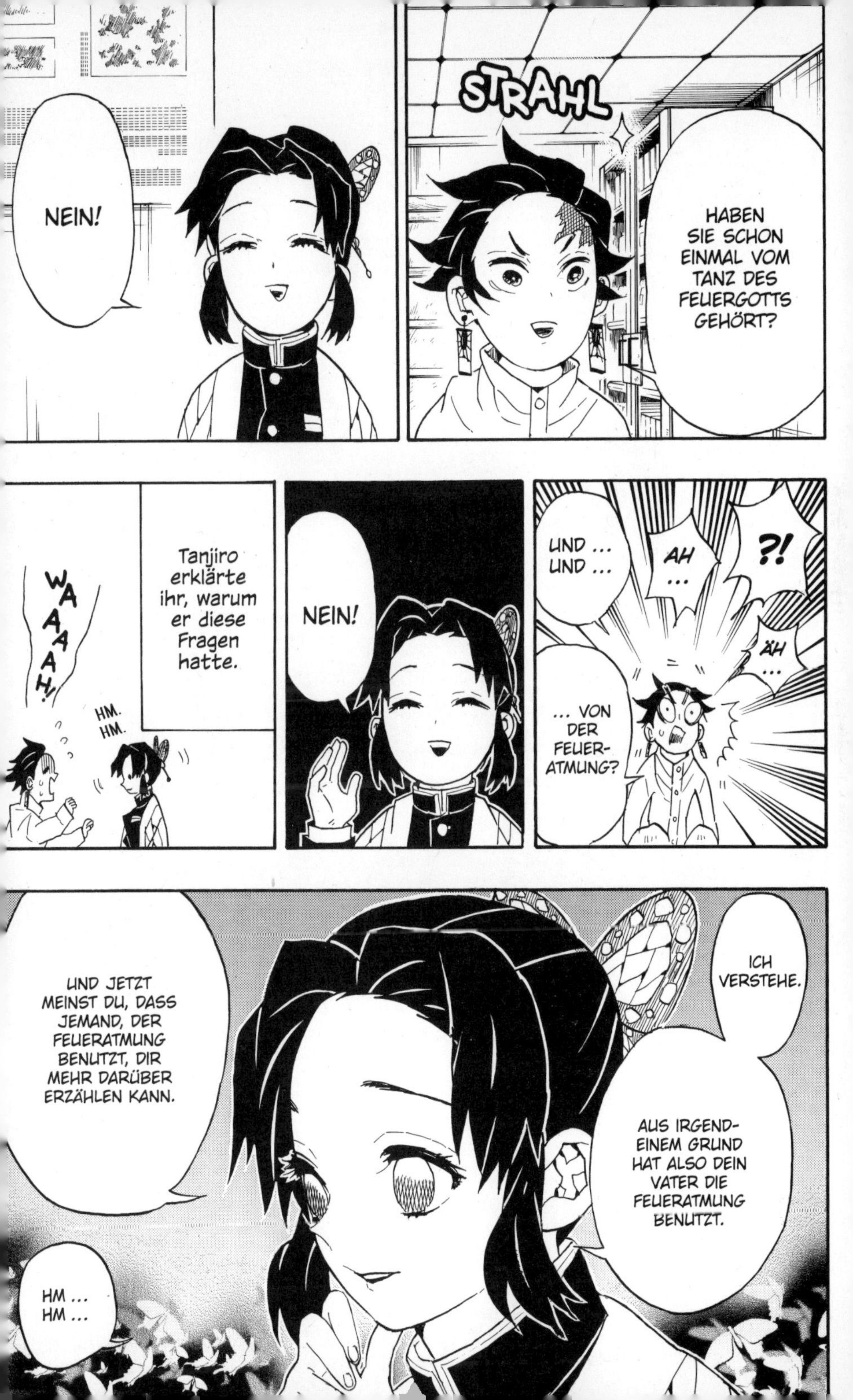
STRAHL
HABEN SIE SCHON EINMAL VOM TANZ DES FEUERGOTTS GEHÖRT?
NEIN!
?!
AH …
ÄH …
UND … UND …
… VON DER FEUER-ATMUNG?
NEIN!
Tanjiro erklärte ihr, warum er diese Fragen hatte.
HM. HM.
WAAAAAH!
ICH VERSTEHE.
AUS IRGEND-EINEM GRUND HAT ALSO DEIN VATER DIE FEUERATMUNG BENUTZT.
UND JETZT MEINST DU, DASS JEMAND, DER FEUERATMUNG BENUTZT, DIR MEHR DARÜBER ERZÄHLEN KANN.
HM … HM …

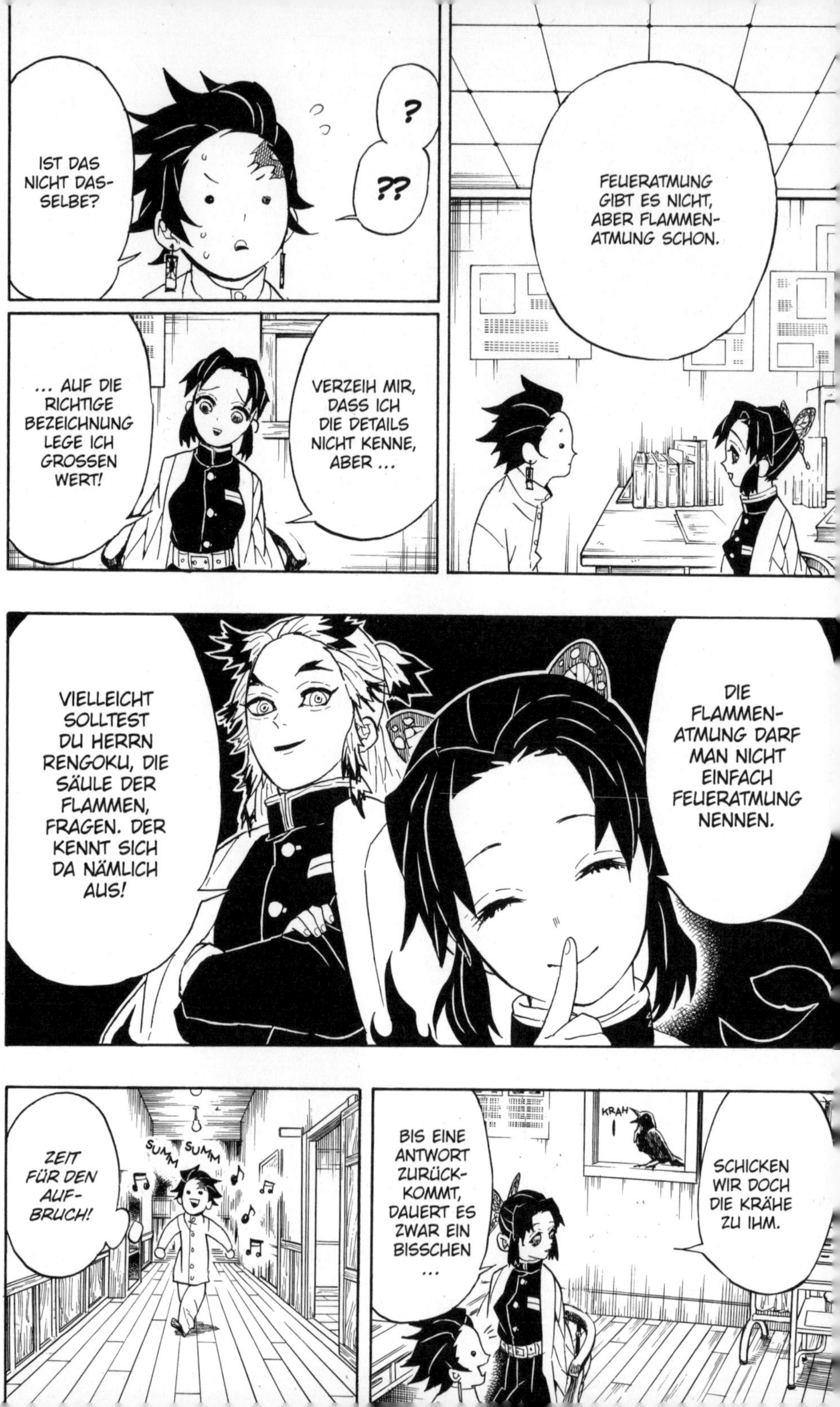
FEUERATMUNG GIBT ES NICHT, ABER FLAMMENATMUNG SCHON.
?
??
IST DAS NICHT DASSELBE?
VERZEIH MIR, DASS ICH DIE DETAILS NICHT KENNE, ABER …
… AUF DIE RICHTIGE BEZEICHNUNG LEGE ICH GROSSEN WERT!
DIE FLAMMENATMUNG DARF MAN NICHT EINFACH FEUERATMUNG NENNEN.
VIELLEICHT SOLLTEST DU HERRN RENGOKU, DIE SÄULE DER FLAMMEN, FRAGEN. DER KENNT SICH DA NÄMLICH AUS!
KRAH
SCHICKEN WIR DOCH DIE KRÄHE ZU IHM.
BIS EINE ANTWORT ZURÜCKKOMMT, DAUERT ES ZWAR EIN BISSCHEN …
SUMM
SUMM
ZEIT FÜR DEN AUFBRUCH!

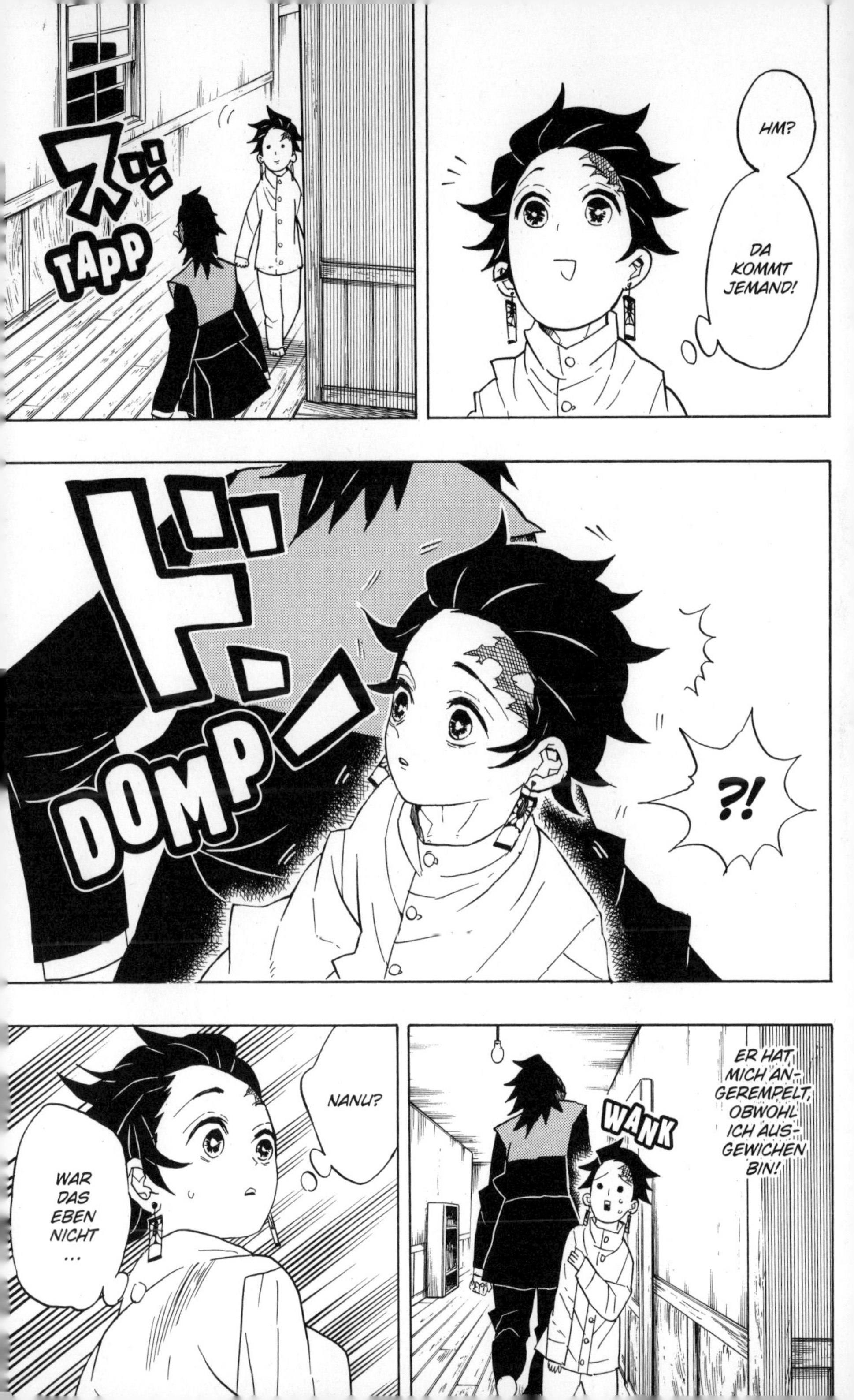
HM?
DA KOMMT JEMAND!
TAPP
?!
DOMP
ER HAT MICH AN-GEREMPELT, OBWOHL ICH AUS-GEWICHEN BIN!
WANK
NANU?
WAR DAS EBEN NICHT …

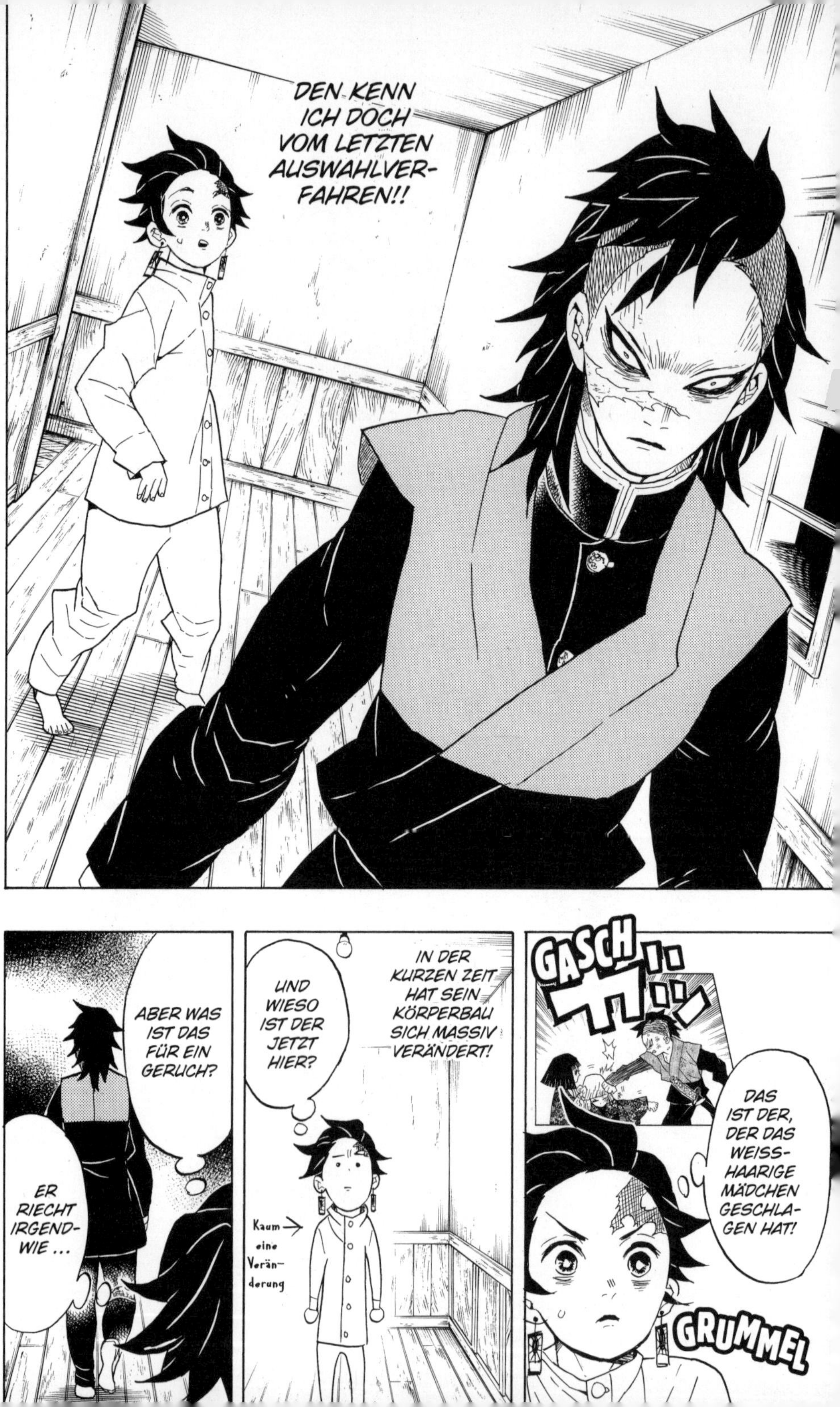
DEN KENN ICH DOCH VOM LETZTEN AUSWAHLVER-FAHREN!!
GASCH
DAS IST DER, DER DAS WEISS-HAARIGE MÄDCHEN GESCHLA-GEN HAT!
GRUMMEL
IN DER KURZEN ZEIT HAT SEIN KÖRPERBAU SICH MASSIV VERÄNDERT!
UND WIESO IST DER JETZT HIER?
Kaum eine Veränderung
ABER WAS IST DAS FÜR EIN GERUCH?
ER RIECHT IRGEND-WIE ...

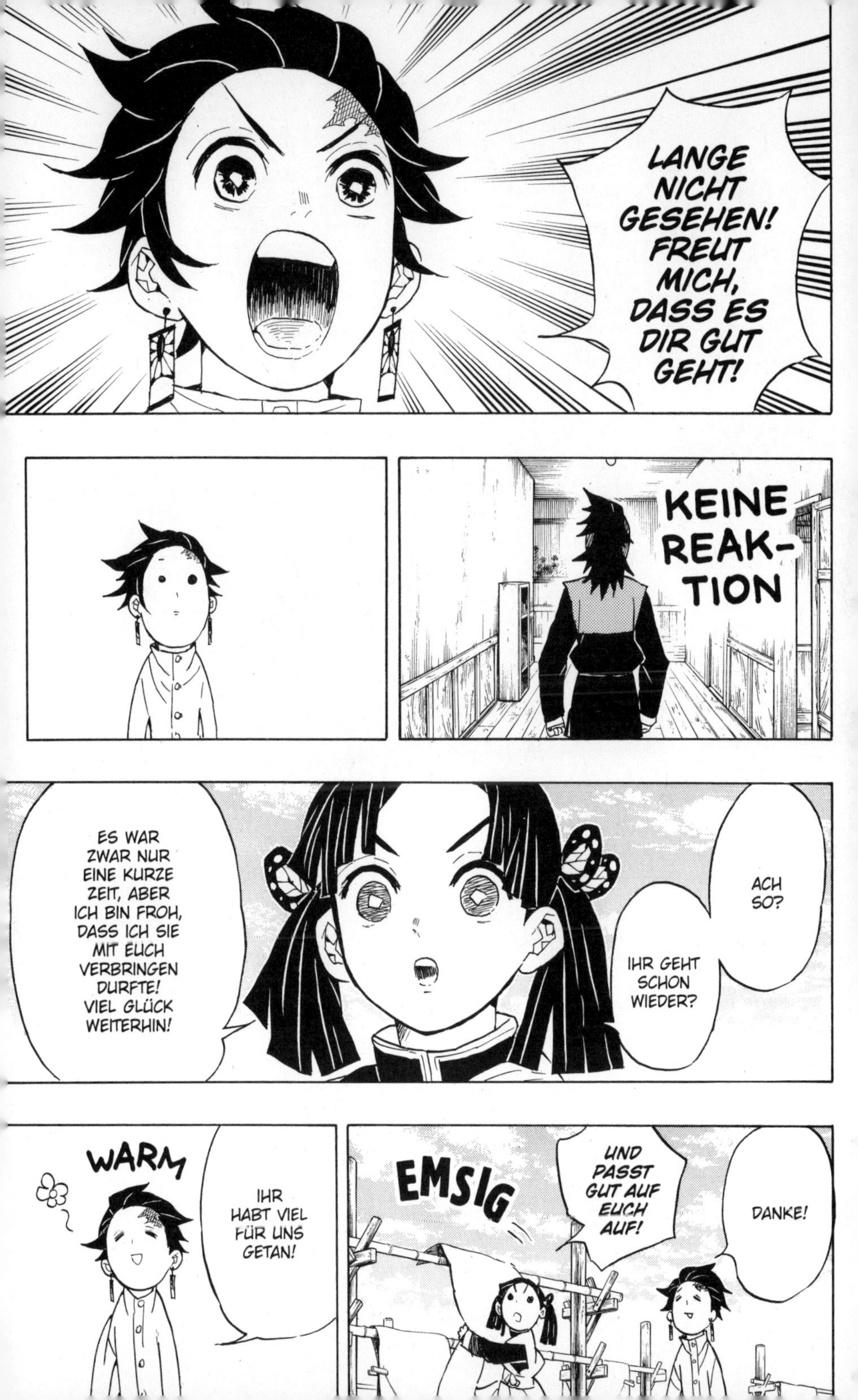
LANGE NICHT GESEHEN! FREUT MICH, DASS ES DIR GUT GEHT!
KEINE REAK-TION
ACH SO?
IHR GEHT SCHON WIEDER?
ES WAR ZWAR NUR EINE KURZE ZEIT, ABER ICH BIN FROH, DASS ICH SIE MIT EUCH VERBRINGEN DURFTE! VIEL GLÜCK WEITERHIN!
DANKE!
UND PASST GUT AUF EUCH AUF!
EMSIG
IHR HABT VIEL FÜR UNS GETAN!
WARM

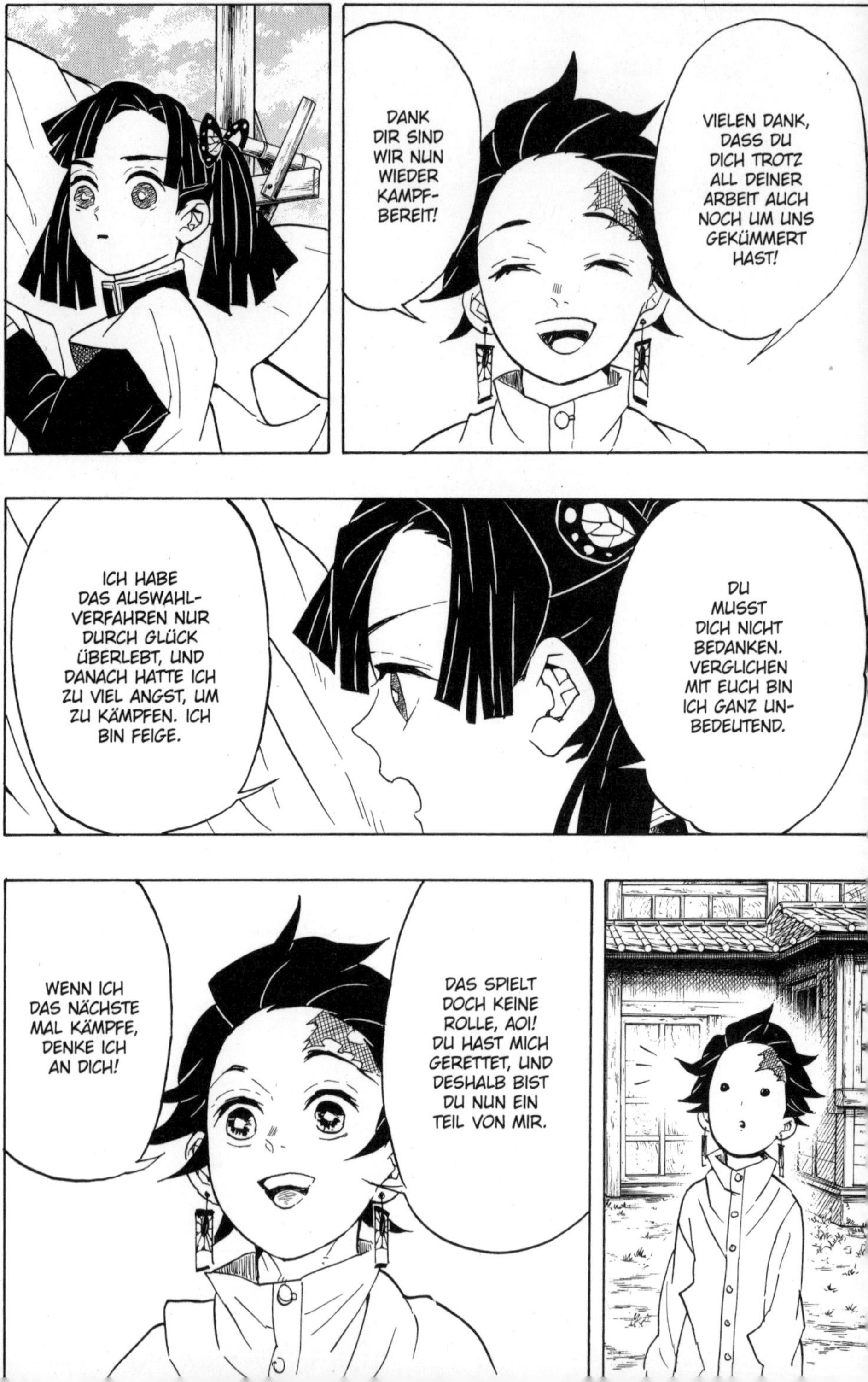
VIELEN DANK, DASS DU DICH TROTZ ALL DEINER ARBEIT AUCH NOCH UM UNS GEKÜMMERT HAST!
DANK DIR SIND WIR NUN WIEDER KAMPF-BEREIT!
DU MUSST DICH NICHT BEDANKEN. VERGLICHEN MIT EUCH BIN ICH GANZ UN-BEDEUTEND.
ICH HABE DAS AUSWAHL-VERFAHREN NUR DURCH GLÜCK ÜBERLEBT, UND DANACH HATTE ICH ZU VIEL ANGST, UM ZU KÄMPFEN. ICH BIN FEIGE.
DAS SPIELT DOCH KEINE ROLLE, AOI! DU HAST MICH GERETTET, UND DESHALB BIST DU NUN EIN TEIL VON MIR.
WENN ICH DAS NÄCHSTE MAL KÄMPFE, DENKE ICH AN DICH!

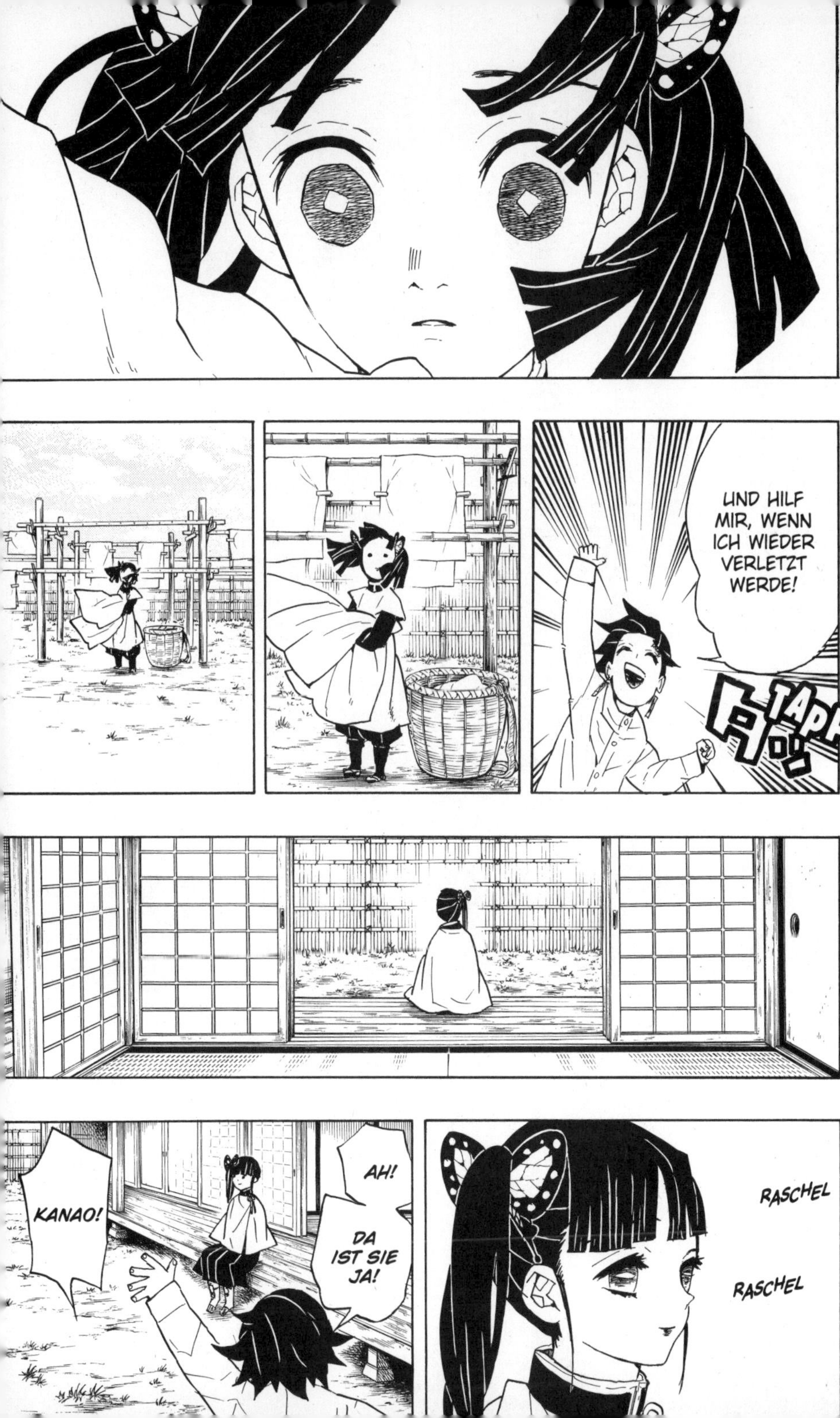
UND HILF MIR, WENN ICH WIEDER VERLETZT WERDE!
TAPP
AH!
DA IST SIE JA!
KANAO!
RASCHEL
RASCHEL

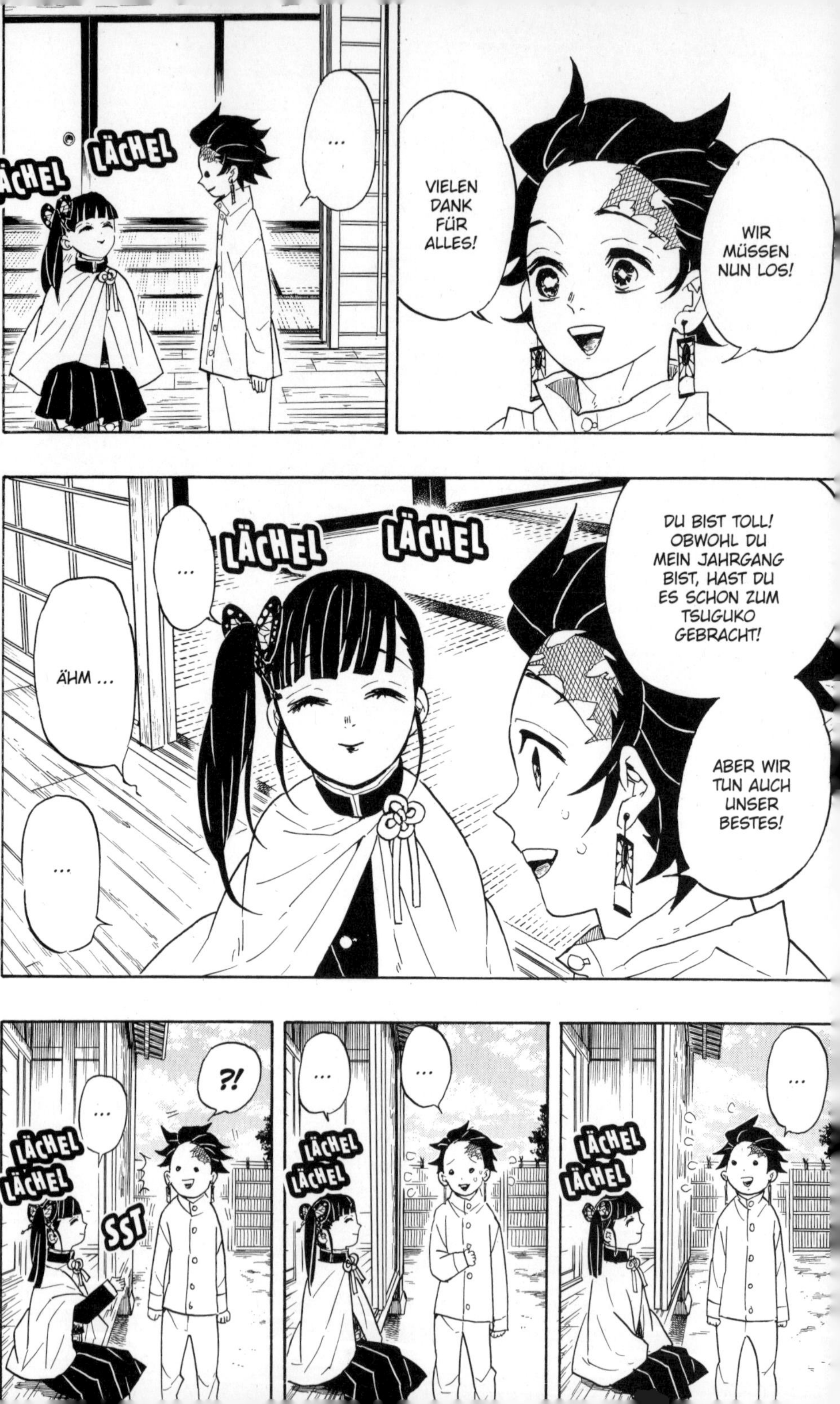
WIR MÜSSEN NUN LOS!
VIELEN DANK FÜR ALLES!
LÄCHEL
LÄCHEL
...
DU BIST TOLL! OBWOHL DU MEIN JAHRGANG BIST, HAST DU ES SCHON ZUM TSUGUKO GEBRACHT!
ABER WIR TUN AUCH UNSER BESTES!
LÄCHEL
LÄCHEL
...
ÄHM ...
...
...
LÄCHEL
LÄCHEL
...
...
LÄCHEL
LÄCHEL
?!
...
LÄCHEL
LÄCHEL
SST

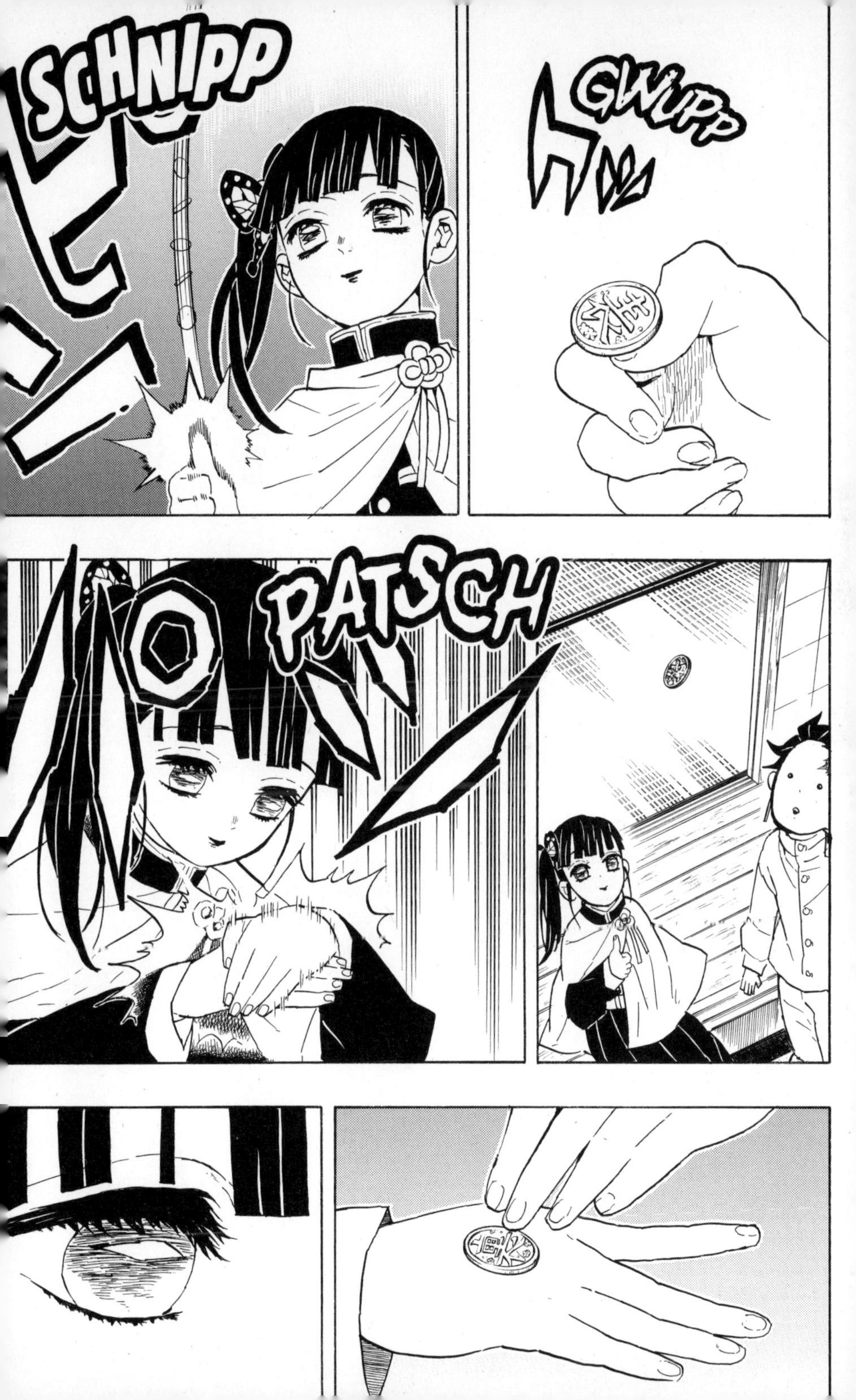
GWUPP
SCHNIPP
PATSCH

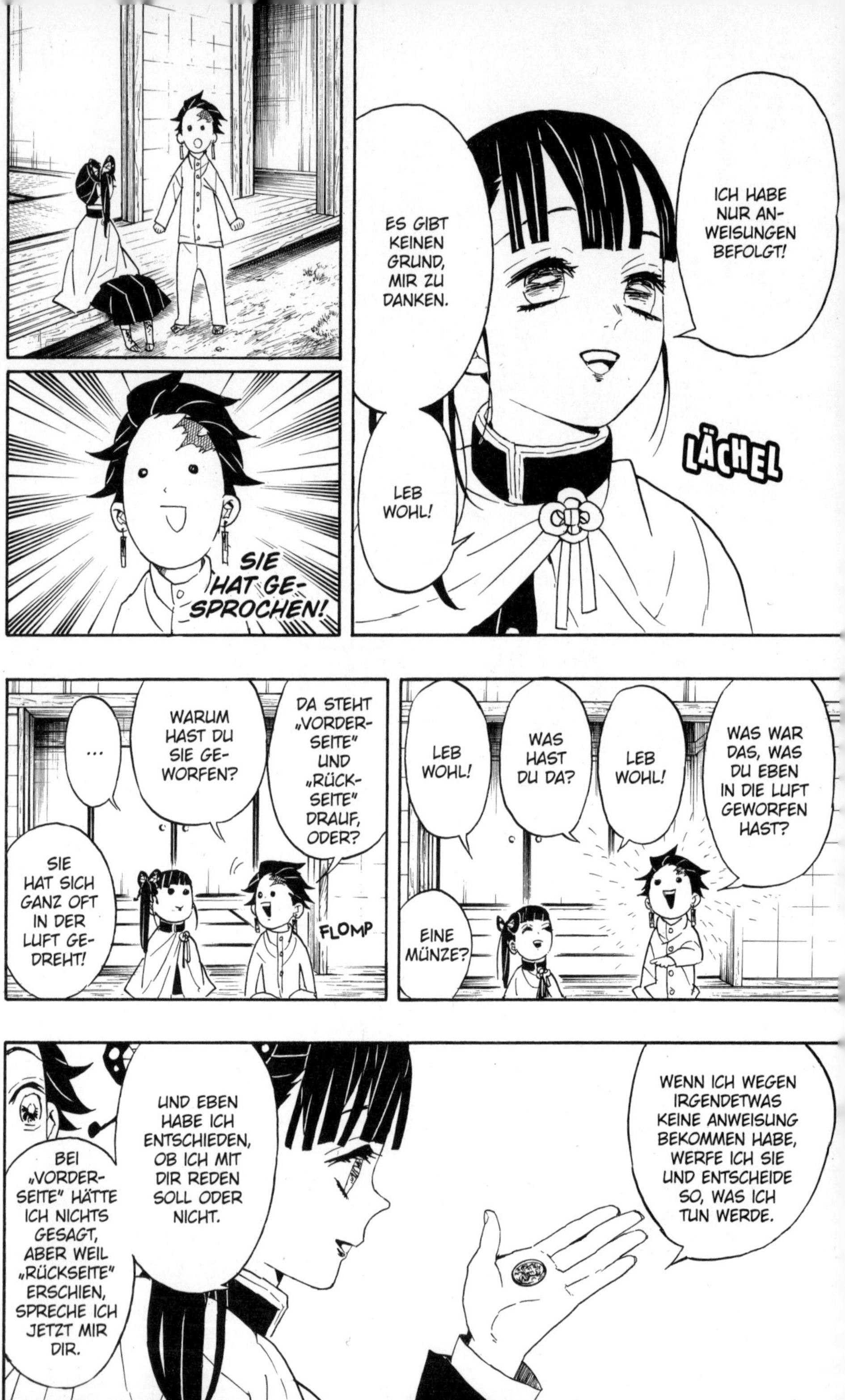
ICH HABE NUR ANWEISUNGEN BEFOLGT!
LÄCHEL
ES GIBT KEINEN GRUND, MIR ZU DANKEN.
LEB WOHL!
SIE HAT GESPROCHEN!
WAS WAR DAS, WAS DU EBEN IN DIE LUFT GEWORFEN HAST?
LEB WOHL!
WAS HAST DU DA?
LEB WOHL!
EINE MÜNZE?
DA STEHT „VORDERSEITE" UND „RÜCKSEITE" DRAUF, ODER?
WARUM HAST DU SIE GEWORFEN?
...
SIE HAT SICH GANZ OFT IN DER LUFT GEDREHT!
FLOMP
WENN ICH WEGEN IRGENDETWAS KEINE ANWEISUNG BEKOMMEN HABE, WERFE ICH SIE UND ENTSCHEIDE SO, WAS ICH TUN WERDE.
UND EBEN HABE ICH ENTSCHIEDEN, OB ICH MIT DIR REDEN SOLL ODER NICHT.
BEI „VORDERSEITE" HÄTTE ICH NICHTS GESAGT, ABER WEIL „RÜCKSEITE" ERSCHIEN, SPRECHE ICH JETZT MIR DIR.

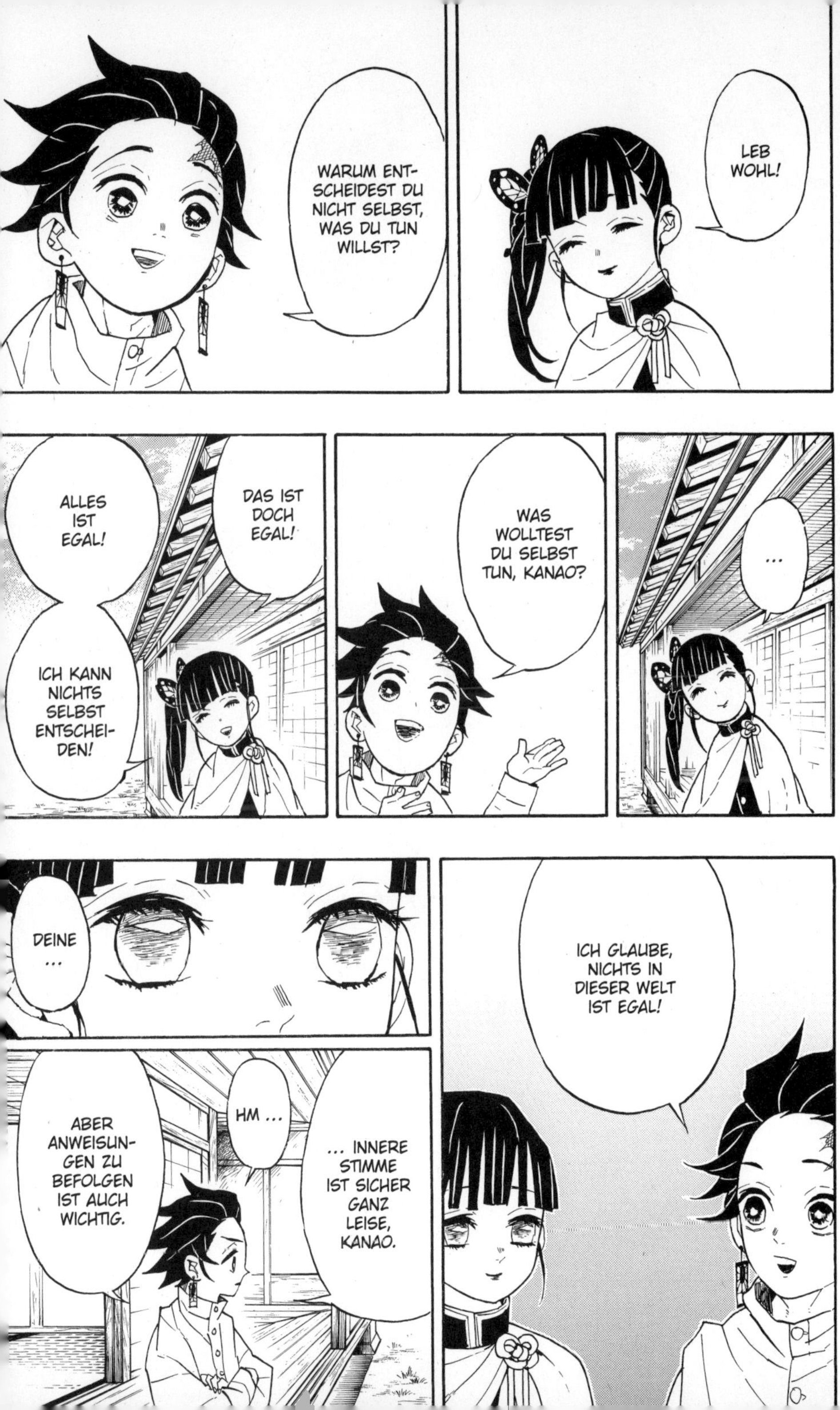
LEB WOHL!
WARUM ENTSCHEIDEST DU NICHT SELBST, WAS DU TUN WILLST?
…
WAS WOLLTEST DU SELBST TUN, KANAO?
DAS IST DOCH EGAL!
ALLES IST EGAL!
ICH KANN NICHTS SELBST ENTSCHEIDEN!
ICH GLAUBE, NICHTS IN DIESER WELT IST EGAL!
DEINE …
… INNERE STIMME IST SICHER GANZ LEISE, KANAO.
HM …
ABER ANWEISUNGEN ZU BEFOLGEN IST AUCH WICHTIG.

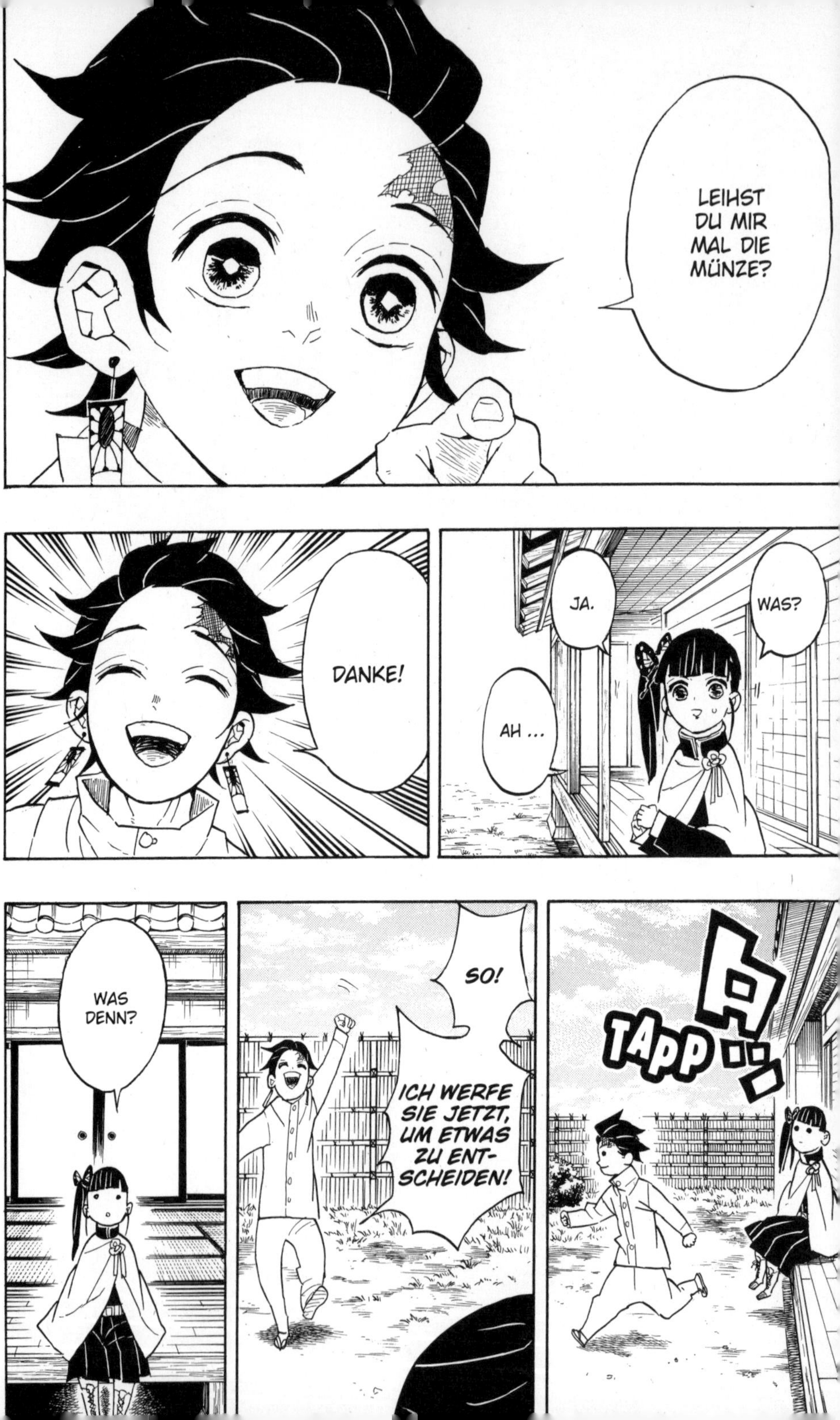
LEIHST DU MIR MAL DIE MÜNZE?
WAS?
JA.
AH ...
DANKE!
TAPP
SO!
ICH WERFE SIE JETZT, UM ETWAS ZU ENT-SCHEIDEN!
WAS DENN?

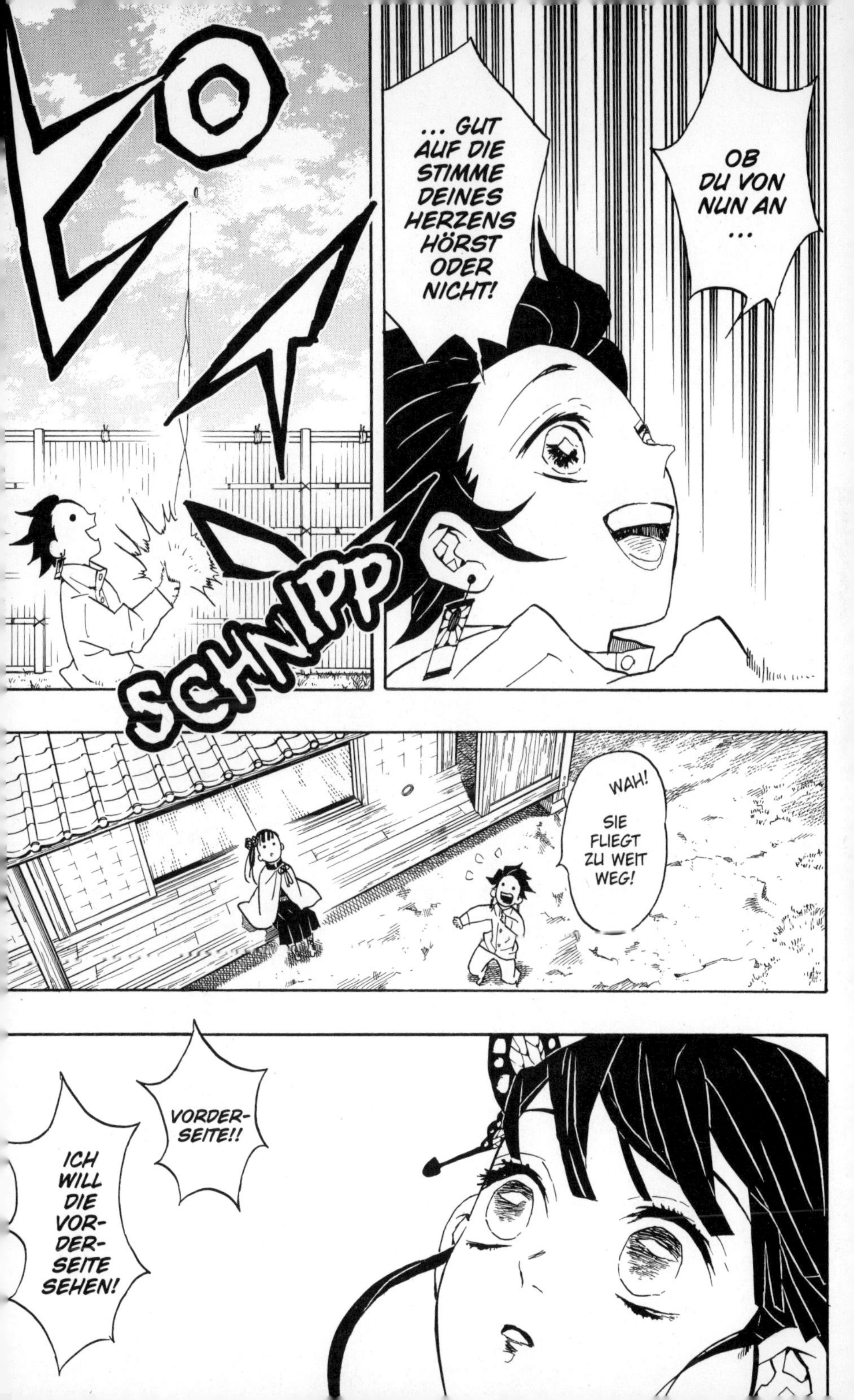
OB DU VON NUN AN ...
... GUT AUF DIE STIMME DEINES HERZENS HÖRST ODER NICHT!
SCHNIPP
WAH! SIE FLIEGT ZU WEIT WEG!
VORDER-SEITE!!
ICH WILL DIE VORDER-SEITE SEHEN!

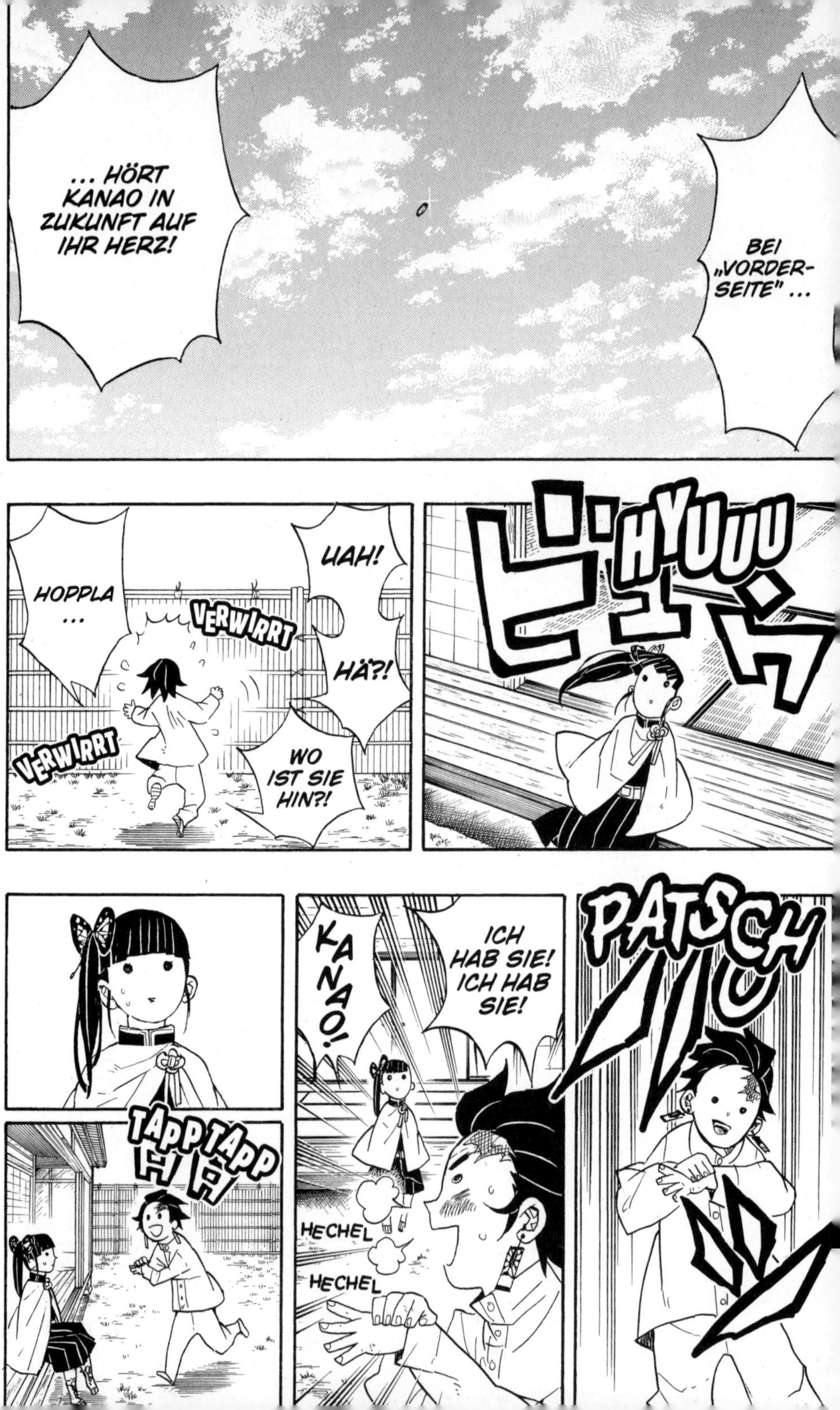
BEI „VORDER-SEITE" …
… HÖRT KANAO IN ZUKUNFT AUF IHR HERZ!
HYUUU
UAH!
HÄ?!
WO IST SIE HIN?!
VERWIRRT
VERWIRRT
HOPPLA …
PATSCH
ICH HAB SIE! ICH HAB SIE!
KANAO!
HECHEL
HECHEL
TAPP TAPP

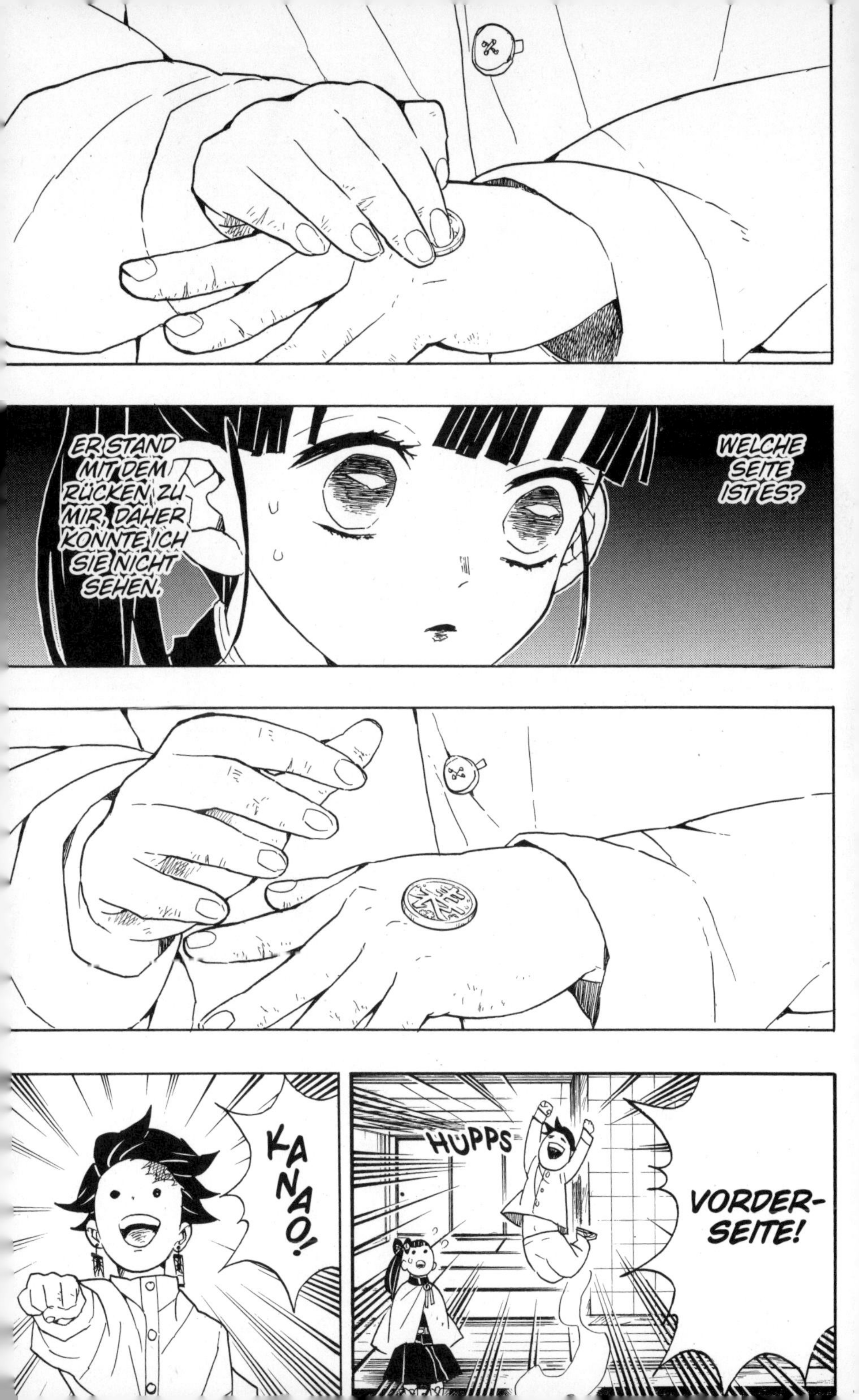
WELCHE SEITE IST ES?
ER STAND MIT DEM RÜCKEN ZU MIR, DAHER KONNTE ICH SIE NICHT SEHEN.
VORDER-SEITE!
HÜPPS
KANAO!

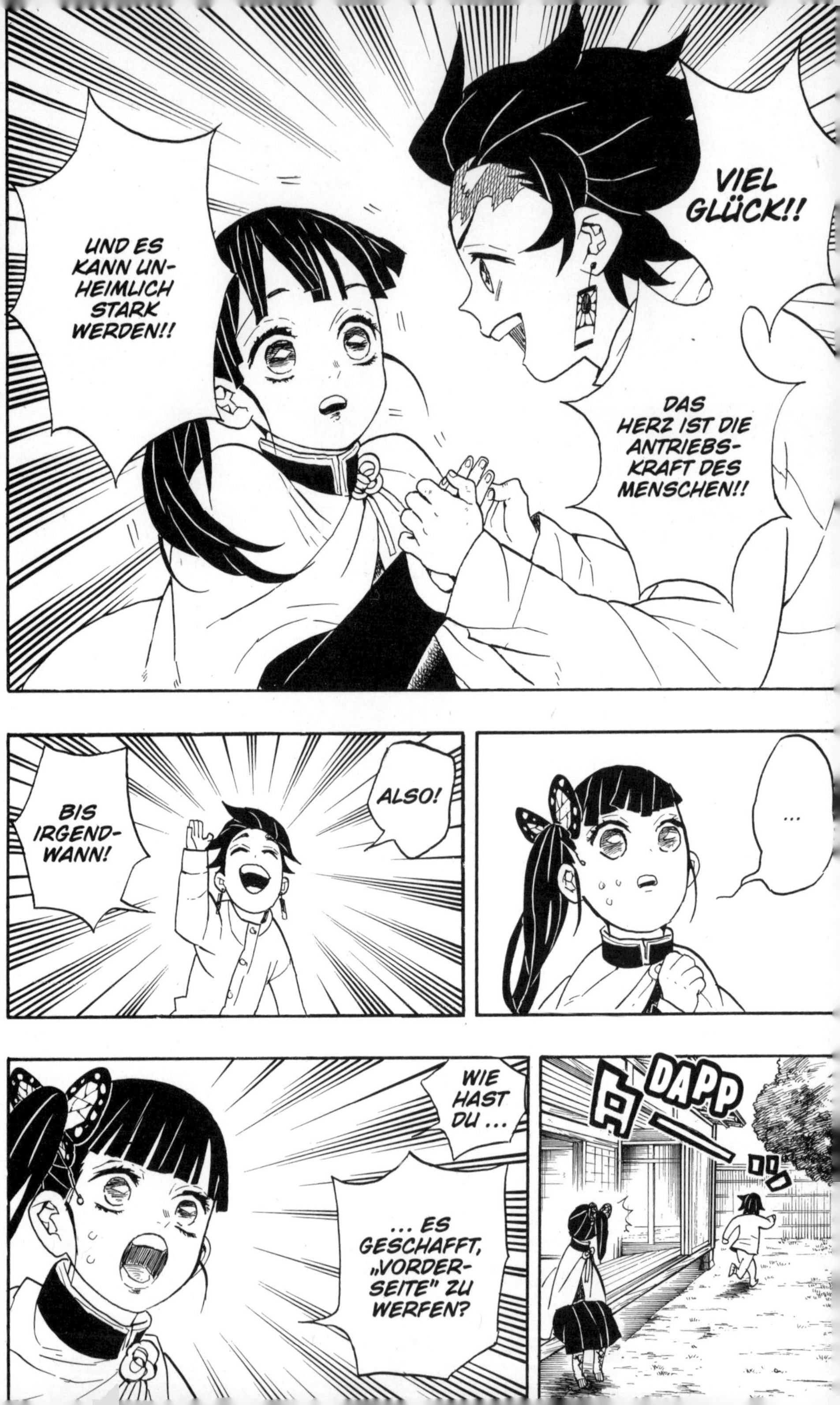
VIEL GLÜCK!!
DAS HERZ IST DIE ANTRIEBS-KRAFT DES MENSCHEN!!
UND ES KANN UN-HEIMLICH STARK WERDEN!!
...
ALSO!
BIS IRGEND-WANN!
DAPP
WIE HAST DU ...
... ES GESCHAFFT, „VORDER-SEITE" ZU WERFEN?

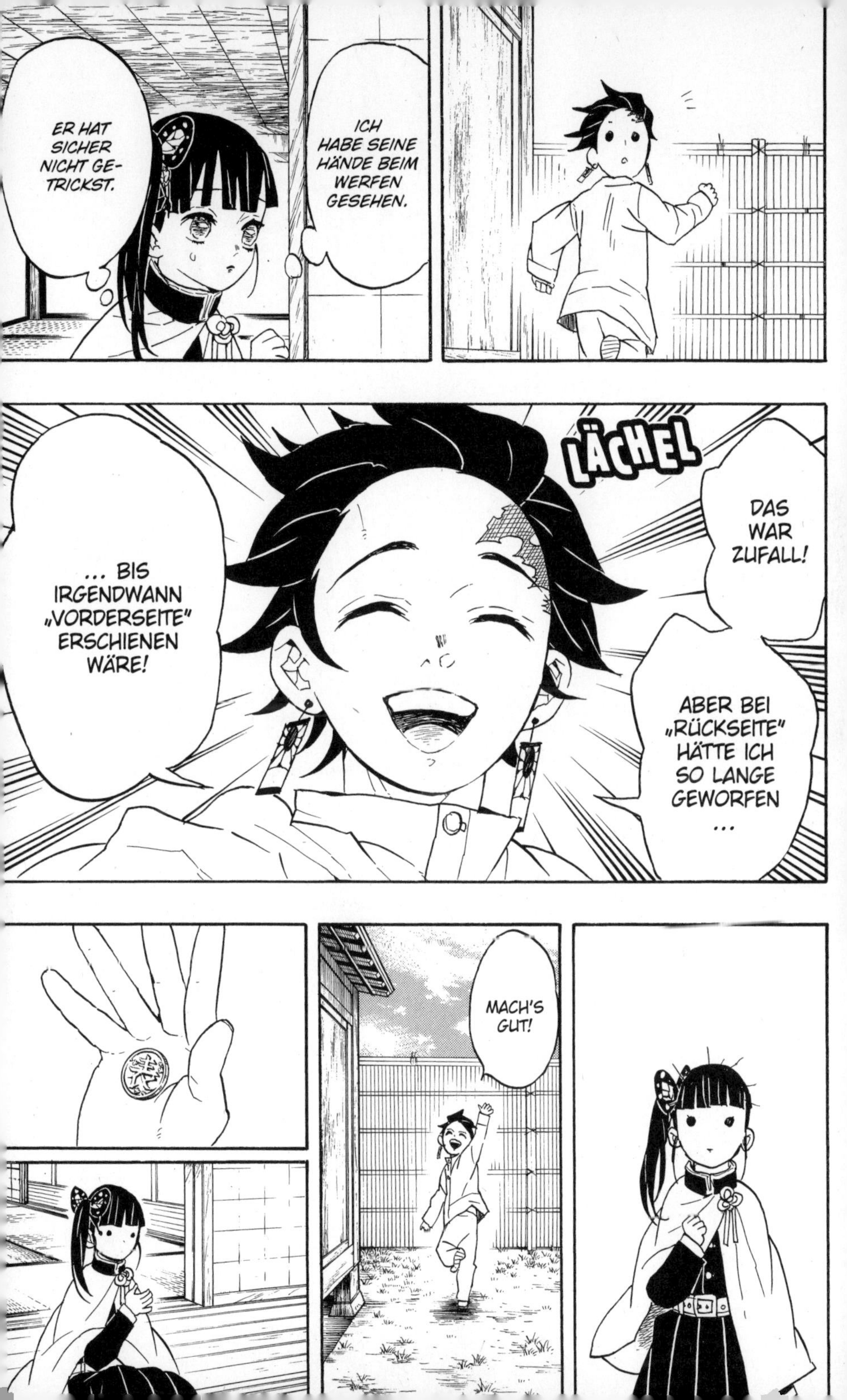
ICH HABE SEINE HÄNDE BEIM WERFEN GESEHEN.
ER HAT SICHER NICHT GE-TRICKST.
LÄCHEL
DAS WAR ZUFALL!
ABER BEI „RÜCKSEITE" HÄTTE ICH SO LANGE GEWORFEN ...
... BIS IRGENDWANN „VORDERSEITE" ERSCHIENEN WÄRE!
MACH'S GUT!

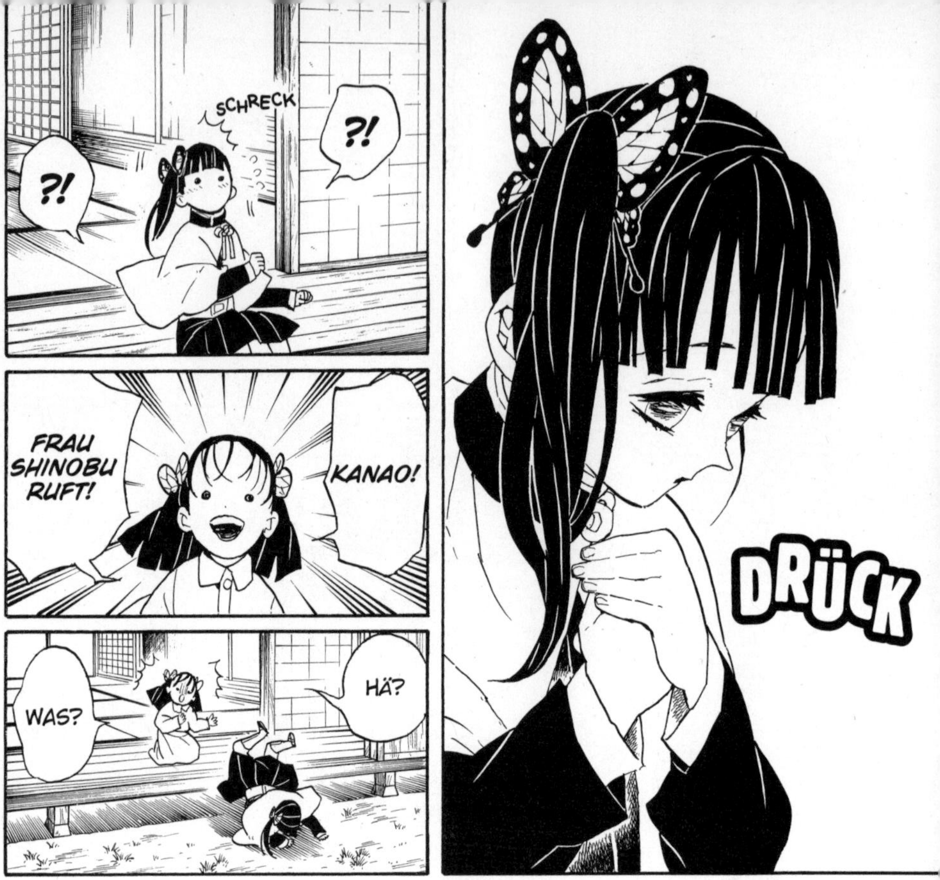
DRÜCK
SCHRECK
?!
?!
KANAO!
FRAU SHINOBU RUFT!
HÄ?
WAS?

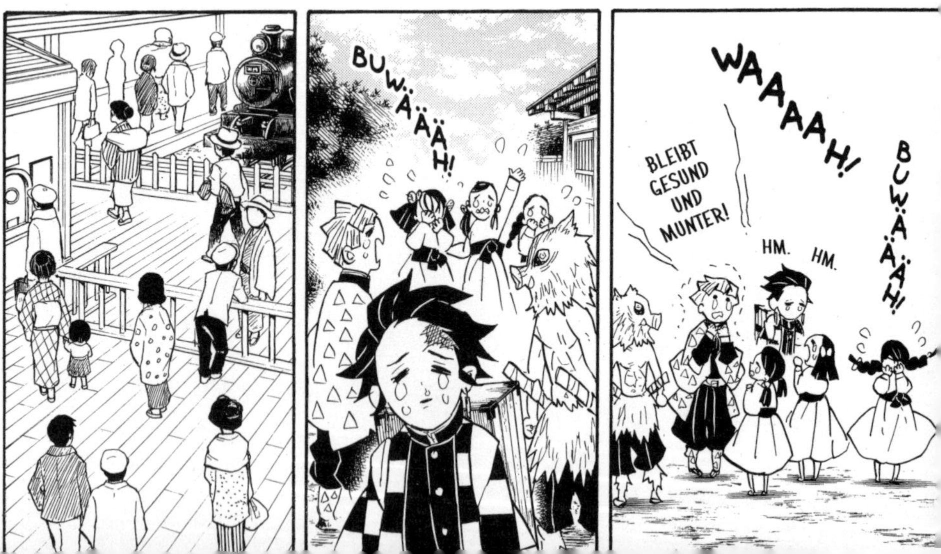
WAAAAAH!
BUWÄÄÄH!
BLEIBT GESUND UND MUNTER!
HM.
HM.
BUWÄÄÄH!

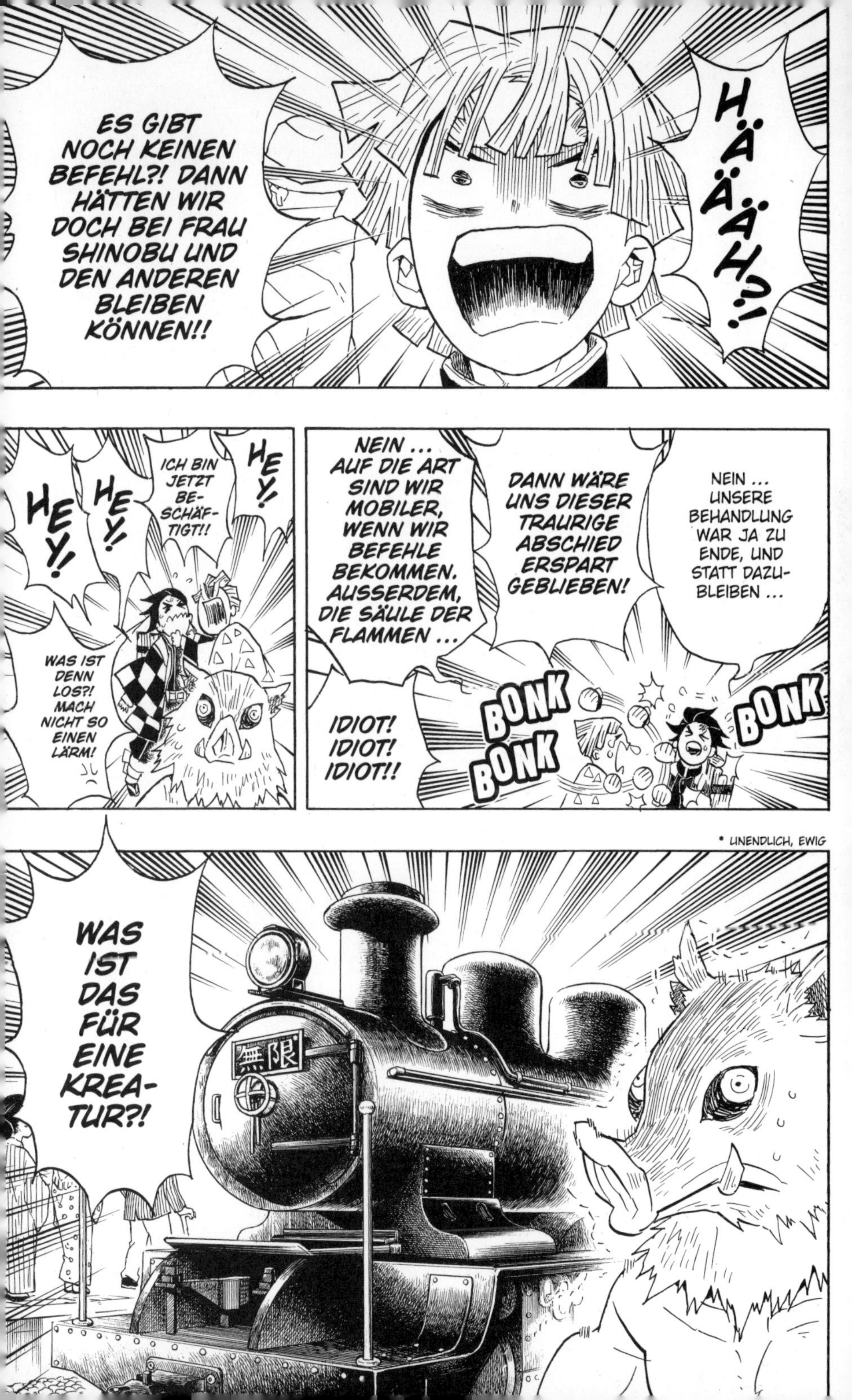
HÄÄÄH?!
ES GIBT NOCH KEINEN BEFEHL?! DANN HÄTTEN WIR DOCH BEI FRAU SHINOBU UND DEN ANDEREN BLEIBEN KÖNNEN!!
NEIN … UNSERE BEHANDLUNG WAR JA ZU ENDE, UND STATT DAZU-BLEIBEN …
DANN WÄRE UNS DIESER TRAURIGE ABSCHIED ERSPART GEBLIEBEN!
NEIN … AUF DIE ART SIND WIR MOBILER, WENN WIR BEFEHLE BEKOMMEN. AUSSERDEM, DIE SÄULE DER FLAMMEN …
BONK
BONK BONK
IDIOT! IDIOT! IDIOT!!
HEY!
HEY!
ICH BIN JETZT BE-SCHÄF-TIGT!!
HEY!
WAS IST DENN LOS?! MACH NICHT SO EINEN LÄRM!
* UNENDLICH, EWIG
無限
WAS IST DAS FÜR EINE KREA-TUR?!

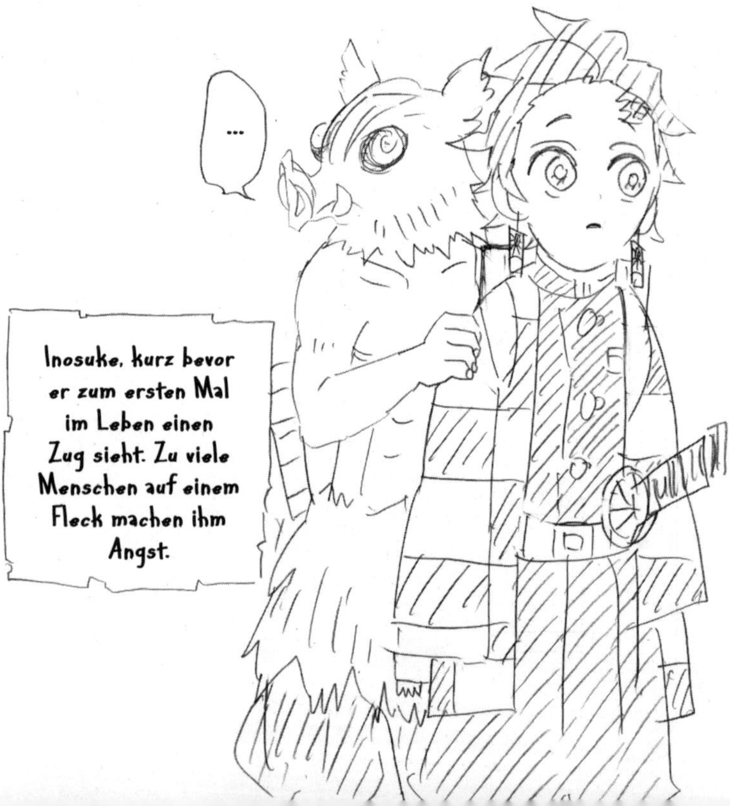
…
Inosuke, kurz bevor er zum ersten Mal im Leben einen Zug sieht. Zu viele Menschen auf einem Fleck machen ihm Angst.

Kapitel 54: Guten Abend, Herr Rengoku!

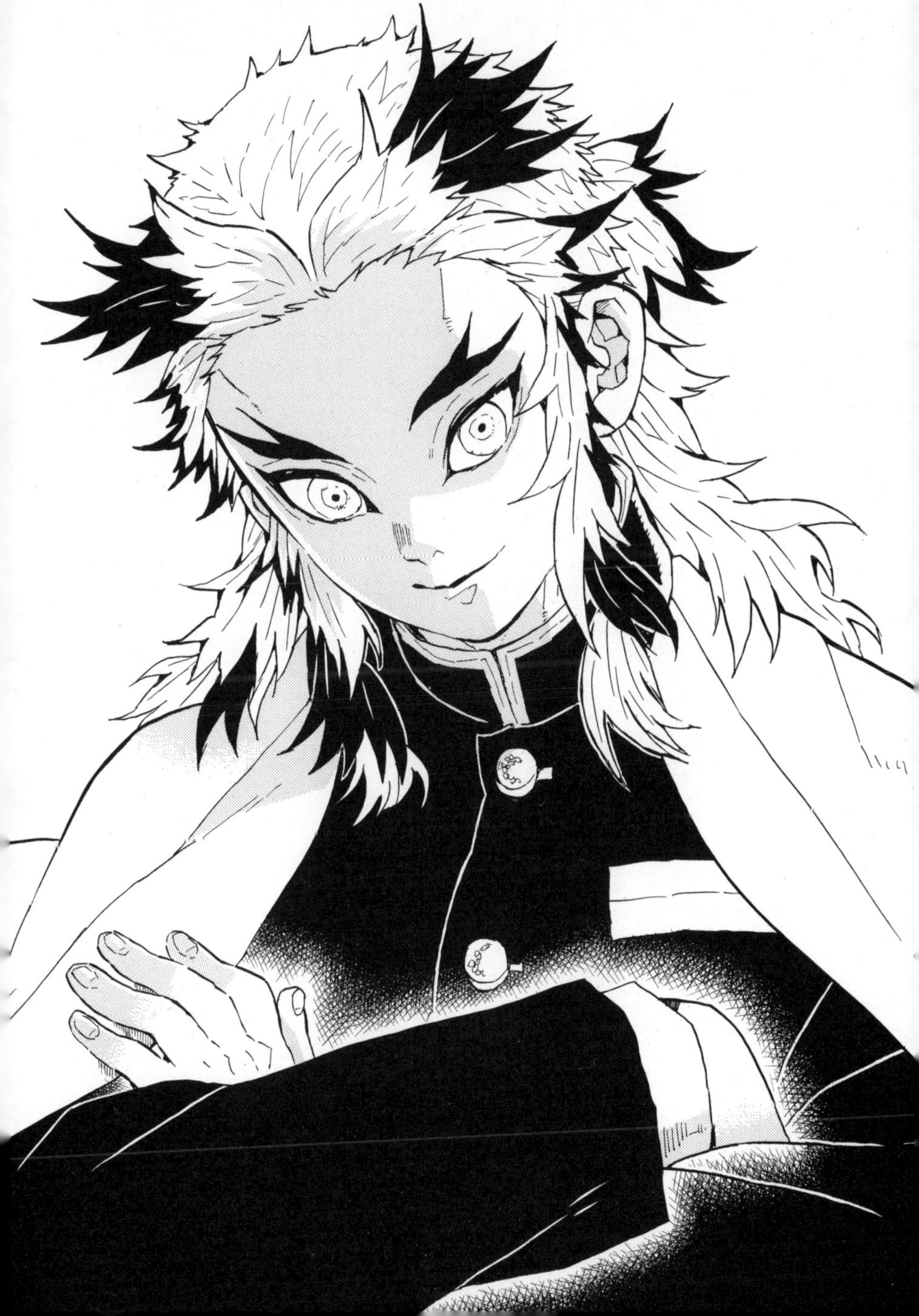

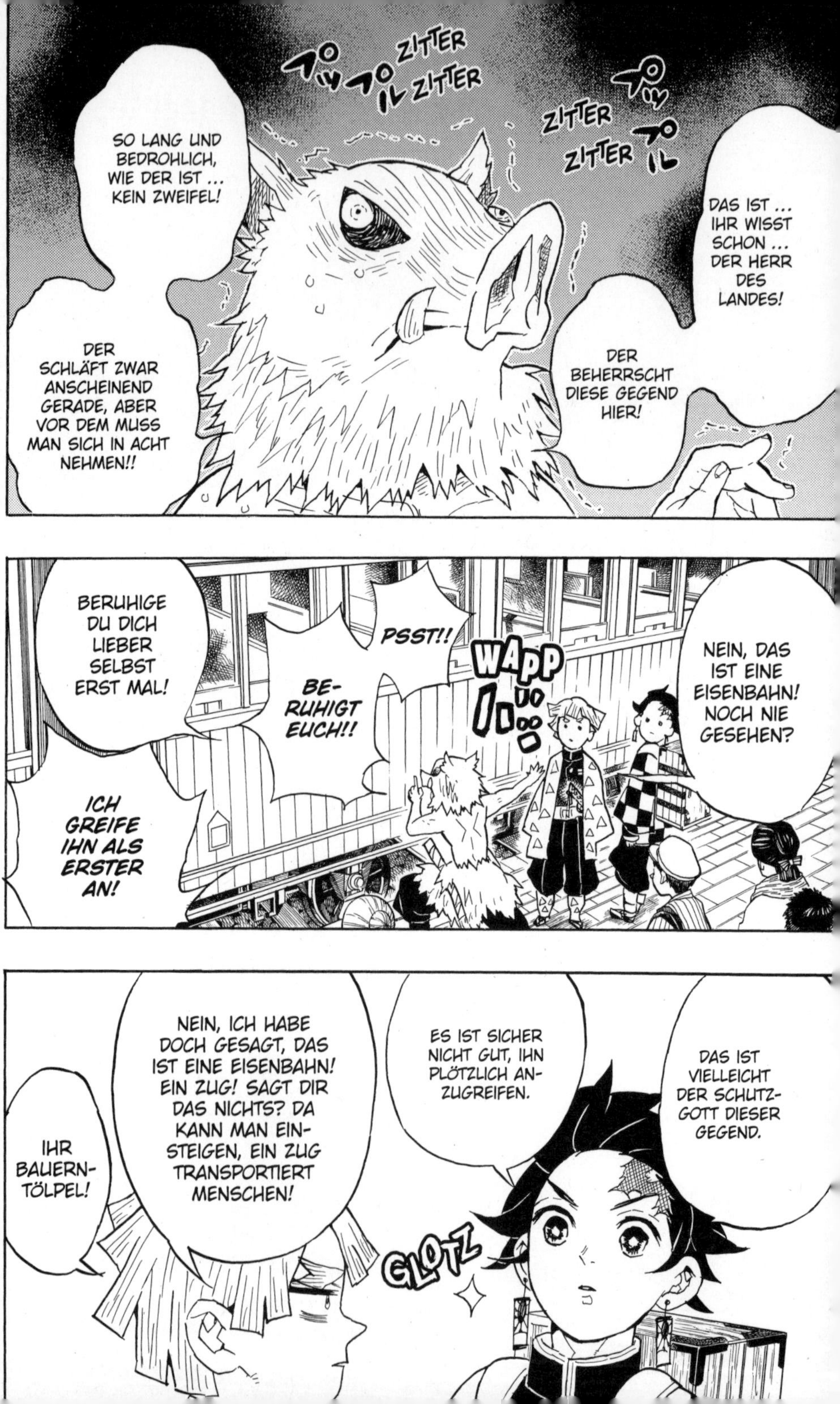
ZITTER
ZITTER
ZITTER
ZITTER
DAS IST … IHR WISST SCHON … DER HERR DES LANDES!
DER BEHERRSCHT DIESE GEGEND HIER!
SO LANG UND BEDROHLICH, WIE DER IST … KEIN ZWEIFEL!
DER SCHLÄFT ZWAR ANSCHEINEND GERADE, ABER VOR DEM MUSS MAN SICH IN ACHT NEHMEN!!
NEIN, DAS IST EINE EISENBAHN! NOCH NIE GESEHEN?
WAPP
PSST!!
BERUHIGT EUCH!!
BERUHIGE DU DICH LIEBER SELBST ERST MAL!
ICH GREIFE IHN ALS ERSTER AN!
DAS IST VIELLEICHT DER SCHUTZGOTT DIESER GEGEND.
ES IST SICHER NICHT GUT, IHN PLÖTZLICH ANZUGREIFEN.
GLOTZ
NEIN, ICH HABE DOCH GESAGT, DAS IST EINE EISENBAHN! EIN ZUG! SAGT DIR DAS NICHTS? DA KANN MAN EINSTEIGEN, EIN ZUG TRANSPORTIERT MENSCHEN!
IHR BAUERNTÖLPEL!

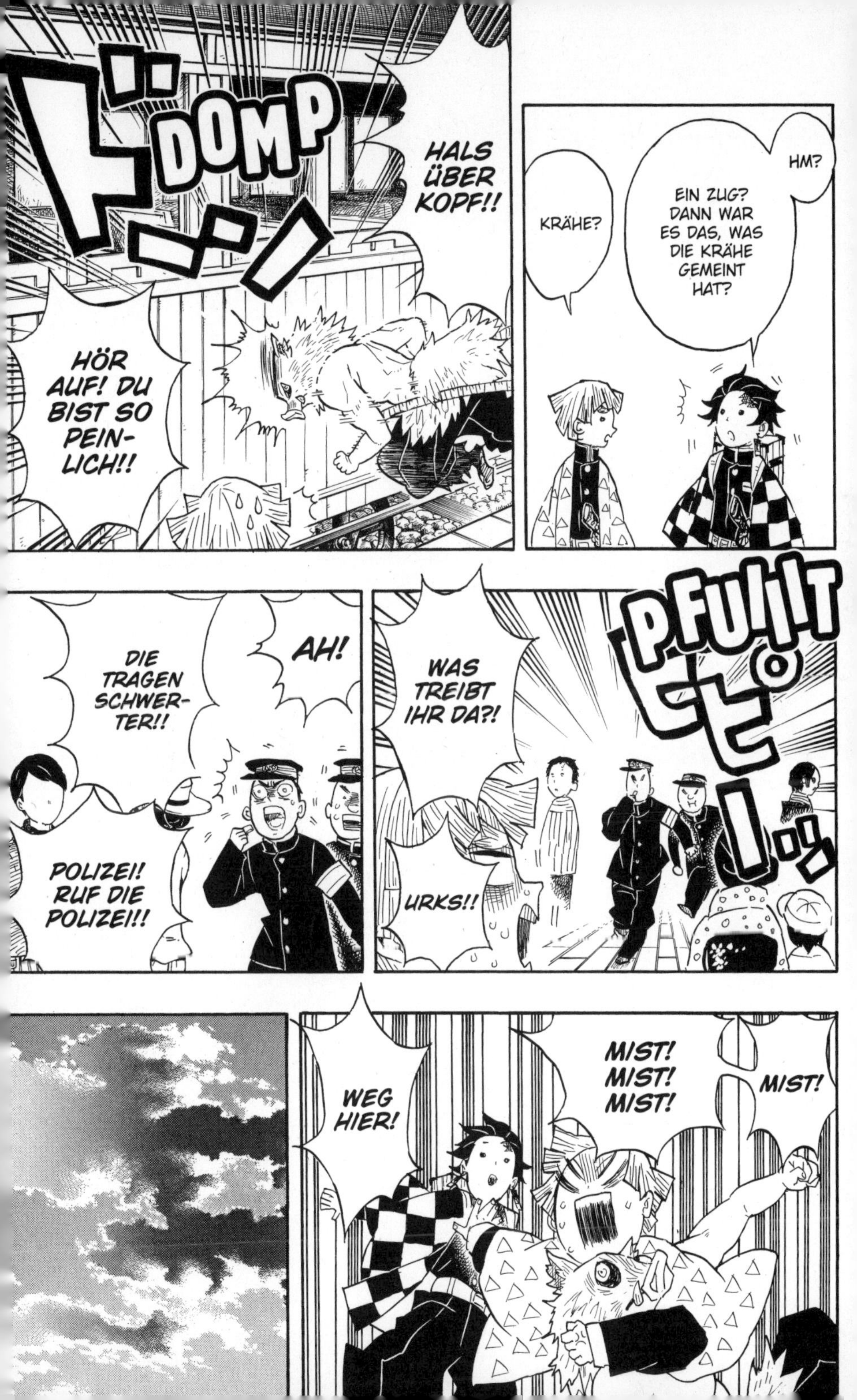
HM?
EIN ZUG? DANN WAR ES DAS, WAS DIE KRÄHE GEMEINT HAT?
KRÄHE?
DOMP
HALS ÜBER KOPF!!
HÖR AUF! DU BIST SO PEIN-LICH!!
PFUIIIT
WAS TREIBT IHR DA?!
URKS!!
AH!
DIE TRAGEN SCHWER-TER!!
POLIZEI! RUF DIE POLIZEI!!
MIST!
MIST! MIST! MIST!
WEG HIER!

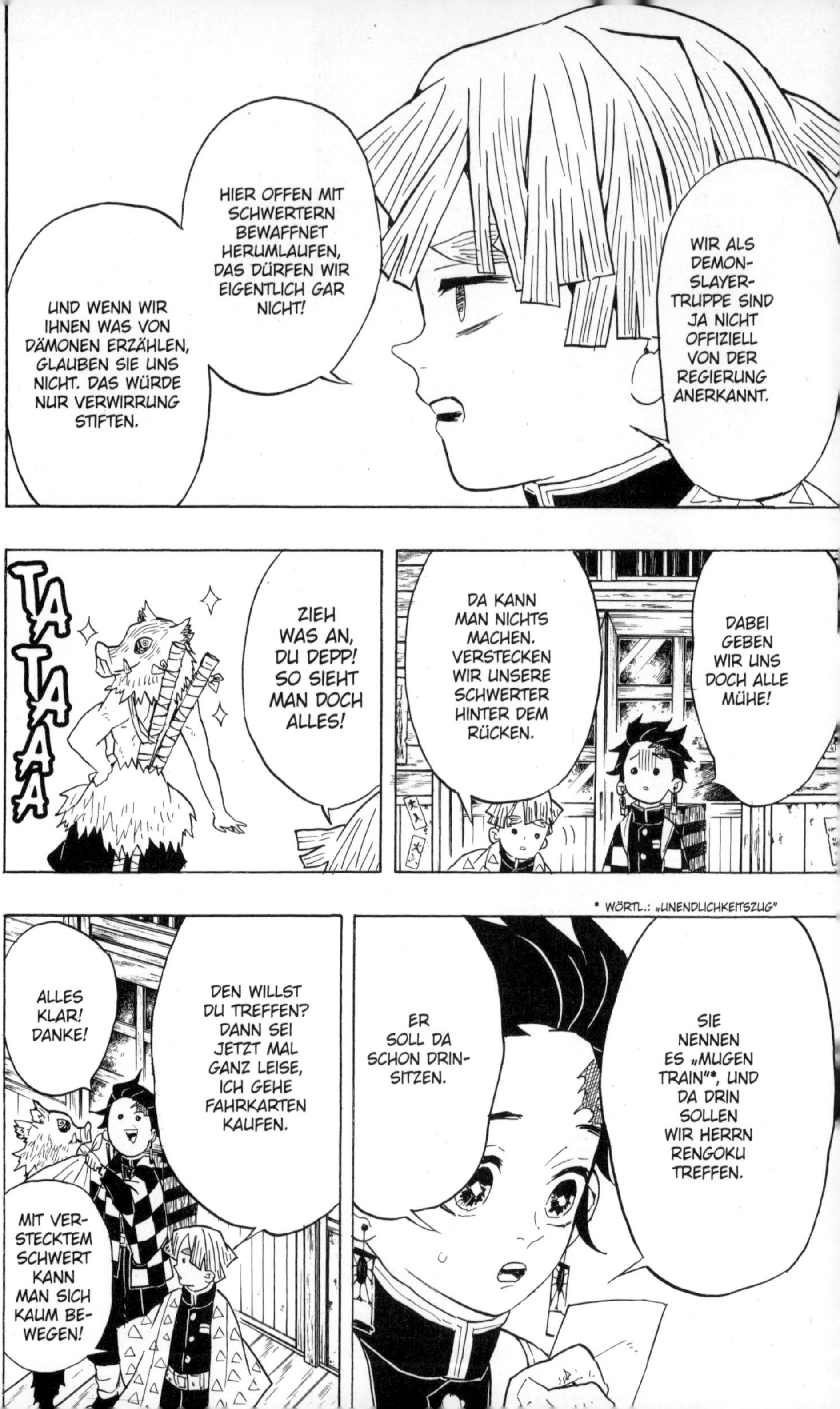

* WÖRTL.: „UNENDLICHKEITSZUG"

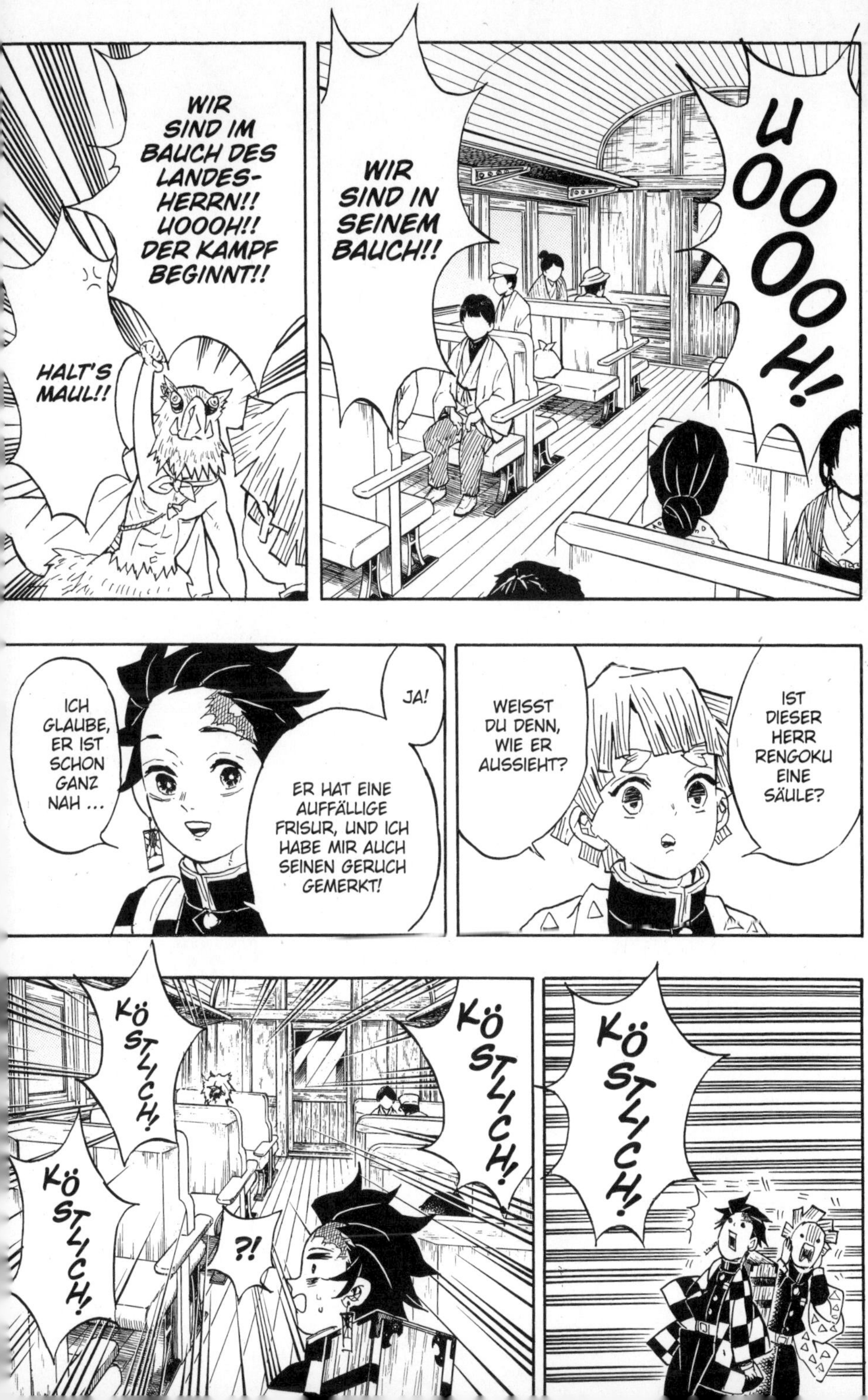
UOOOOOH!
WIR SIND IN SEINEM BAUCH!!
WIR SIND IM BAUCH DES LANDES-HERRN!! UOOOH!! DER KAMPF BEGINNT!!
HALT'S MAUL!!
IST DIESER HERR RENGOKU EINE SÄULE?
WEISST DU DENN, WIE ER AUSSIEHT?
JA!
ER HAT EINE AUFFÄLLIGE FRISUR, UND ICH HABE MIR AUCH SEINEN GERUCH GEMERKT!
ICH GLAUBE, ER IST SCHON GANZ NAH ...
KÖSTLICH!
KÖSTLICH!
KÖSTLICH!
KÖSTLICH!
?!

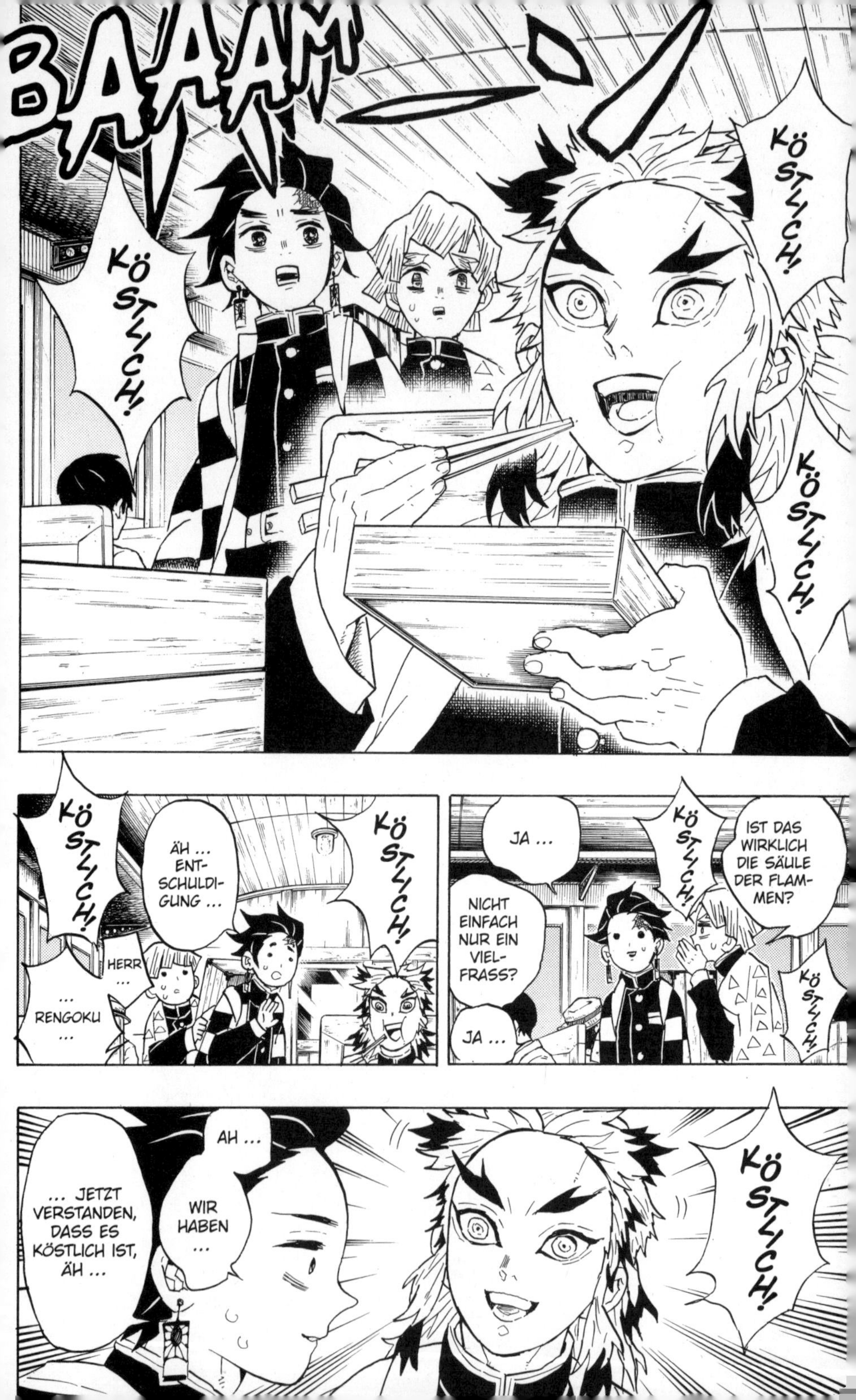
BAAAM
KÖSTLICH!
KÖSTLICH!
KÖSTLICH!
KÖSTLICH!
IST DAS WIRKLICH DIE SÄULE DER FLAMMEN?
JA …
NICHT EINFACH NUR EIN VIELFRASS?
JA …
KÖSTLICH!
KÖSTLICH!
ÄH … ENTSCHULDIGUNG …
HERR …
… RENGOKU …
KÖSTLICH!
KÖSTLICH!
AH …
WIR HABEN …
… JETZT VERSTANDEN, DASS ES KÖSTLICH IST, ÄH …

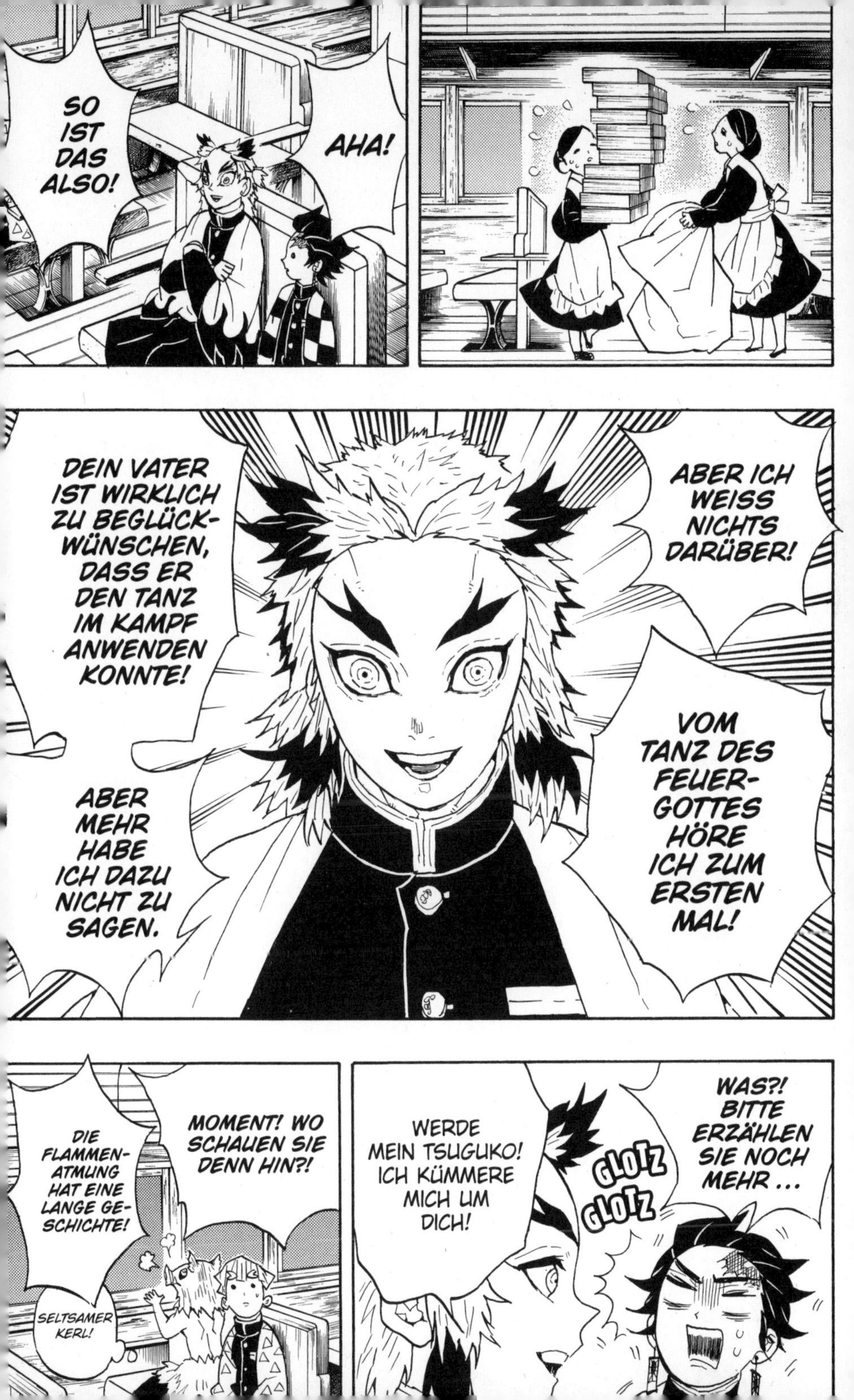
AHA!
SO IST DAS ALSO!
ABER ICH WEISS NICHTS DARÜBER!
VOM TANZ DES FEUER-GOTTES HÖRE ICH ZUM ERSTEN MAL!
DEIN VATER IST WIRKLICH ZU BEGLÜCK-WÜNSCHEN, DASS ER DEN TANZ IM KAMPF ANWENDEN KONNTE!
ABER MEHR HABE ICH DAZU NICHT ZU SAGEN.
WAS?! BITTE ERZÄHLEN SIE NOCH MEHR …
GLOTZ
GLOTZ
WERDE MEIN TSUGUKO! ICH KÜMMERE MICH UM DICH!
MOMENT! WO SCHAUEN SIE DENN HIN?!
DIE FLAMMEN-ATMUNG HAT EINE LANGE GE-SCHICHTE!
SELTSAMER KERL!

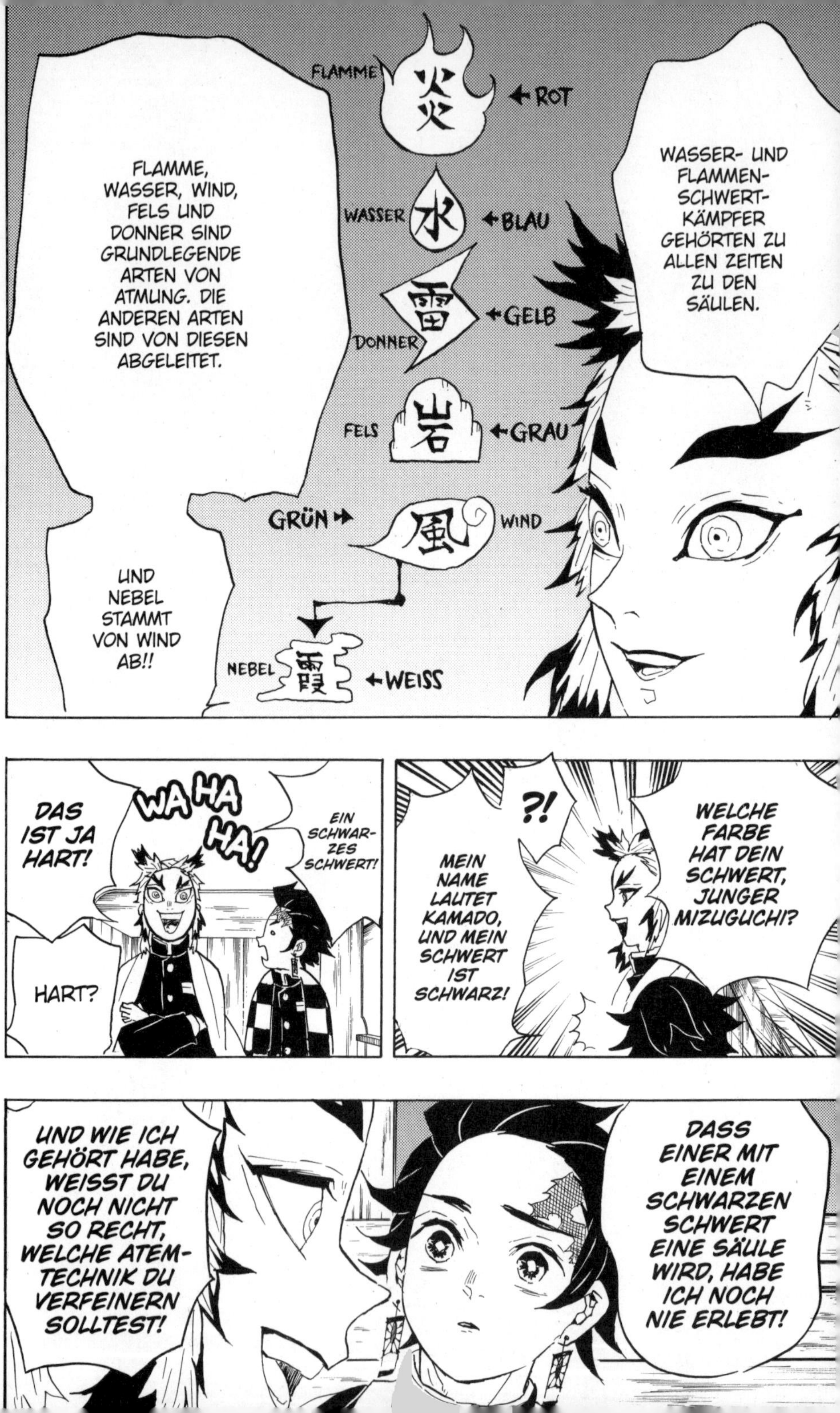

WASSER- UND FLAMMEN-SCHWERT-KÄMPFER GEHÖRTEN ZU ALLEN ZEITEN ZU DEN SÄULEN.
FLAMME, WASSER, WIND, FELS UND DONNER SIND GRUNDLEGENDE ARTEN VON ATMUNG. DIE ANDEREN ARTEN SIND VON DIESEN ABGELEITET.
FLAMME 炎 ← ROT
WASSER 水 ← BLAU
DONNER 雷 ← GELB
FELS 岩 ← GRAU
GRÜN → 風 WIND
UND NEBEL STAMMT VON WIND AB!!
NEBEL 霞 ← WEISS
WELCHE FARBE HAT DEIN SCHWERT, JUNGER MIZUGUCHI?
?!
MEIN NAME LAUTET KAMADO, UND MEIN SCHWERT IST SCHWARZ!
EIN SCHWAR-ZES SCHWERT!
WA HA HA!
DAS IST JA HART!
HART?
DASS EINER MIT EINEM SCHWARZEN SCHWERT EINE SÄULE WIRD, HABE ICH NOCH NIE ERLEBT!
UND WIE ICH GEHÖRT HABE, WEISST DU NOCH NICHT SO RECHT, WELCHE ATEM-TECHNIK DU VERFEINERN SOLLTEST!

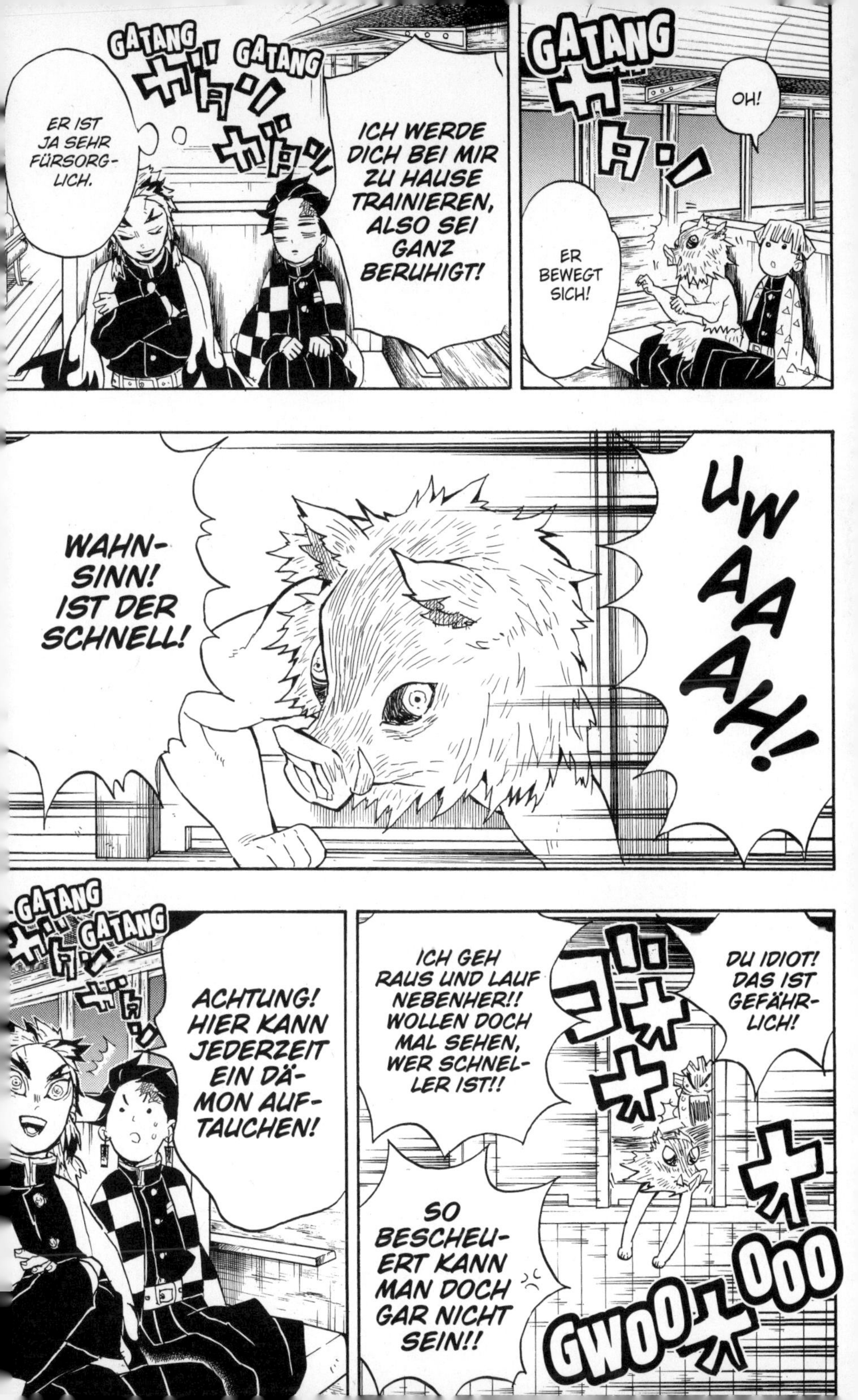
GATANG GATANG
ER IST JA SEHR FÜRSORG-LICH.
ICH WERDE DICH BEI MIR ZU HAUSE TRAINIEREN, ALSO SEI GANZ BERUHIGT!
GATANG
OH!
ER BEWEGT SICH!
WAHN-SINN! IST DER SCHNELL!
UWAAAAH!
GATANG GATANG
ACHTUNG! HIER KANN JEDERZEIT EIN DÄ-MON AUF-TAUCHEN!
ICH GEH RAUS UND LAUF NEBENHER!! WOLLEN DOCH MAL SEHEN, WER SCHNEL-LER IST!!
DU IDIOT! DAS IST GEFÄHR-LICH!
SO BESCHEU-ERT KANN MAN DOCH GAR NICHT SEIN!!
GWOOOOO

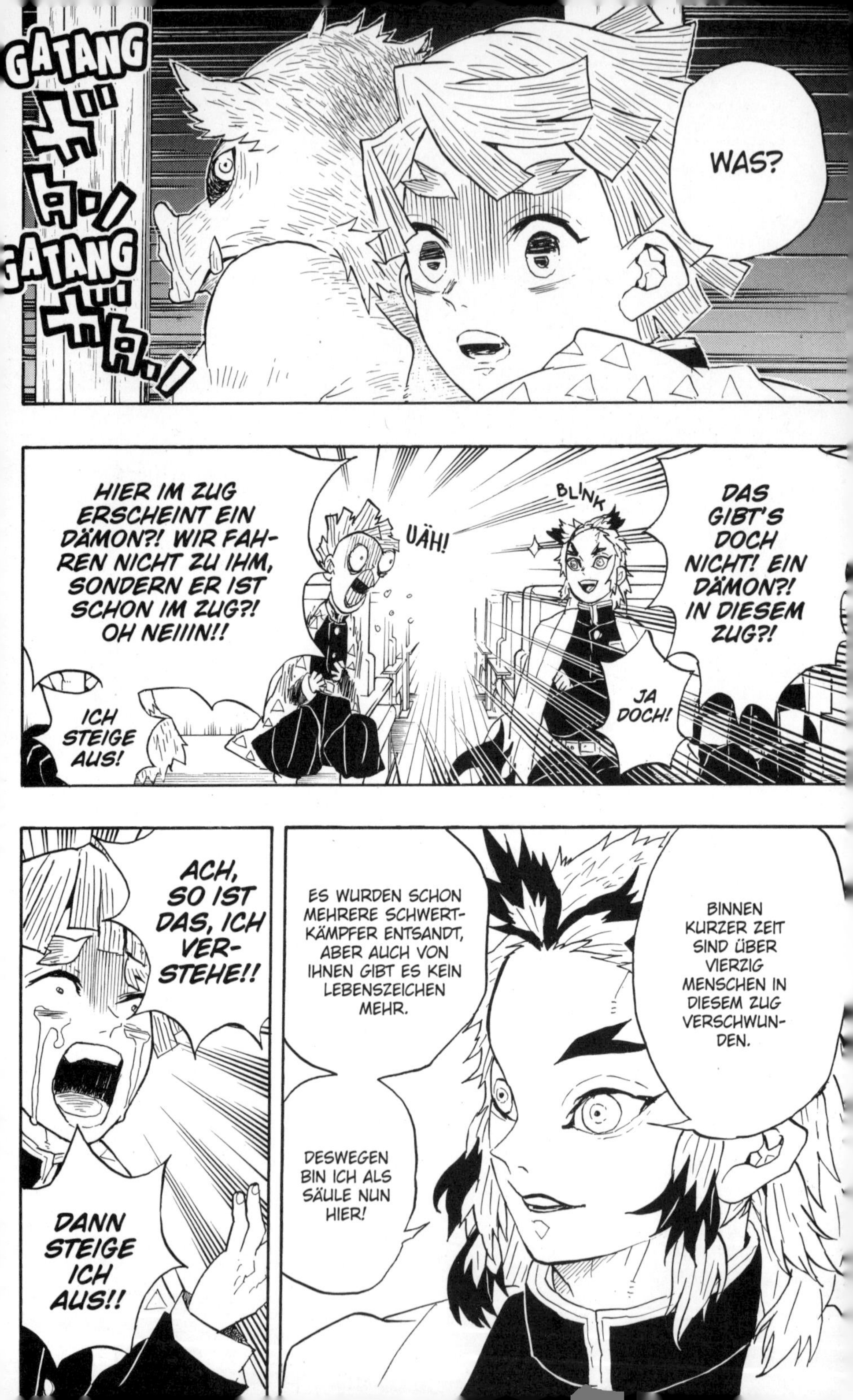
WAS?
GATANG
GATANG
DAS GIBT'S DOCH NICHT! EIN DÄMON?! IN DIESEM ZUG?!
BLINK
JA DOCH!
UÄH!
HIER IM ZUG ERSCHEINT EIN DÄMON?! WIR FAHREN NICHT ZU IHM, SONDERN ER IST SCHON IM ZUG?! OH NEIIIN!!
ICH STEIGE AUS!
BINNEN KURZER ZEIT SIND ÜBER VIERZIG MENSCHEN IN DIESEM ZUG VERSCHWUNDEN.
ES WURDEN SCHON MEHRERE SCHWERTKÄMPFER ENTSANDT, ABER AUCH VON IHNEN GIBT ES KEIN LEBENSZEICHEN MEHR.
DESWEGEN BIN ICH ALS SÄULE NUN HIER!
ACH, SO IST DAS, ICH VERSTEHE!!
DANN STEIGE ICH AUS!!

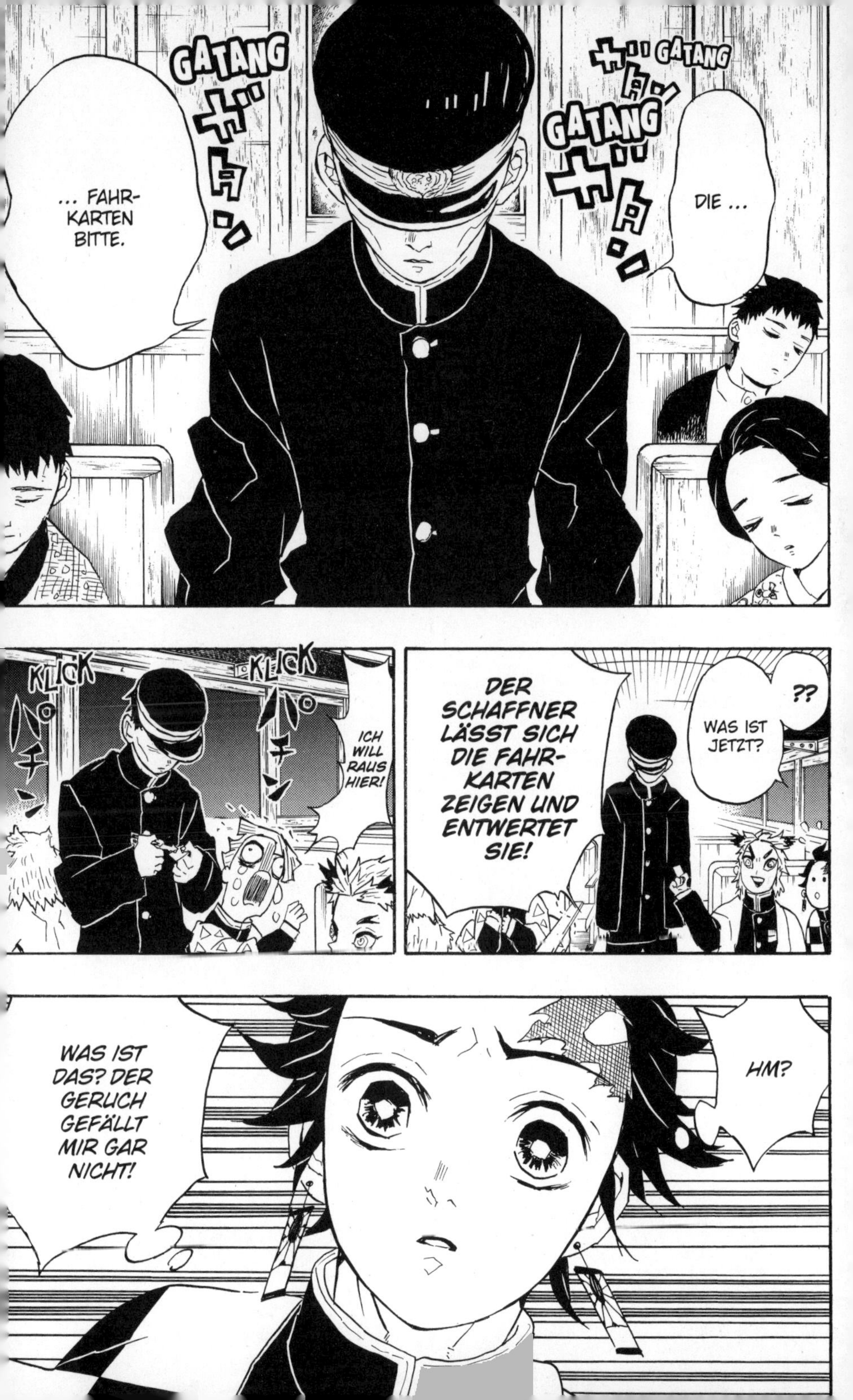
GATANG
GATANG
GATANG
DIE …
… FAHR-
KARTEN
BITTE.
??
WAS IST
JETZT?
DER SCHAFFNER LÄSST SICH DIE FAHR-
KARTEN ZEIGEN UND ENTWERTET SIE!
KLICK
KLICK
ICH WILL RAUS HIER!
HM?
WAS IST DAS? DER GERUCH GEFÄLLT MIR GAR NICHT!

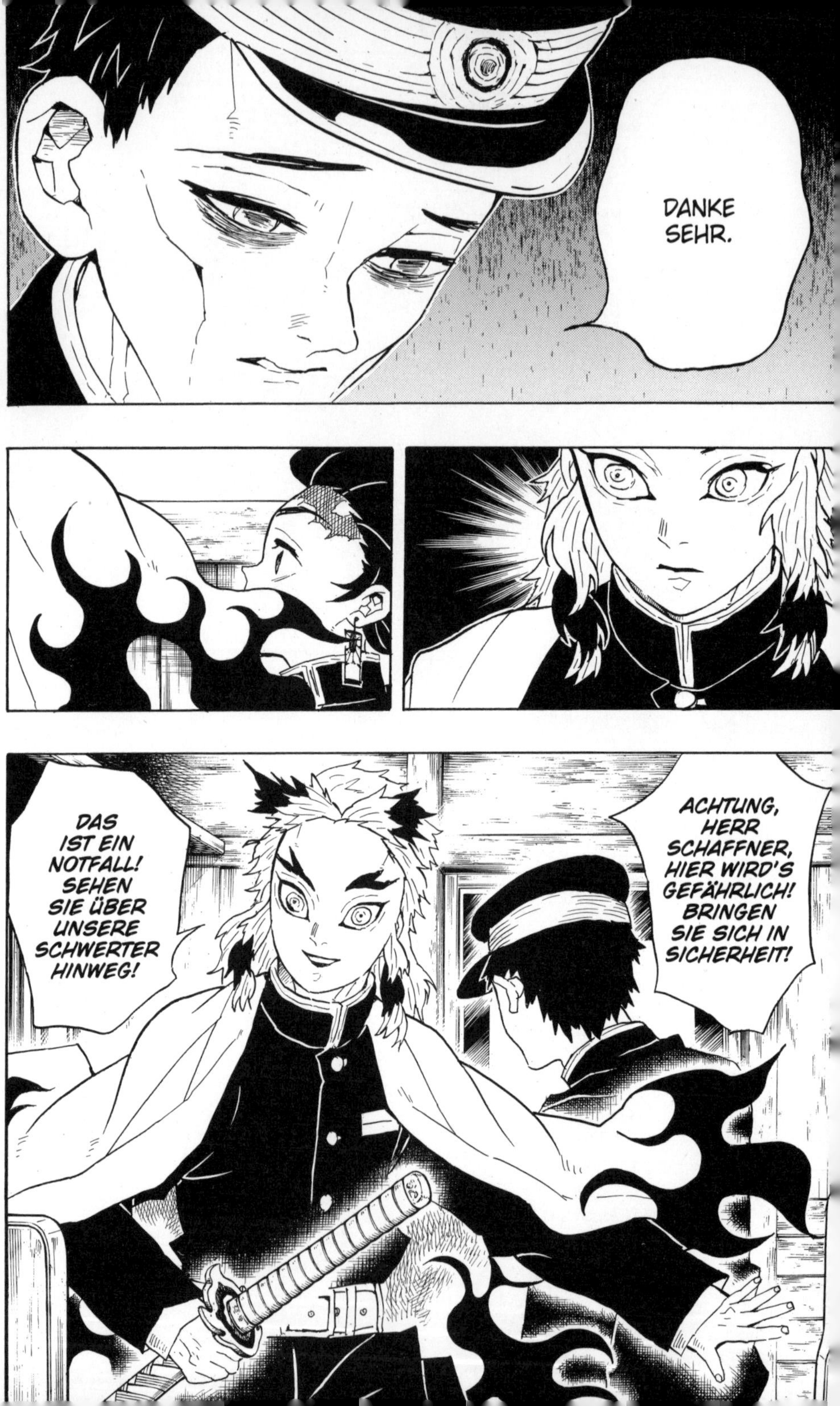
DANKE SEHR.
ACHTUNG, HERR SCHAFFNER, HIER WIRD'S GEFÄHRLICH! BRINGEN SIE SICH IN SICHERHEIT!
DAS IST EIN NOTFALL! SEHEN SIE ÜBER UNSERE SCHWERTER HINWEG!

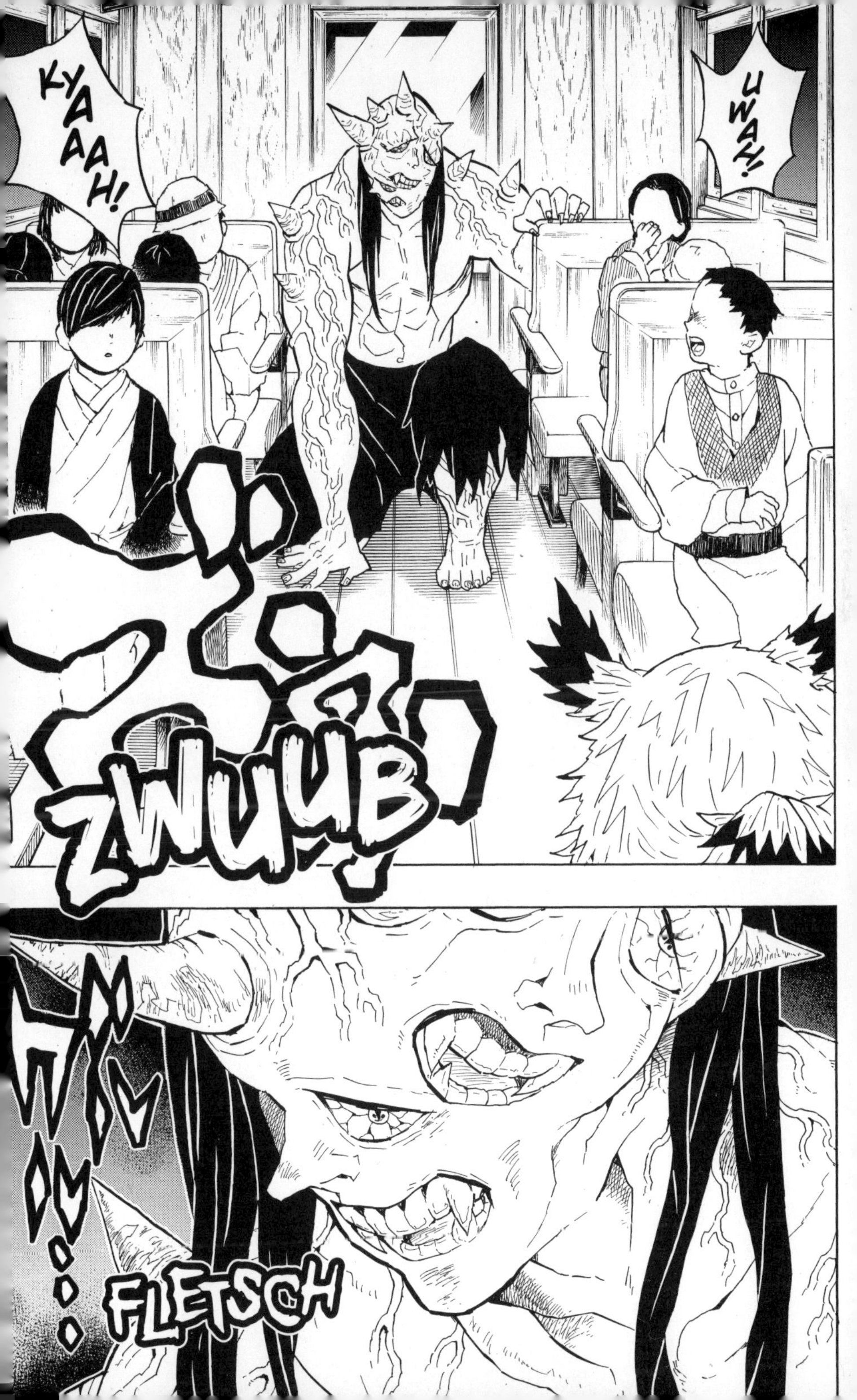
UWAH!
KYAAAH!
ZWUUB
FLETSCH

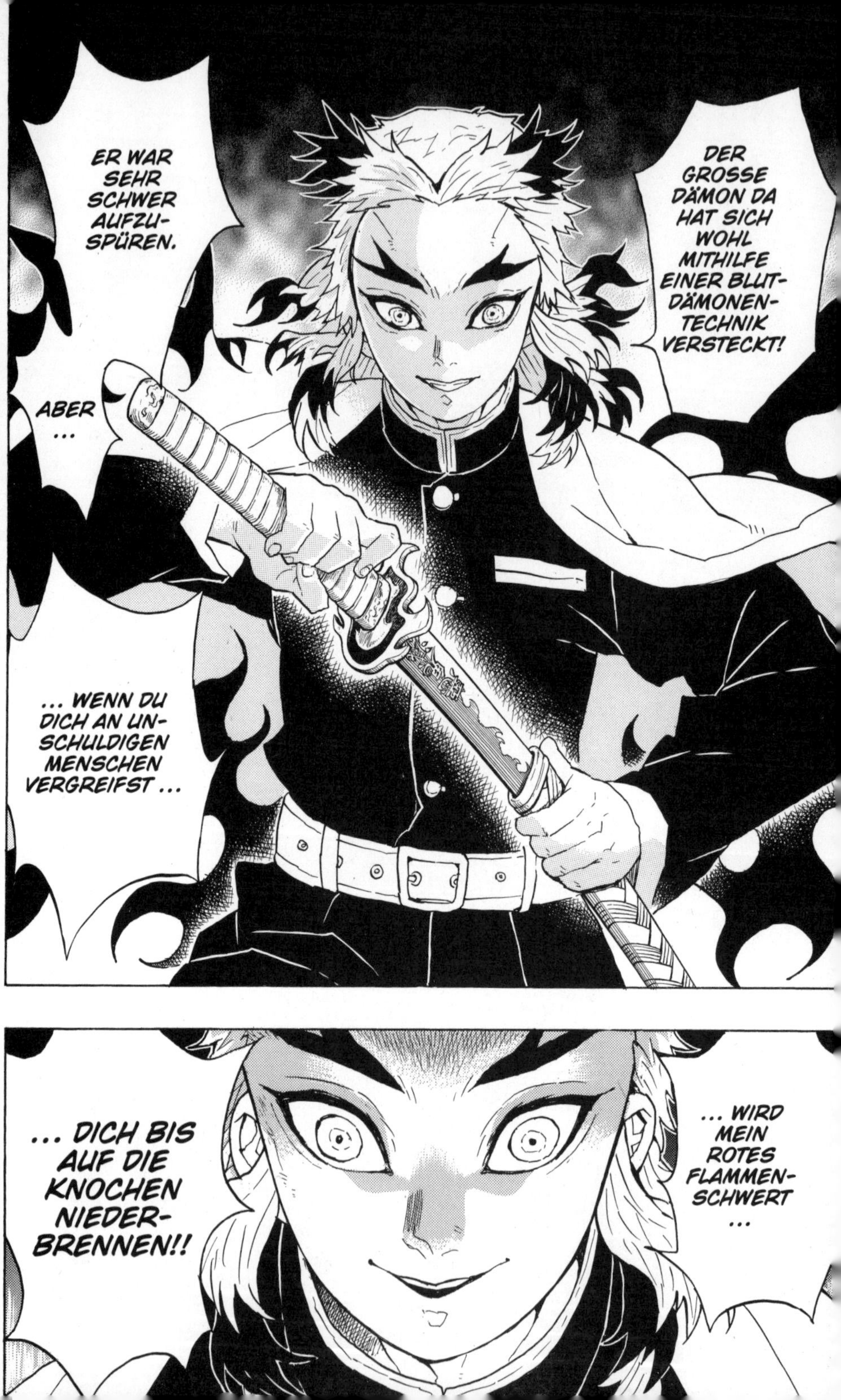
DER GROSSE DÄMON DA HAT SICH WOHL MITHILFE EINER BLUT-DÄMONEN-TECHNIK VERSTECKT!
ER WAR SEHR SCHWER AUFZU-SPÜREN.
ABER ...
... WENN DU DICH AN UN-SCHULDIGEN MENSCHEN VERGREIFST ...
... WIRD MEIN ROTES FLAMMEN-SCHWERT ...
... DICH BIS AUF DIE KNOCHEN NIEDER-BRENNEN!!

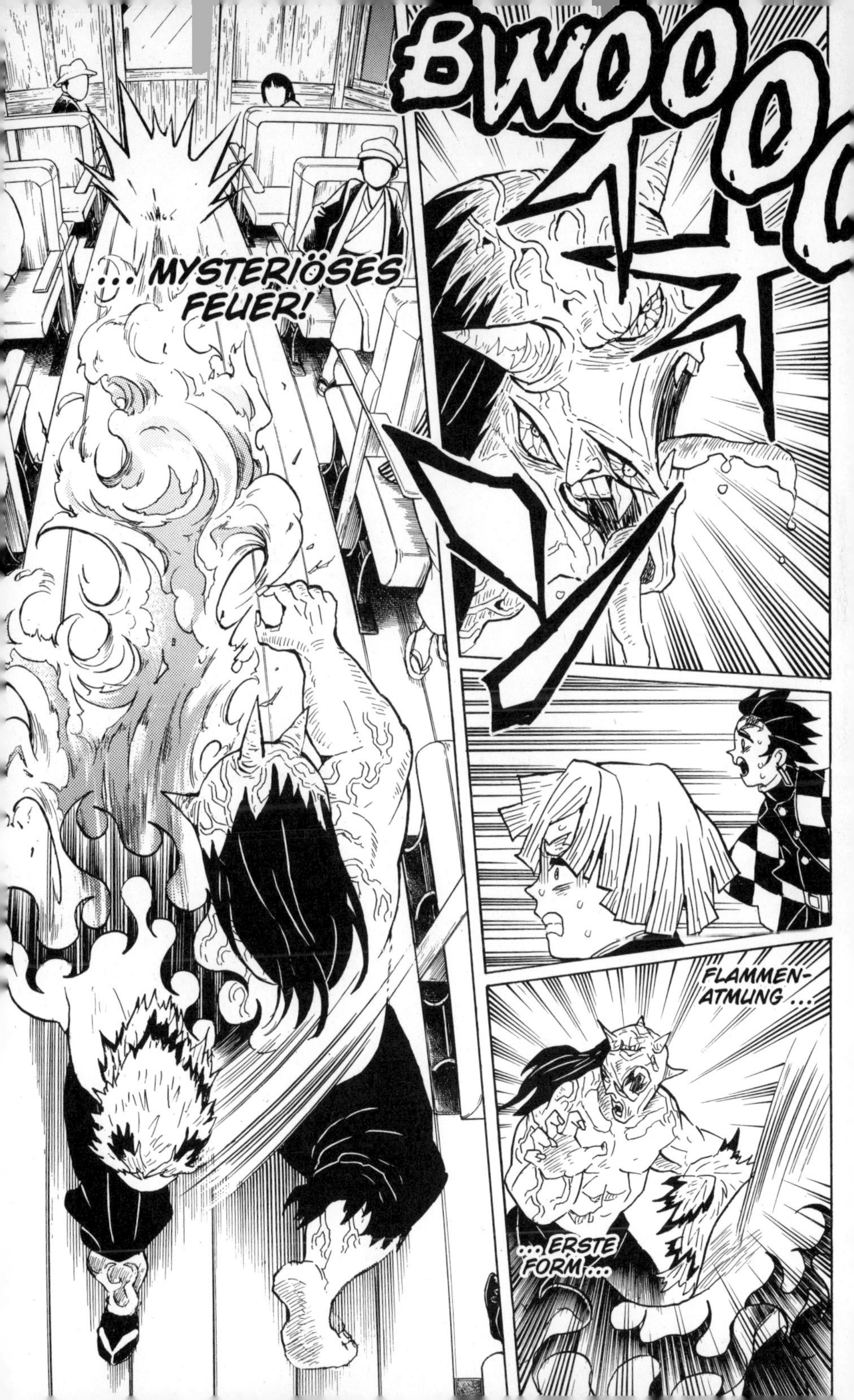
BWOOO
... MYSTERIÖSES FEUER!
FLAMMEN-ATMUNG ...
... ERSTE FORM ...

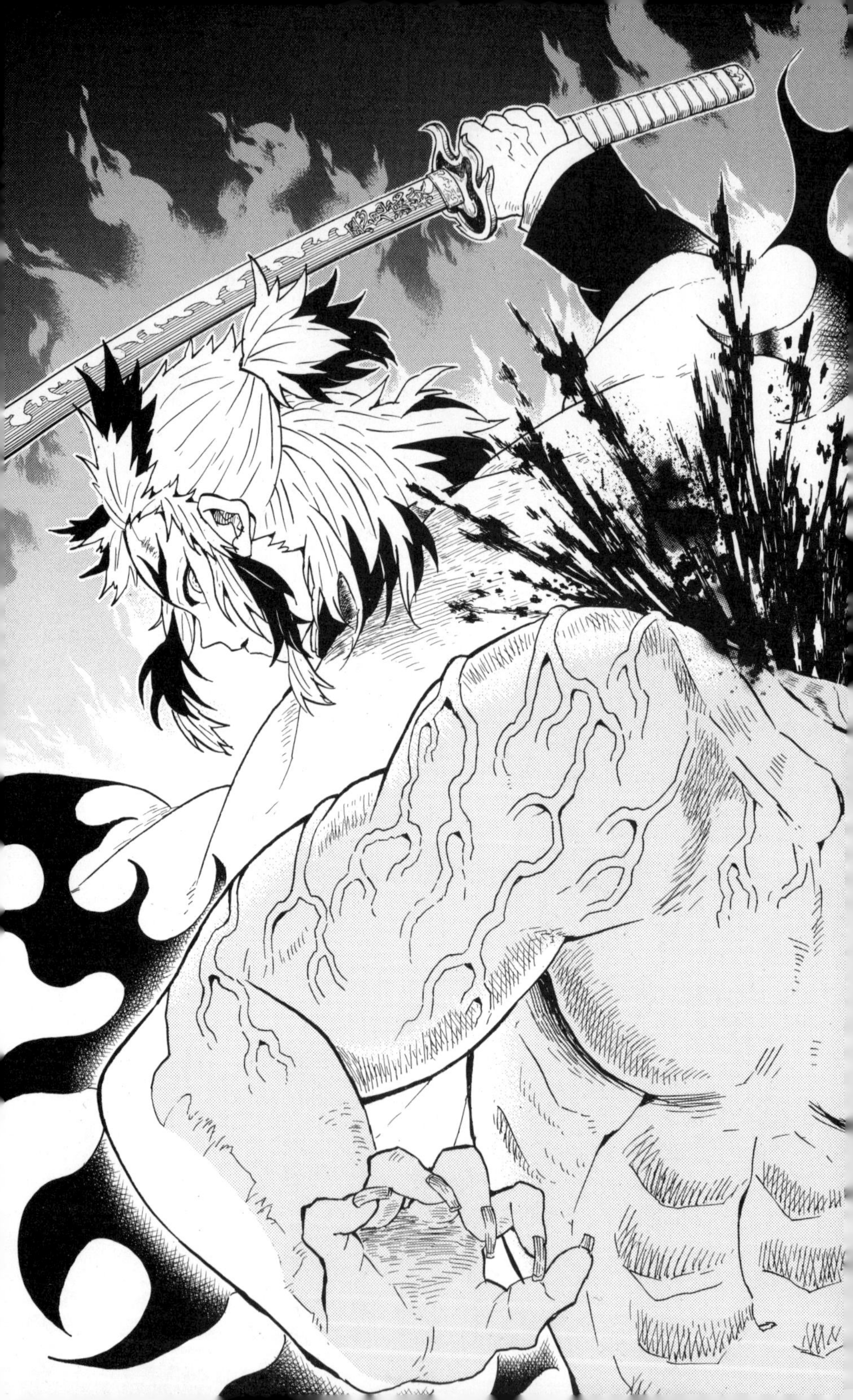

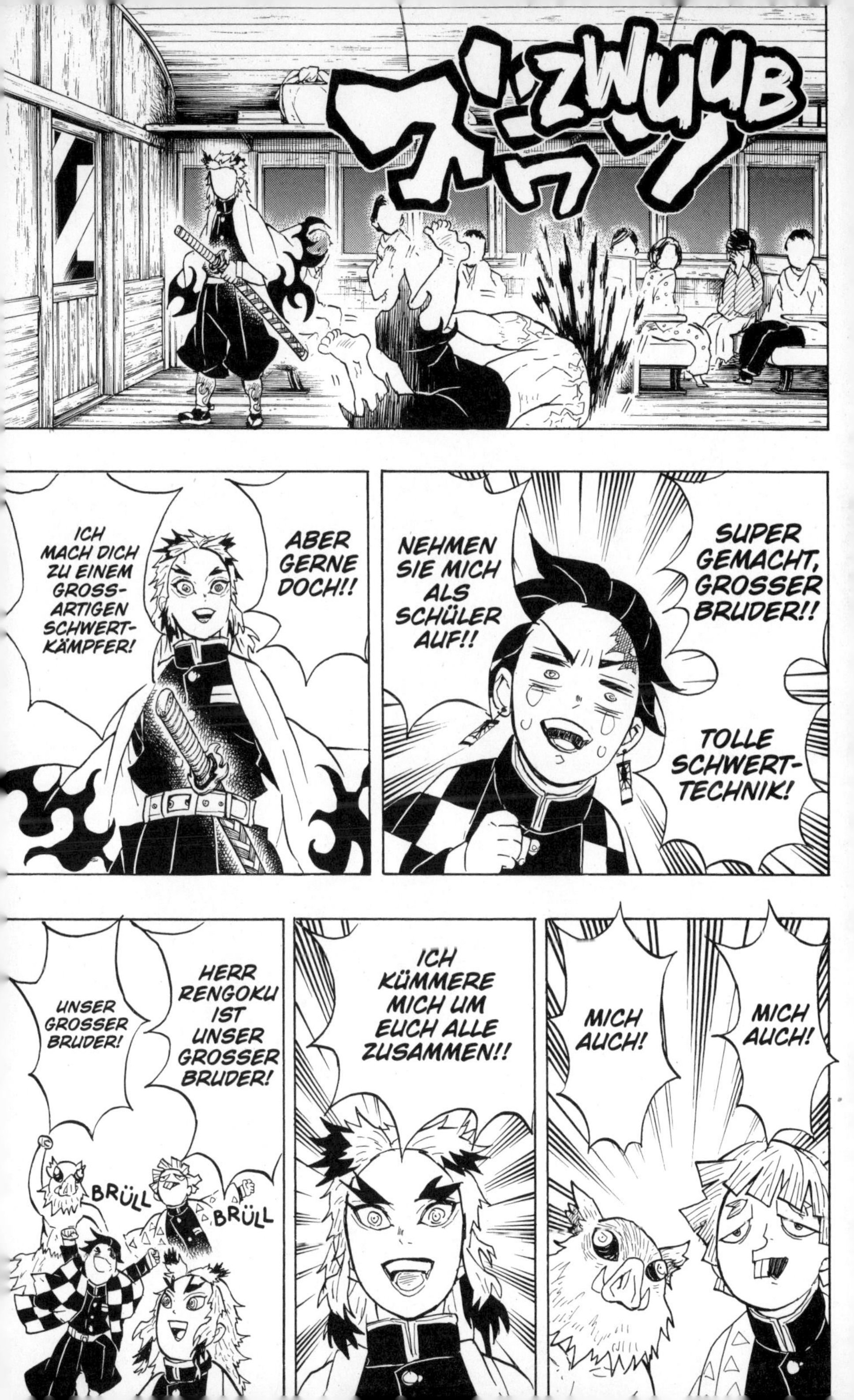
ZWUUB
SUPER GEMACHT, GROSSER BRUDER!!
NEHMEN SIE MICH ALS SCHÜLER AUF!!
TOLLE SCHWERT-TECHNIK!
ABER GERNE DOCH!!
ICH MACH DICH ZU EINEM GROSS-ARTIGEN SCHWERT-KÄMPFER!
MICH AUCH!
MICH AUCH!
ICH KÜMMERE MICH UM EUCH ALLE ZUSAMMEN!!
HERR RENGOKU IST UNSER GROSSER BRUDER!
UNSER GROSSER BRUDER!
BRÜLL
BRÜLL

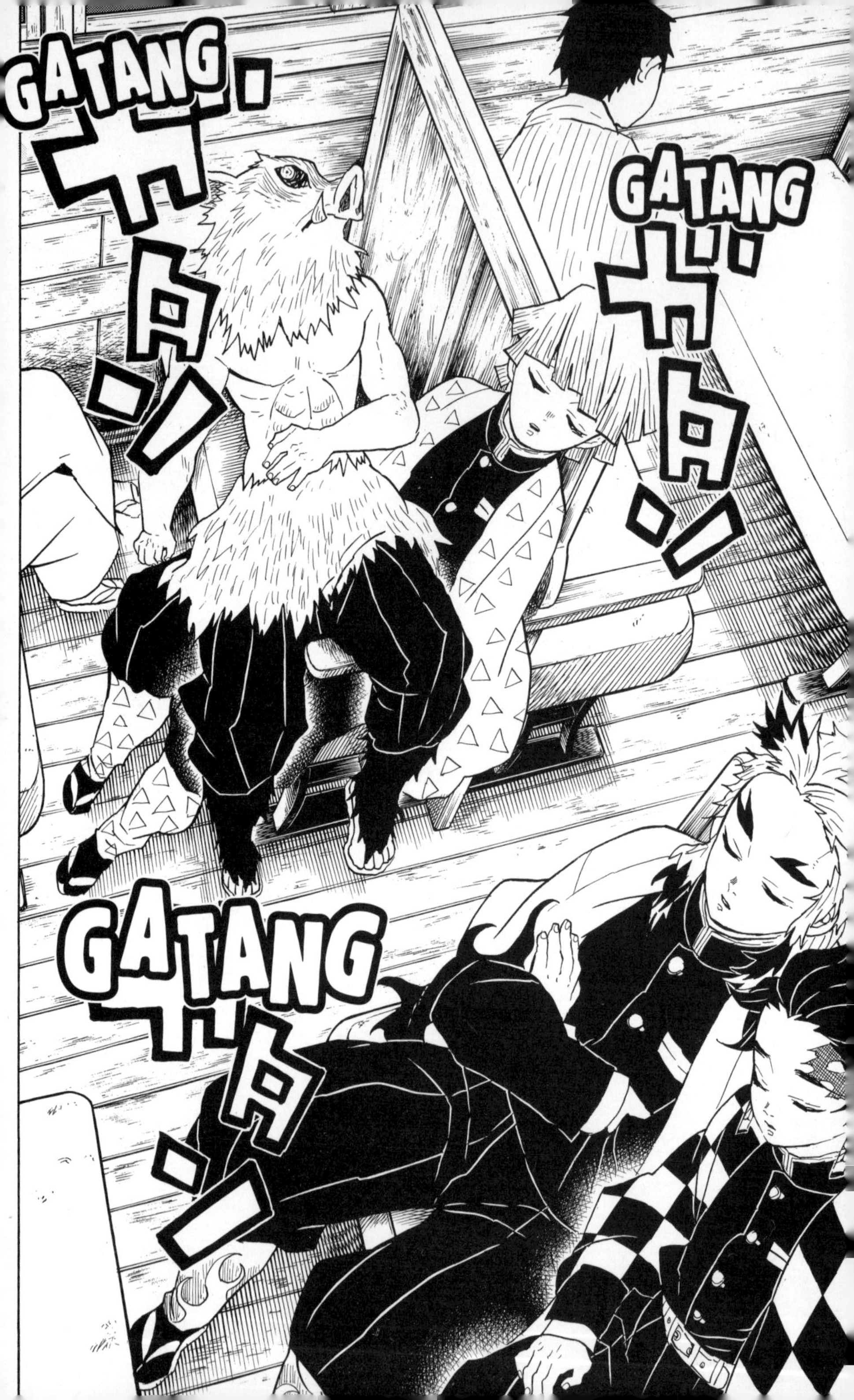
GATANG
ガタ
GATANG
ガタ
GATANG
ガタ

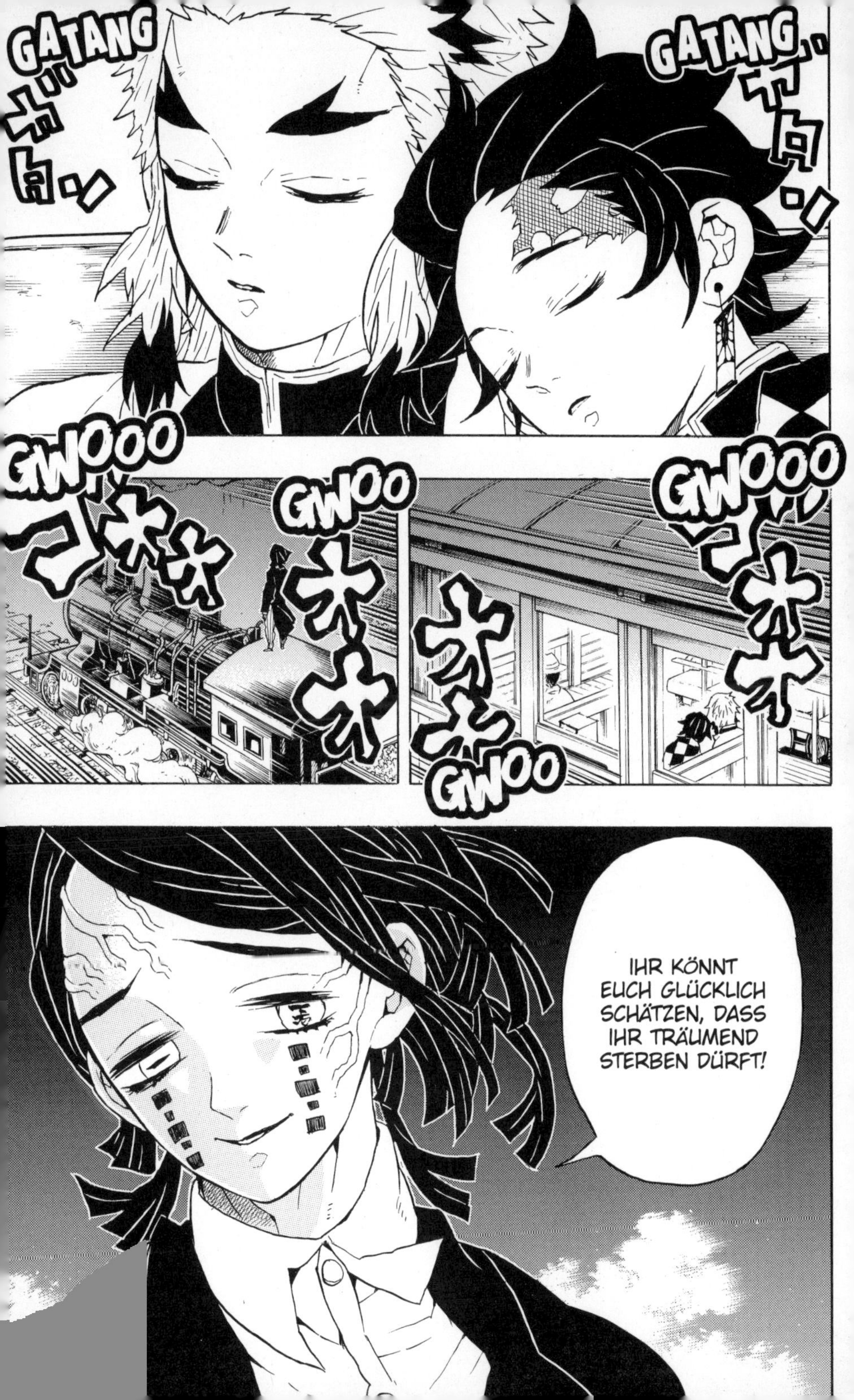
GATANG
GATANG
GWOOO
GWOO
GWOO
GWOOO
IHR KÖNNT EUCH GLÜCKLICH SCHÄTZEN, DASS IHR TRÄUMEND STERBEN DÜRFT!

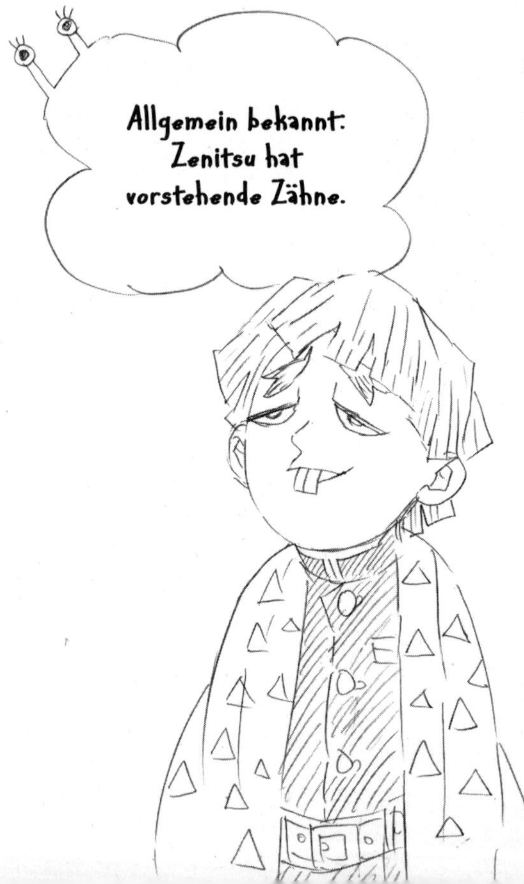
Allgemein bekannt:
Zenitsu hat
vorstehende Zähne.

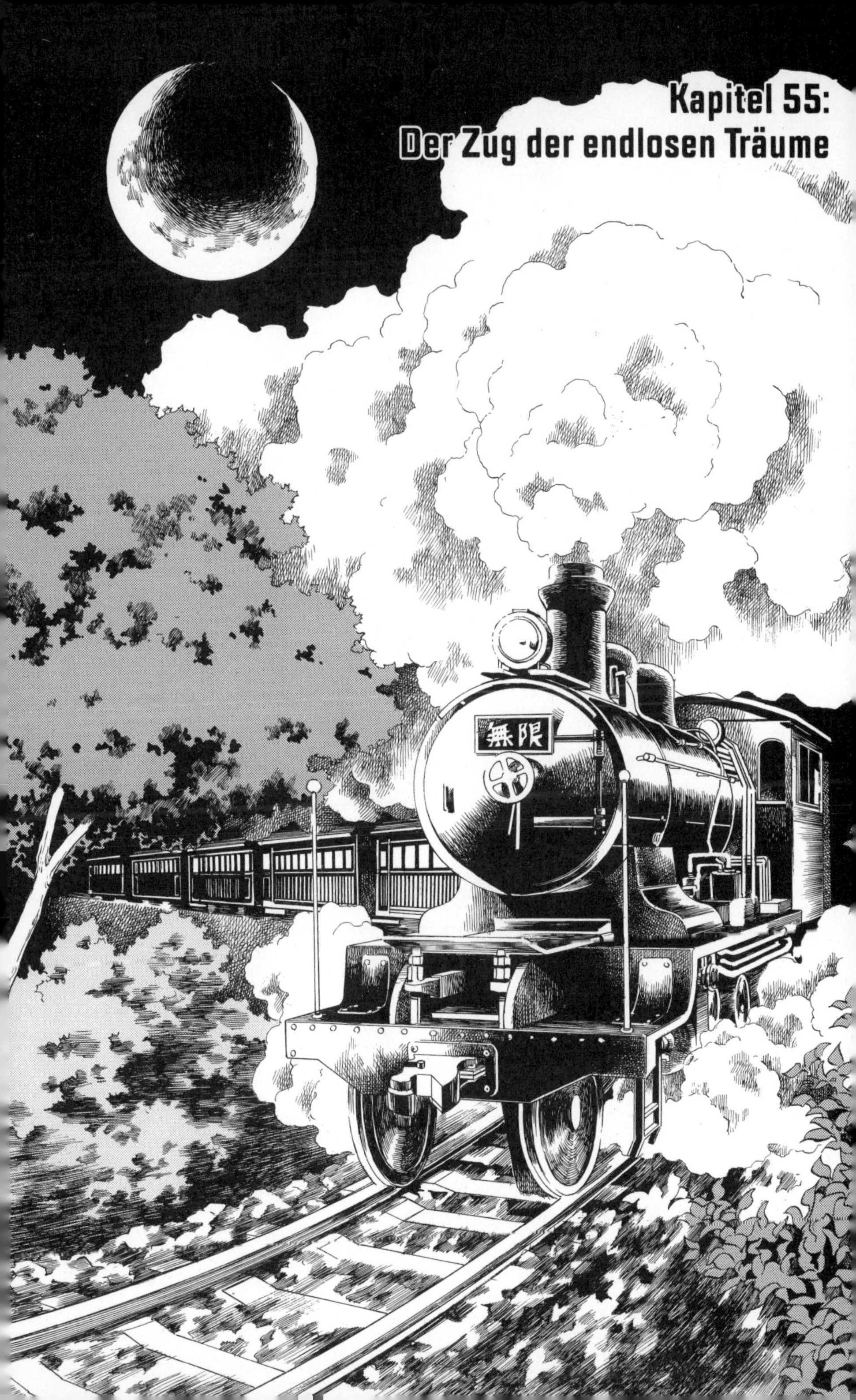
Kapitel 55:
Der Zug der endlosen Träume
無限

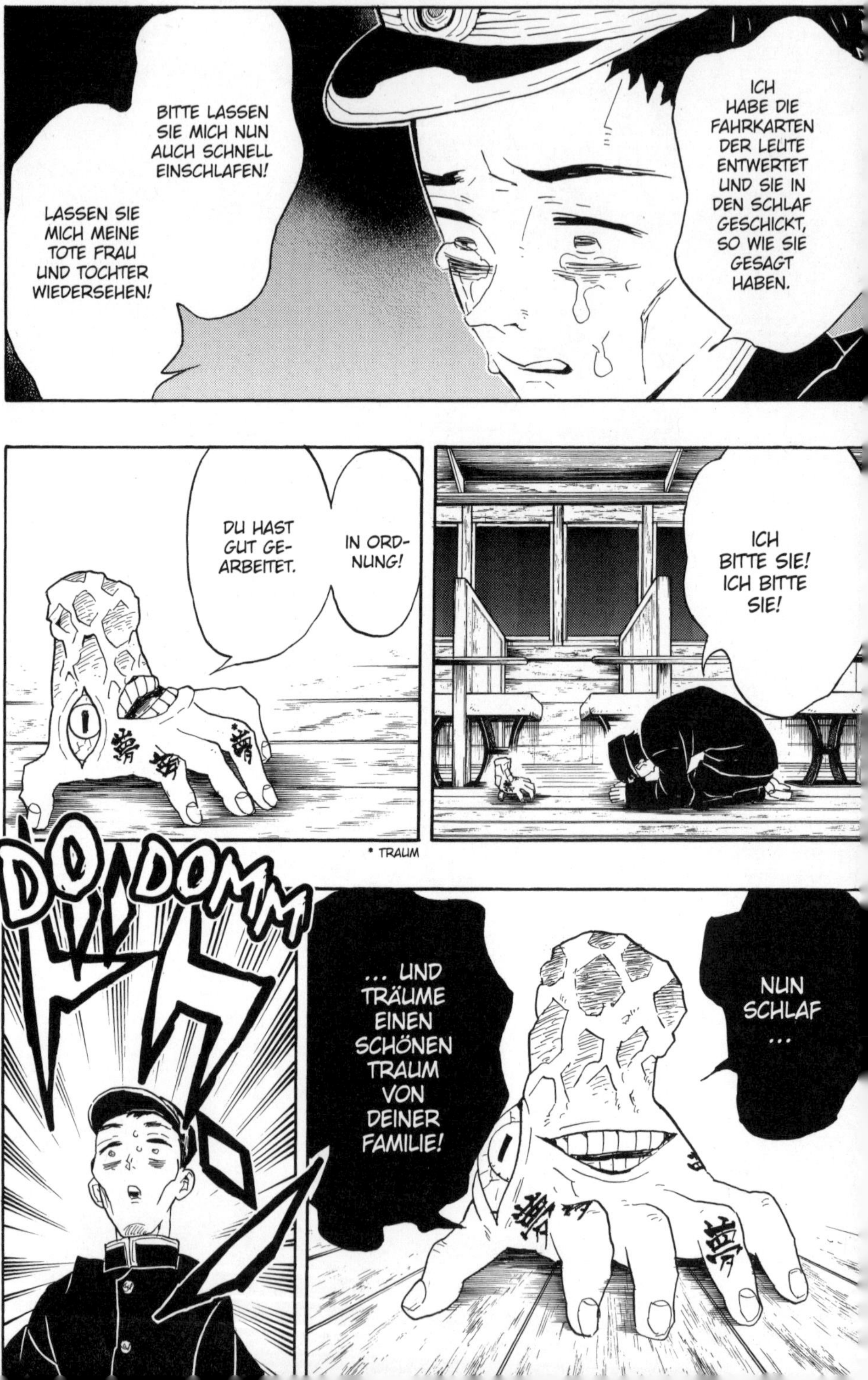
ICH HABE DIE FAHRKARTEN DER LEUTE ENTWERTET UND SIE IN DEN SCHLAF GESCHICKT, SO WIE SIE GESAGT HABEN.
BITTE LASSEN SIE MICH NUN AUCH SCHNELL EINSCHLAFEN!
LASSEN SIE MICH MEINE TOTE FRAU UND TOCHTER WIEDERSEHEN!
ICH BITTE SIE! ICH BITTE SIE!
IN ORD-NUNG!
DU HAST GUT GE-ARBEITET.
* TRAUM
NUN SCHLAF …
… UND TRÄUME EINEN SCHÖNEN TRAUM VON DEINER FAMILIE!
DO DOMM

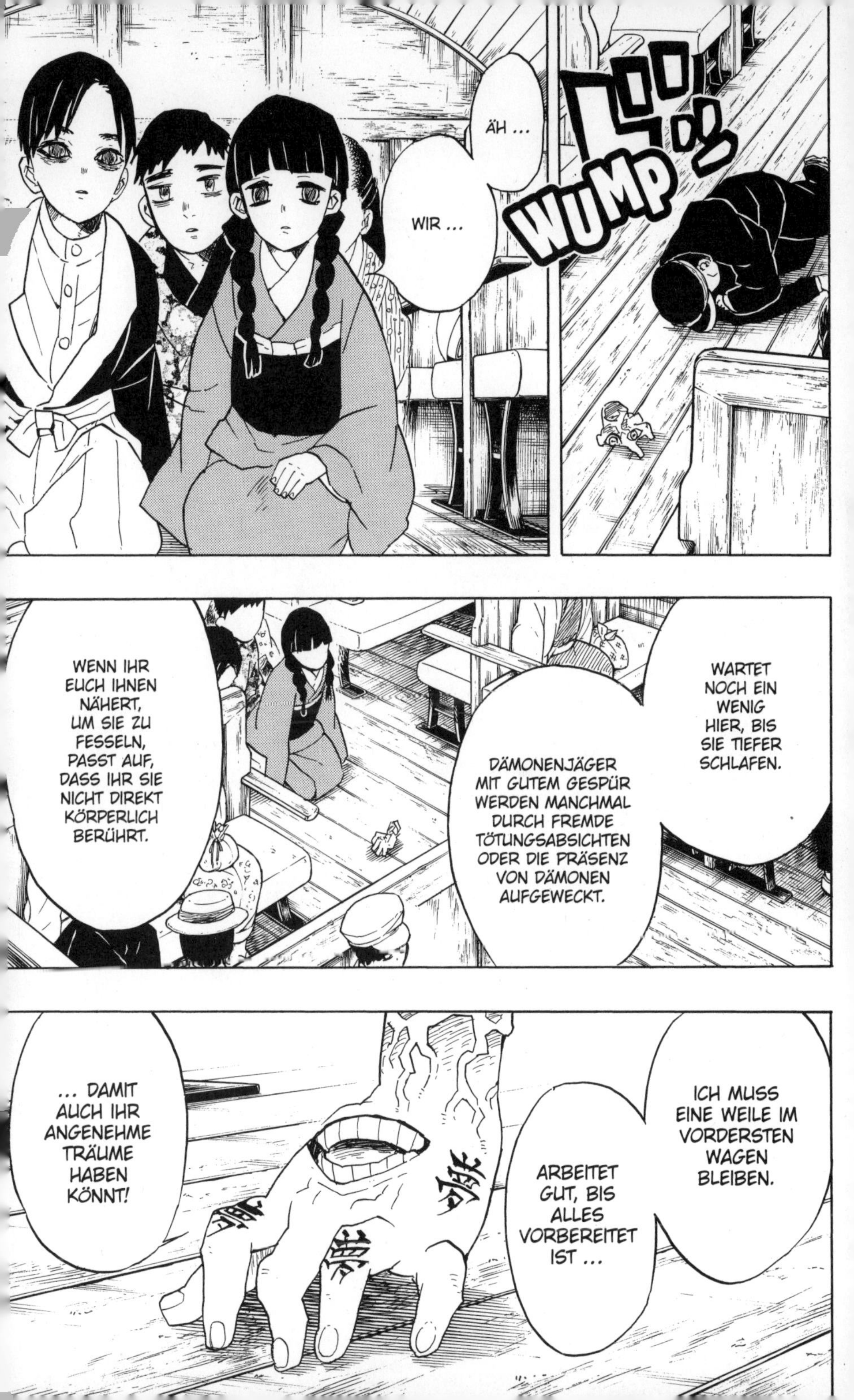
WUMP
ÄH …
WIR …
WARTET NOCH EIN WENIG HIER, BIS SIE TIEFER SCHLAFEN.
DÄMONENJÄGER MIT GUTEM GESPÜR WERDEN MANCHMAL DURCH FREMDE TÖTUNGSABSICHTEN ODER DIE PRÄSENZ VON DÄMONEN AUFGEWECKT.
WENN IHR EUCH IHNEN NÄHERT, UM SIE ZU FESSELN, PASST AUF, DASS IHR SIE NICHT DIREKT KÖRPERLICH BERÜHRT.
ICH MUSS EINE WEILE IM VORDERSTEN WAGEN BLEIBEN.
ARBEITET GUT, BIS ALLES VORBEREITET IST …
… DAMIT AUCH IHR ANGENEHME TRÄUME HABEN KÖNNT!

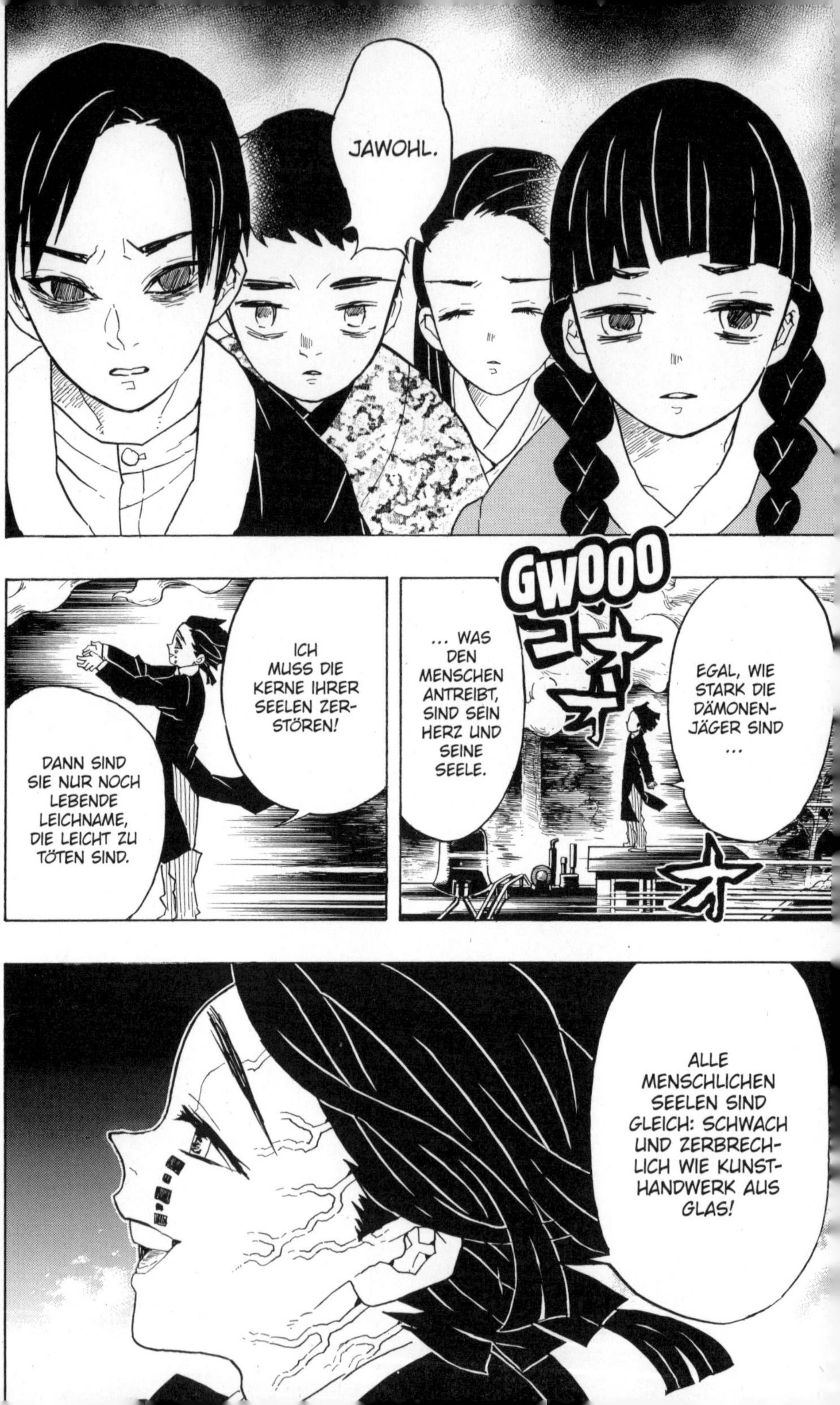
JAWOHL.
GWOOO
EGAL, WIE STARK DIE DÄMONEN-JÄGER SIND …
… WAS DEN MENSCHEN ANTREIBT, SIND SEIN HERZ UND SEINE SEELE.
ICH MUSS DIE KERNE IHRER SEELEN ZER-STÖREN!
DANN SIND SIE NUR NOCH LEBENDE LEICHNAME, DIE LEICHT ZU TÖTEN SIND.
ALLE MENSCHLICHEN SEELEN SIND GLEICH: SCHWACH UND ZERBRECH-LICH WIE KUNST-HANDWERK AUS GLAS!

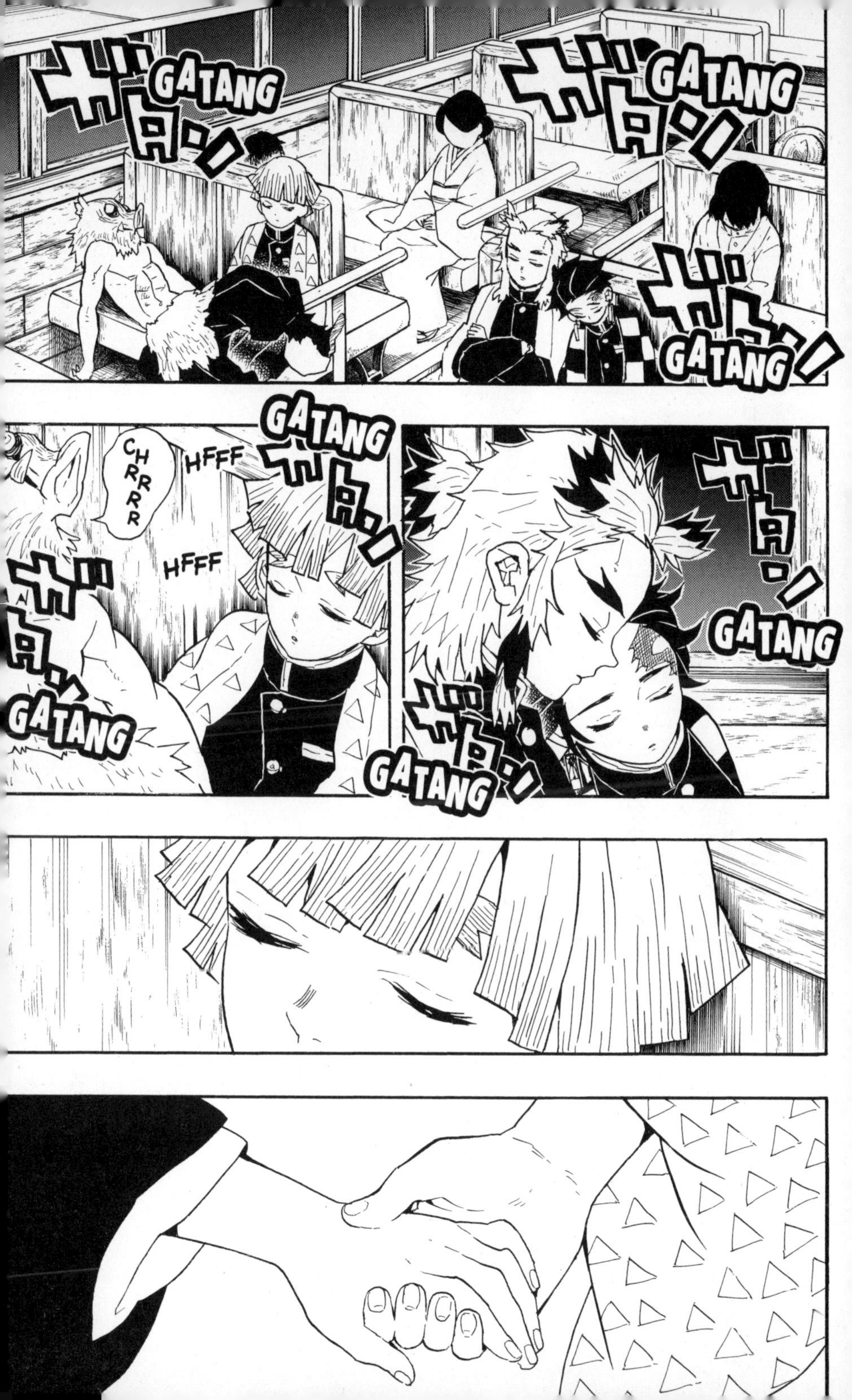

GATANG
GATANG
GATANG
GATANG
GATANG
GATANG
CHRRRR
HFFF
HFFF
GATANG

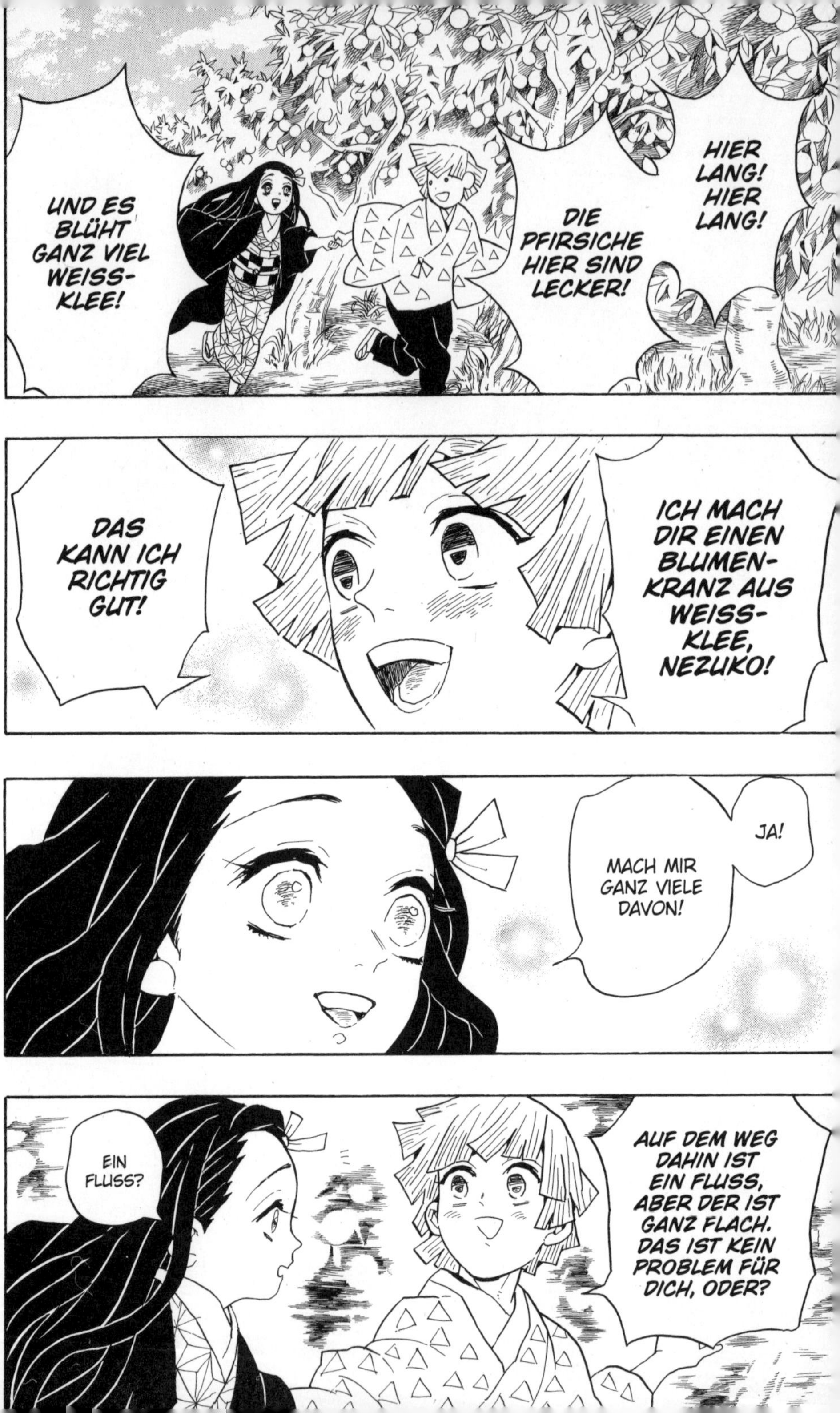
HIER LANG! HIER LANG!
DIE PFIRSICHE HIER SIND LECKER!
UND ES BLÜHT GANZ VIEL WEISS-KLEE!
ICH MACH DIR EINEN BLUMEN-KRANZ AUS WEISS-KLEE, NEZUKO!
DAS KANN ICH RICHTIG GUT!
JA!
MACH MIR GANZ VIELE DAVON!
AUF DEM WEG DAHIN IST EIN FLUSS, ABER DER IST GANZ FLACH. DAS IST KEIN PROBLEM FÜR DICH, ODER?
EIN FLUSS?

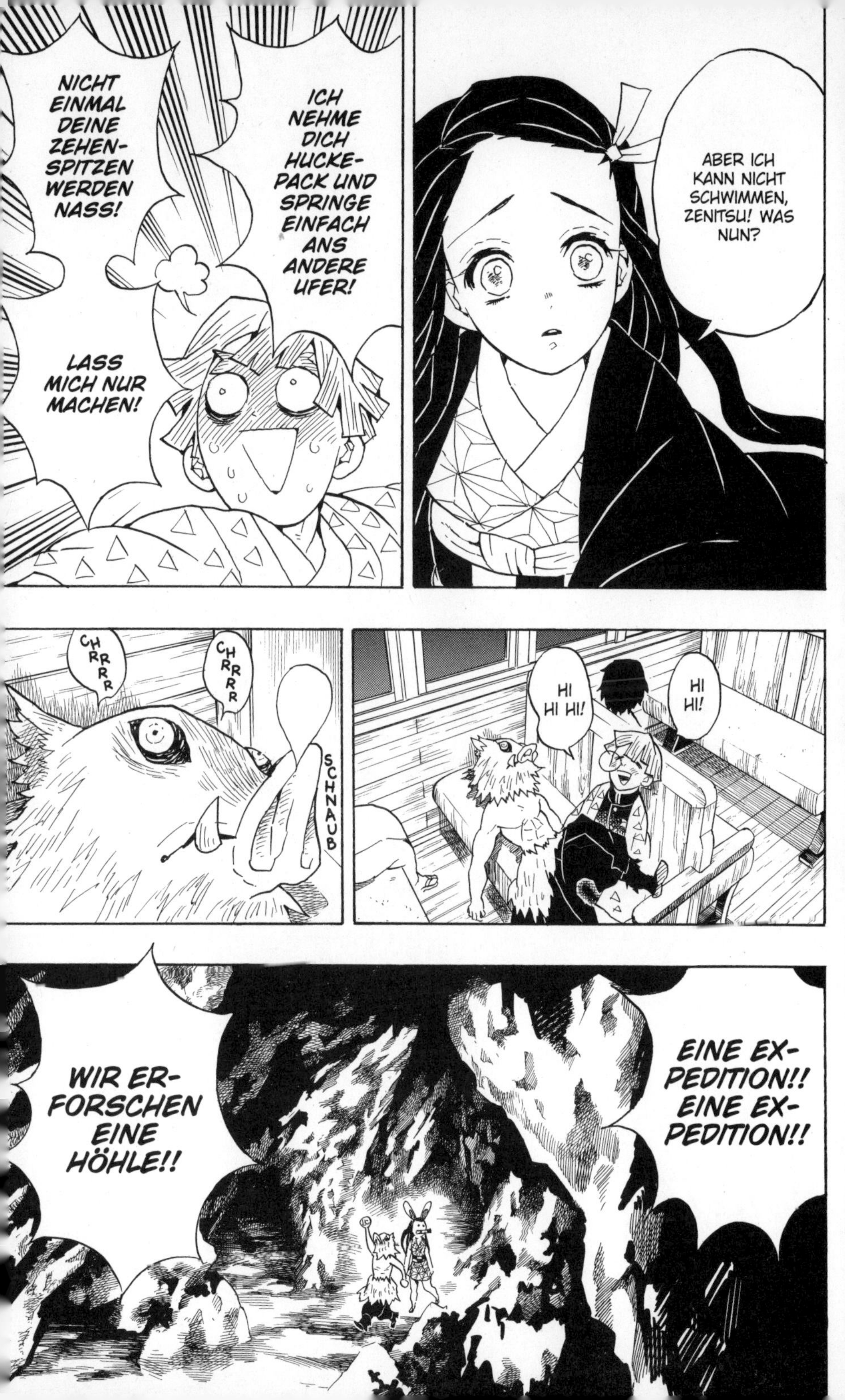
ABER ICH KANN NICHT SCHWIMMEN, ZENITSU! WAS NUN?
ICH NEHME DICH HUCKEPACK UND SPRINGE EINFACH ANS ANDERE UFER!
NICHT EINMAL DEINE ZEHENSPITZEN WERDEN NASS!
LASS MICH NUR MACHEN!
HI HI!
HI HI HI!
SCHNAUB
CHRRRR
CHRRRR
EINE EXPEDITION!! EINE EXPEDITION!!
WIR ERFORSCHEN EINE HÖHLE!!

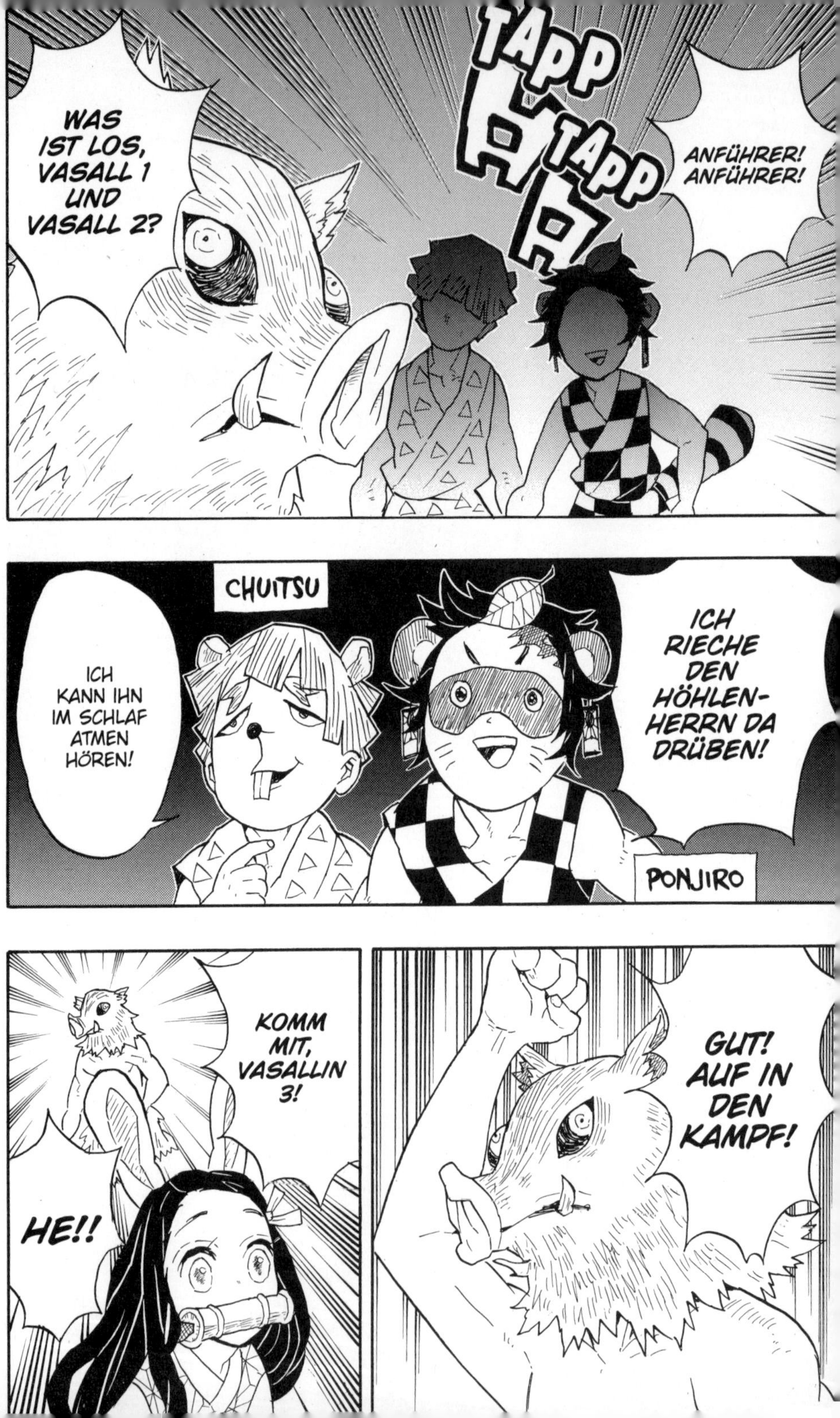

ANFÜHRER! ANFÜHRER!
TAPP TAPP
WAS IST LOS, VASALL 1 UND VASALL 2?
ICH RIECHE DEN HÖHLEN-HERRN DA DRÜBEN!
PONJIRO
CHUITSU
ICH KANN IHN IM SCHLAF ATMEN HÖREN!
GUT! AUF IN DEN KAMPF!
KOMM MIT, VASALLIN 3!
HE!!

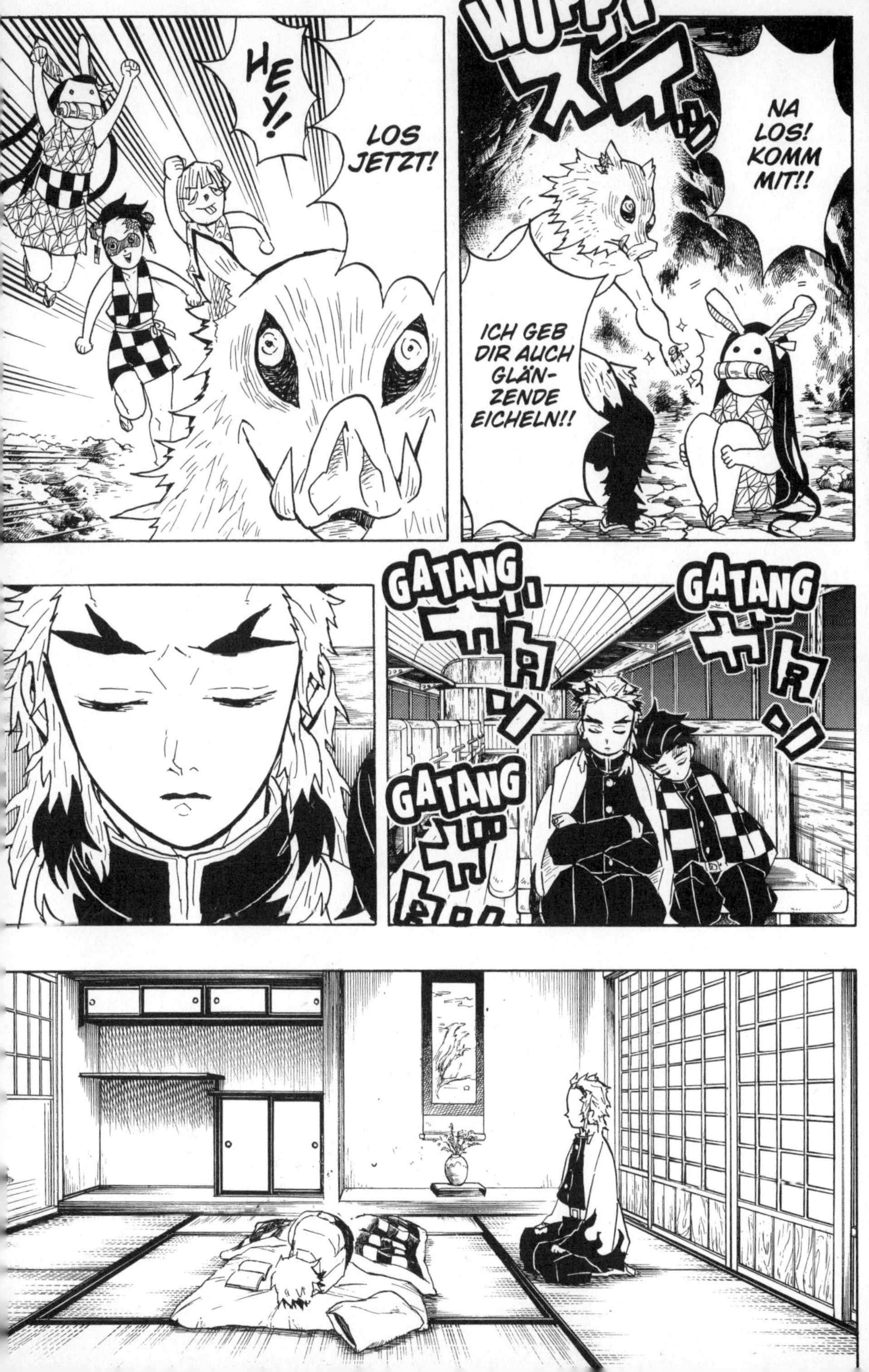
WUPP
NA LOS! KOMM MIT!!
ICH GEB DIR AUCH GLÄN-ZENDE EICHELN!!
HEY!!
LOS JETZT!
GATANG
GATANG
GATANG

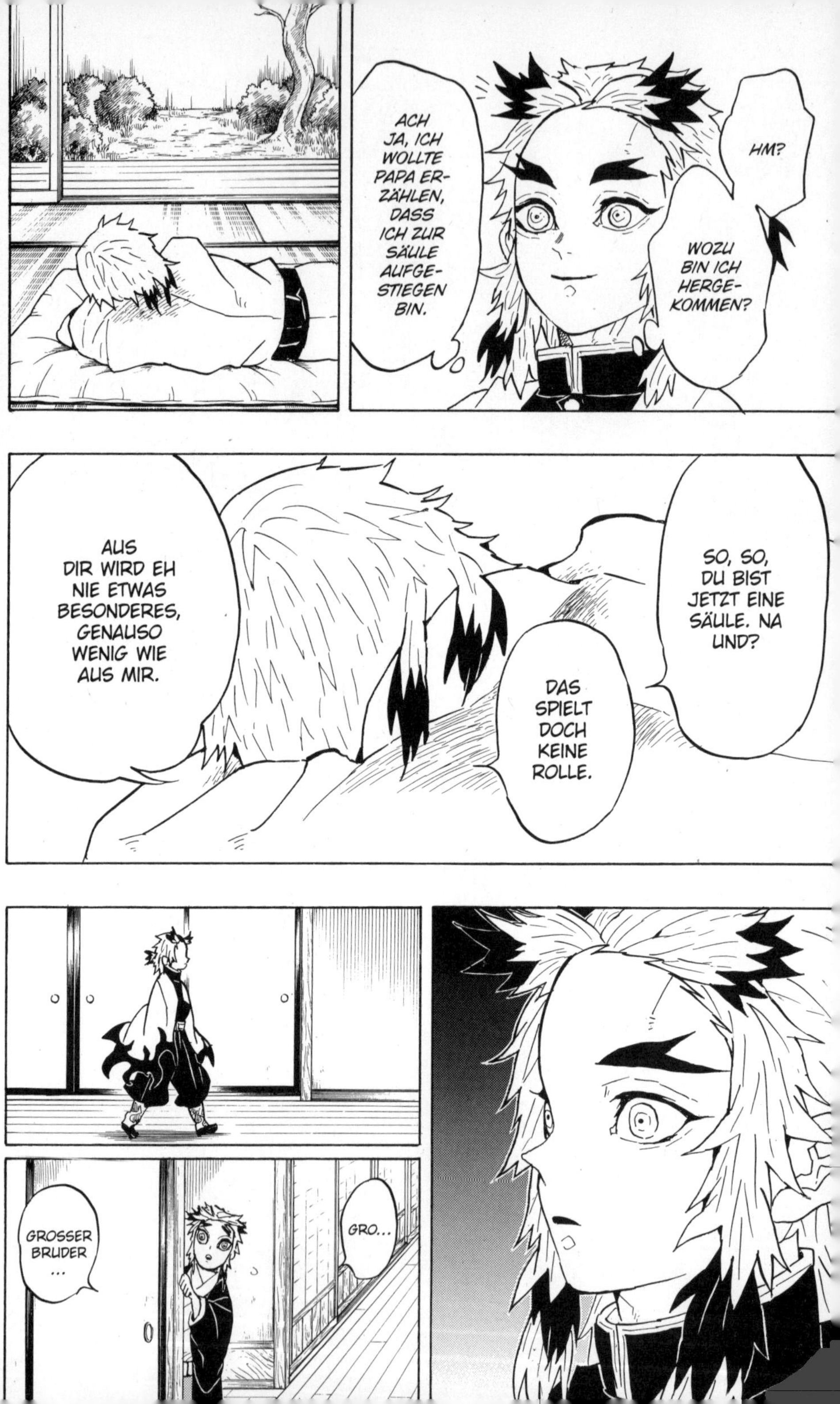
HM?
WOZU BIN ICH HERGE- KOMMEN?
ACH JA, ICH WOLLTE PAPA ER- ZÄHLEN, DASS ICH ZUR SÄULE AUFGE- STIEGEN BIN.
SO, SO, DU BIST JETZT EINE SÄULE. NA UND?
DAS SPIELT DOCH KEINE ROLLE.
AUS DIR WIRD EH NIE ETWAS BESONDERES, GENAUSO WENIG WIE AUS MIR.
GRO...
GROSSER BRUDER ...

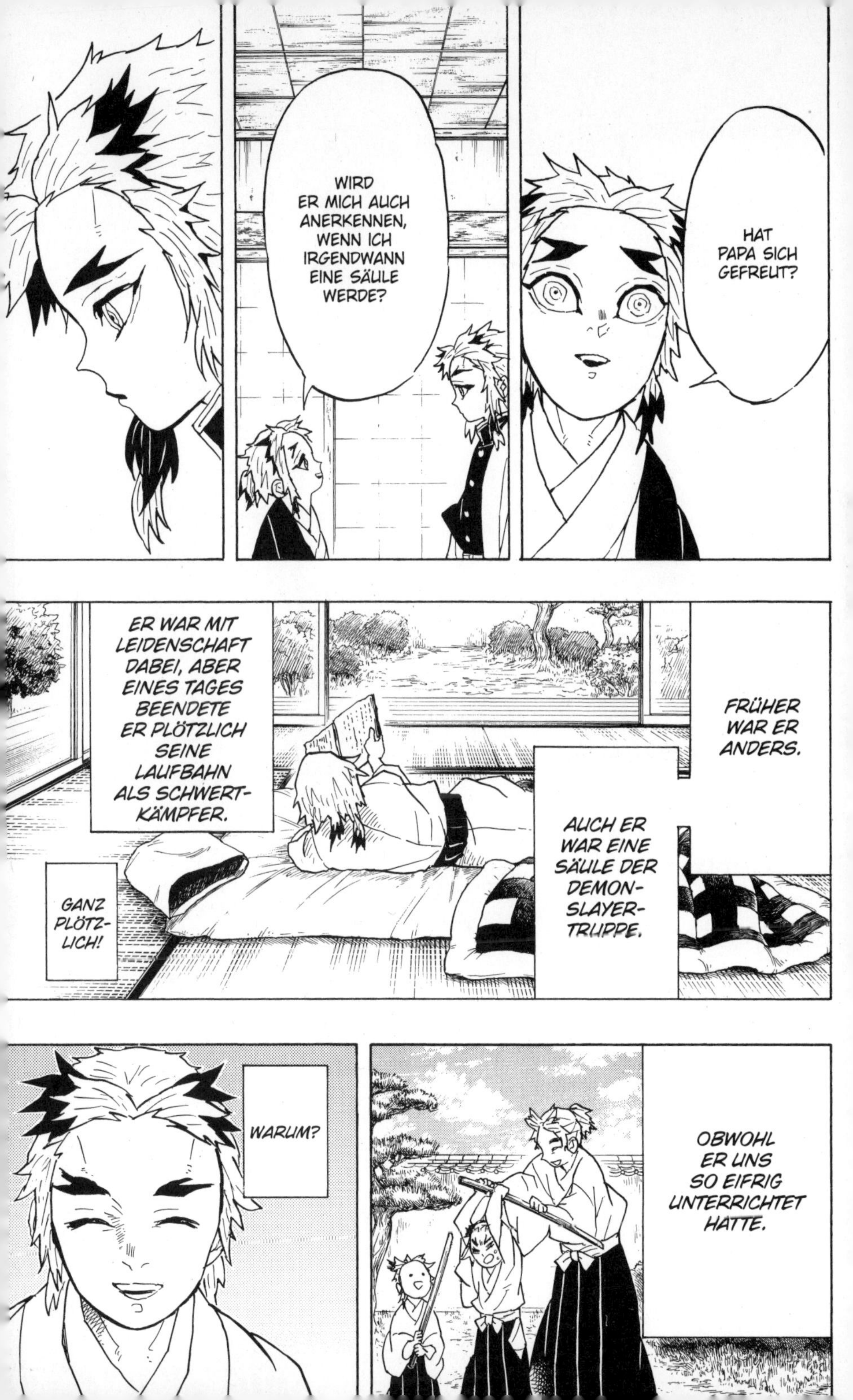

HAT PAPA SICH GEFREUT?
WIRD ER MICH AUCH ANERKENNEN, WENN ICH IRGENDWANN EINE SÄULE WERDE?
FRÜHER WAR ER ANDERS.
AUCH ER WAR EINE SÄULE DER DEMON-SLAYER-TRUPPE.
ER WAR MIT LEIDENSCHAFT DABEI, ABER EINES TAGES BEENDETE ER PLÖTZLICH SEINE LAUFBAHN ALS SCHWERT-KÄMPFER.
GANZ PLÖTZ-LICH!
OBWOHL ER UNS SO EIFRIG UNTERRICHTET HATTE.
WARUM?

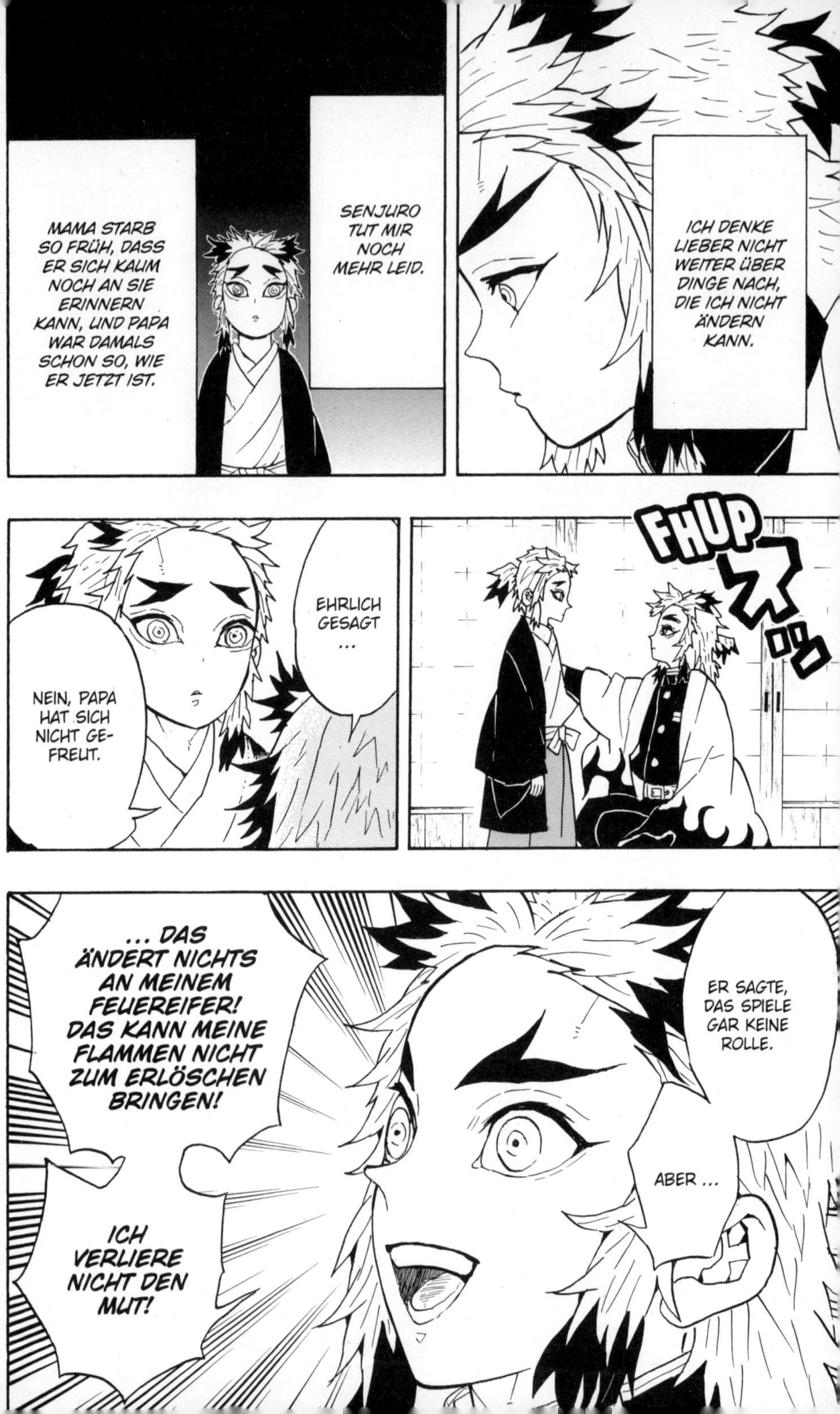
SENJURO TUT MIR NOCH MEHR LEID.
MAMA STARB SO FRÜH, DASS ER SICH KAUM NOCH AN SIE ERINNERN KANN, UND PAPA WAR DAMALS SCHON SO, WIE ER JETZT IST.
ICH DENKE LIEBER NICHT WEITER ÜBER DINGE NACH, DIE ICH NICHT ÄNDERN KANN.
FHUP
EHRLICH GESAGT …
NEIN, PAPA HAT SICH NICHT GE-FREUT.
ER SAGTE, DAS SPIELE GAR KEINE ROLLE.
ABER …
… DAS ÄNDERT NICHTS AN MEINEM FEUEREIFER! DAS KANN MEINE FLAMMEN NICHT ZUM ERLÖSCHEN BRINGEN!
ICH VERLIERE NICHT DEN MUT!

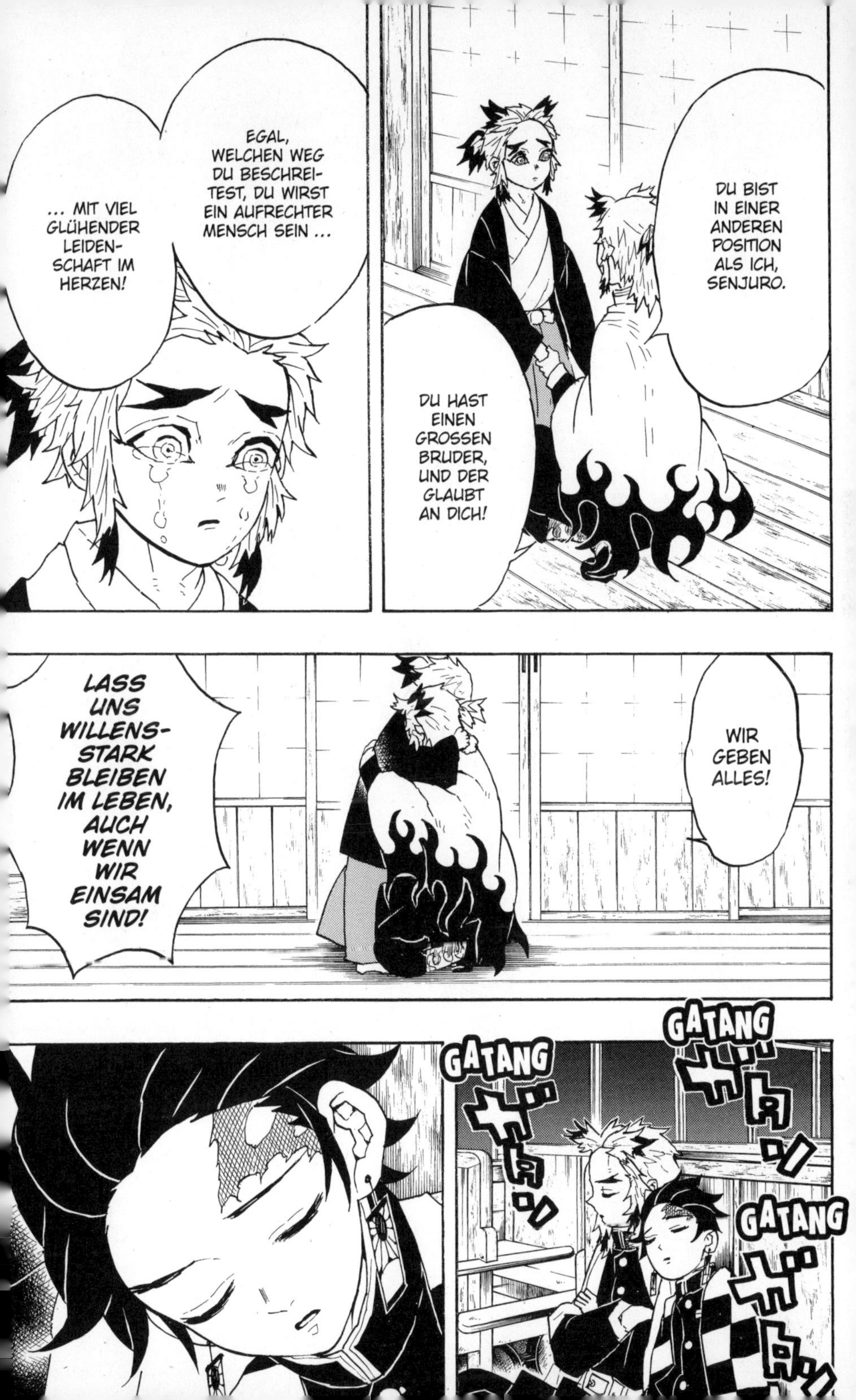
DU BIST IN EINER ANDEREN POSITION ALS ICH, SENJURO.
DU HAST EINEN GROSSEN BRUDER, UND DER GLAUBT AN DICH!
EGAL, WELCHEN WEG DU BESCHREITEST, DU WIRST EIN AUFRECHTER MENSCH SEIN …
… MIT VIEL GLÜHENDER LEIDENSCHAFT IM HERZEN!
WIR GEBEN ALLES!
LASS UNS WILLENSSTARK BLEIBEN IM LEBEN, AUCH WENN WIR EINSAM SIND!
GATANG
GATANG
GATANG

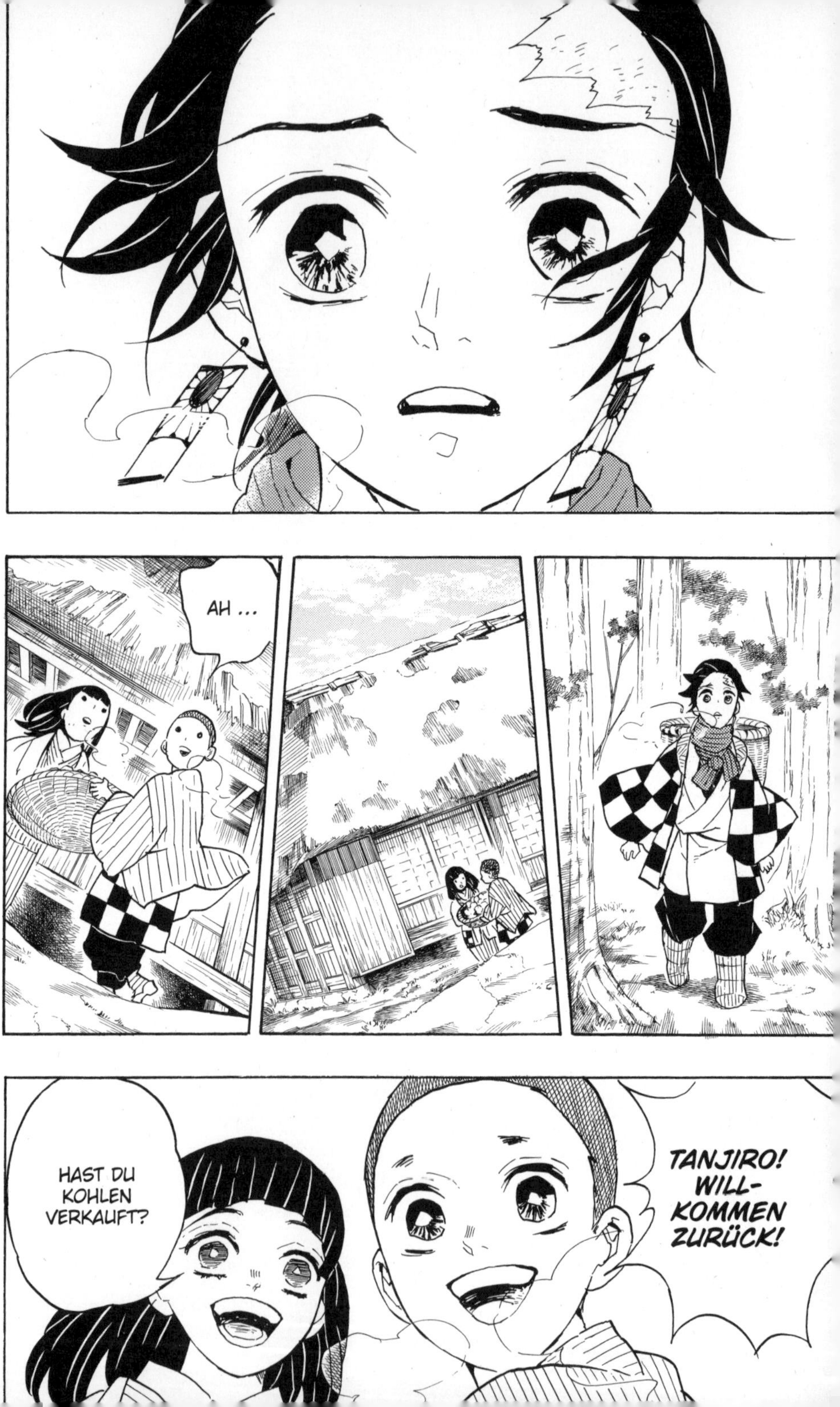
AH ...
TANJIRO! WILL-KOMMEN ZURÜCK!
HAST DU KOHLEN VERKAUFT?

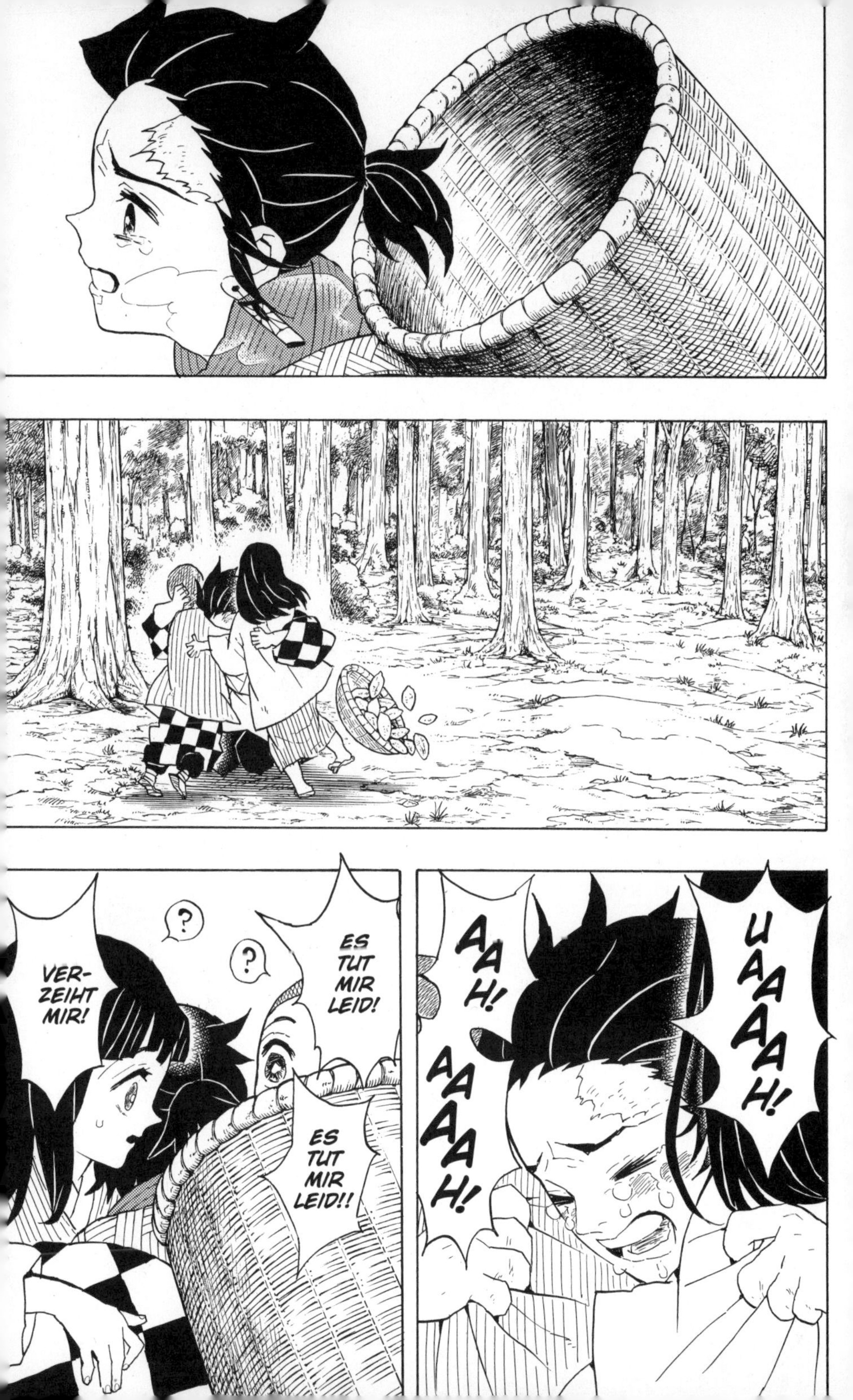

UAAAAAH!
AAH!
AAAAAH!
ES TUT MIR LEID!
?
?
VERZEIHT MIR!
ES TUT MIR LEID!!

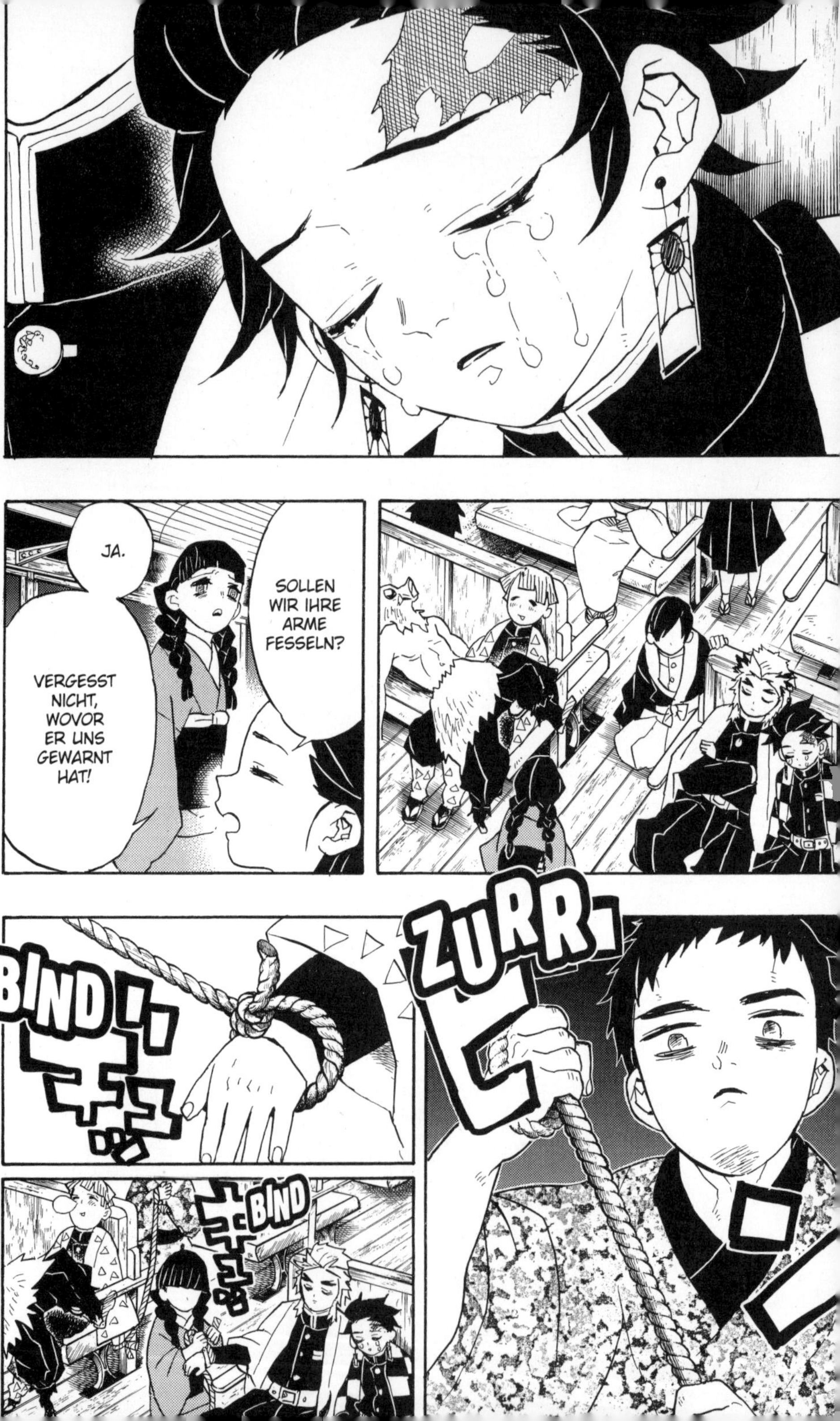
SOLLEN WIR IHRE ARME FESSELN?
JA.
VERGESST NICHT, WOVOR ER UNS GEWARNT HAT!
ZURR
BIND
BIND

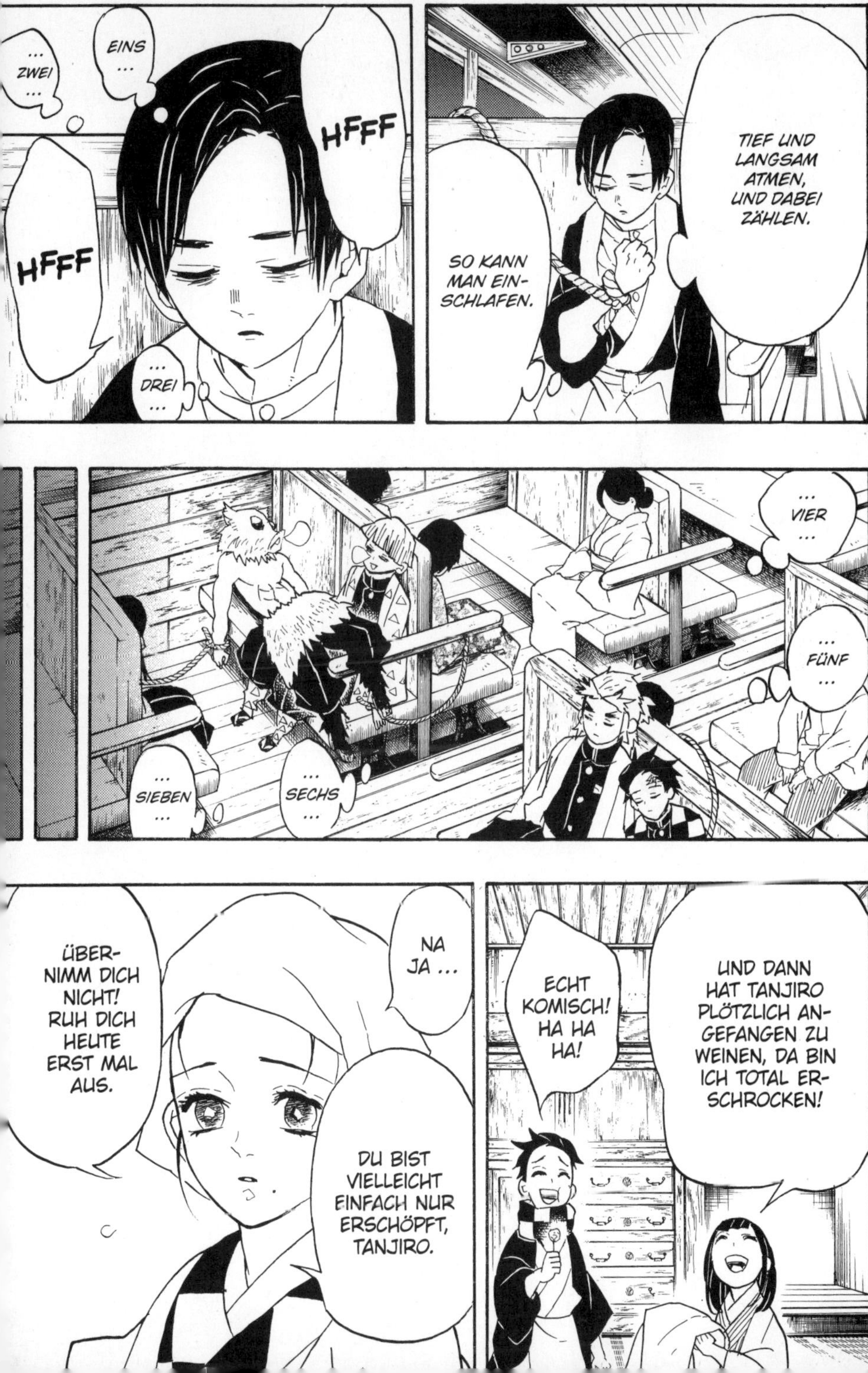
TIEF UND LANGSAM ATMEN, UND DABEI ZÄHLEN.
SO KANN MAN EIN-SCHLAFEN.
EINS ...
... ZWEI ...
HFFF
HFFF
... DREI ...
... VIER ...
... FÜNF ...
... SECHS ...
... SIEBEN ...
UND DANN HAT TANJIRO PLÖTZLICH AN-GEFANGEN ZU WEINEN, DA BIN ICH TOTAL ER-SCHROCKEN!
ECHT KOMISCH! HA HA HA!
NA JA ...
DU BIST VIELLEICHT EINFACH NUR ERSCHÖPFT, TANJIRO.
ÜBER-NIMM DICH NICHT! RUH DICH HEUTE ERST MAL AUS.

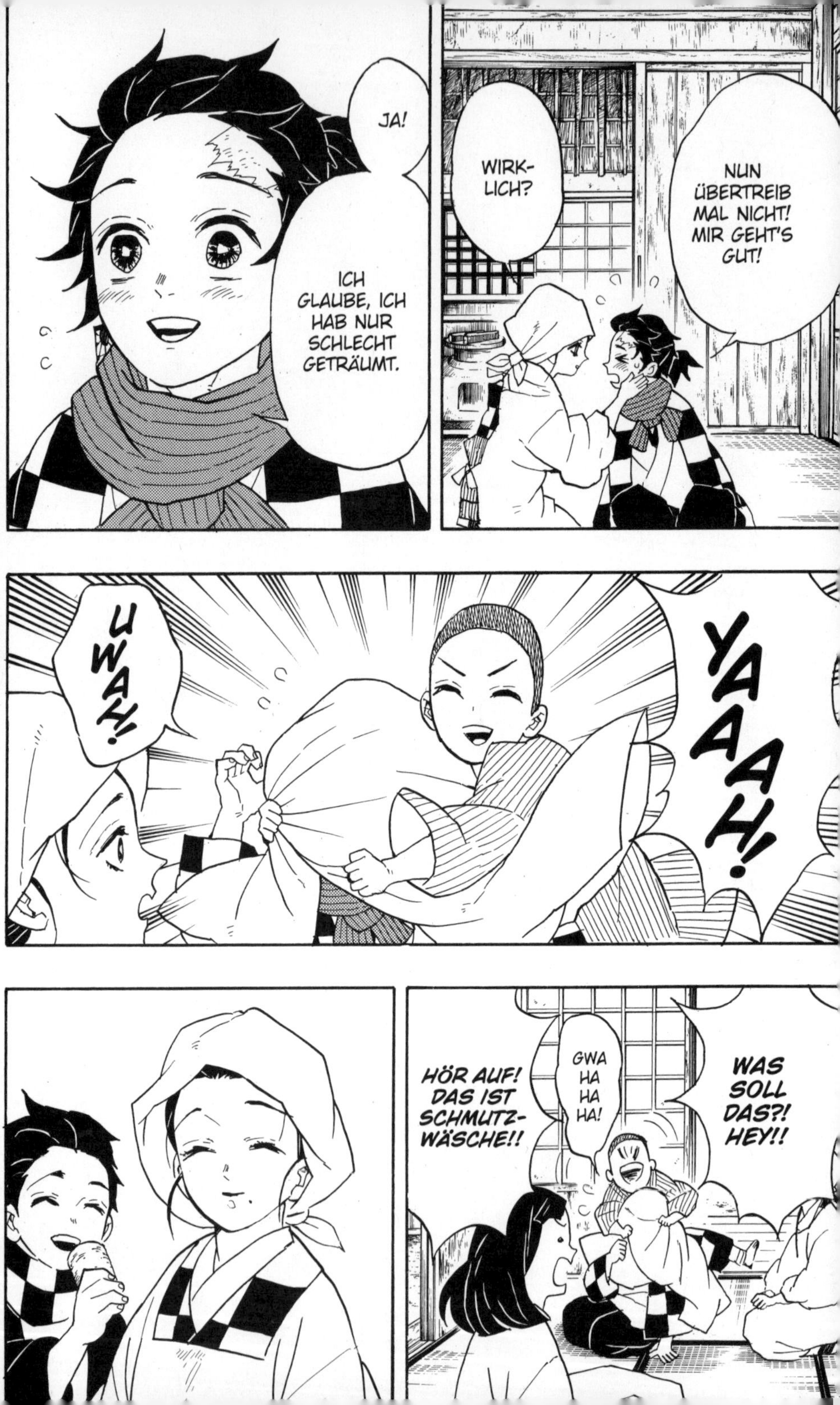
NUN ÜBERTREIB MAL NICHT! MIR GEHT'S GUT!
WIRK-LICH?
JA!
ICH GLAUBE, ICH HAB NUR SCHLECHT GETRÄUMT.
YAAAH!
UWAH!
WAS SOLL DAS?! HEY!!
GWA HA HA HA!
HÖR AUF! DAS IST SCHMUTZ-WÄSCHE!!

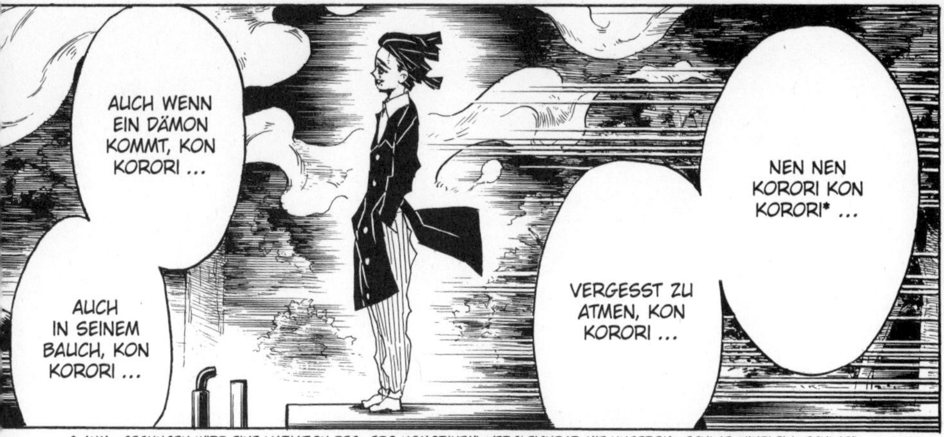

* ANM.: GESUNGEN WIRD EINE VARIATION DES „EDO KOMORIUTA", VERGLEICHBAR MIT UNSEREM „SCHLAF, KINDLEIN, SCHLAF".

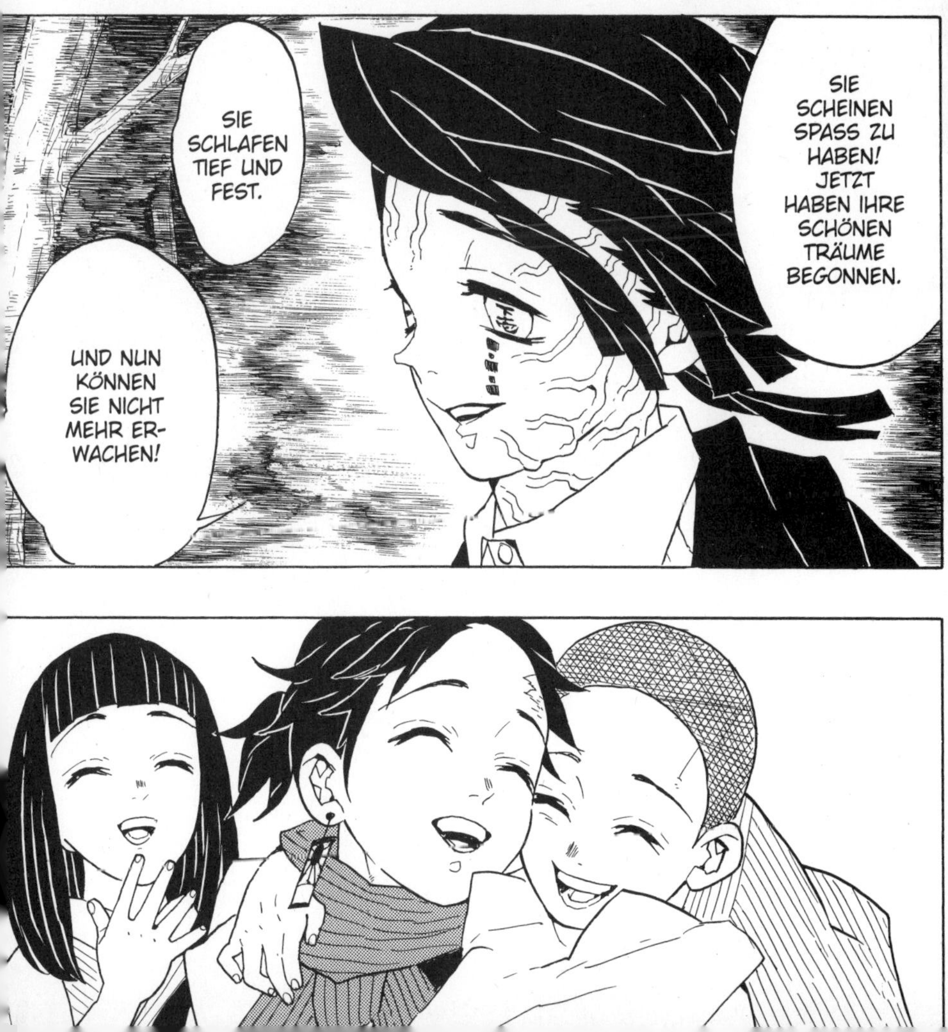

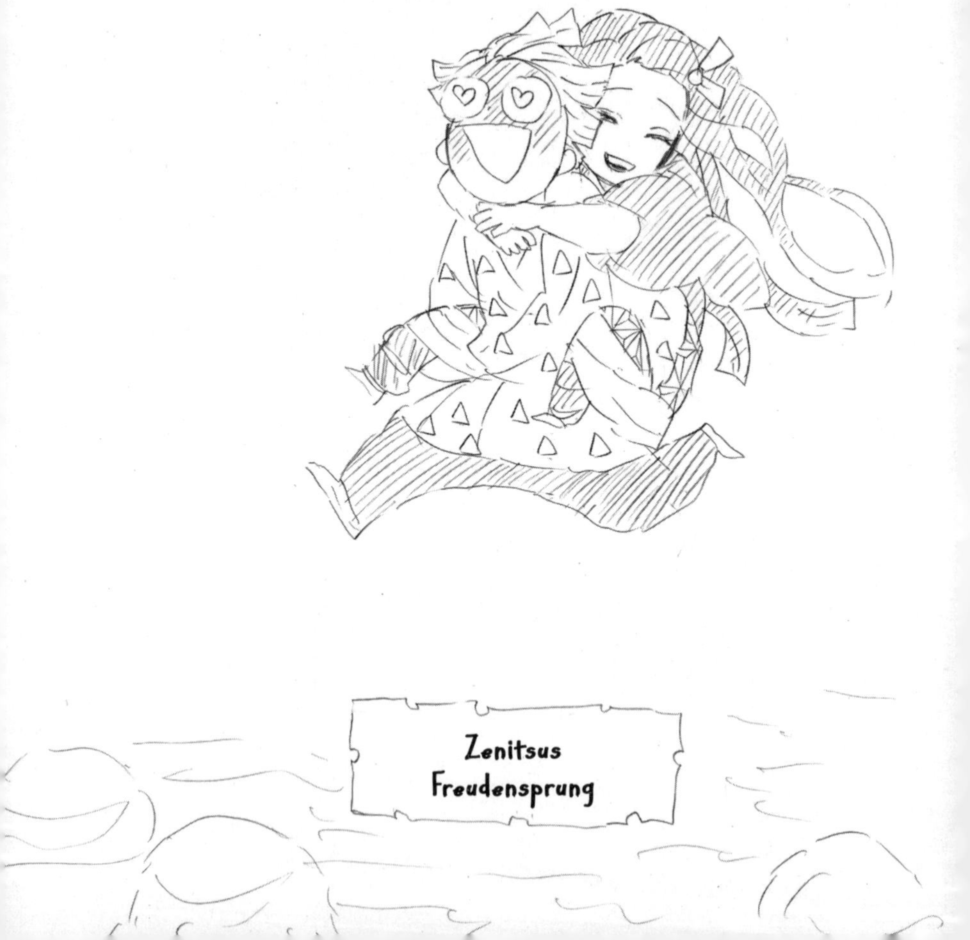
Zenitsus
Freudensprung

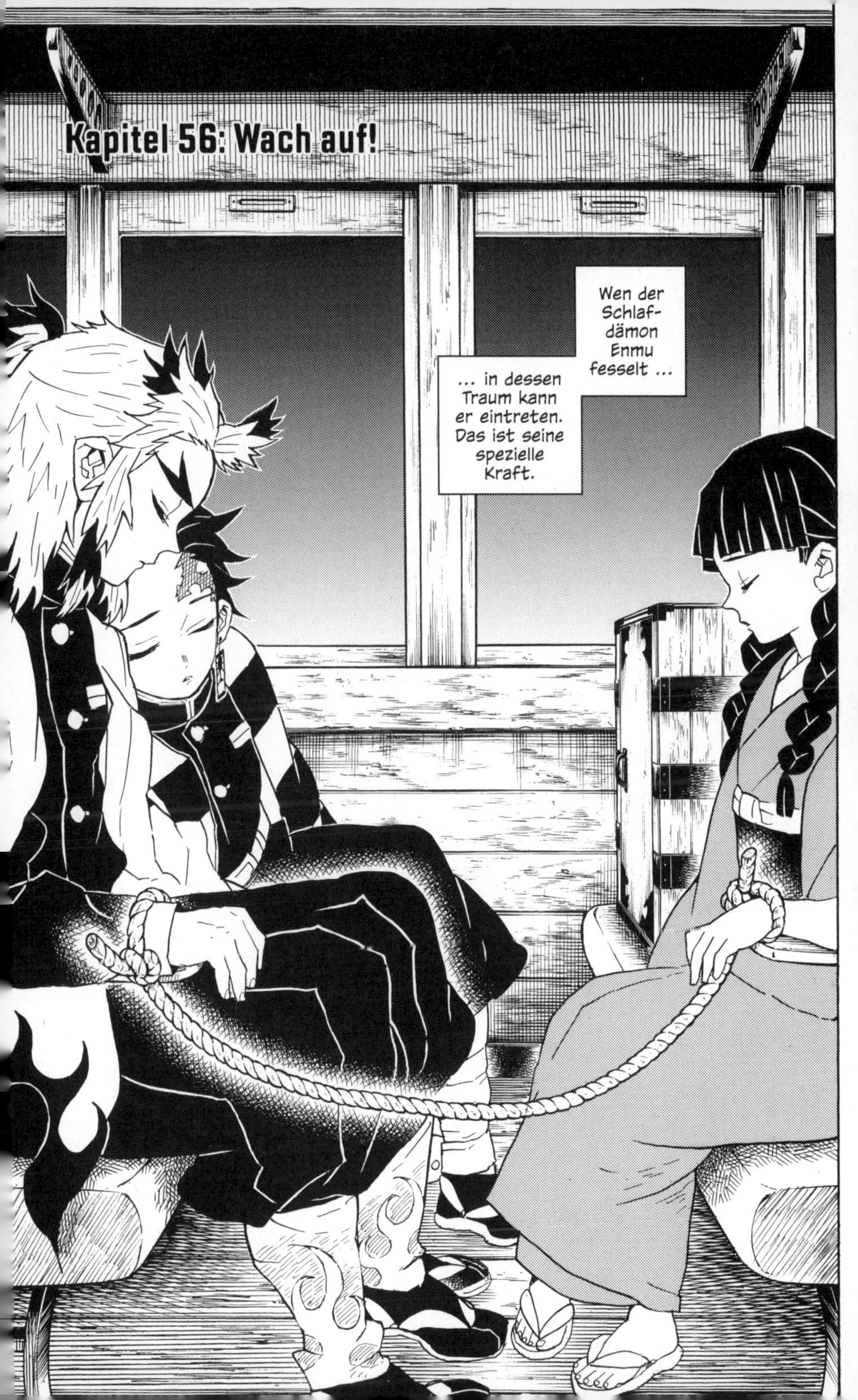
Kapitel 56: Wach auf!
Wen der Schlafdämon Enmu fesselt ...
... in dessen Traum kann er eintreten. Das ist seine spezielle Kraft.

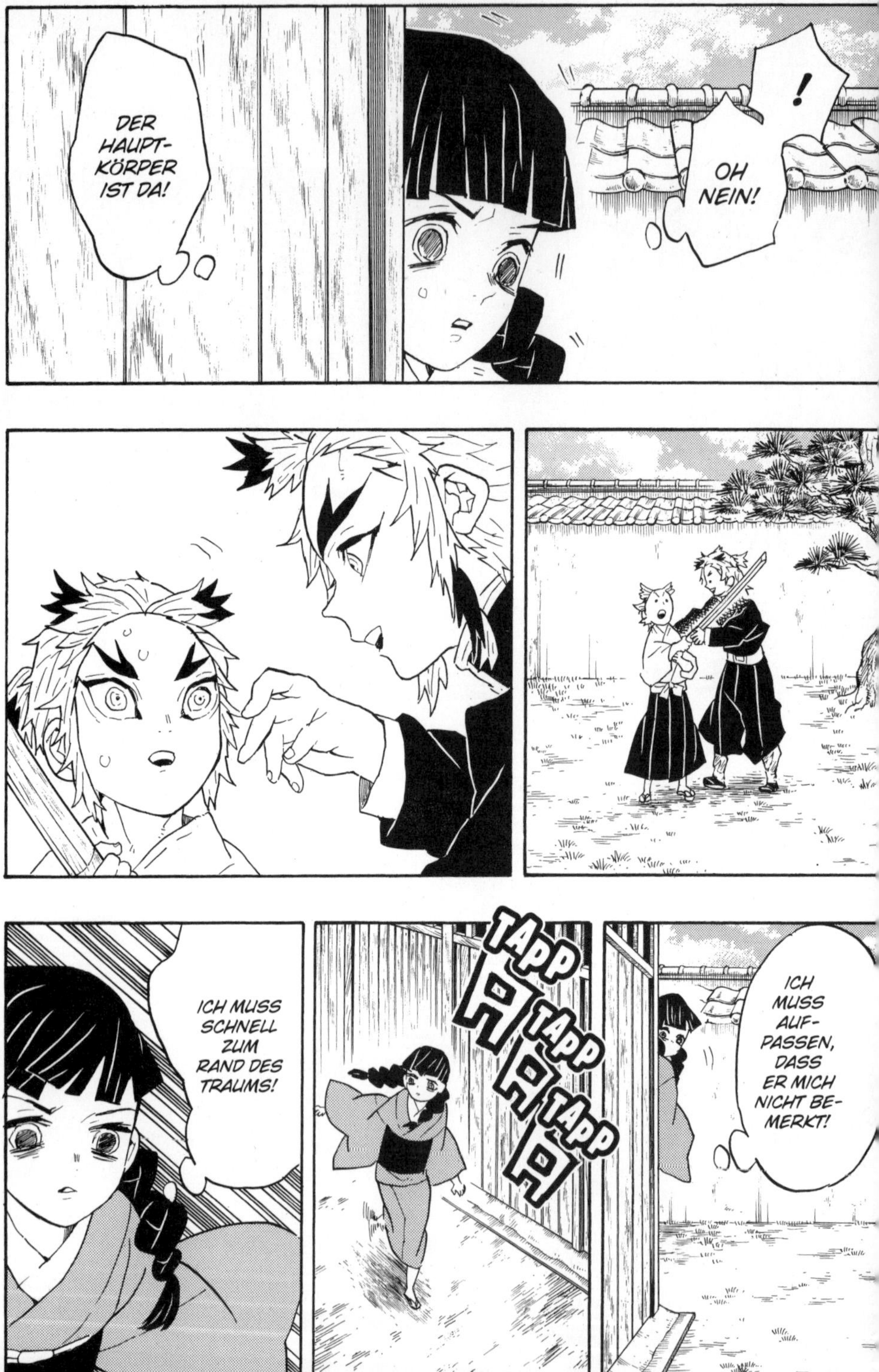
!
OH NEIN!
DER HAUPT-KÖRPER IST DA!
ICH MUSS AUF-PASSEN, DASS ER MICH NICHT BE-MERKT!
TAPP TAPP TAPP
ICH MUSS SCHNELL ZUM RAND DES TRAUMS!

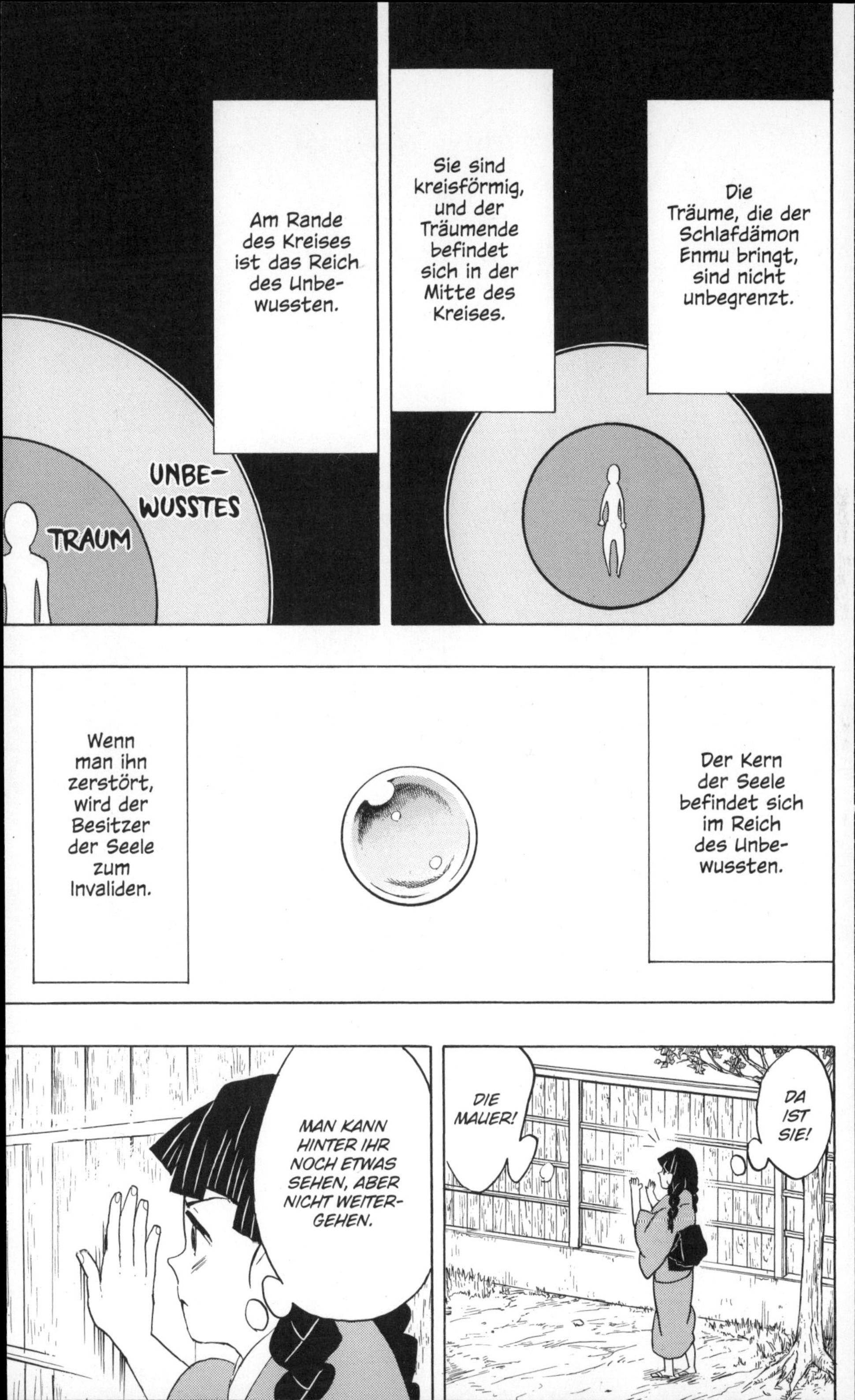
Die Träume, die der Schlafdämon Enmu bringt, sind nicht unbegrenzt.
Sie sind kreisförmig, und der Träumende befindet sich in der Mitte des Kreises.
Am Rande des Kreises ist das Reich des Unbe-wussten.
UNBE-WUSSTES
TRAUM
Der Kern der Seele befindet sich im Reich des Unbe-wussten.
Wenn man ihn zerstört, wird der Besitzer der Seele zum Invaliden.
DA IST SIE!
DIE MAUER!
MAN KANN HINTER IHR NOCH ETWAS SEHEN, ABER NICHT WEITER-GEHEN.

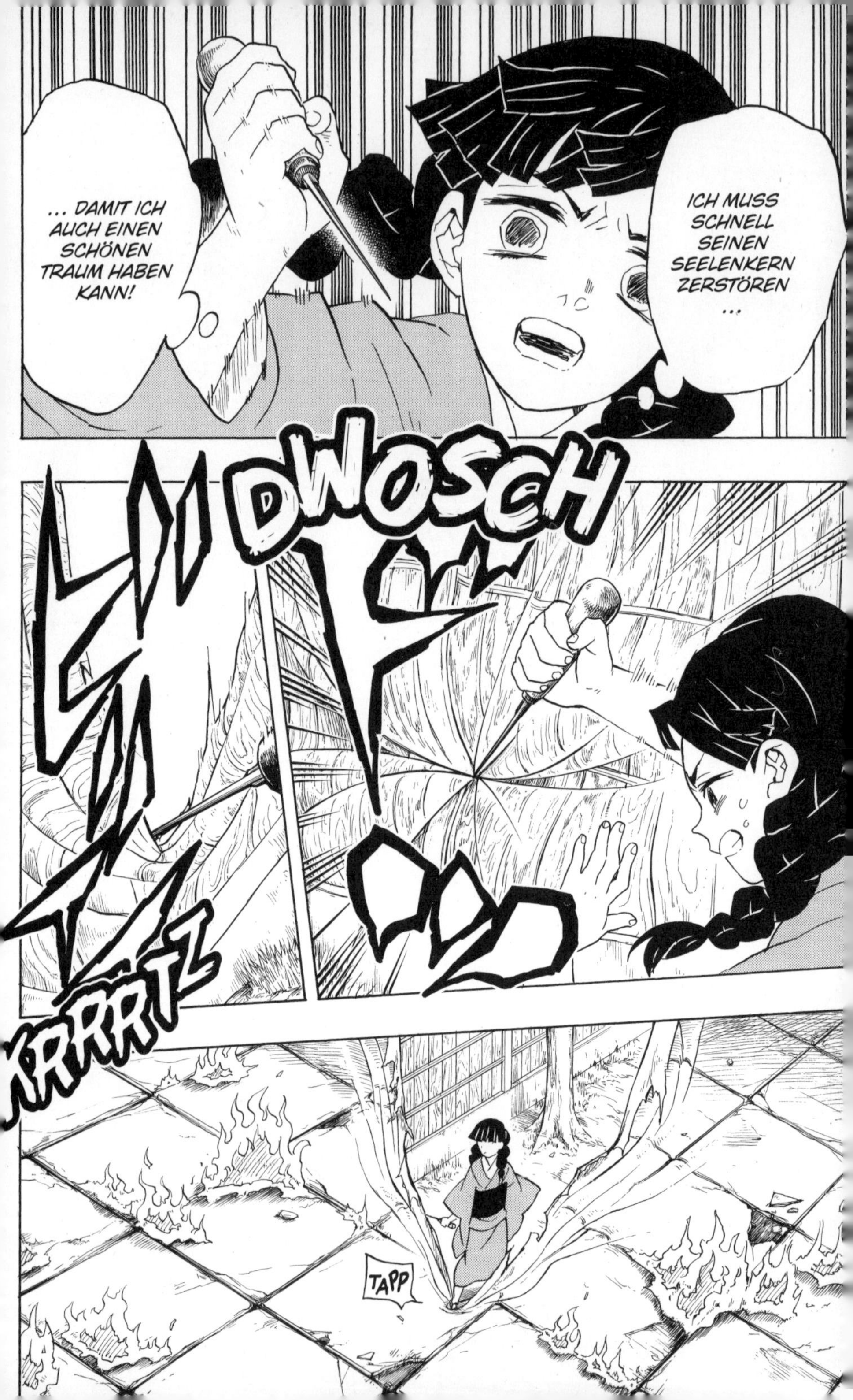
ICH MUSS SCHNELL SEINEN SEELENKERN ZERSTÖREN …
… DAMIT ICH AUCH EINEN SCHÖNEN TRAUM HABEN KANN!
DWOSCH
KRRRTZ
TAPP

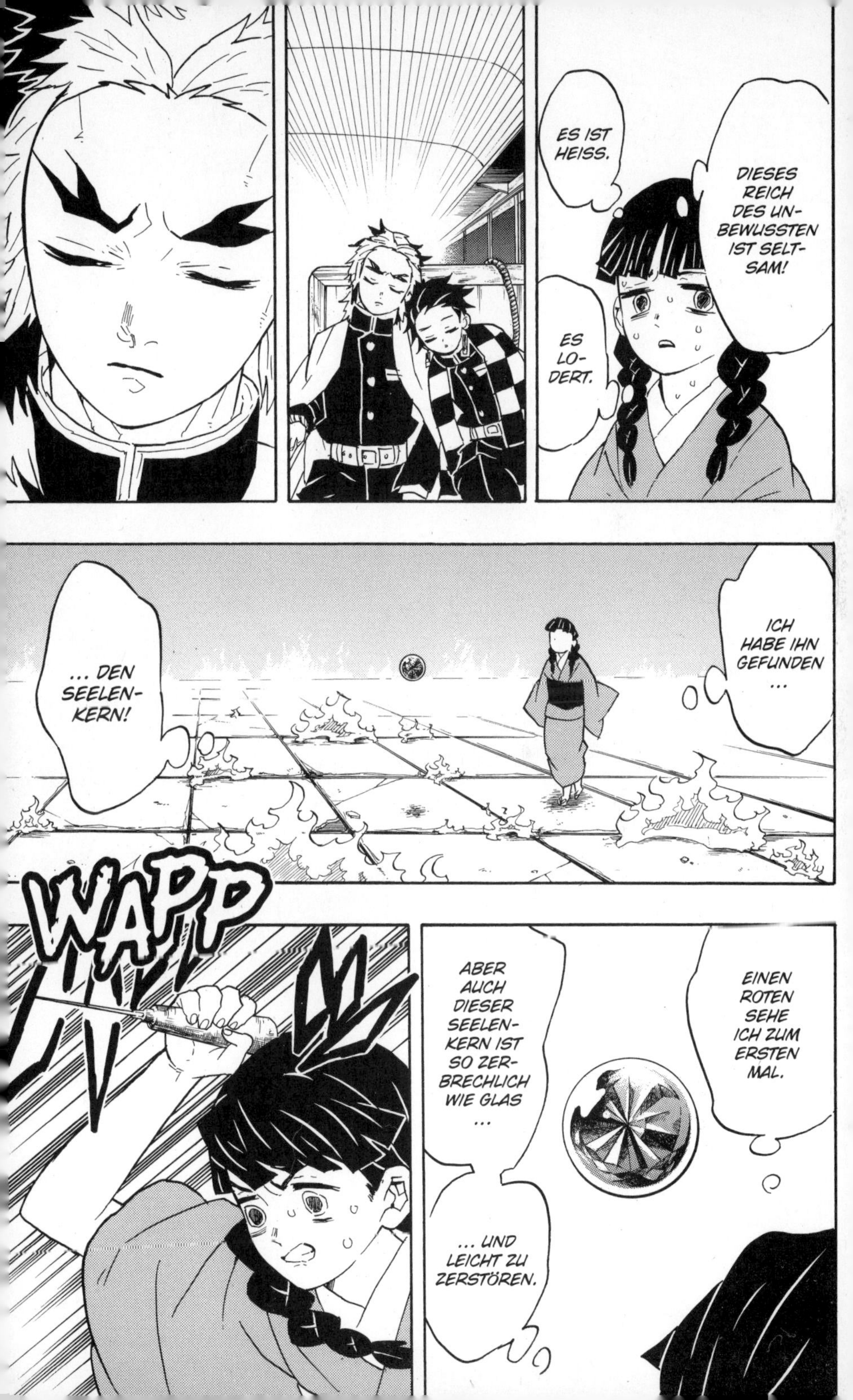
DIESES REICH DES UNBEWUSSTEN IST SELTSAM!
ES IST HEISS.
ES LODERT.
ICH HABE IHN GEFUNDEN …
… DEN SEELENKERN!
EINEN ROTEN SEHE ICH ZUM ERSTEN MAL.
ABER AUCH DIESER SEELENKERN IST SO ZERBRECHLICH WIE GLAS …
… UND LEICHT ZU ZERSTÖREN.
WAPP

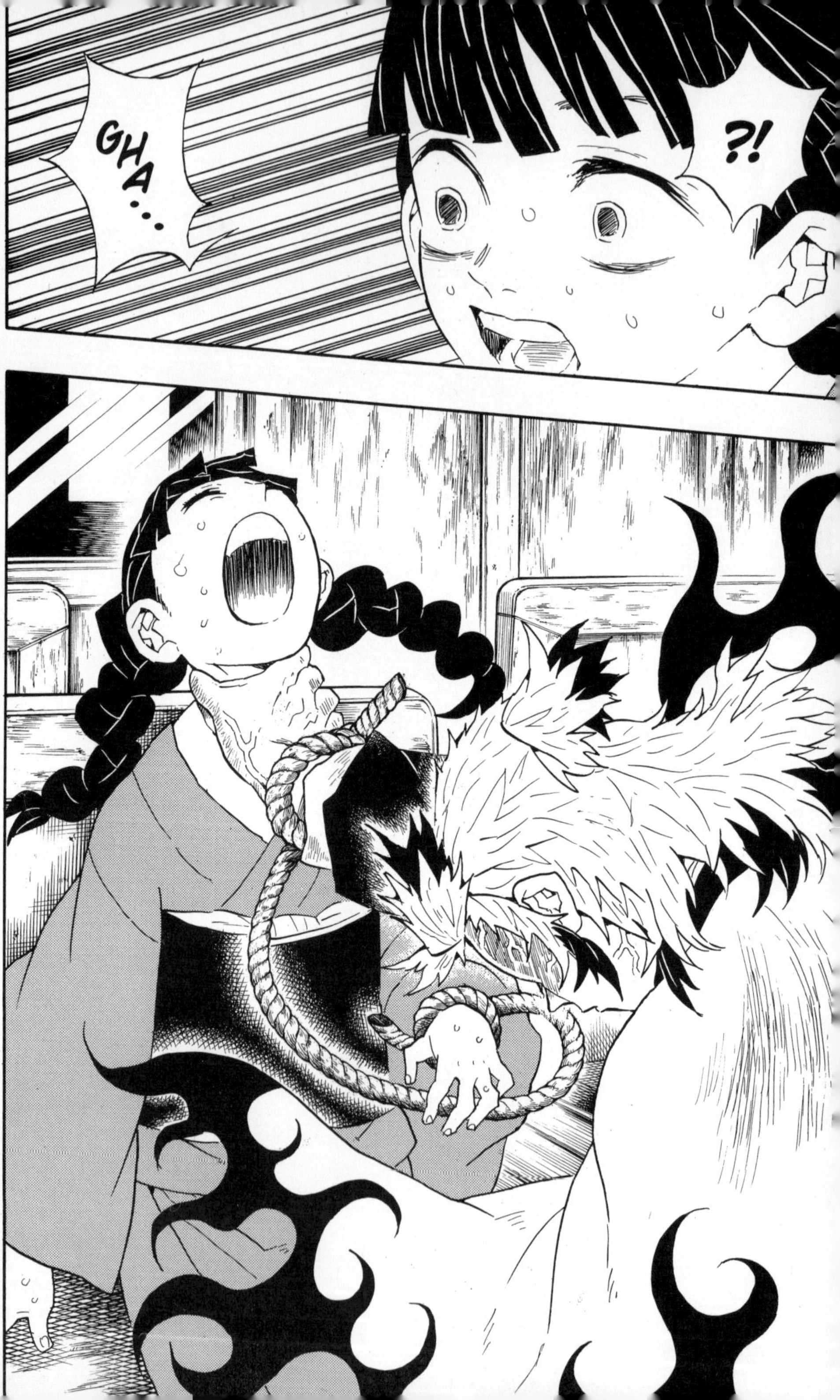

?!
GHA...

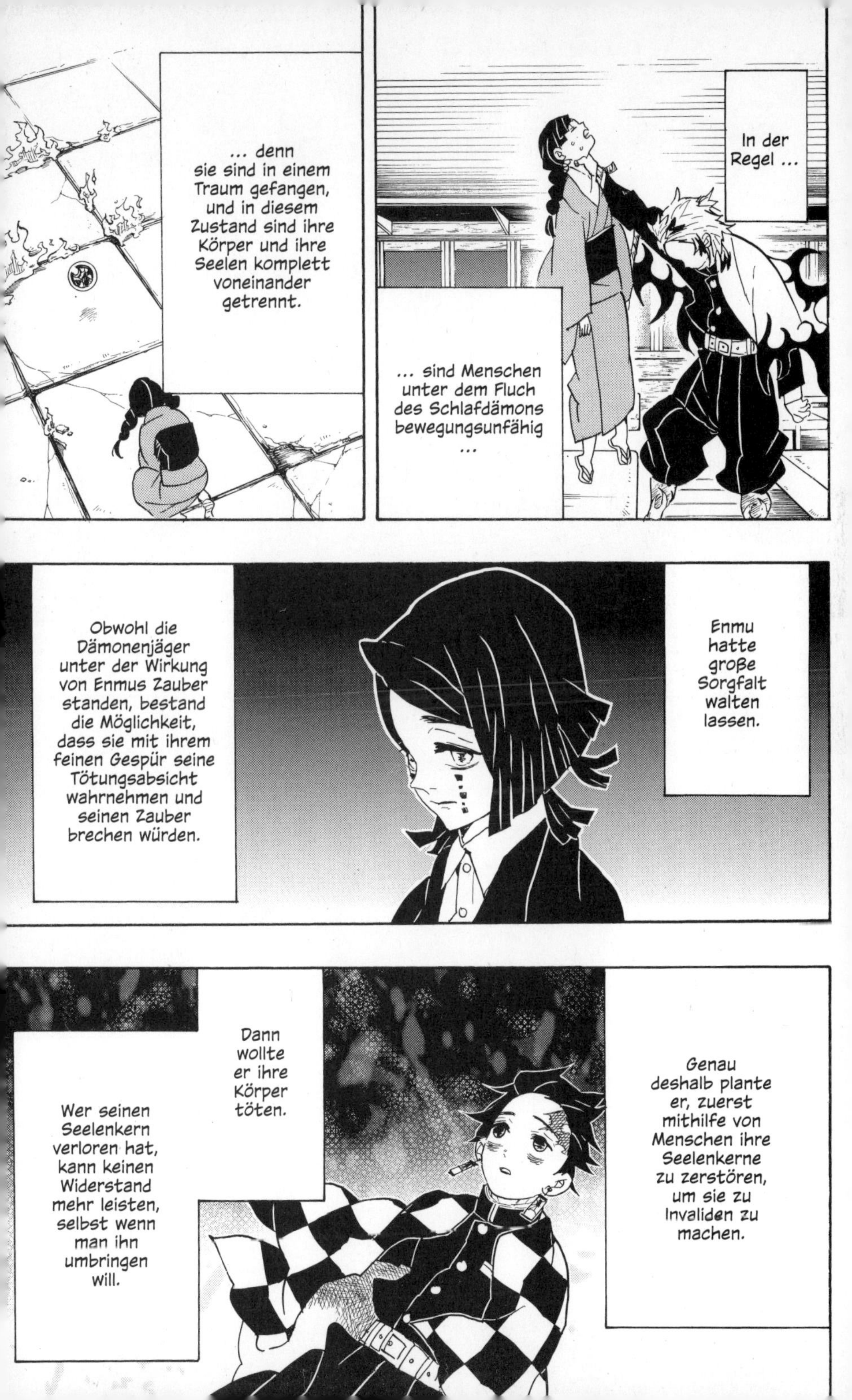
In der Regel ...
... sind Menschen unter dem Fluch des Schlafdämons bewegungsunfähig ...
... denn sie sind in einem Traum gefangen, und in diesem Zustand sind ihre Körper und ihre Seelen komplett voneinander getrennt.
Enmu hatte große Sorgfalt walten lassen.
Obwohl die Dämonenjäger unter der Wirkung von Enmus Zauber standen, bestand die Möglichkeit, dass sie mit ihrem feinen Gespür seine Tötungsabsicht wahrnehmen und seinen Zauber brechen würden.
Genau deshalb plante er, zuerst mithilfe von Menschen ihre Seelenkerne zu zerstören, um sie zu Invaliden zu machen.
Dann wollte er ihre Körper töten.
Wer seinen Seelenkern verloren hat, kann keinen Widerstand mehr leisten, selbst wenn man ihn umbringen will.

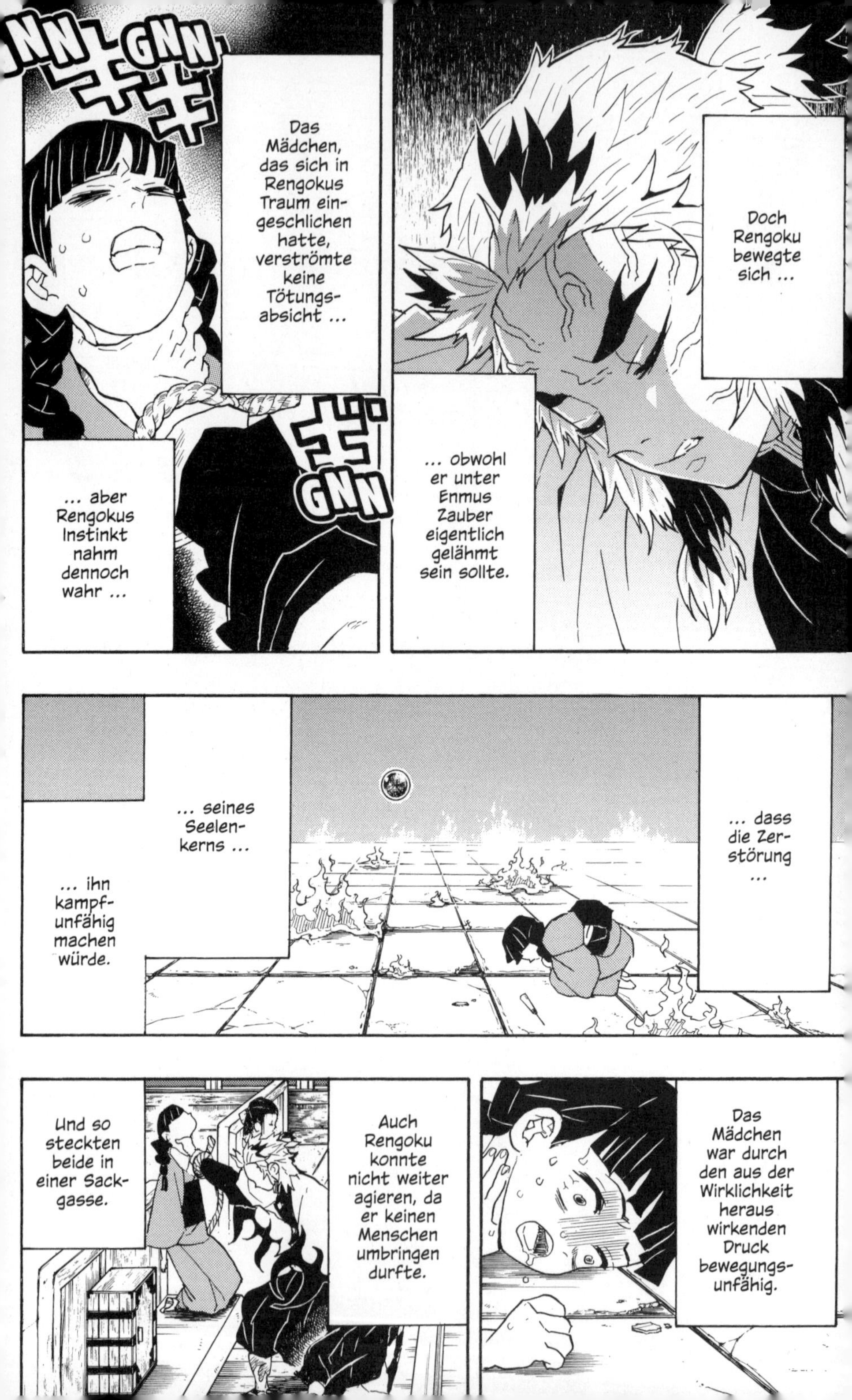
Doch Rengoku bewegte sich ...
... obwohl er unter Enmus Zauber eigentlich gelähmt sein sollte.
NN GNN
Das Mädchen, das sich in Rengokus Traum eingeschlichen hatte, verströmte keine Tötungsabsicht ...
GNN
... aber Rengokus Instinkt nahm dennoch wahr ...
... dass die Zerstörung ...
... seines Seelenkerns ...
... ihn kampfunfähig machen würde.
Das Mädchen war durch den aus der Wirklichkeit heraus wirkenden Druck bewegungsunfähig.
Auch Rengoku konnte nicht weiter agieren, da er keinen Menschen umbringen durfte.
Und so steckten beide in einer Sackgasse.

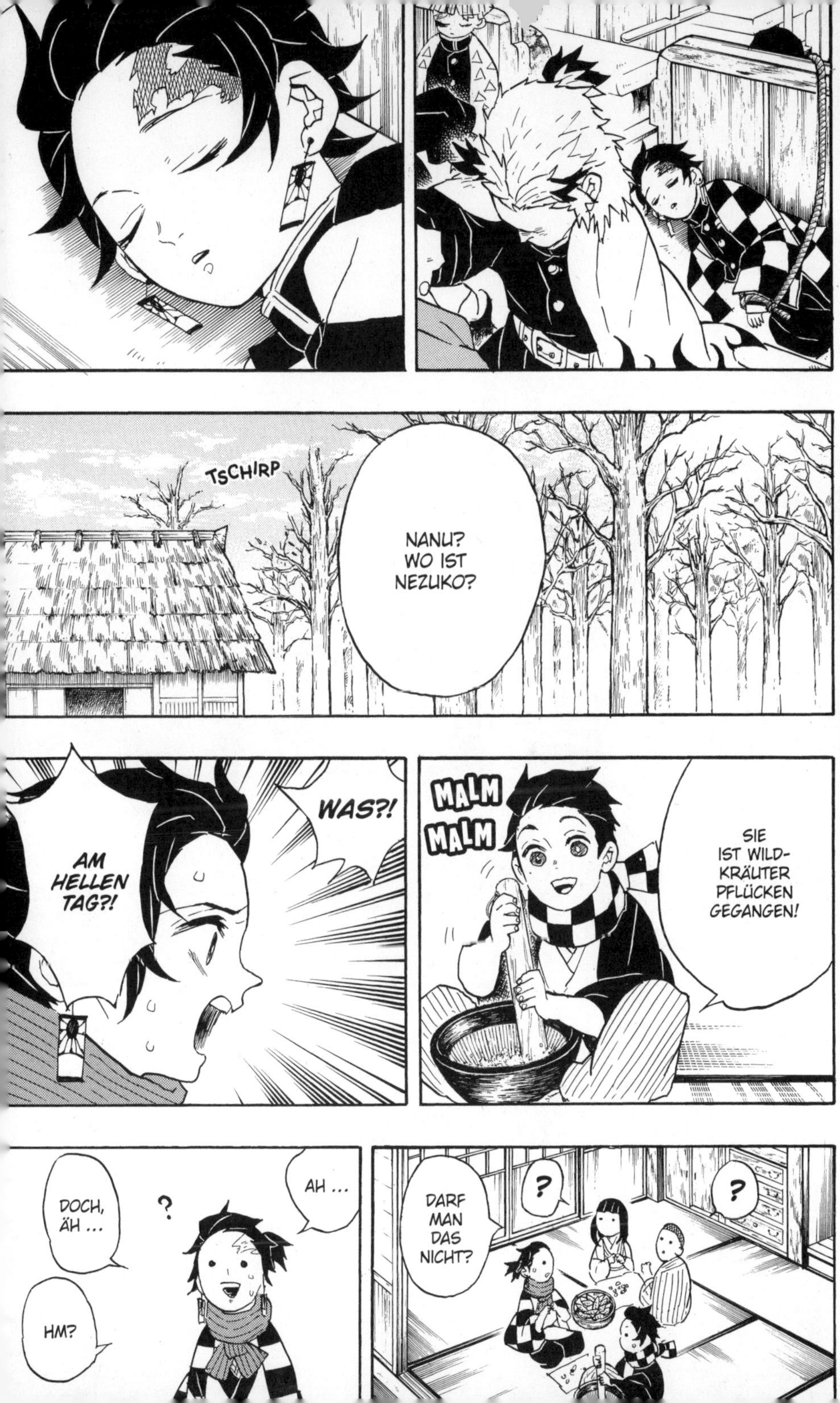
TSCHIRP
NANU? WO IST NEZUKO?
SIE IST WILD-KRÄUTER PFLÜCKEN GEGANGEN!
MALM MALM
WAS?!
AM HELLEN TAG?!
?
?
DARF MAN DAS NICHT?
AH ...
DOCH, ÄH ...
?
HM?

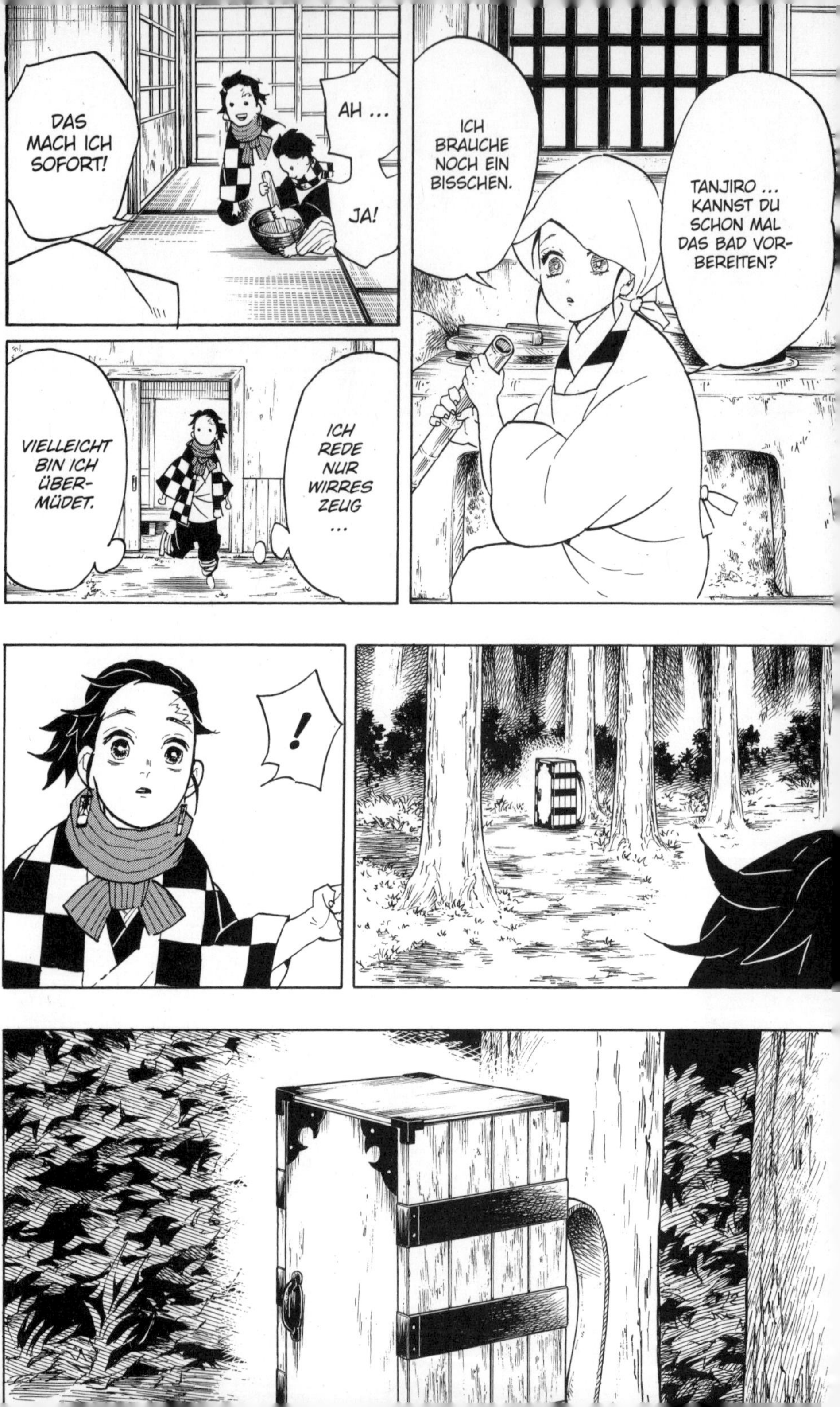
TANJIRO … KANNST DU SCHON MAL DAS BAD VORBEREITEN?
ICH BRAUCHE NOCH EIN BISSCHEN.
AH …
JA!
DAS MACH ICH SOFORT!
ICH REDE NUR WIRRES ZEUG …
VIELLEICHT BIN ICH ÜBERMÜDET.
!

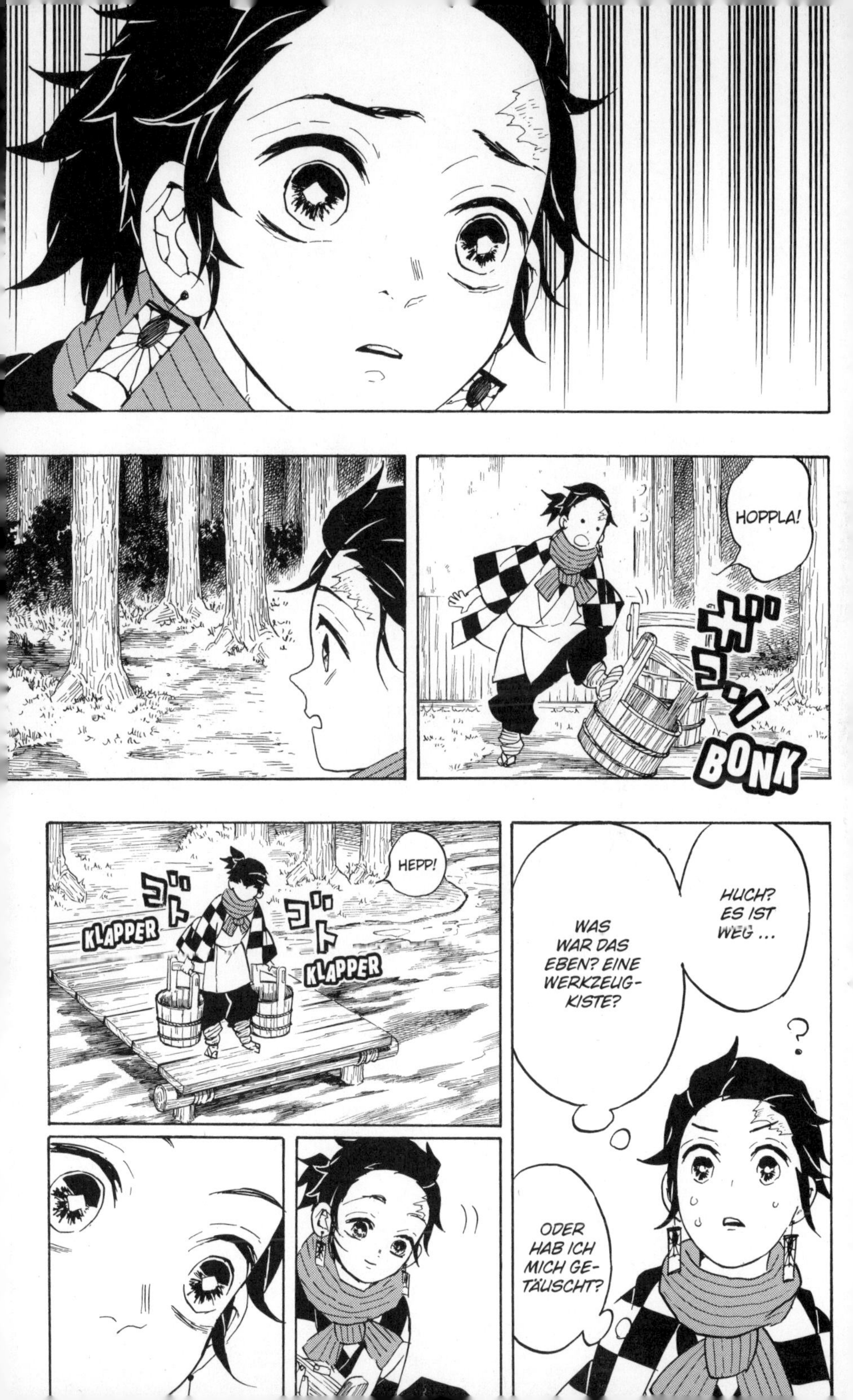
HOPPLA!
BONK
HEPP!
KLAPPER
KLAPPER
HUCH? ES IST WEG ...
WAS WAR DAS EBEN? EINE WERKZEUG-KISTE?
?
ODER HAB ICH MICH GE-TÄUSCHT?

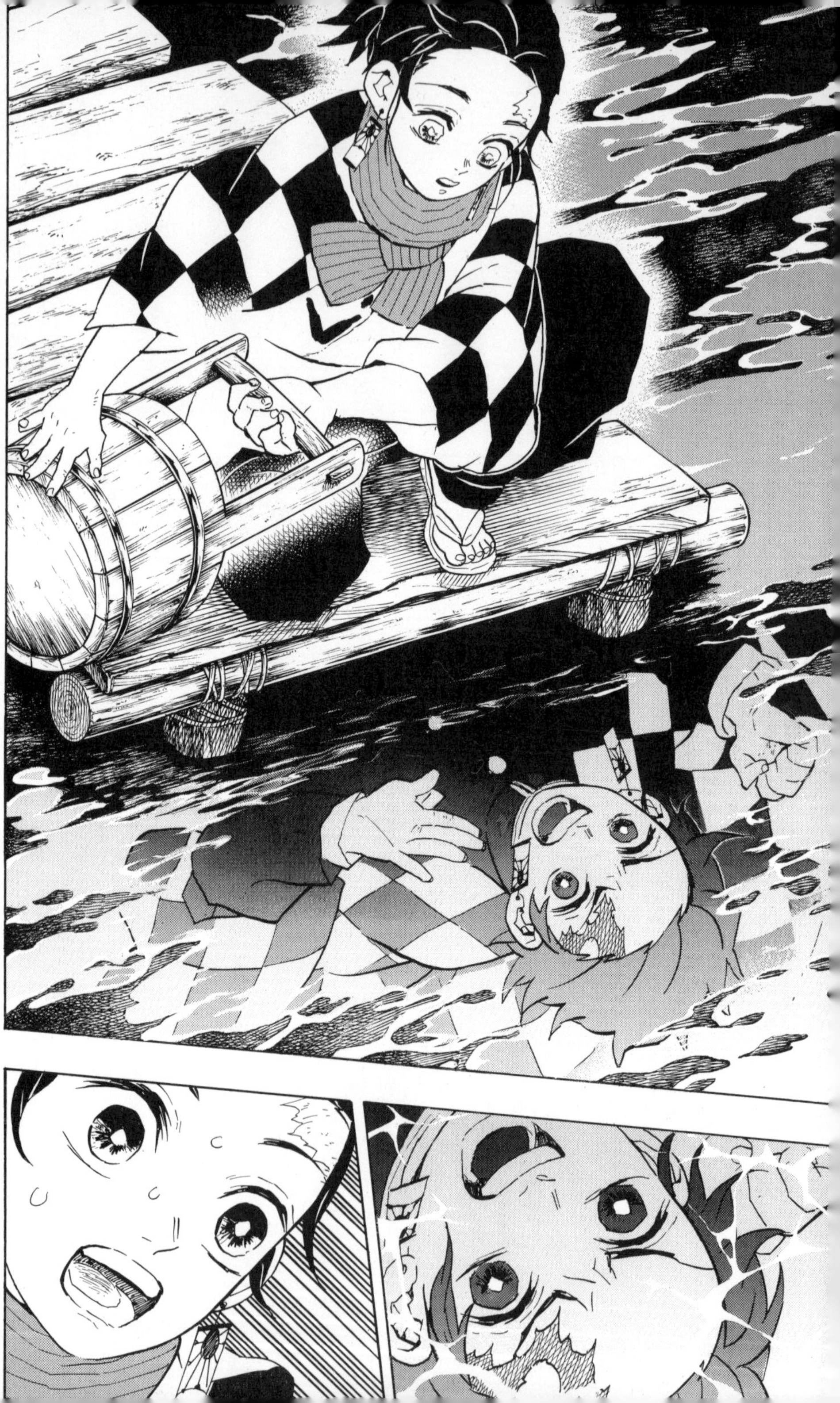

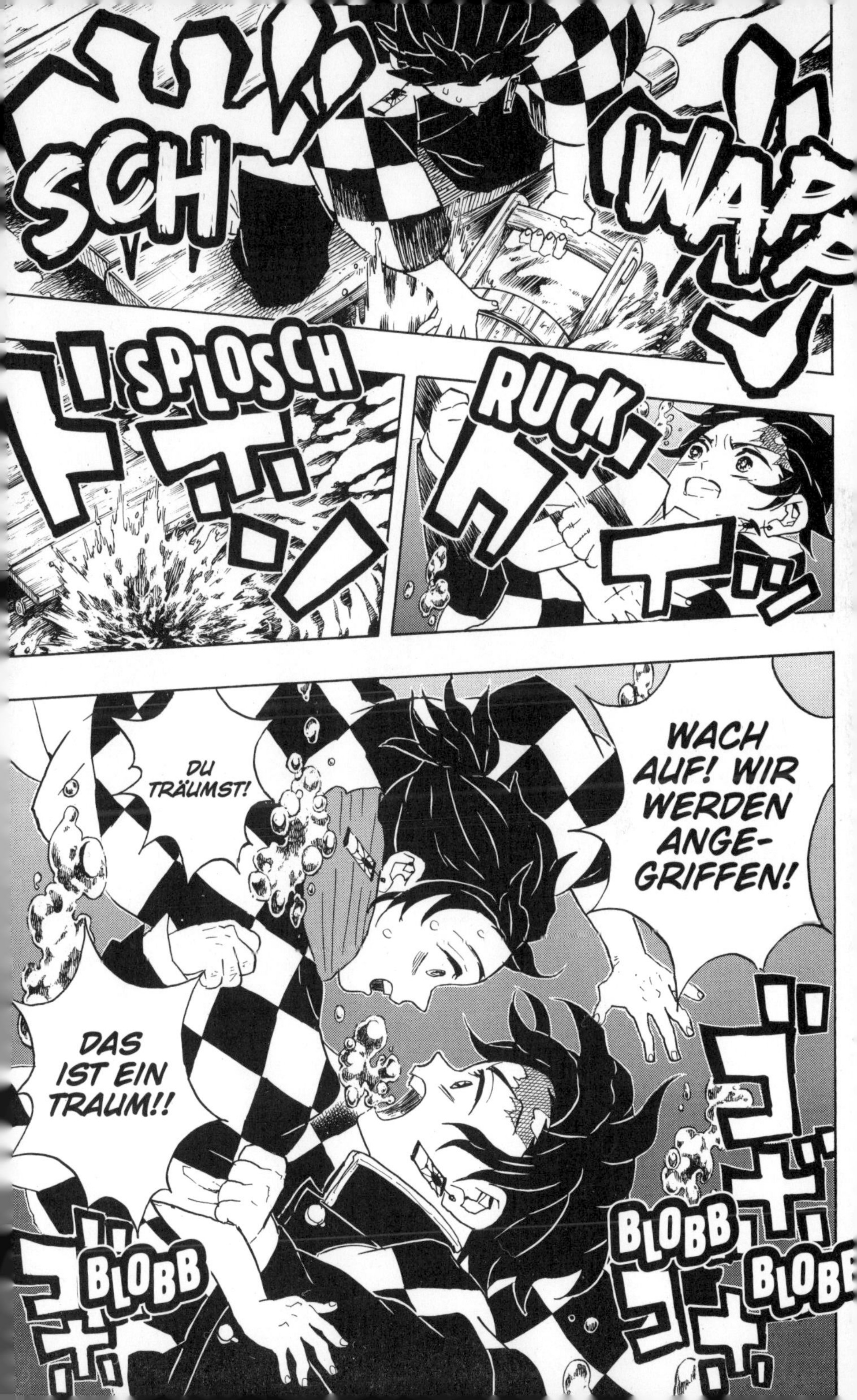
WAP
SCH
RUCK
SPLOSCH
WACH AUF! WIR WERDEN ANGE-GRIFFEN!
DU TRÄUMST!
DAS IST EIN TRAUM!!
BLOBB
BLOBB
BLOBB

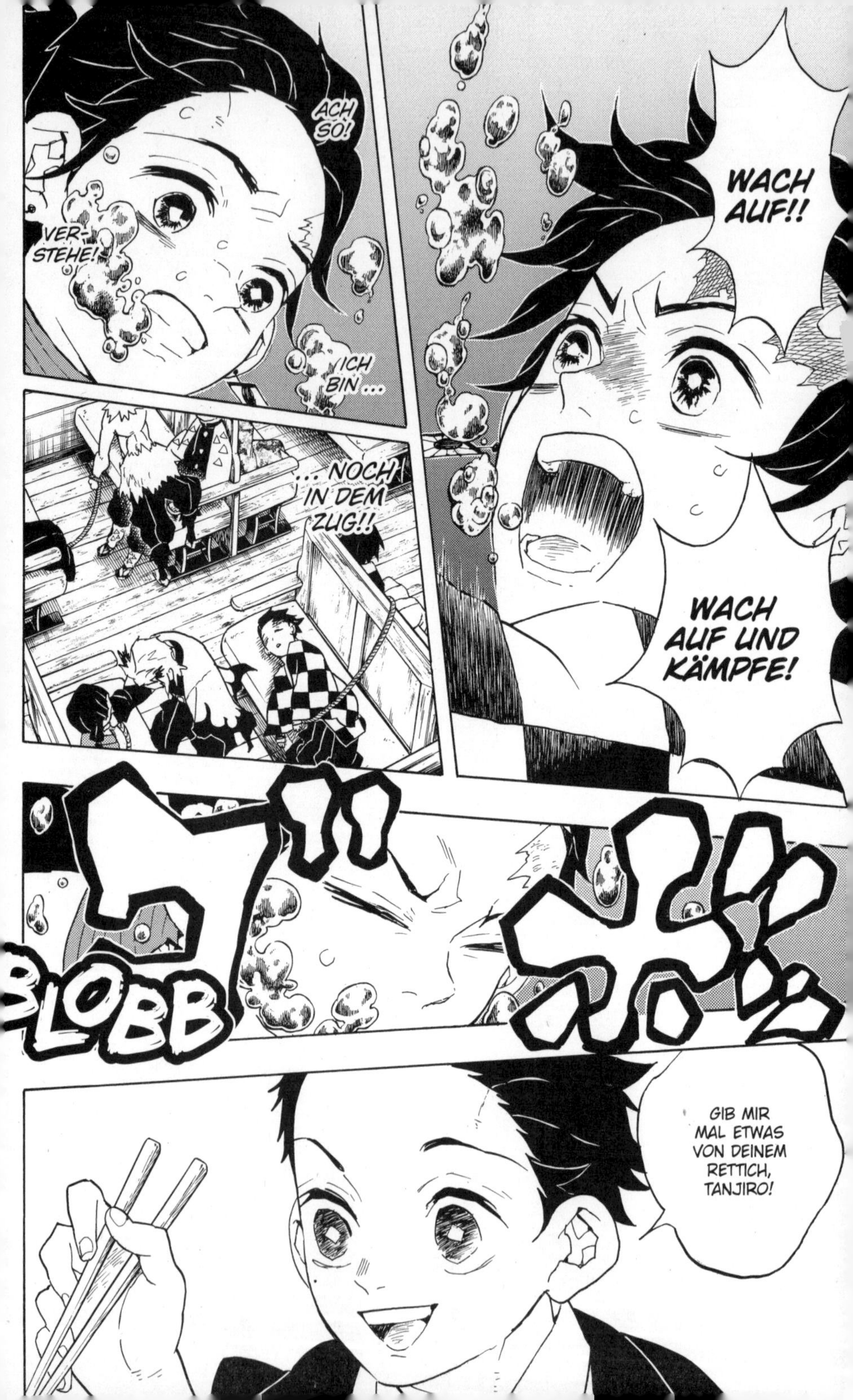
WACH AUF!!
WACH AUF UND KÄMPFE!
ACH SO!
VERSTEHE!
ICH BIN ...
... NOCH IN DEM ZUG!!
BLOBB
GIB MIR MAL ETWAS VON DEINEM RETTICH, TANJIRO!

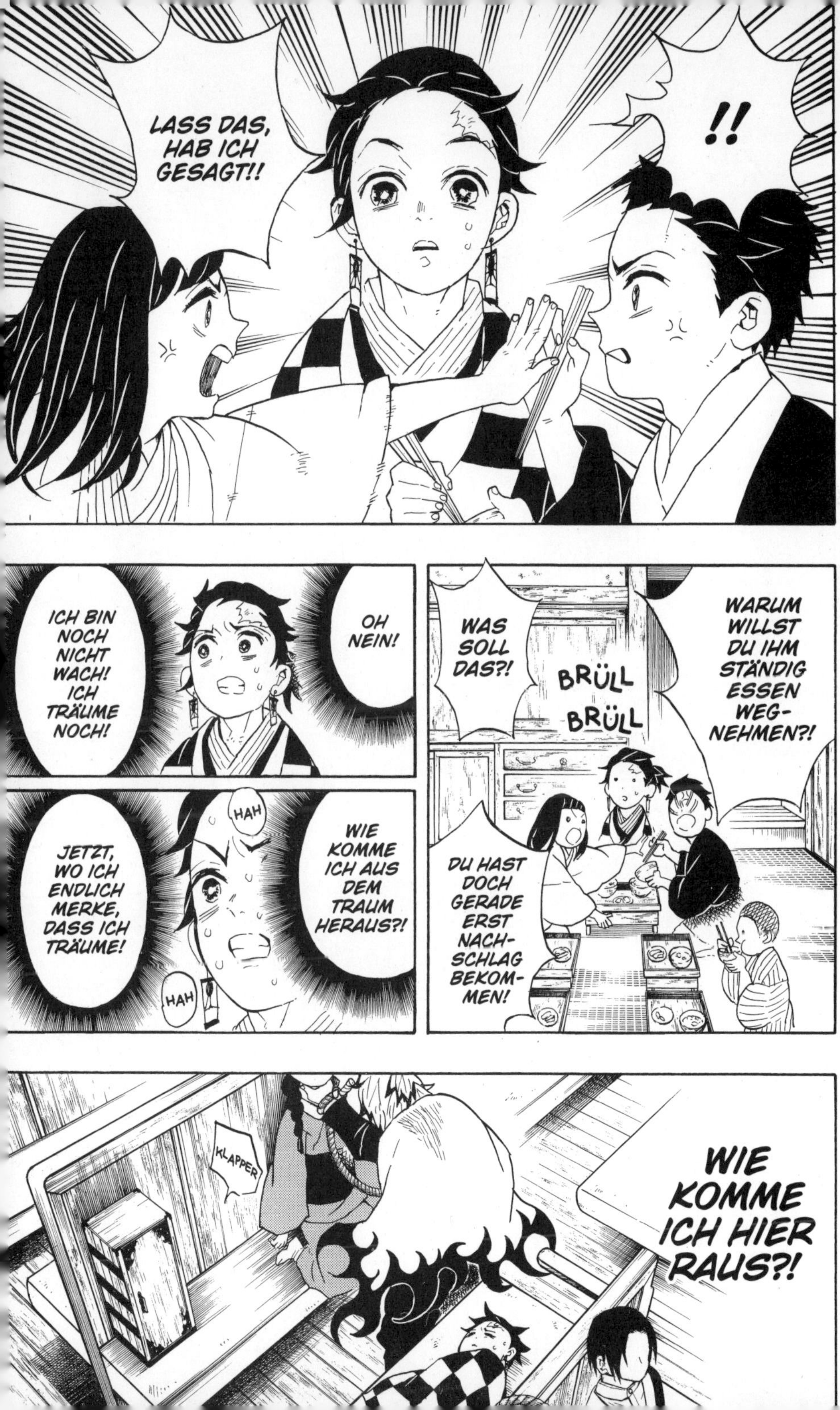
!!
LASS DAS, HAB ICH GESAGT!!
WARUM WILLST DU IHM STÄNDIG ESSEN WEG-NEHMEN?!
WAS SOLL DAS?!
BRÜLL
BRÜLL
DU HAST DOCH GERADE ERST NACH-SCHLAG BEKOM-MEN!
OH NEIN!
ICH BIN NOCH NICHT WACH! ICH TRÄUME NOCH!
WIE KOMME ICH AUS DEM TRAUM HERAUS?!
HAH
JETZT, WO ICH ENDLICH MERKE, DASS ICH TRÄUME!
HAH
WIE KOMME ICH HIER RAUS?!
KLAPPER

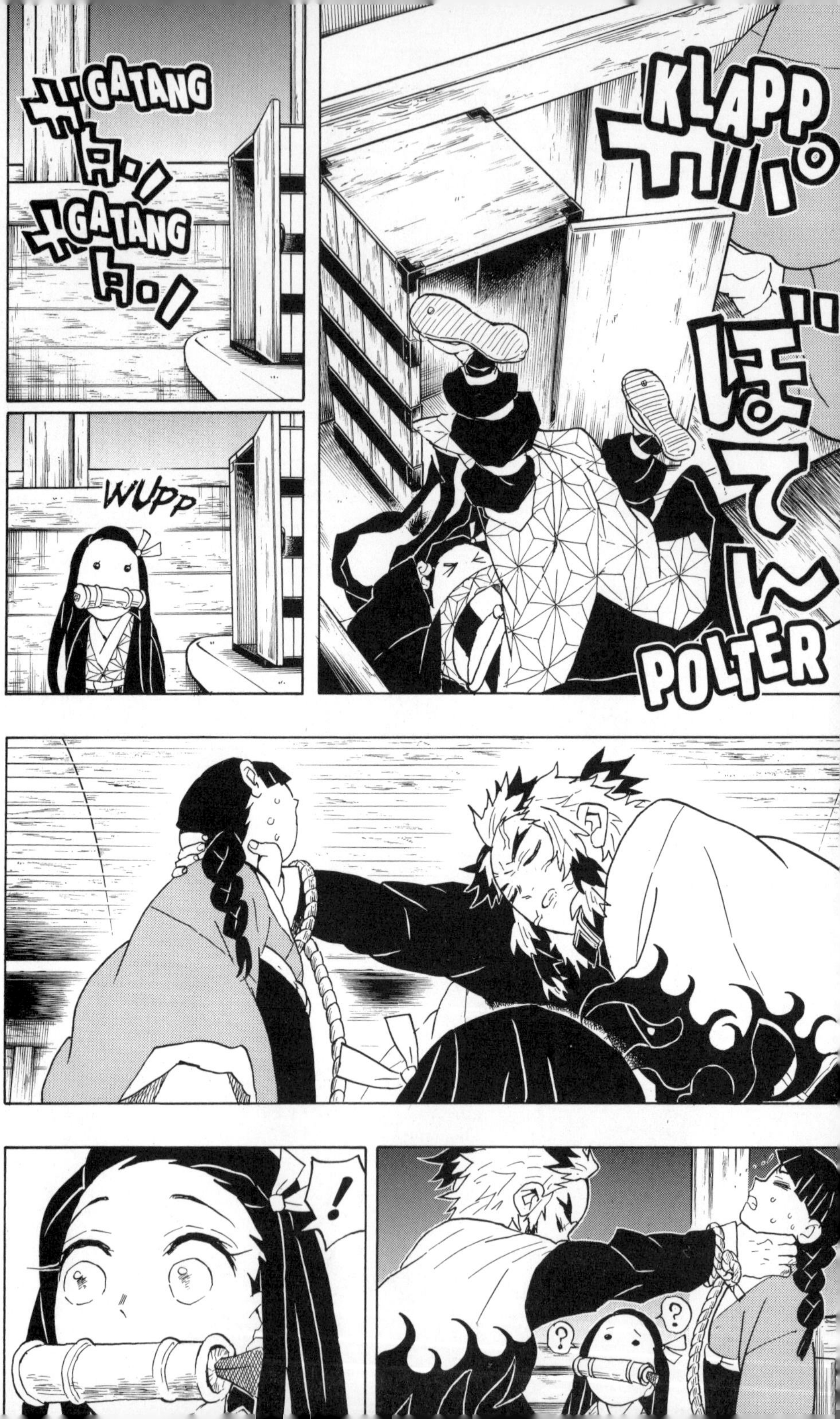
KLAPP
POLTER
GATANG
GATANG
WUPP
!
?
?

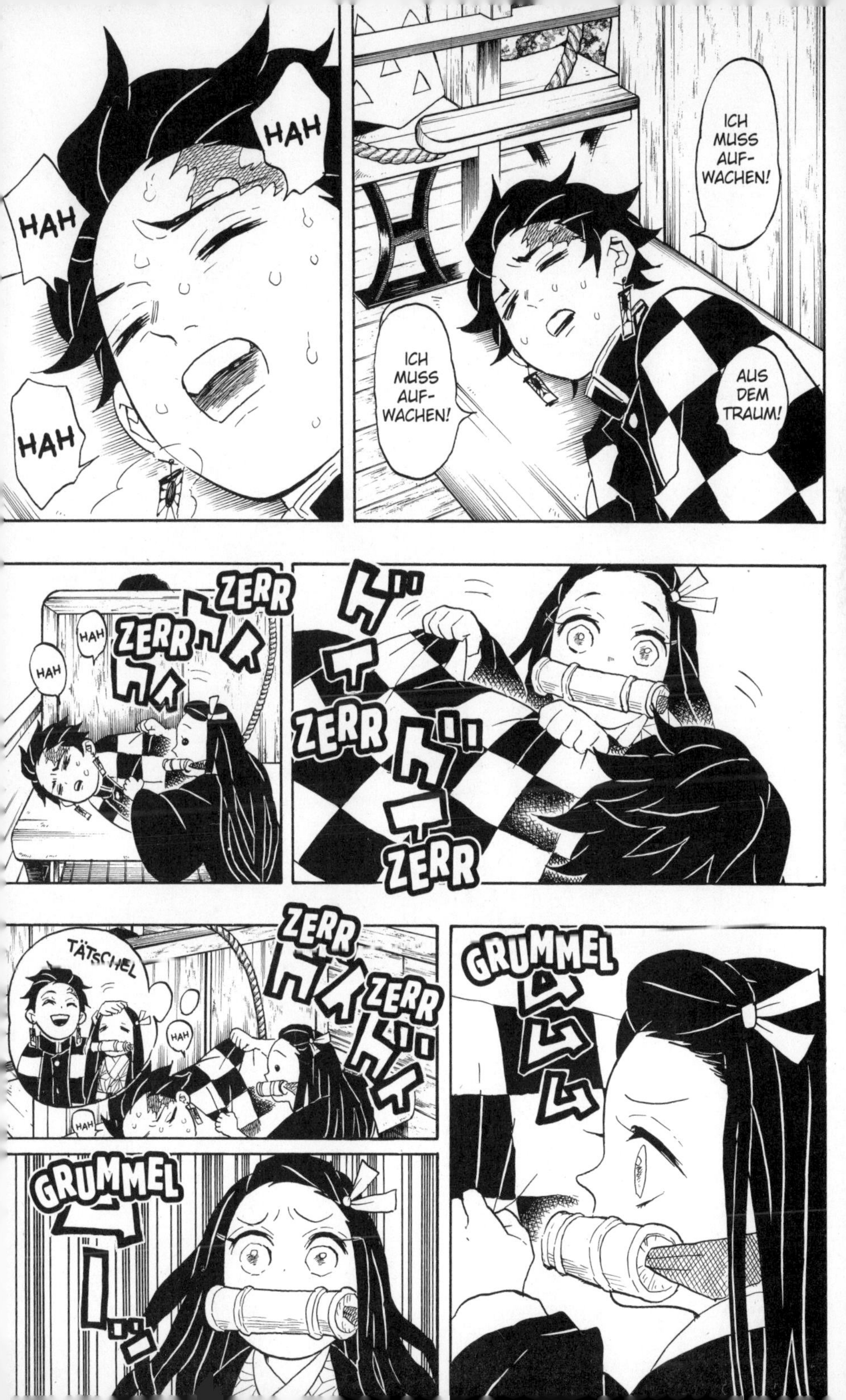
ICH MUSS AUF-WACHEN!
AUS DEM TRAUM!
ICH MUSS AUF-WACHEN!
HAH
HAH
HAH
ZERR
ZERR
ZERR
ZERR
HAH
HAH
GRUMMEL
ZERR
ZERR
TÄTSCHEL
HAH
HAH
GRUMMEL

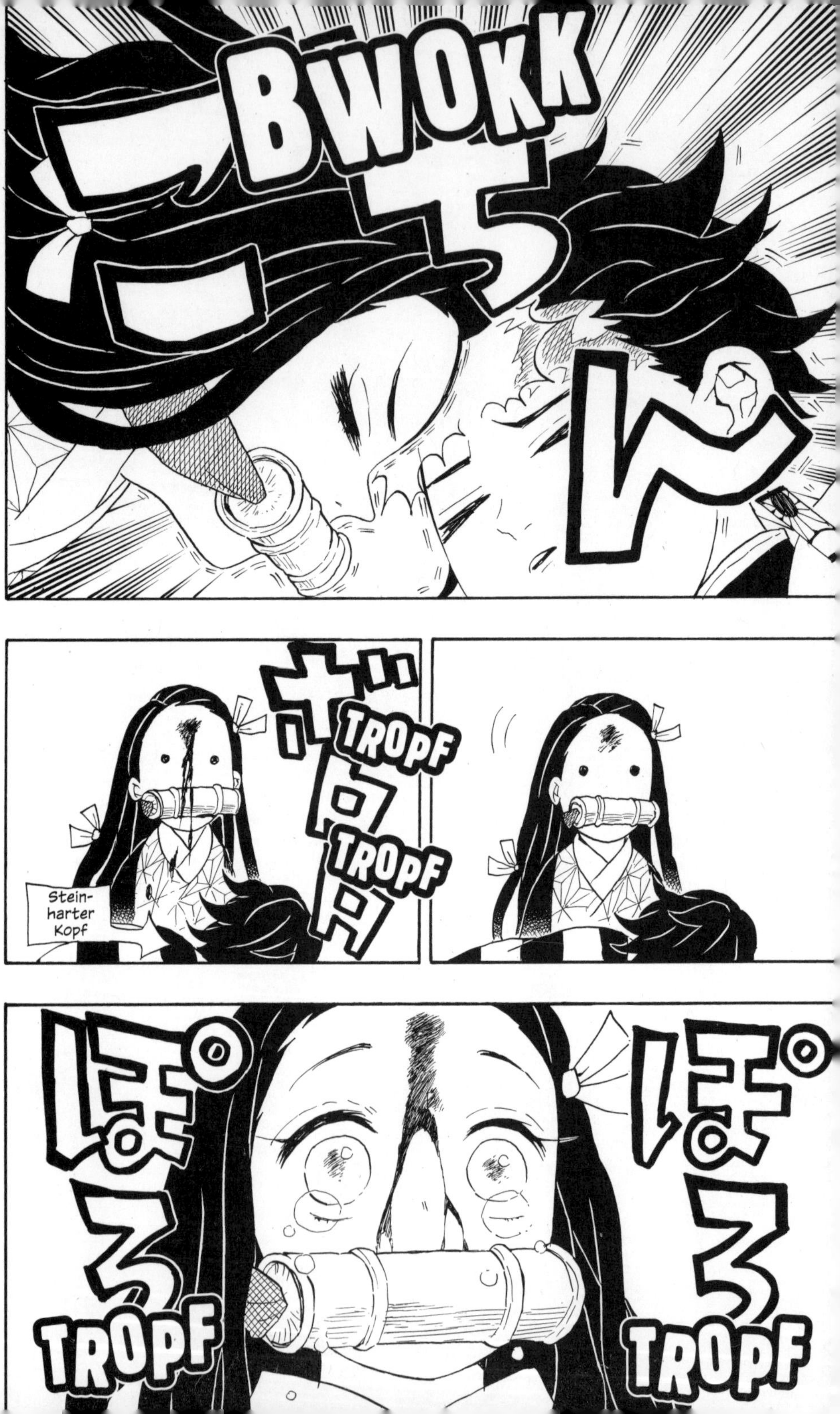
BWOKK
TROPF
TROPF
Stein-
harter
Kopf
TROPF
TROPF

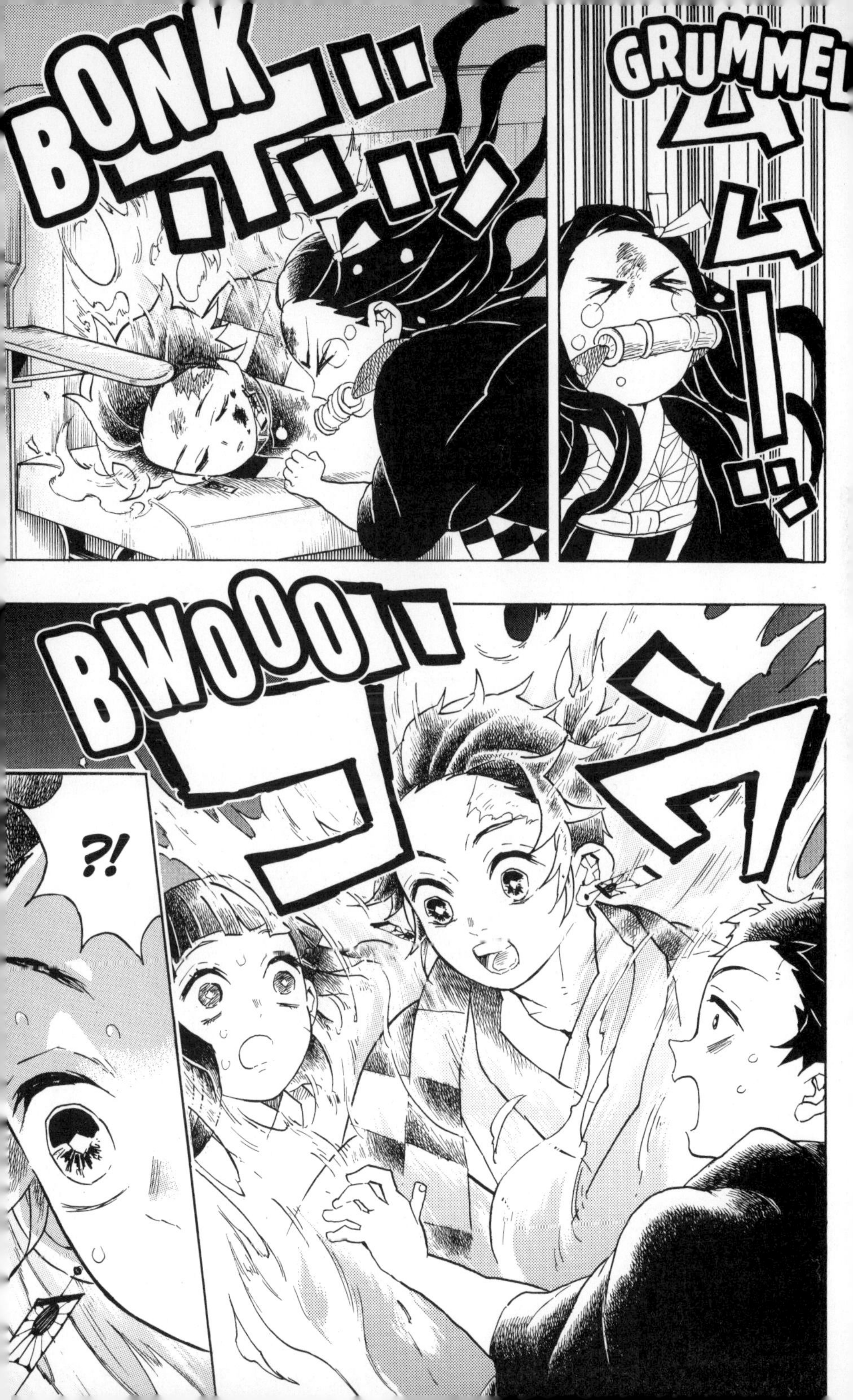
GRUMMEL
BONK
BWOOOO
?!

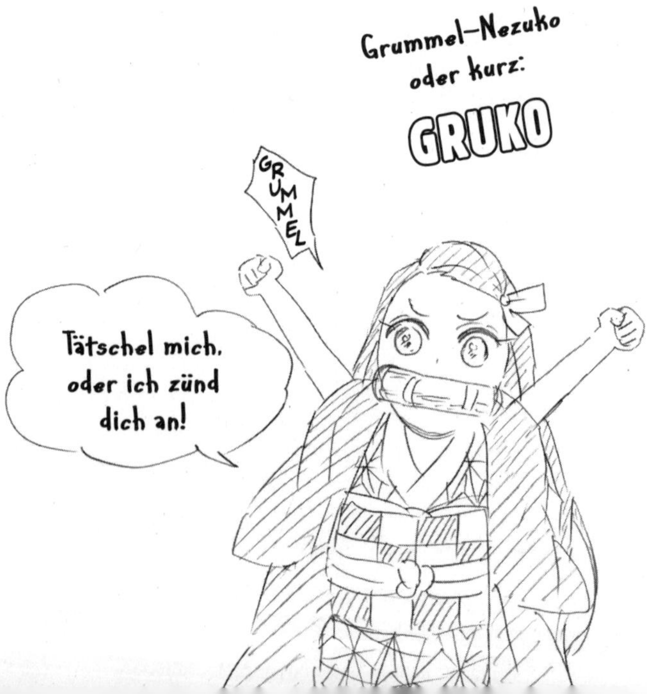
Grummel-Nezuko
oder kurz:
GRUKO
GRUMMEL
Tätschel mich,
oder ich zünd
dich an!

Kapitel 57: Zieh dein Schwert!

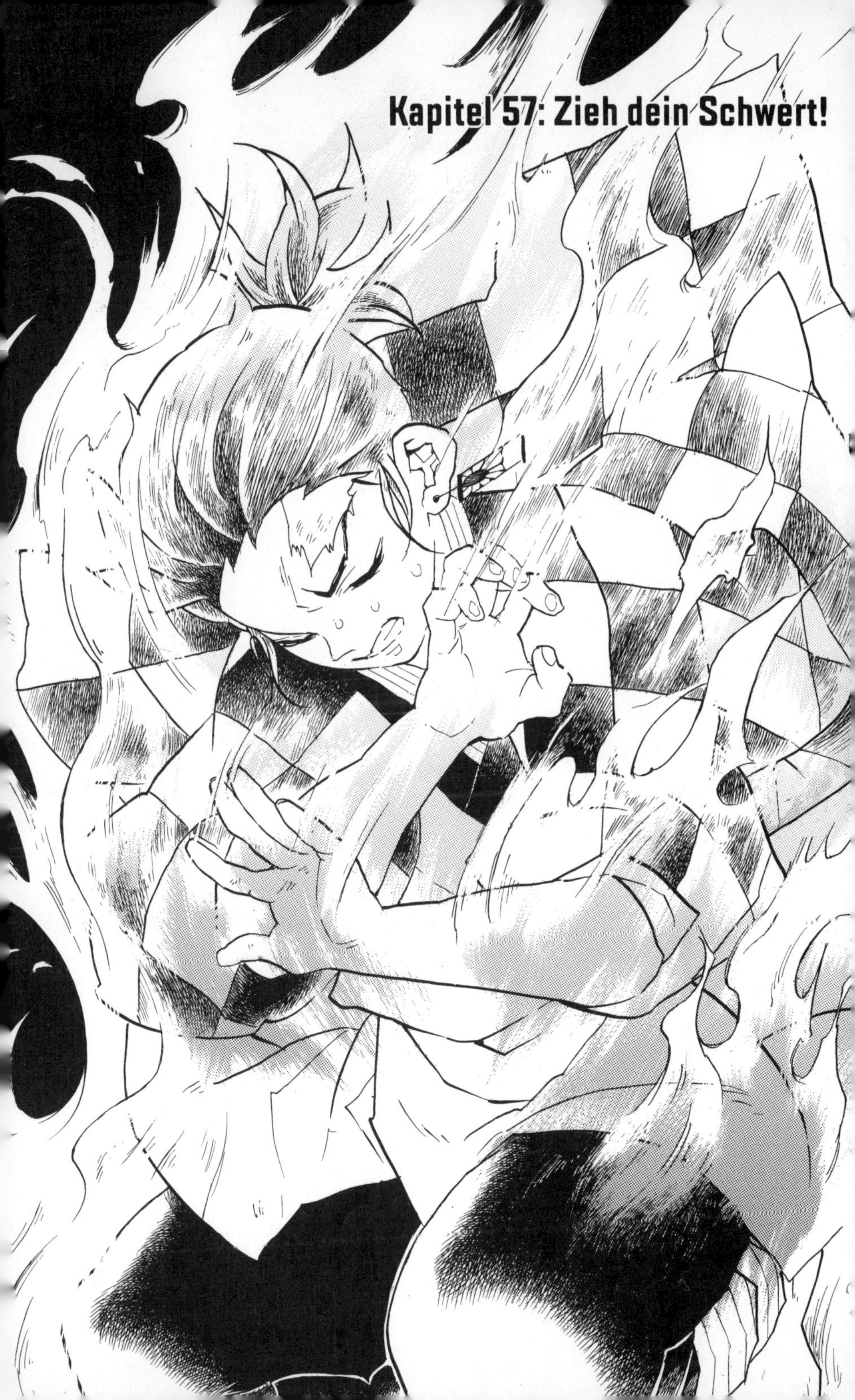

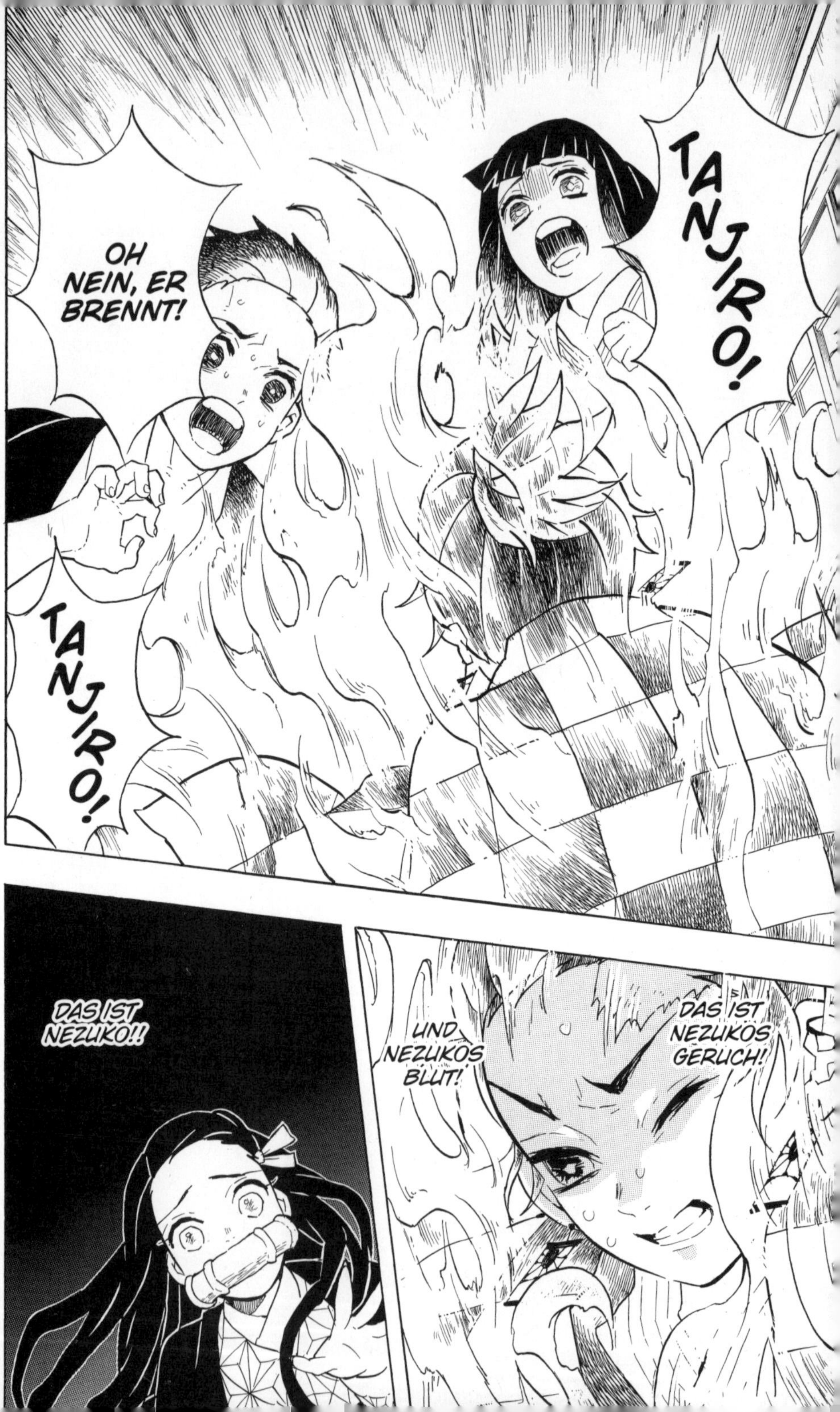
TANJIRO!
OH NEIN, ER BRENNT!
TANJIRO!
DAS IST NEZUKOS GERUCH!
UND NEZUKOS BLUT!
DAS IST NEZUKO!!

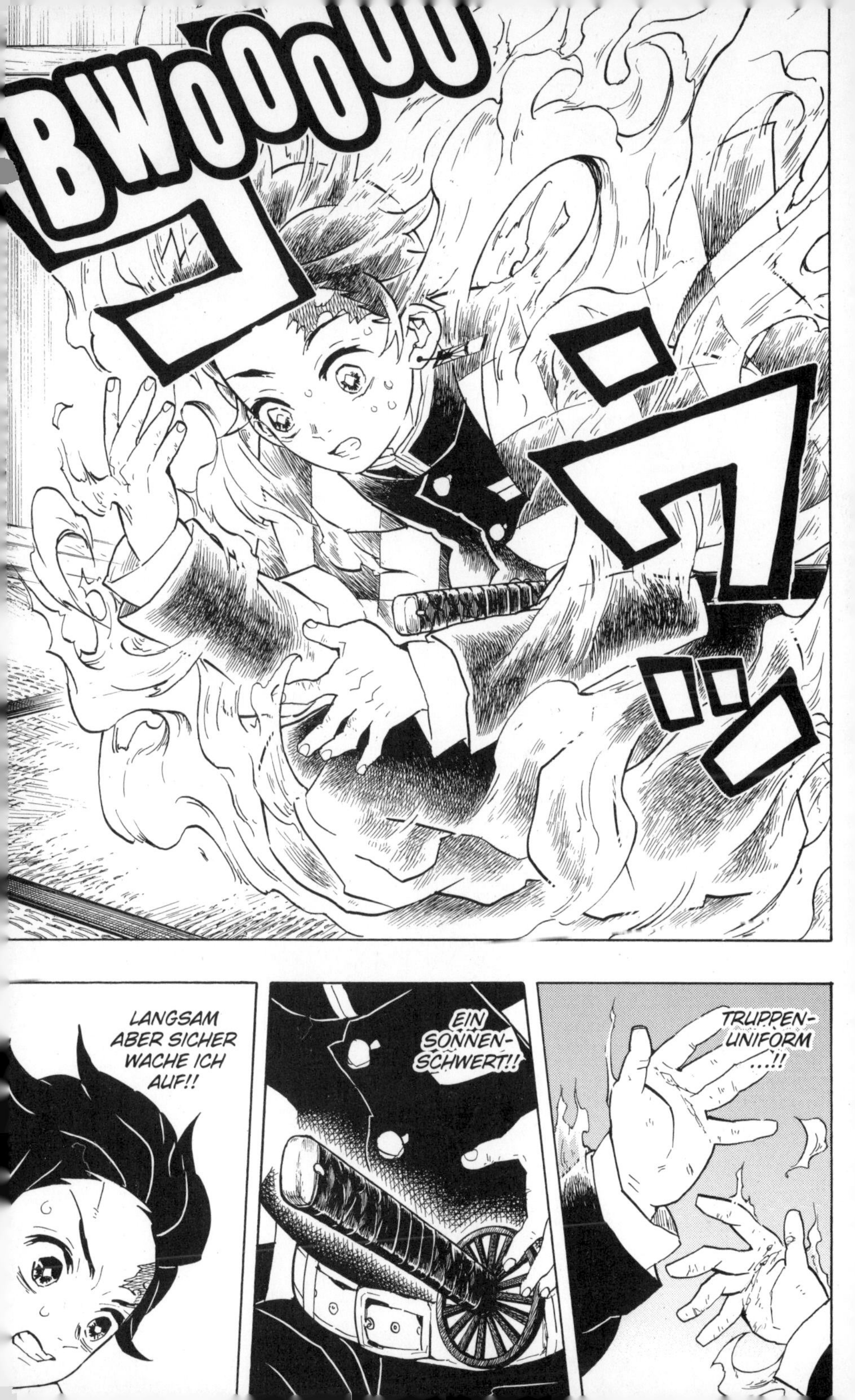
BWOOOUU
TRUPPEN-UNIFORM ...!!
EIN SONNEN-SCHWERT!!
LANGSAM ABER SICHER WACHE ICH AUF!!

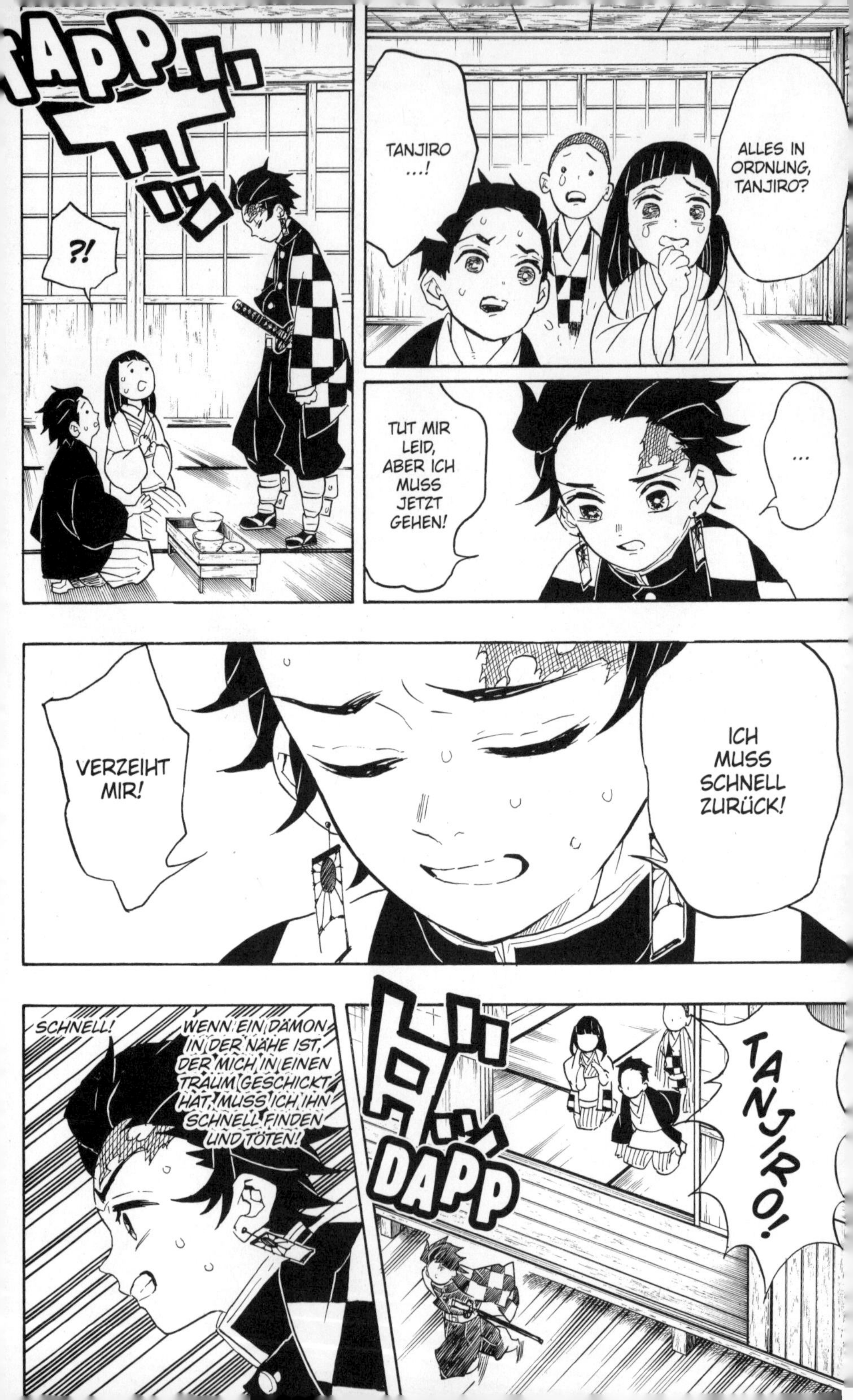
TANJIRO …!
ALLES IN ORDNUNG, TANJIRO?
TAPP…
?!
…
TUT MIR LEID, ABER ICH MUSS JETZT GEHEN!
ICH MUSS SCHNELL ZURÜCK!
VERZEIHT MIR!
TANJIRO!
DAPP
WENN EIN DÄMON IN DER NÄHE IST, DER MICH IN EINEN TRAUM GESCHICKT HAT, MUSS ICH IHN SCHNELL FINDEN UND TÖTEN!
SCHNELL!

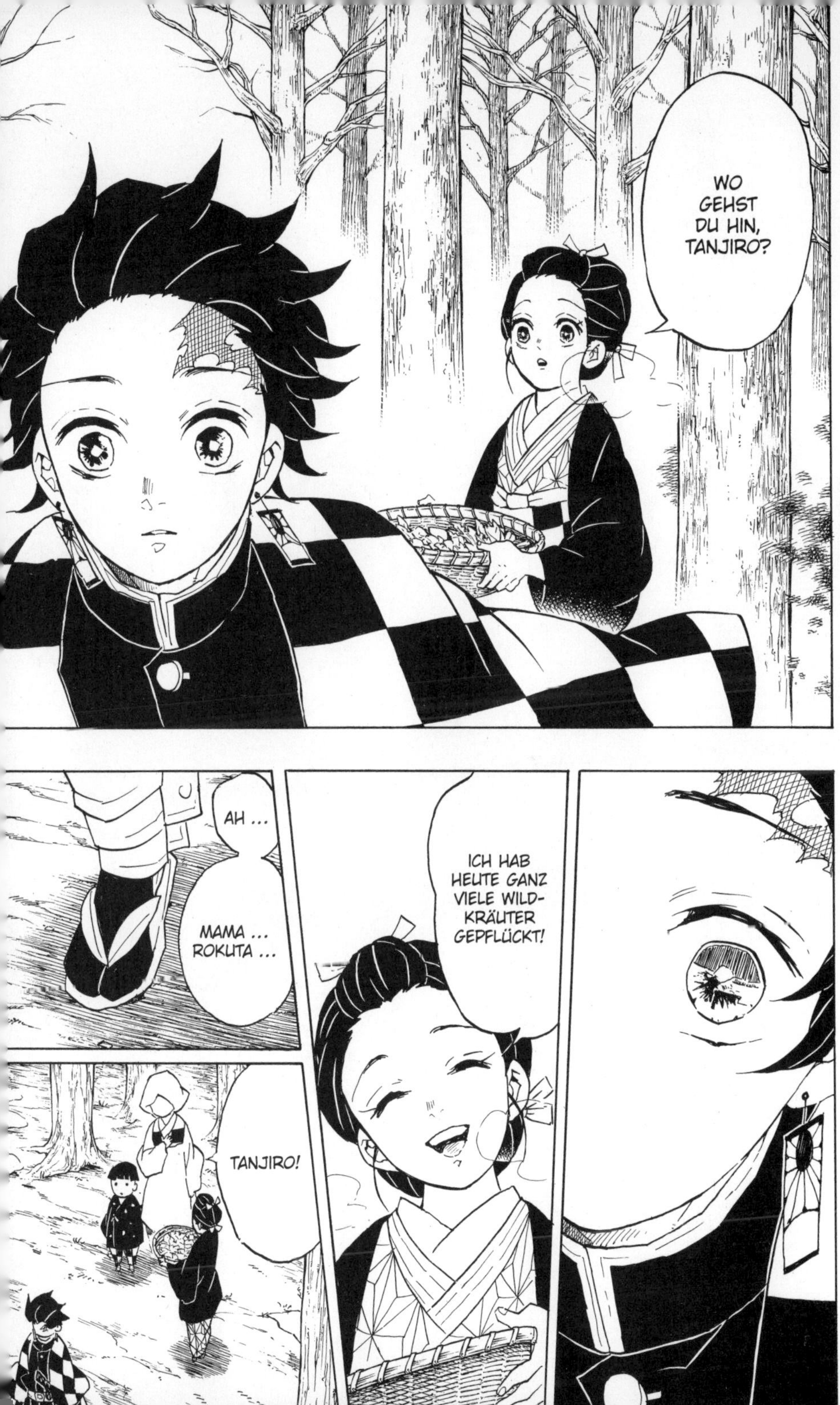
WO GEHST DU HIN, TANJIRO?
ICH HAB HEUTE GANZ VIELE WILD-KRÄUTER GEPFLÜCKT!
AH ...
MAMA ... ROKUTA ...
TANJIRO!

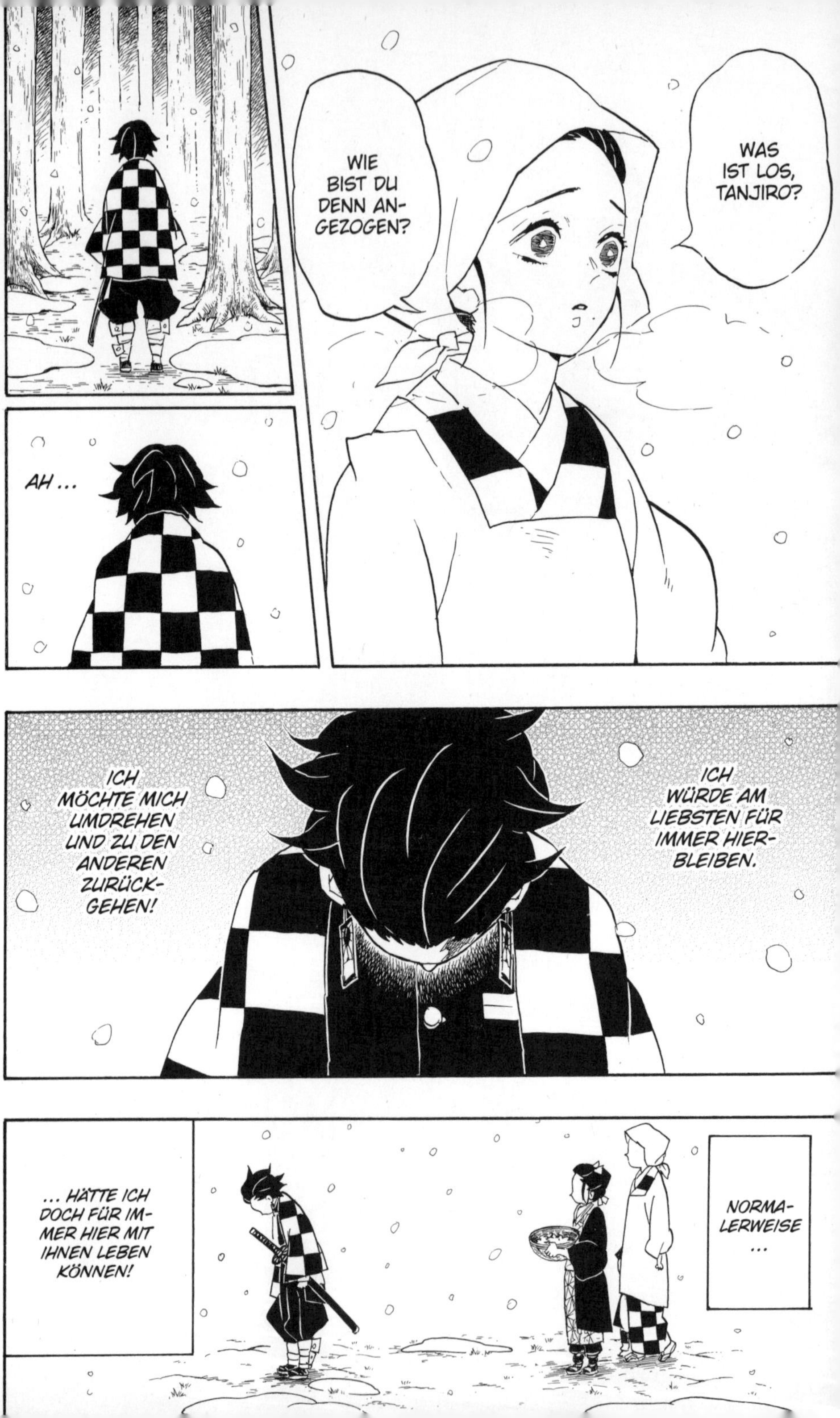
WAS IST LOS, TANJIRO?
WIE BIST DU DENN ANGEZOGEN?
AH ...
ICH WÜRDE AM LIEBSTEN FÜR IMMER HIERBLEIBEN.
ICH MÖCHTE MICH UMDREHEN UND ZU DEN ANDEREN ZURÜCKGEHEN!
NORMALERWEISE ...
... HÄTTE ICH DOCH FÜR IMMER HIER MIT IHNEN LEBEN KÖNNEN!

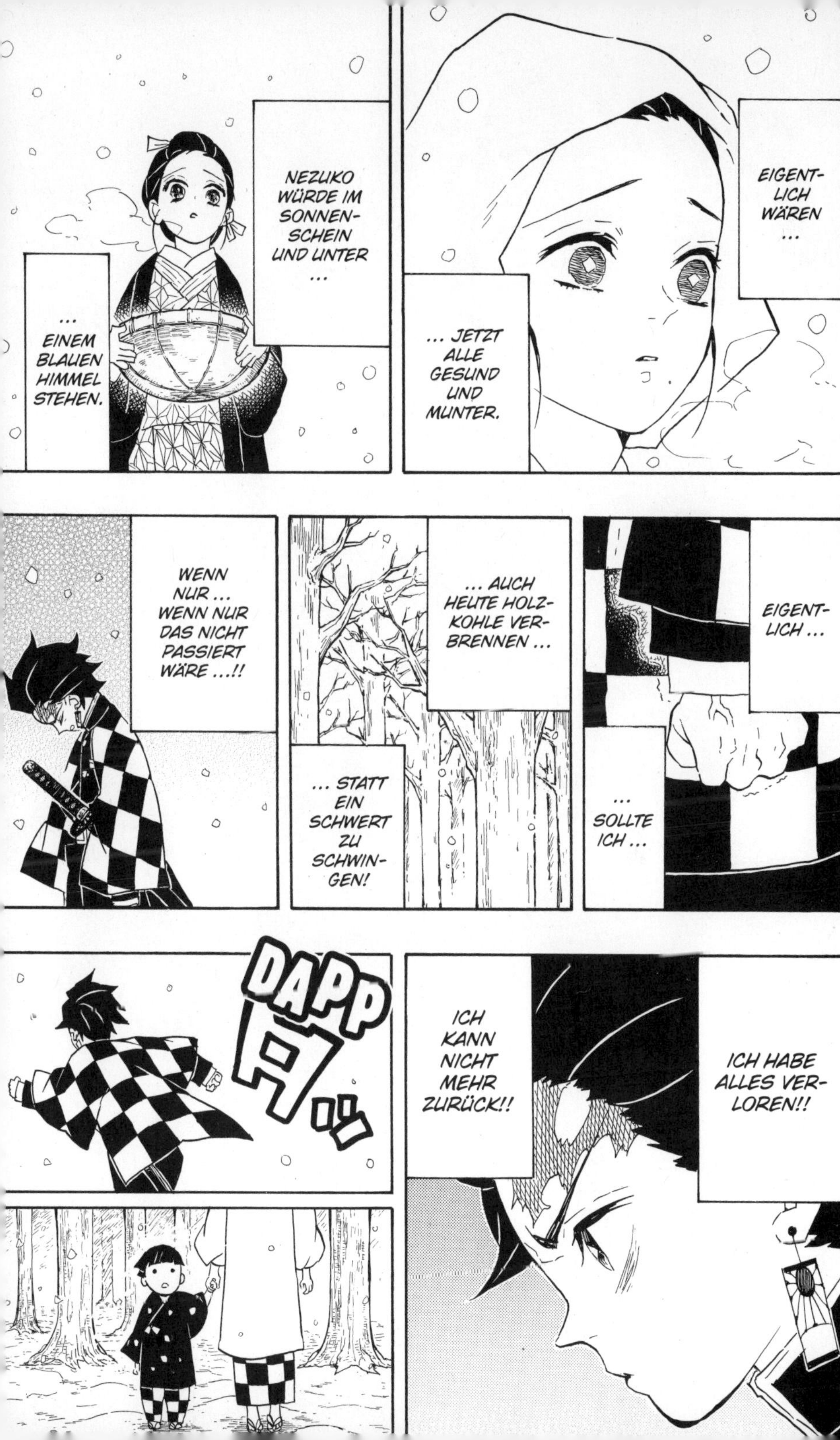

EIGENTLICH WÄREN …
… JETZT ALLE GESUND UND MUNTER.
NEZUKO WÜRDE IM SONNENSCHEIN UND UNTER …
… EINEM BLAUEN HIMMEL STEHEN.
EIGENTLICH …
… SOLLTE ICH …
… AUCH HEUTE HOLZKOHLE VERBRENNEN …
… STATT EIN SCHWERT ZU SCHWINGEN!
WENN NUR … WENN NUR DAS NICHT PASSIERT WÄRE …!!
ICH HABE ALLES VERLOREN!!
ICH KANN NICHT MEHR ZURÜCK!!
DAPP

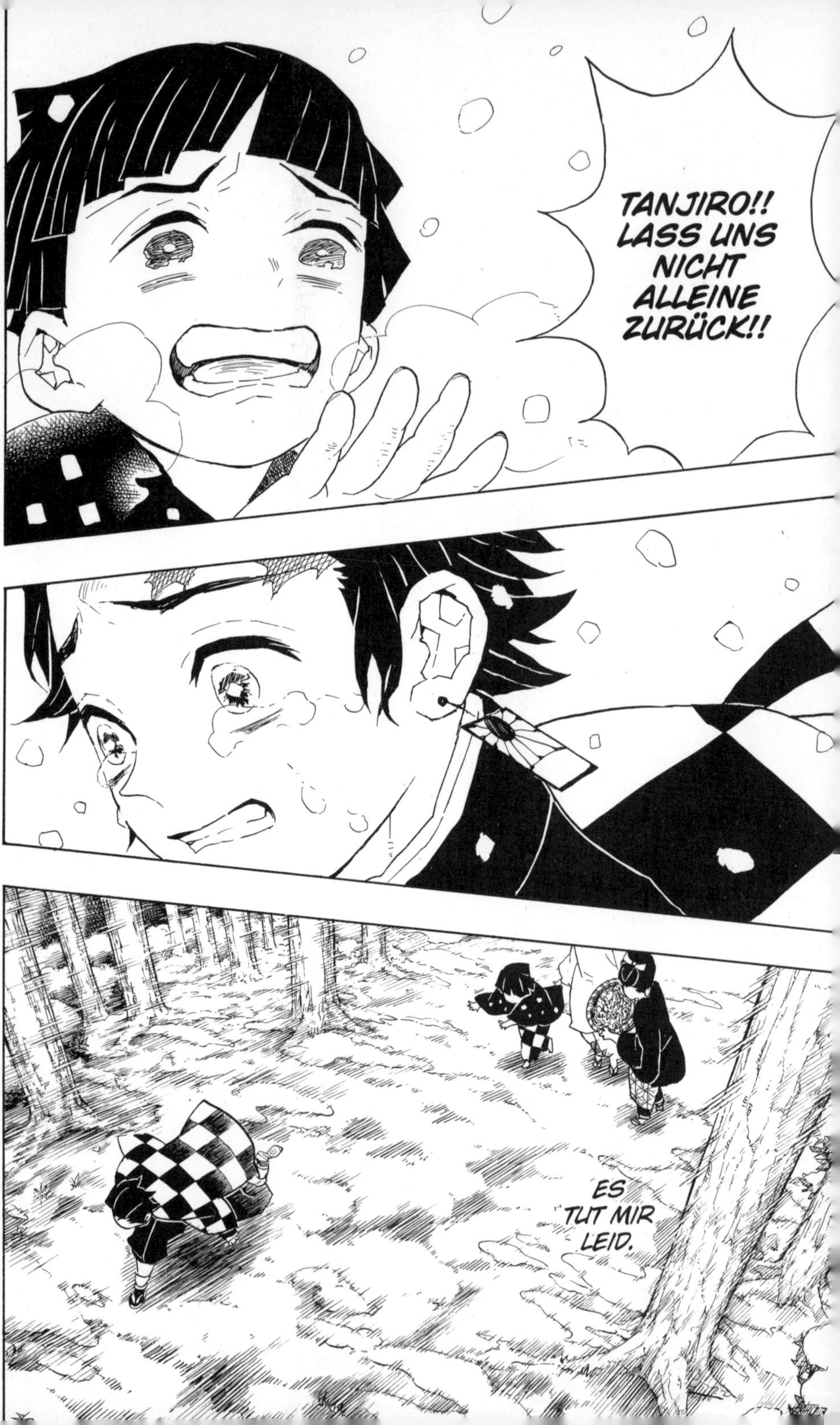
TANJIRO!! LASS UNS NICHT ALLEINE ZURÜCK!!
ES TUT MIR LEID.

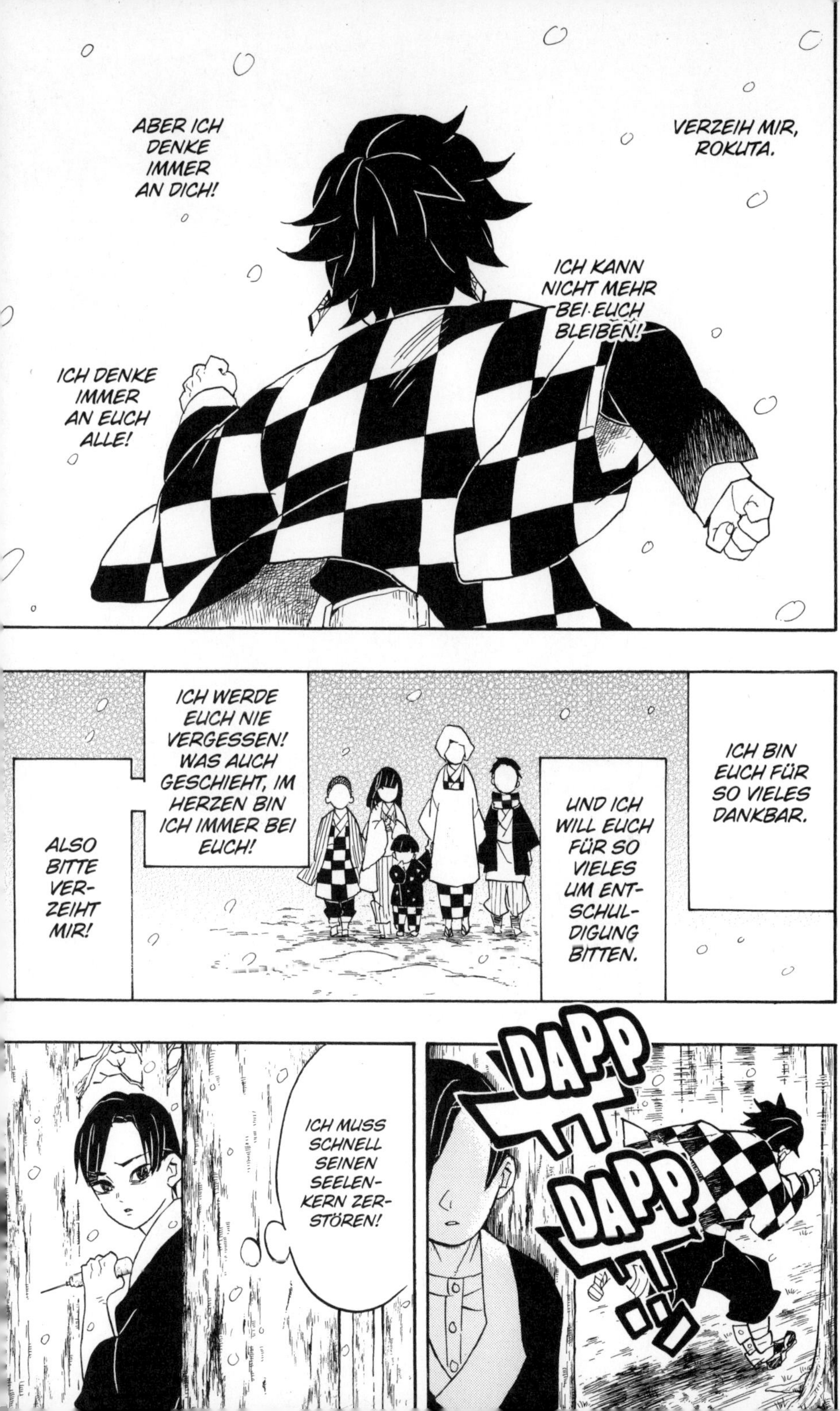
VERZEIH MIR, ROKUTA.
ICH KANN NICHT MEHR BEI EUCH BLEIBEN!
ABER ICH DENKE IMMER AN DICH!
ICH DENKE IMMER AN EUCH ALLE!
ICH BIN EUCH FÜR SO VIELES DANKBAR.
UND ICH WILL EUCH FÜR SO VIELES UM ENTSCHULDIGUNG BITTEN.
ICH WERDE EUCH NIE VERGESSEN! WAS AUCH GESCHIEHT, IM HERZEN BIN ICH IMMER BEI EUCH!
ALSO BITTE VERZEIHT MIR!
DAPP
DAPP
ICH MUSS SCHNELL SEINEN SEELENKERN ZERSTÖREN!

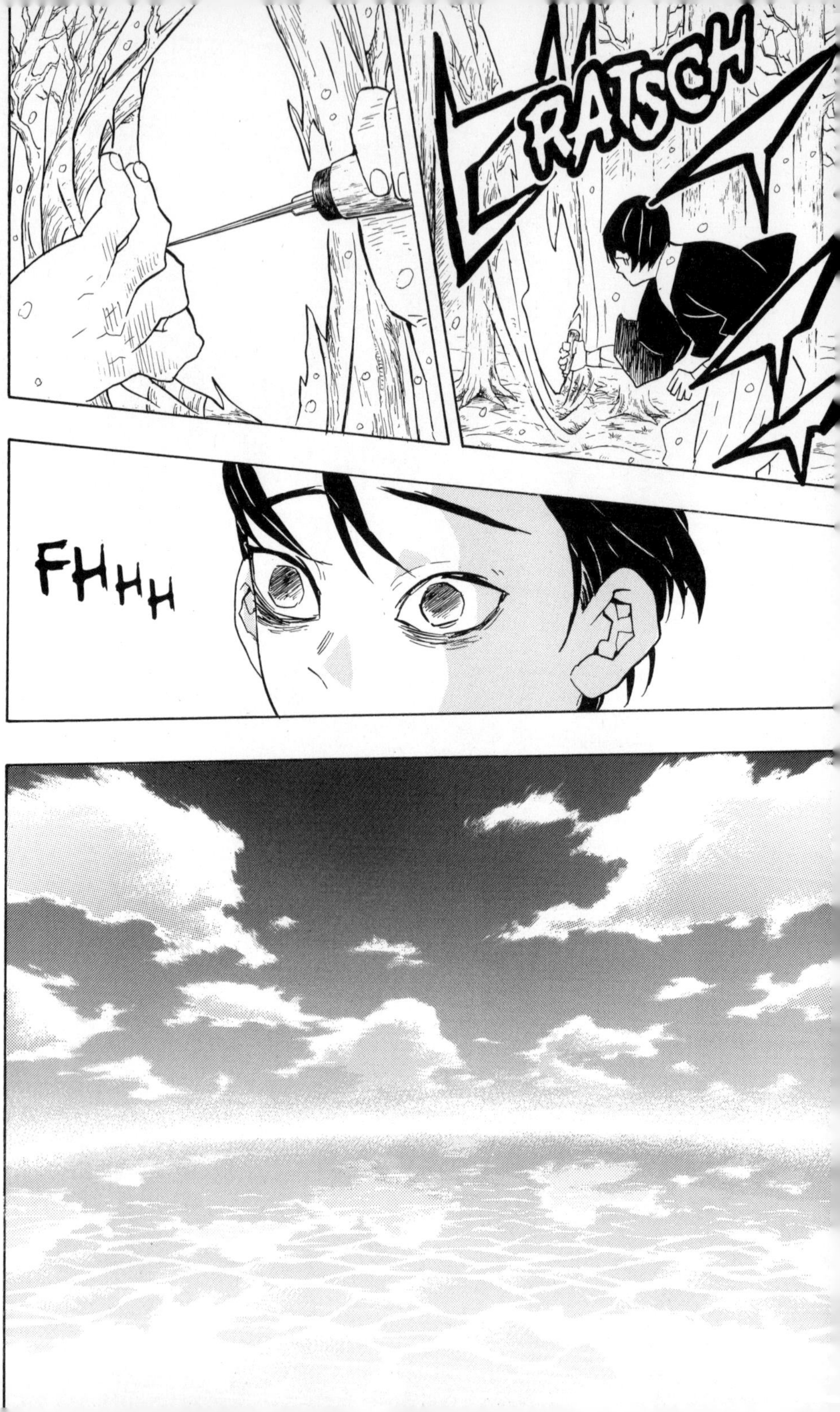
RATSCH
FHHH

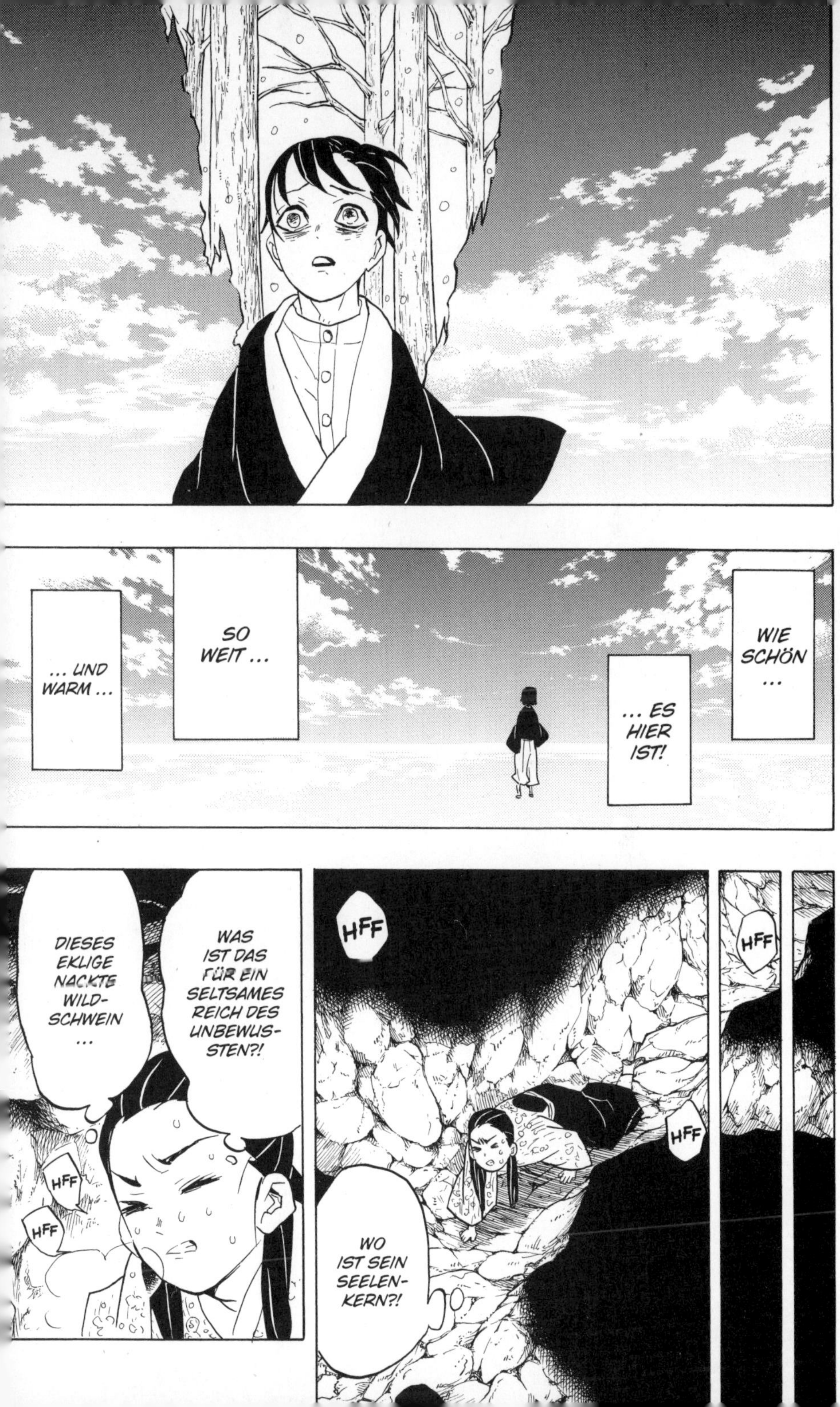
WIE SCHÖN …
… ES HIER IST!
SO WEIT …
… UND WARM …
HFF
HFF
HFF
WO IST SEIN SEELENKERN?!
WAS IST DAS FÜR EIN SELTSAMES REICH DES UNBEWUSSTEN?!
DIESES EKLIGE NACKTE WILDSCHWEIN …
HFF
HFF

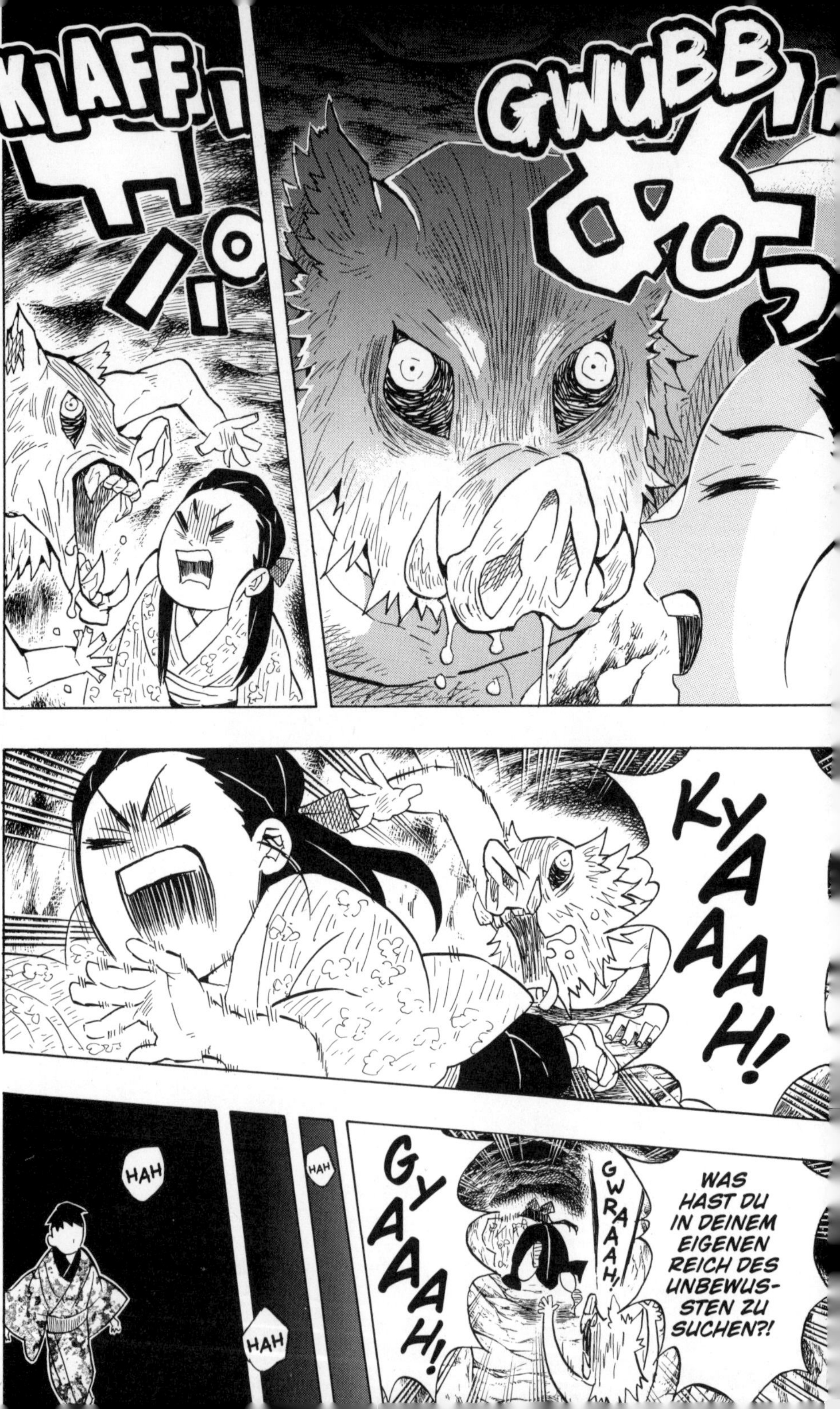
GWUBB!!
KLAFF!!
KYAAAAH!
WAS HAST DU IN DEINEM EIGENEN REICH DES UNBEWUS-STEN ZU SUCHEN?!
GWRAAAH!
GYAAAAH!
HAH
HAH
HAH

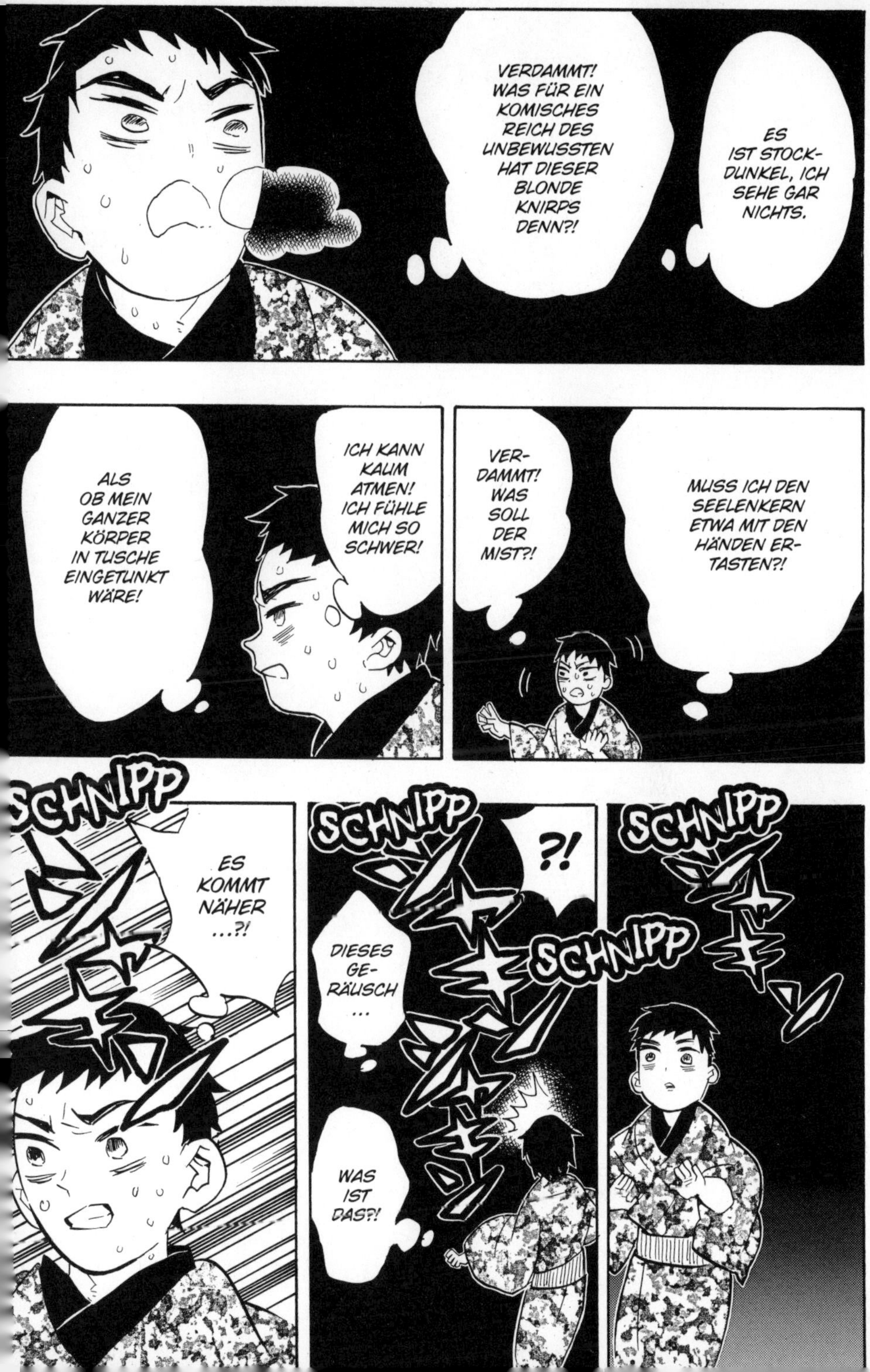
ES IST STOCK-DUNKEL, ICH SEHE GAR NICHTS.
VERDAMMT! WAS FÜR EIN KOMISCHES REICH DES UNBEWUSSTEN HAT DIESER BLONDE KNIRPS DENN?!
MUSS ICH DEN SEELENKERN ETWA MIT DEN HÄNDEN ERTASTEN?!
VERDAMMT! WAS SOLL DER MIST?!
ICH KANN KAUM ATMEN! ICH FÜHLE MICH SO SCHWER!
ALS OB MEIN GANZER KÖRPER IN TUSCHE EINGETUNKT WÄRE!
SCHNIPP
SCHNIPP
SCHNIPP
?!
DIESES GERÄUSCH ...
WAS IST DAS?!
SCHNIPP
ES KOMMT NÄHER ...?!

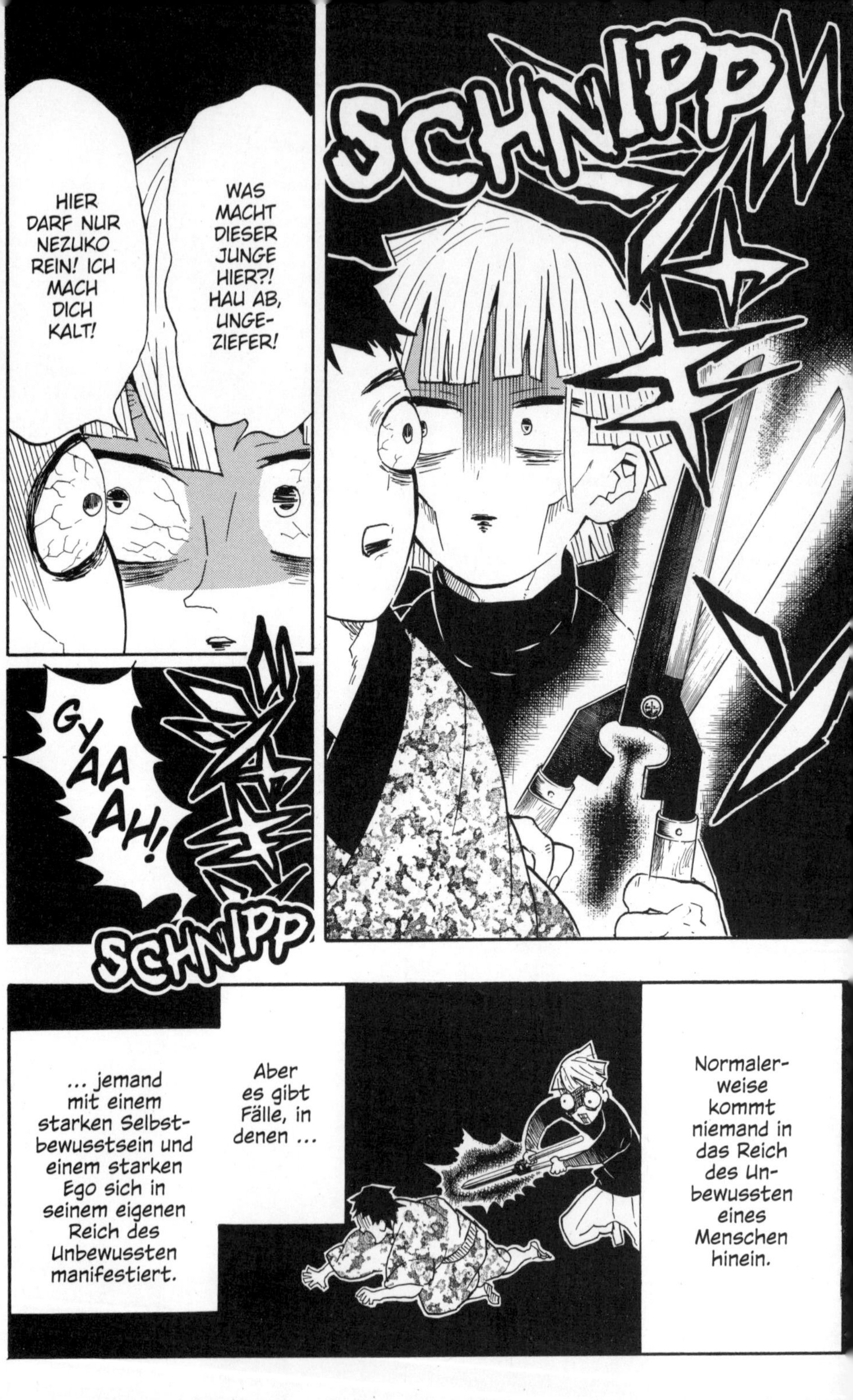
SCHNIPP
WAS MACHT DIESER JUNGE HIER?! HAU AB, UNGE-ZIEFER!
HIER DARF NUR NEZUKO REIN! ICH MACH DICH KALT!
GYAAAAH!
SCHNIPP
Normalerweise kommt niemand in das Reich des Unbewussten eines Menschen hinein.
Aber es gibt Fälle, in denen ...
... jemand mit einem starken Selbstbewusstsein und einem starken Ego sich in seinem eigenen Reich des Unbewussten manifestiert.

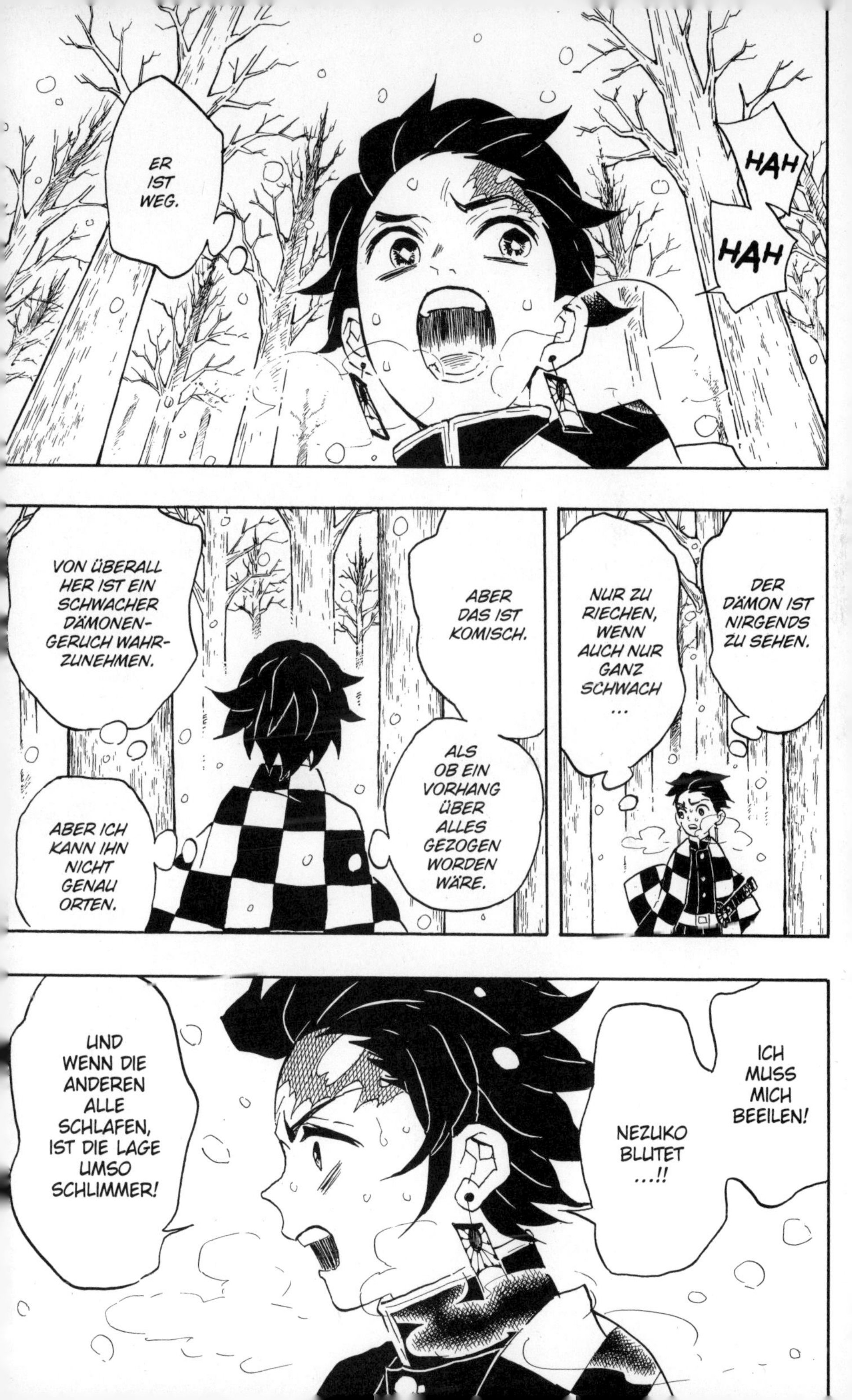
HAH
HAH
ER IST WEG.
DER DÄMON IST NIRGENDS ZU SEHEN.
NUR ZU RIECHEN, WENN AUCH NUR GANZ SCHWACH …
ABER DAS IST KOMISCH.
ALS OB EIN VORHANG ÜBER ALLES GEZOGEN WORDEN WÄRE.
VON ÜBERALL HER IST EIN SCHWACHER DÄMONENGERUCH WAHRZUNEHMEN.
ABER ICH KANN IHN NICHT GENAU ORTEN.
ICH MUSS MICH BEEILEN!
NEZUKO BLUTET …!!
UND WENN DIE ANDEREN ALLE SCHLAFEN, IST DIE LAGE UMSO SCHLIMMER!

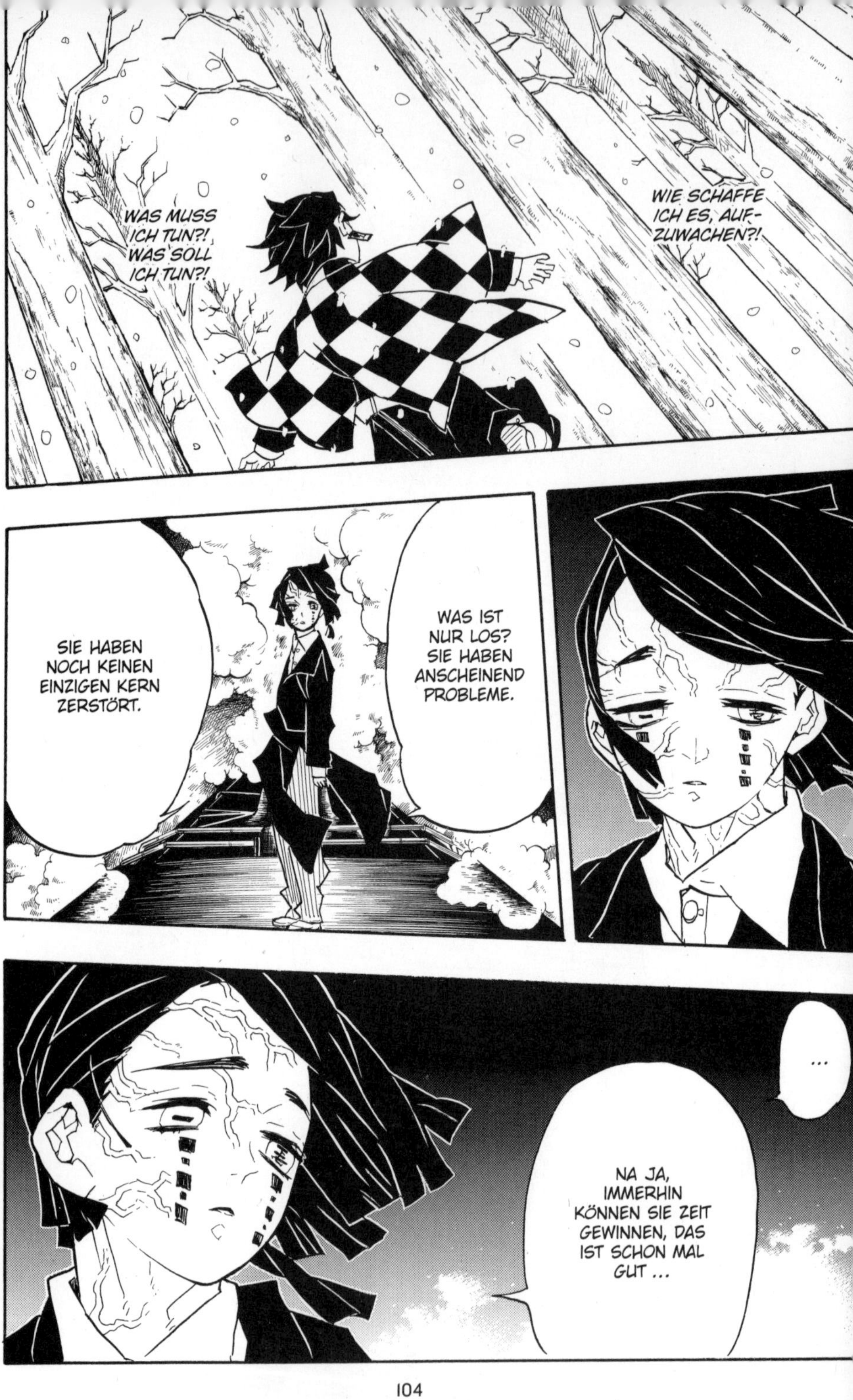
WIE SCHAFFE ICH ES, AUF-ZUWACHEN?!
WAS MUSS ICH TUN?! WAS SOLL ICH TUN?!
WAS IST NUR LOS? SIE HABEN ANSCHEINEND PROBLEME.
SIE HABEN NOCH KEINEN EINZIGEN KERN ZERSTÖRT.
…
NA JA, IMMERHIN KÖNNEN SIE ZEIT GEWINNEN, DAS IST SCHON MAL GUT …

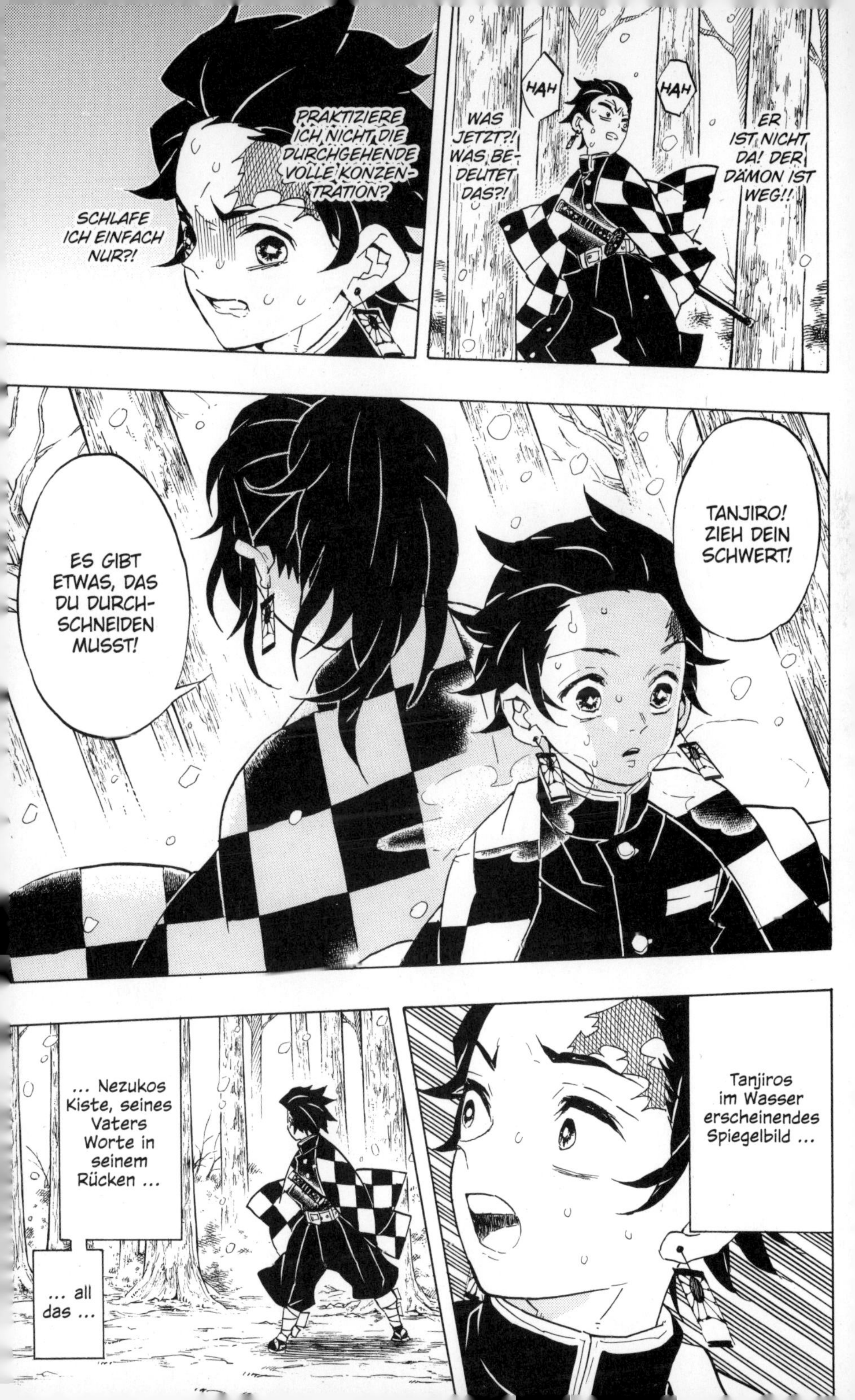
HAH
HAH
ER IST NICHT DA! DER DÄMON IST WEG!!
WAS JETZT?! WAS BEDEUTET DAS?!
PRAKTIZIERE ICH NICHT DIE DURCHGEHENDE VOLLE KONZENTRATION?
SCHLAFE ICH EINFACH NUR?!
TANJIRO! ZIEH DEIN SCHWERT!
ES GIBT ETWAS, DAS DU DURCHSCHNEIDEN MUSST!
Tanjiros im Wasser erscheinendes Spiegelbild ...
... Nezukos Kiste, seines Vaters Worte in seinem Rücken ...
... all das ...

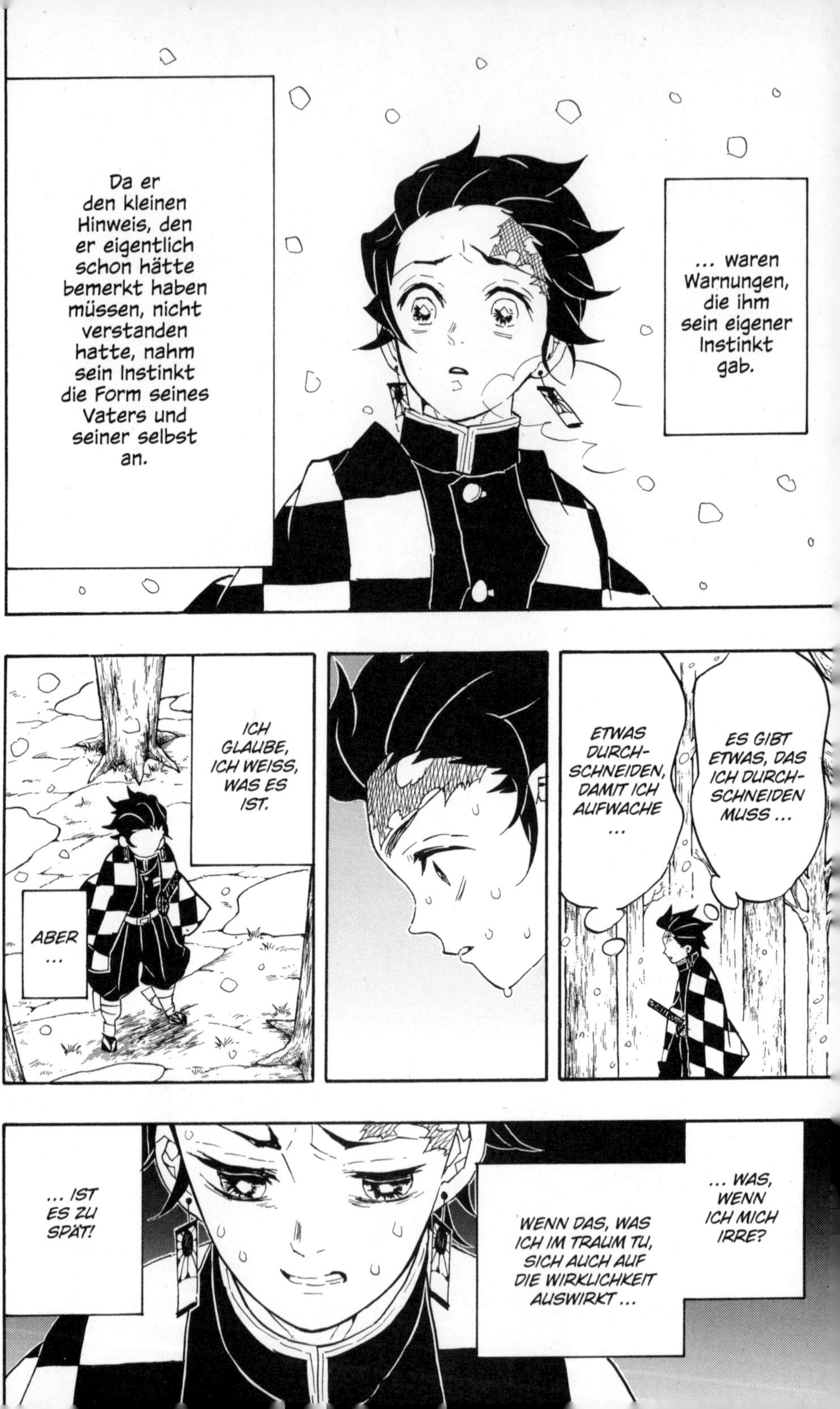
... waren Warnungen, die ihm sein eigener Instinkt gab.
Da er den kleinen Hinweis, den er eigentlich schon hätte bemerkt haben müssen, nicht verstanden hatte, nahm sein Instinkt die Form seines Vaters und seiner selbst an.
ES GIBT ETWAS, DAS ICH DURCH-SCHNEIDEN MUSS ...
ETWAS DURCH-SCHNEIDEN, DAMIT ICH AUFWACHE ...
ICH GLAUBE, ICH WEISS, WAS ES IST.
ABER ...
... WAS, WENN ICH MICH IRRE?
WENN DAS, WAS ICH IM TRAUM TU, SICH AUCH AUF DIE WIRKLICHKEIT AUSWIRKT ...
... IST ES ZU SPÄT!

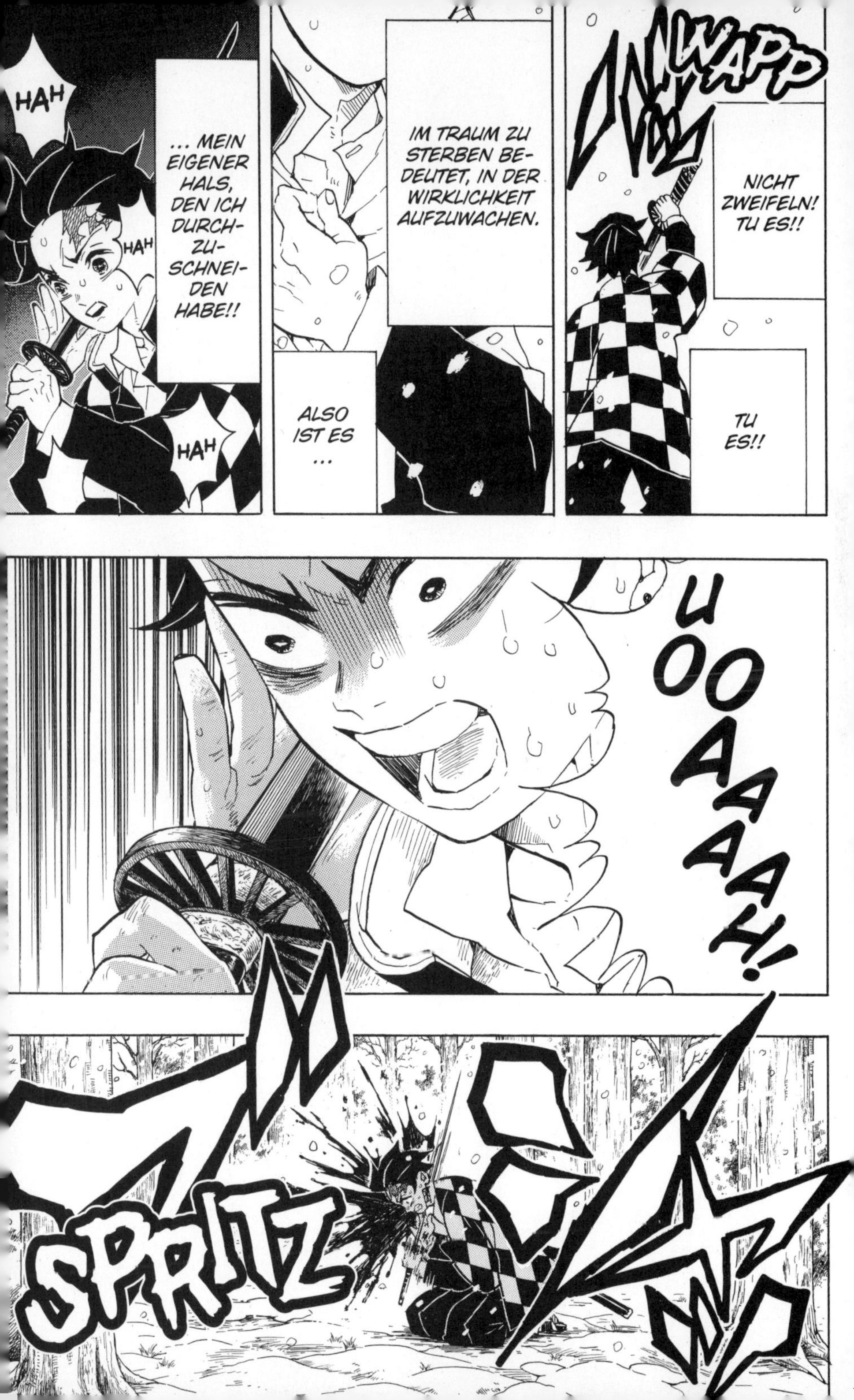
WAPP
NICHT ZWEIFELN! TU ES!!
TU ES!!
IM TRAUM ZU STERBEN BEDEUTET, IN DER WIRKLICHKEIT AUFZUWACHEN.
ALSO IST ES ...
HAH
HAH
... MEIN EIGENER HALS, DEN ICH DURCHZUSCHNEIDEN HABE!!
HAH
UOOAAAAH!!
SPRITZ

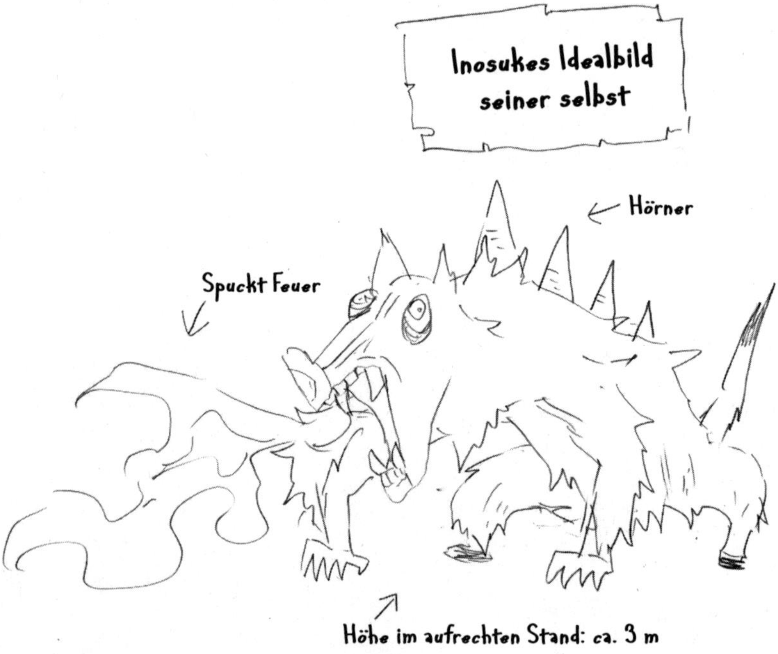
Inosukes Idealbild seiner selbst
Hörner
Spuckt Feuer
Höhe im aufrechten Stand: ca. 3 m

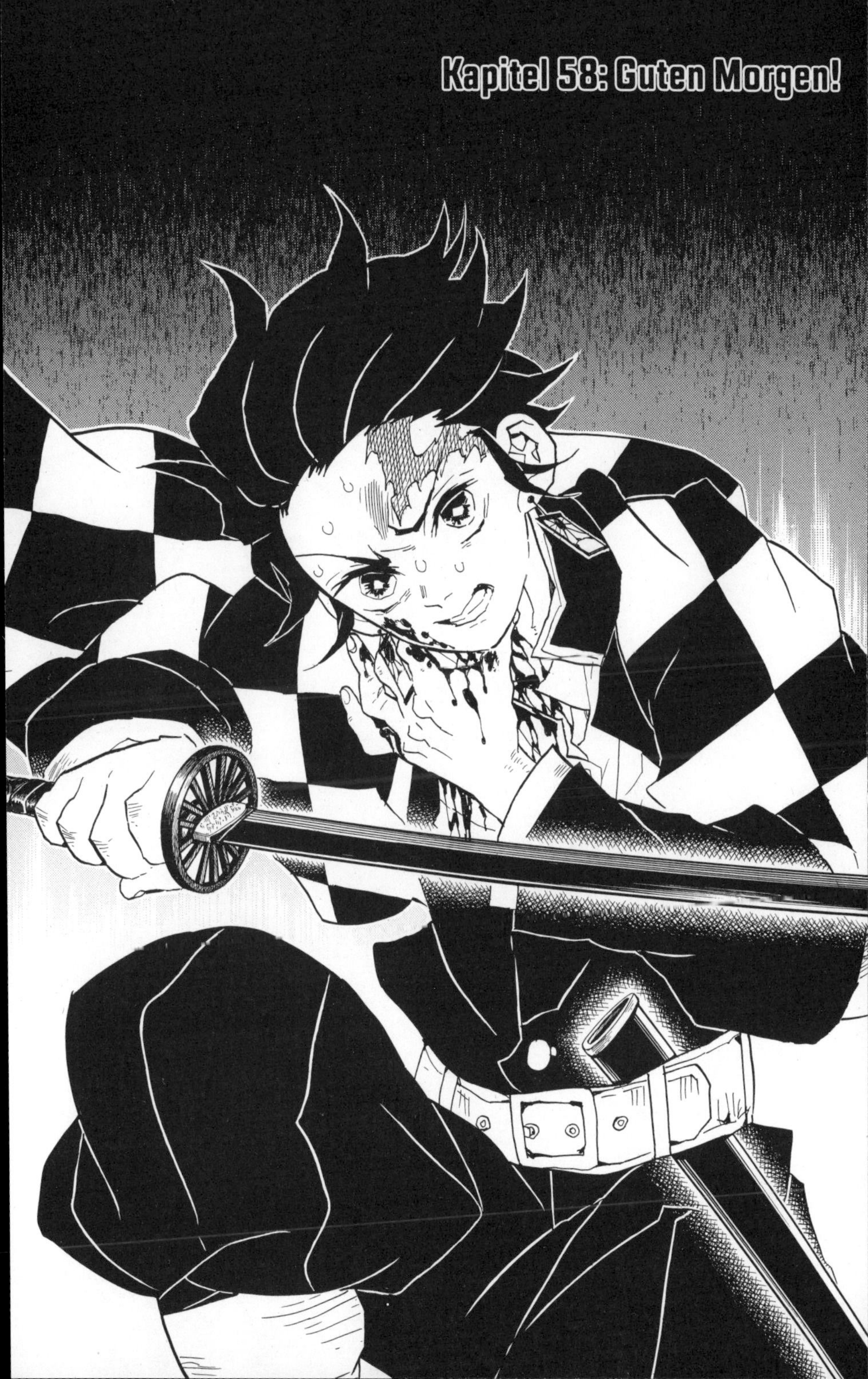
Kapitel 58: Guten Morgen!

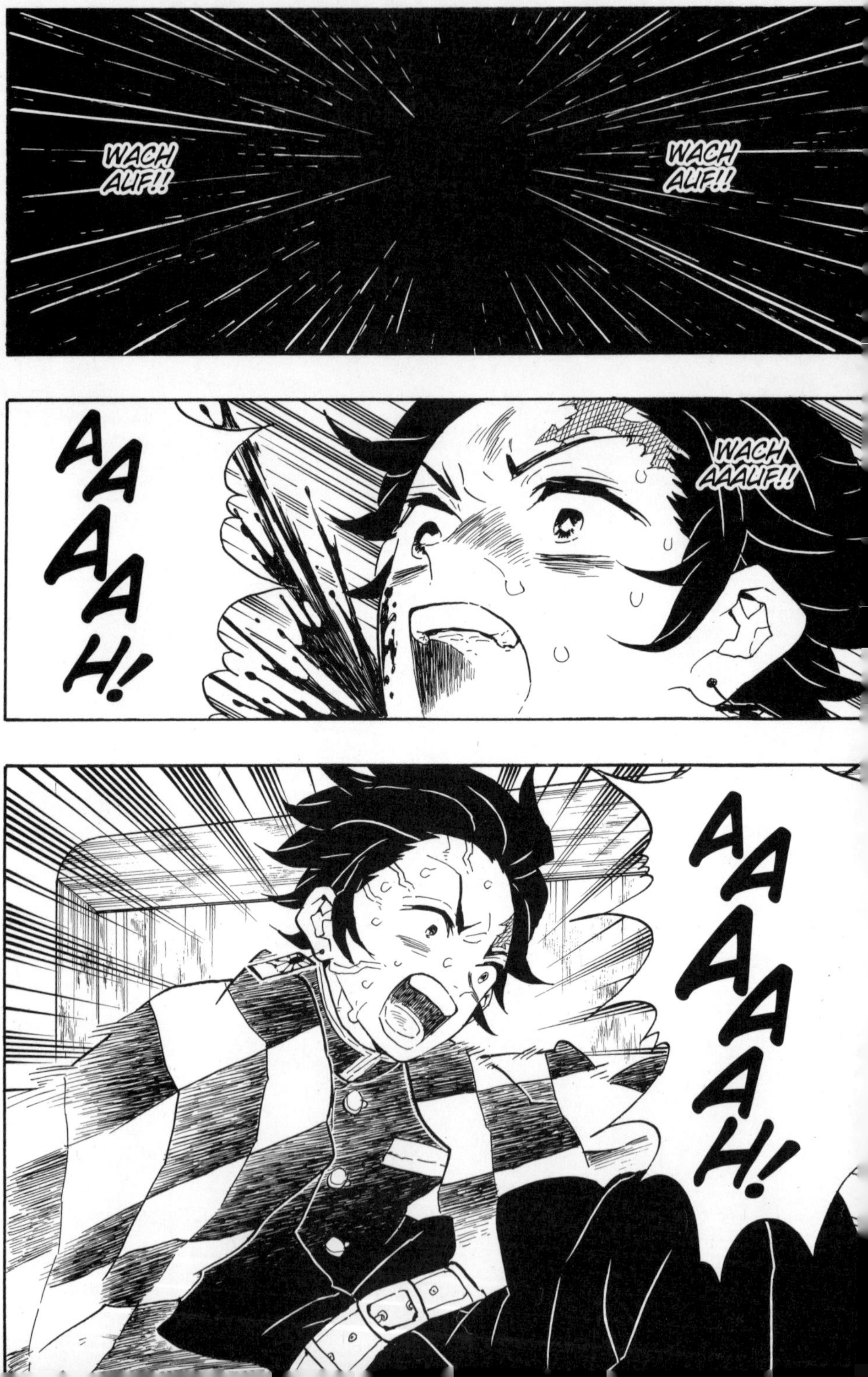
WACH AUF!!
WACH AUF!!
WACH AAAUF!!
AAAAH!
AAAAAAH!

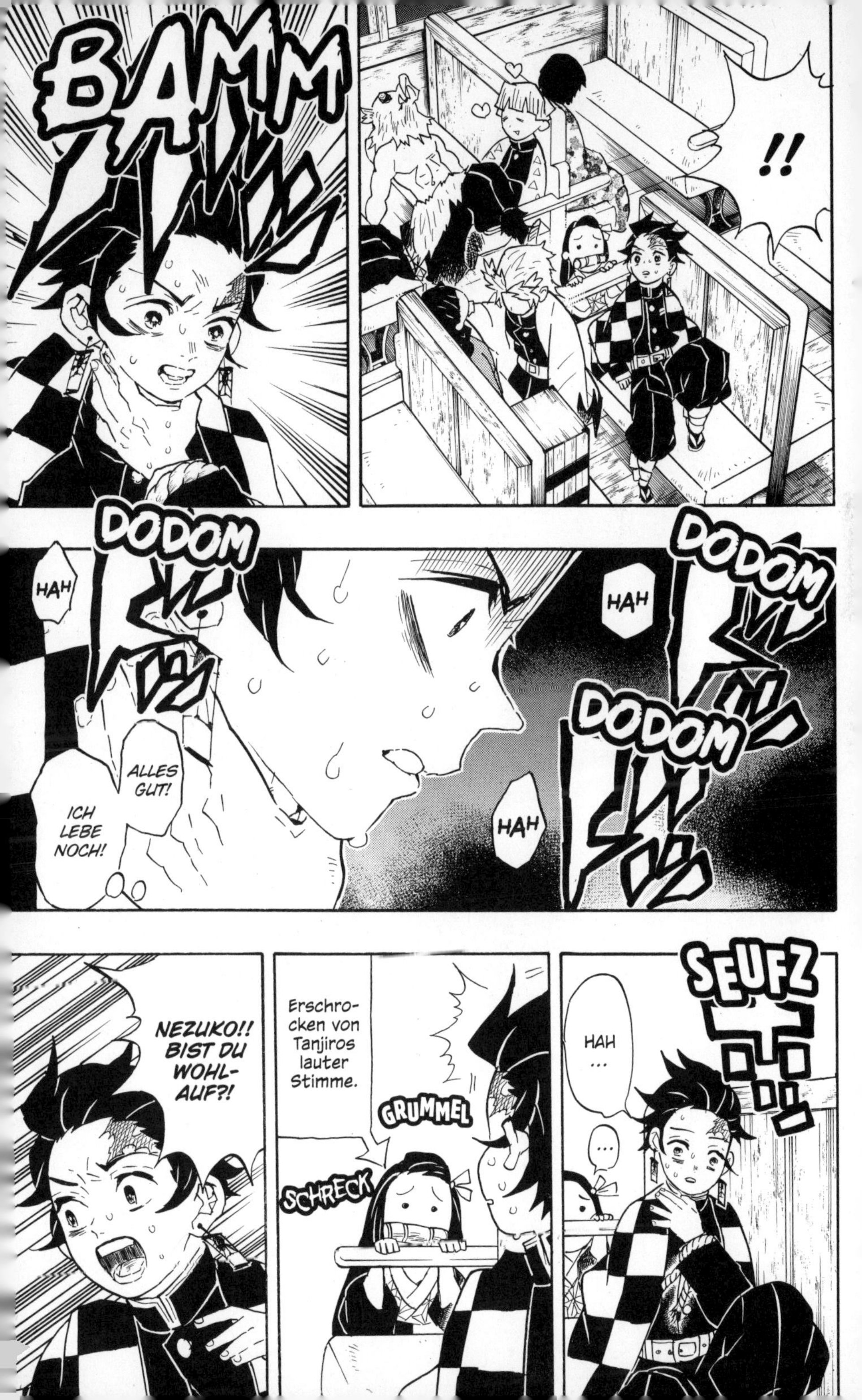
BAMM
!!
DODOM
HAH
ALLES GUT!
ICH LEBE NOCH!
HAH
DODOM
DODOM
HAH
NEZUKO!! BIST DU WOHLAUF?!
Erschrocken von Tanjiros lauter Stimme.
GRUMMEL
SCHRECK
SEUFZ
HAH …
…

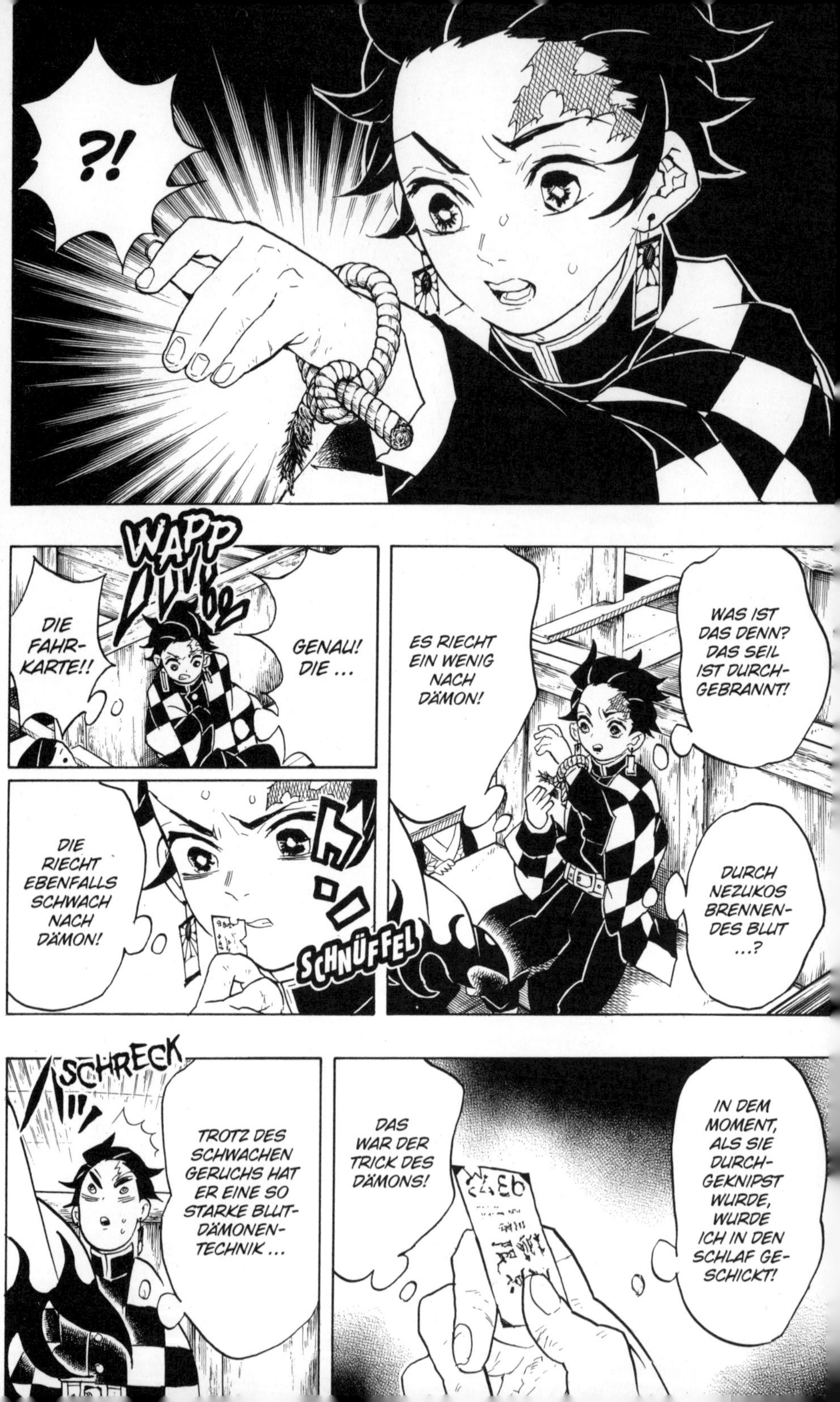
?!
WAS IST DAS DENN? DAS SEIL IST DURCH-GEBRANNT!
ES RIECHT EIN WENIG NACH DÄMON!
DURCH NEZUKOS BRENNEN-DES BLUT …?
WAPP
GENAU! DIE …
DIE FAHR-KARTE!!
DIE RIECHT EBENFALLS SCHWACH NACH DÄMON!
SCHNÜFFEL
IN DEM MOMENT, ALS SIE DURCH-GEKNIPST WURDE, WURDE ICH IN DEN SCHLAF GE-SCHICKT!
DAS WAR DER TRICK DES DÄMONS!
SCHRECK
TROTZ DES SCHWACHEN GERUCHS HAT ER EINE SO STARKE BLUT-DÄMONEN-TECHNIK …

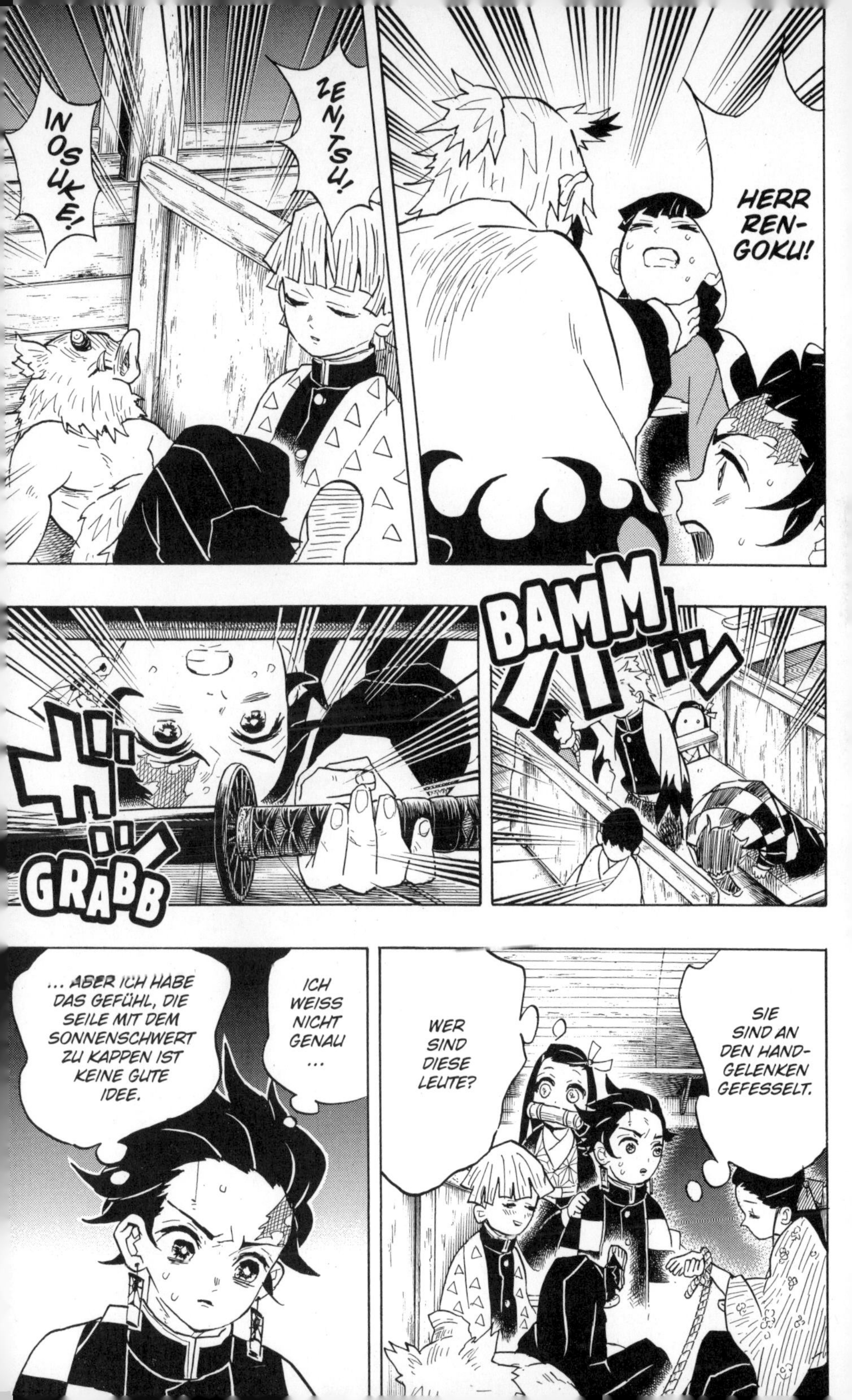
HERR RENGOKU!
ZENITSU!
INOSUKE!
BAMM...!
GRÄBB...!
SIE SIND AN DEN HANDGELENKEN GEFESSELT.
WER SIND DIESE LEUTE?
ICH WEISS NICHT GENAU ...
... ABER ICH HABE DAS GEFÜHL, DIE SEILE MIT DEM SONNENSCHWERT ZU KAPPEN IST KEINE GUTE IDEE.

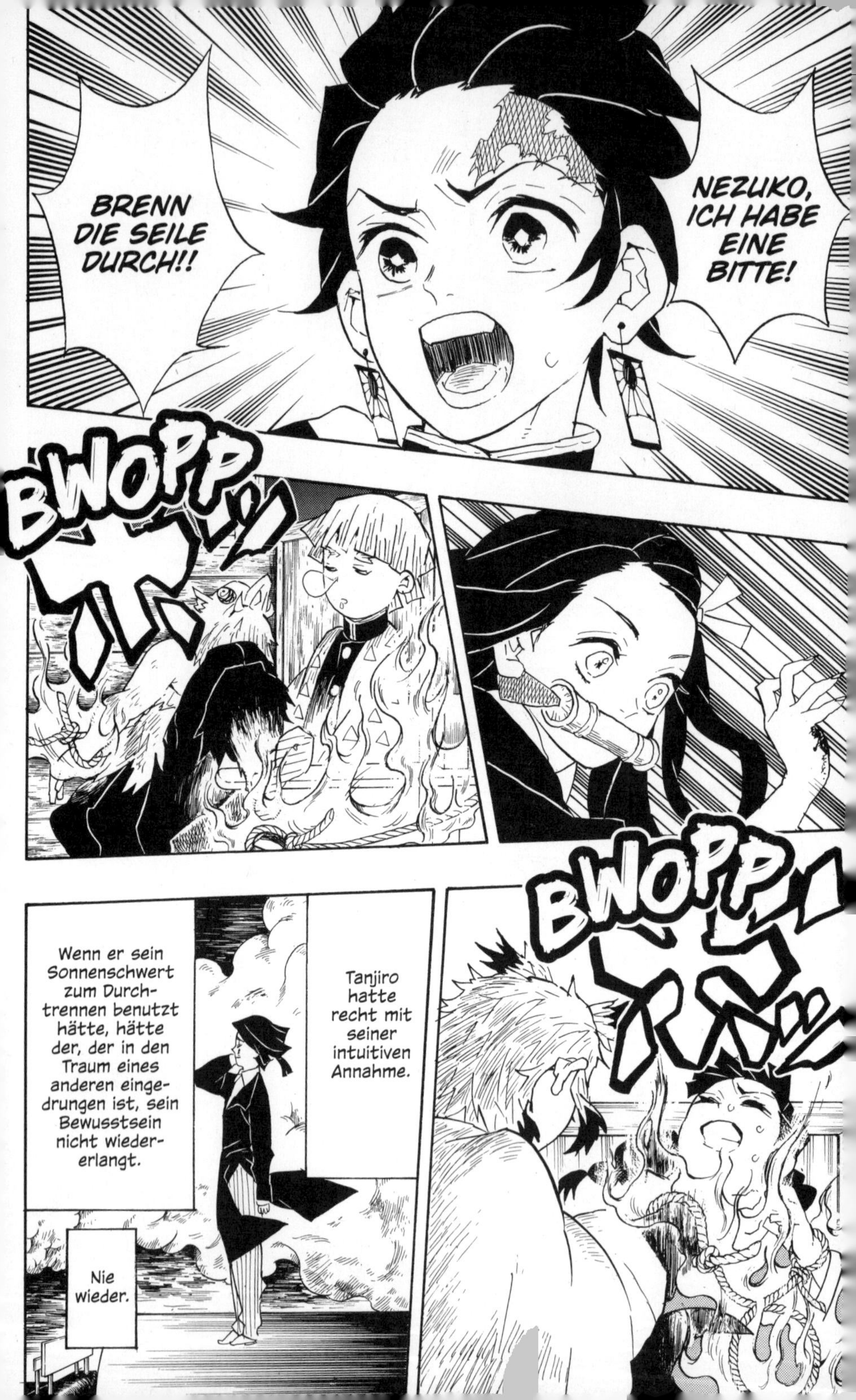
NEZUKO, ICH HABE EINE BITTE!
BRENN DIE SEILE DURCH!!
BWOPP
BWOPP
Tanjiro hatte recht mit seiner intuitiven Annahme.
Wenn er sein Sonnenschwert zum Durchtrennen benutzt hätte, hätte der, der in den Traum eines anderen eingedrungen ist, sein Bewusstsein nicht wiedererlangt.
Nie wieder.

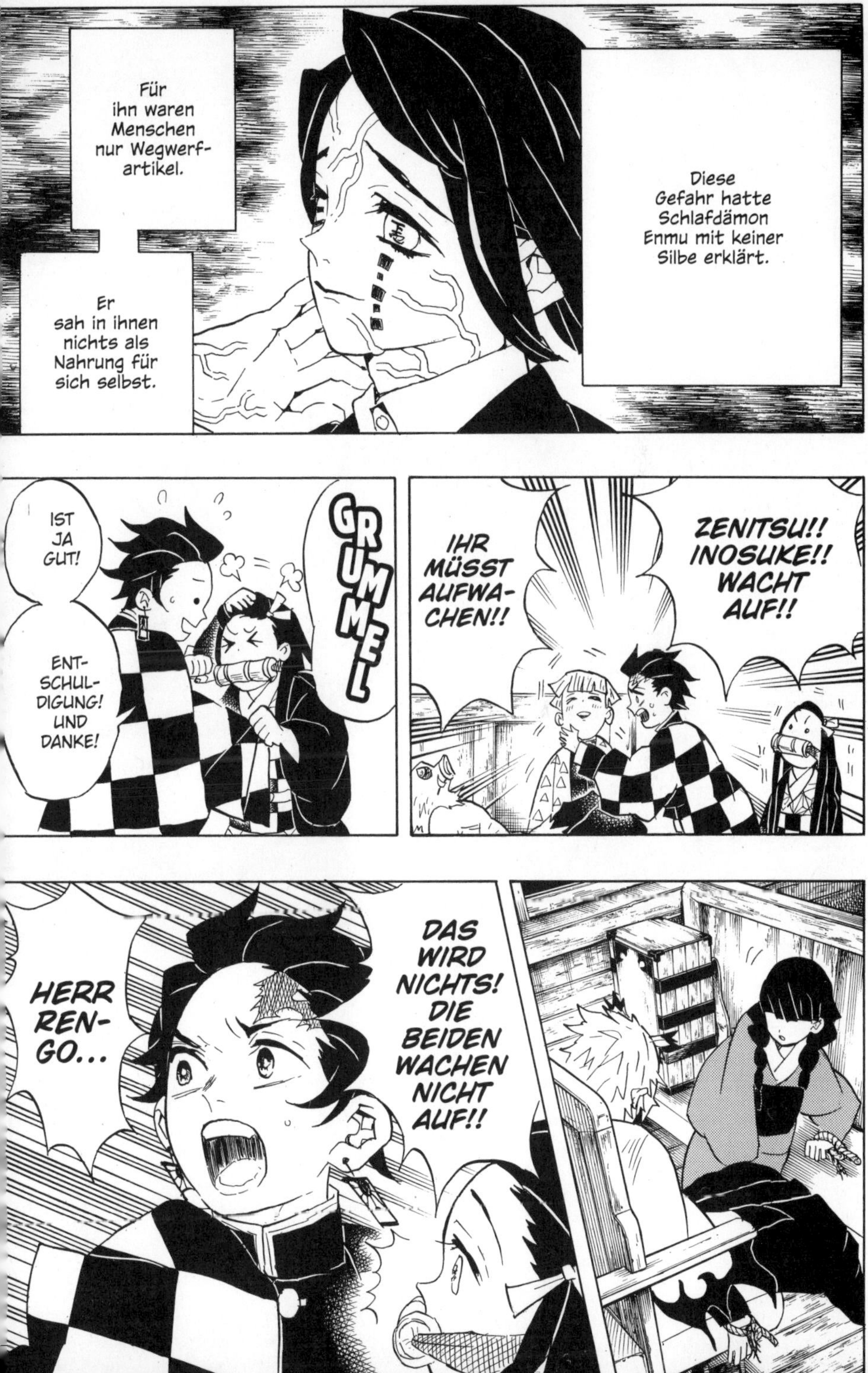
Diese Gefahr hatte Schlafdämon Enmu mit keiner Silbe erklärt.
Für ihn waren Menschen nur Wegwerfartikel.
Er sah in ihnen nichts als Nahrung für sich selbst.
ZENITSU!! INOSUKE!! WACHT AUF!!
IHR MÜSST AUFWACHEN!!
GRUMMEL
IST JA GUT!
ENT-SCHULDIGUNG! UND DANKE!
DAS WIRD NICHTS! DIE BEIDEN WACHEN NICHT AUF!!
HERR RENGO…

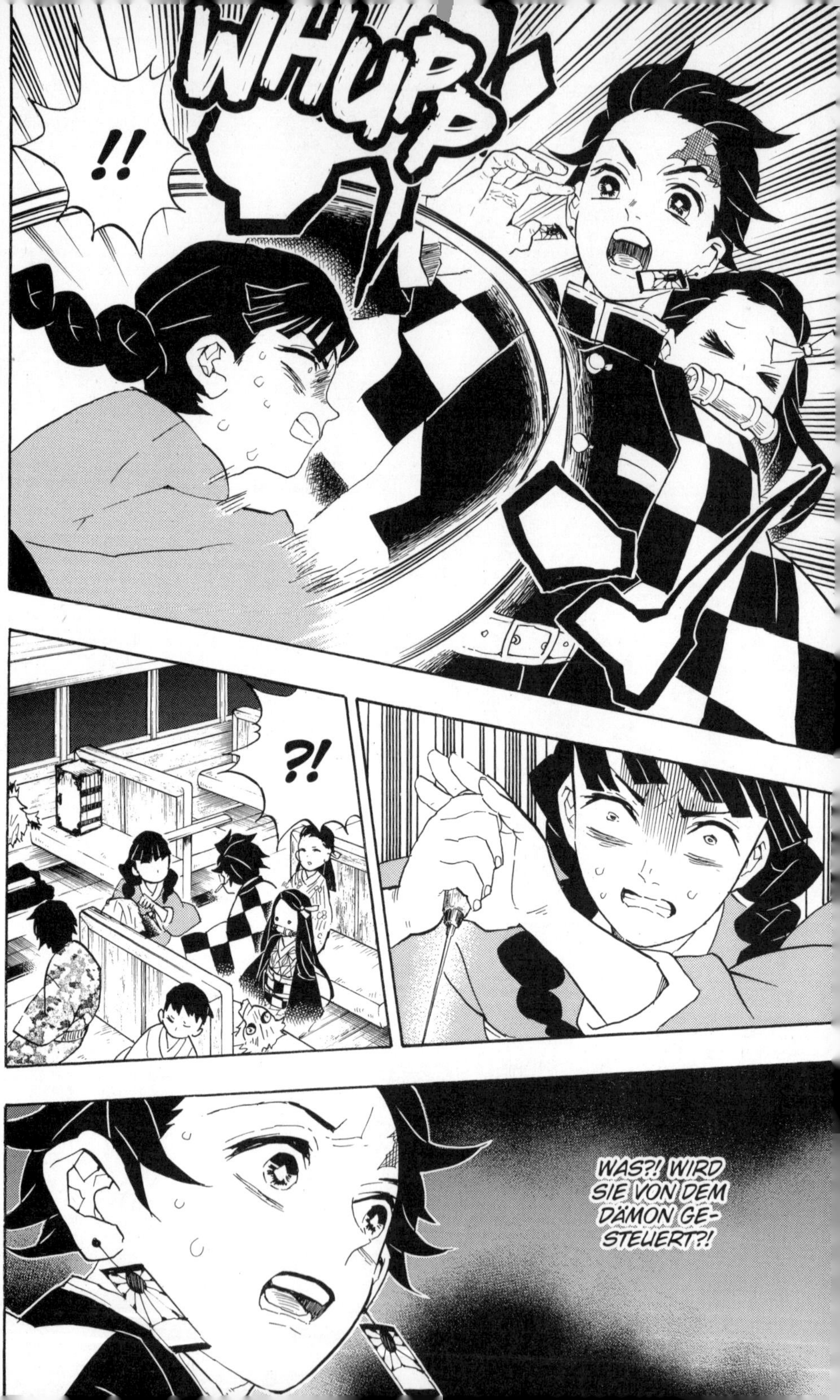
WHUP!
!!
?!
WAS?! WIRD SIE VON DEM DÄMON GE- STEUERT?!

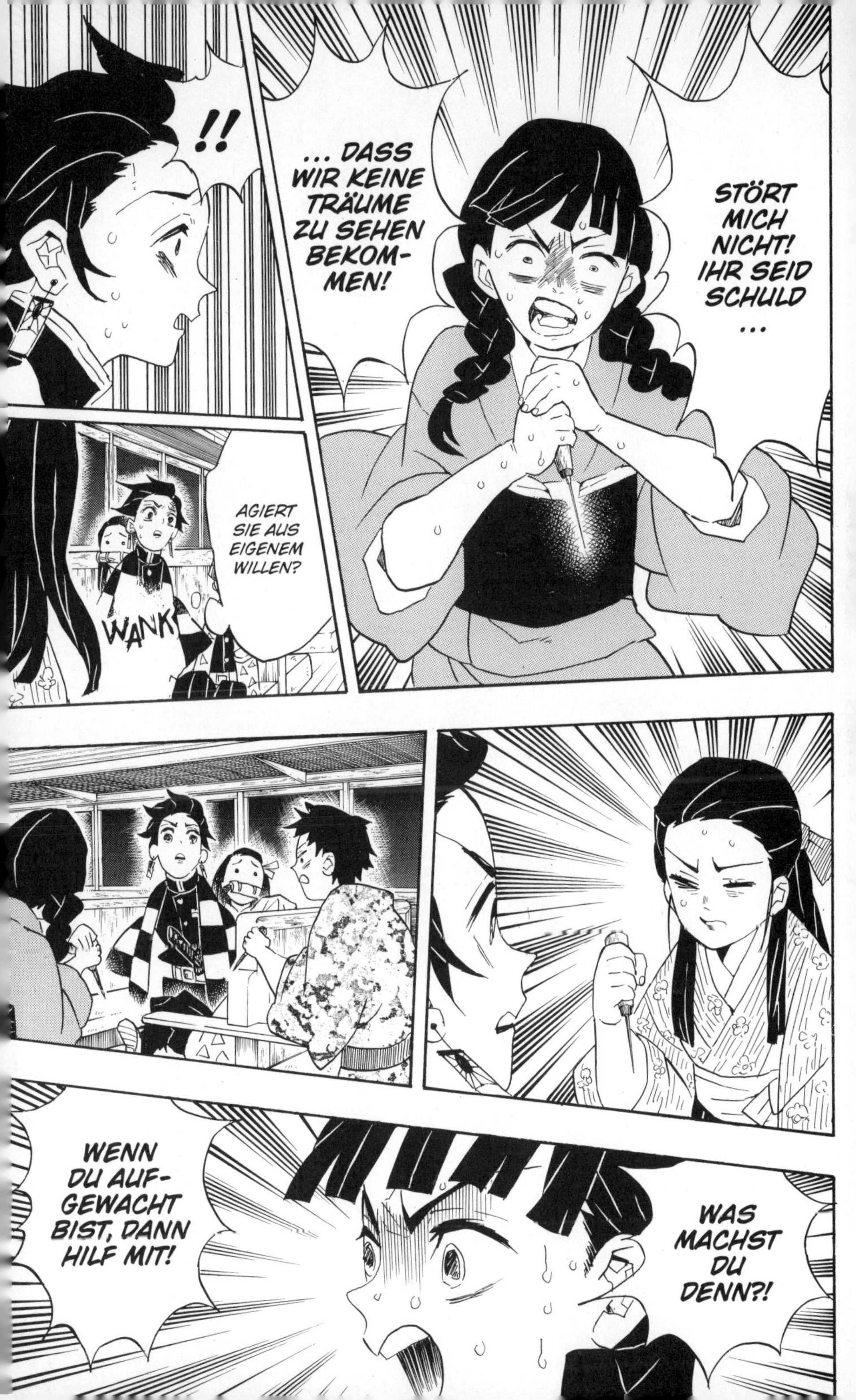

STÖRT MICH NICHT! IHR SEID SCHULD ...
... DASS WIR KEINE TRÄUME ZU SEHEN BEKOM-MEN!
!!
AGIERT SIE AUS EIGENEM WILLEN?
WANK
WAS MACHST DU DENN?!
WENN DU AUF-GEWACHT BIST, DANN HILF MIT!

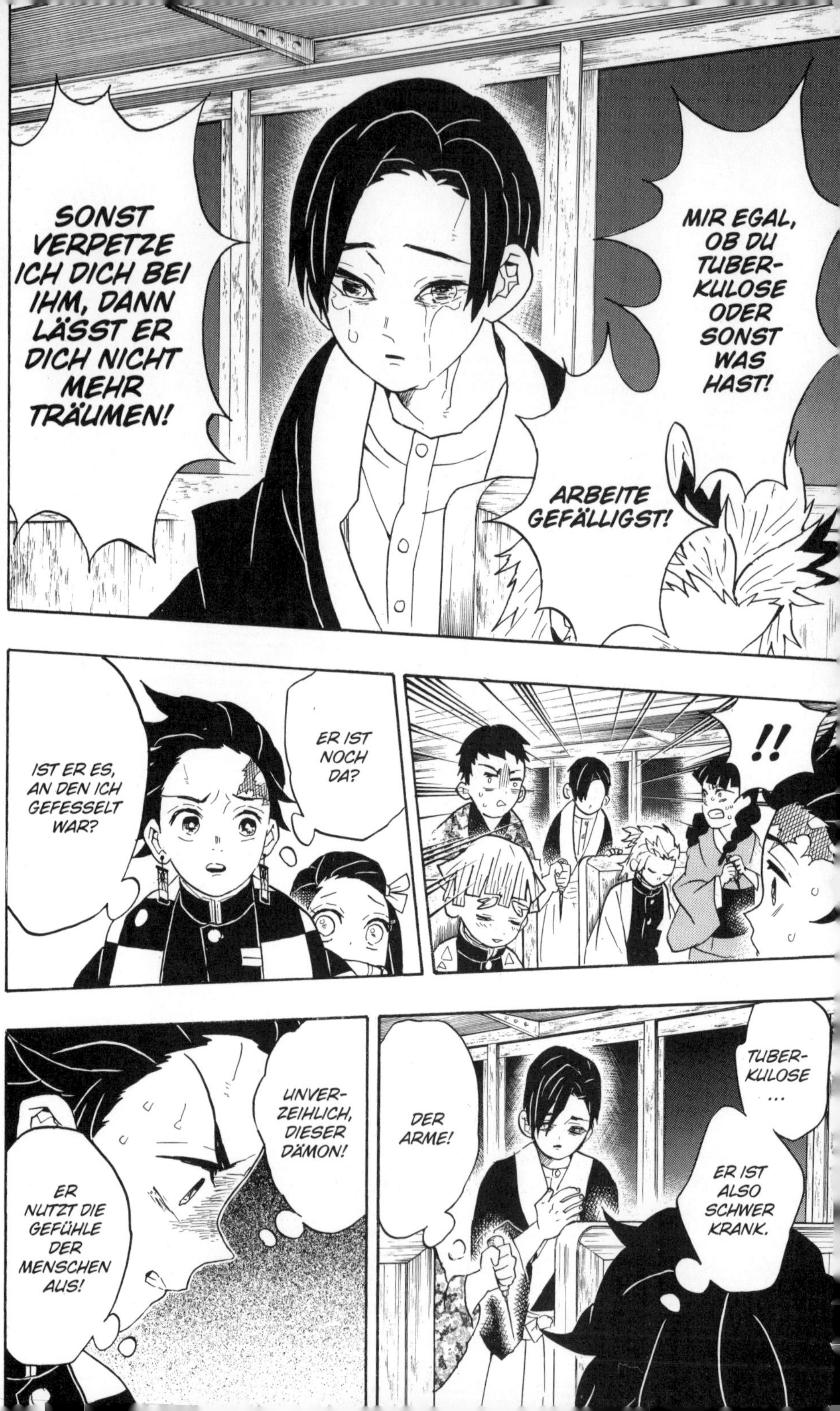
MIR EGAL, OB DU TUBERKULOSE ODER SONST WAS HAST!
ARBEITE GEFÄLLIGST!
SONST VERPETZE ICH DICH BEI IHM, DANN LÄSST ER DICH NICHT MEHR TRÄUMEN!
!!
ER IST NOCH DA?
IST ER ES, AN DEN ICH GEFESSELT WAR?
TUBERKULOSE …
ER IST ALSO SCHWER KRANK.
DER ARME!
UNVERZEIHLICH, DIESER DÄMON!
ER NUTZT DIE GEFÜHLE DER MENSCHEN AUS!

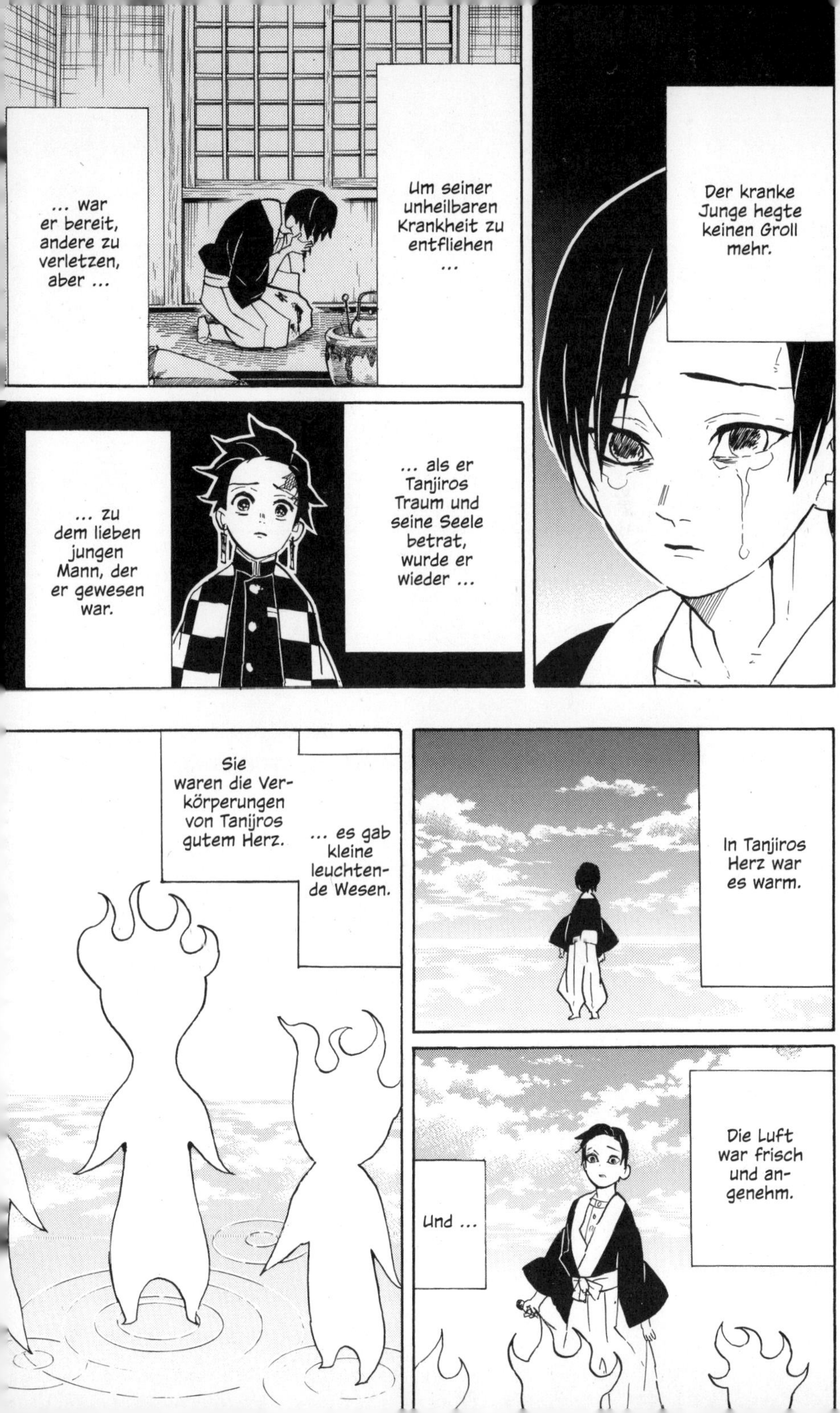

Der kranke Junge hegte keinen Groll mehr.
Um seiner unheilbaren Krankheit zu entfliehen …
… war er bereit, andere zu verletzen, aber …
… als er Tanjiros Traum und seine Seele betrat, wurde er wieder …
… zu dem lieben jungen Mann, der er gewesen war.
In Tanjiros Herz war es warm.
Die Luft war frisch und angenehm.
Und …
… es gab kleine leuchtende Wesen.
Sie waren die Verkörperungen von Tanjiros gutem Herz.

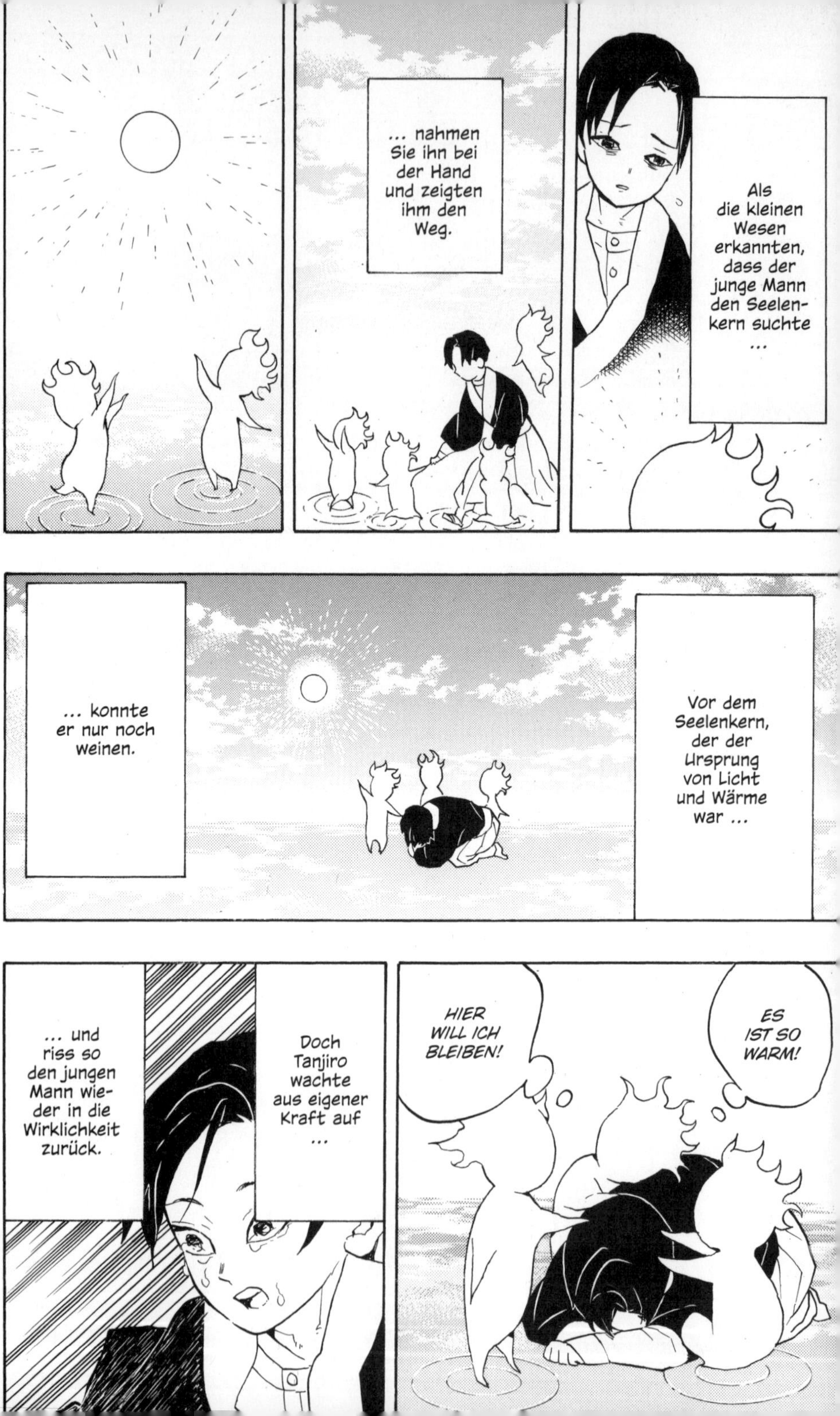
Als die kleinen Wesen erkannten, dass der junge Mann den Seelenkern suchte ...
... nahmen Sie ihn bei der Hand und zeigten ihm den Weg.
Vor dem Seelenkern, der der Ursprung von Licht und Wärme war ...
... konnte er nur noch weinen.
ES IST SO WARM!
HIER WILL ICH BLEIBEN!
Doch Tanjiro wachte aus eigener Kraft auf ...
... und riss so den jungen Mann wieder in die Wirklichkeit zurück.

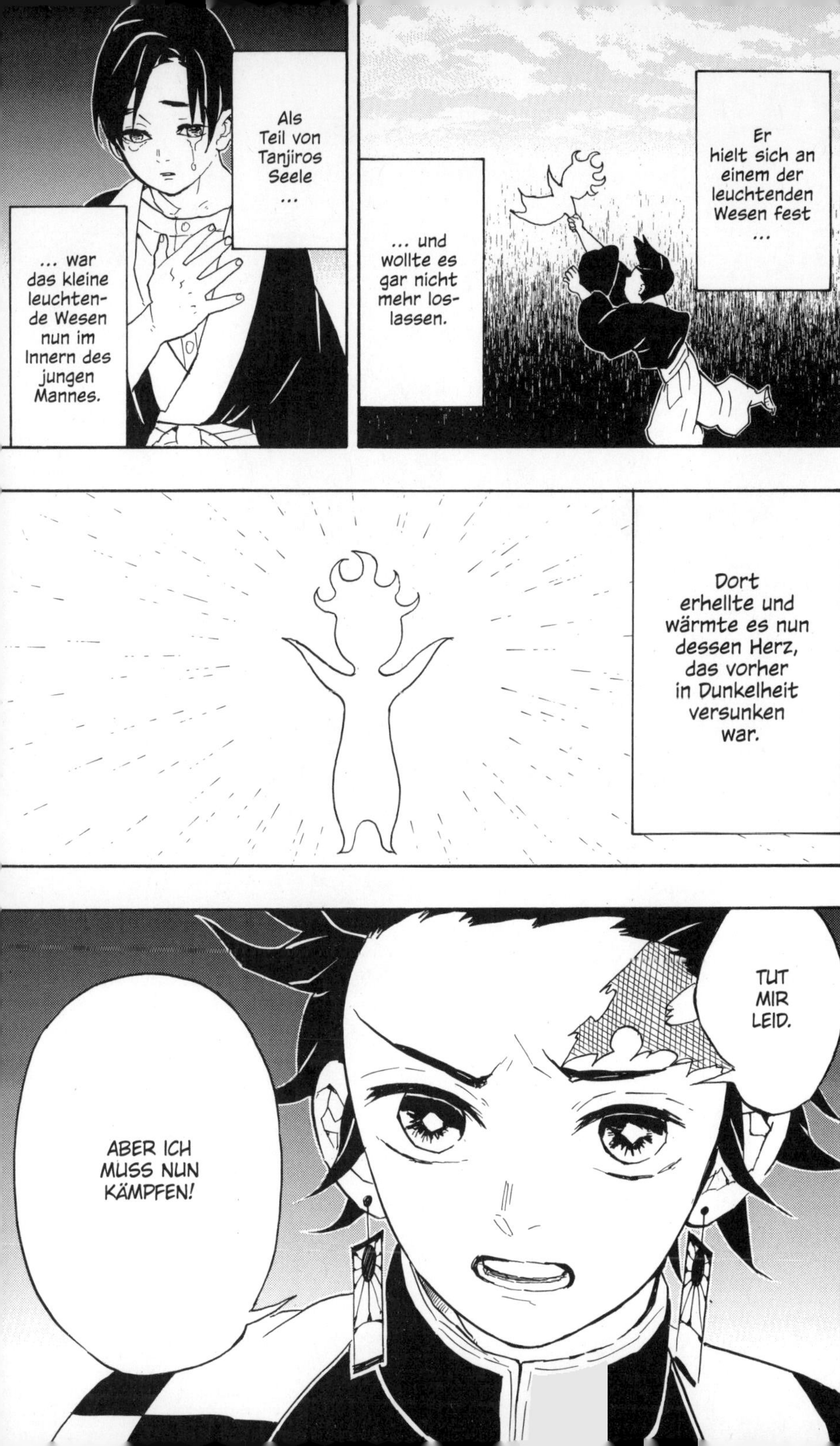
Er hielt sich an einem der leuchtenden Wesen fest ...
... und wollte es gar nicht mehr loslassen.
Als Teil von Tanjiros Seele ...
... war das kleine leuchtende Wesen nun im Innern des jungen Mannes.
Dort erhellte und wärmte es nun dessen Herz, das vorher in Dunkelheit versunken war.
TUT MIR LEID.
ABER ICH MUSS NUN KÄMPFEN!

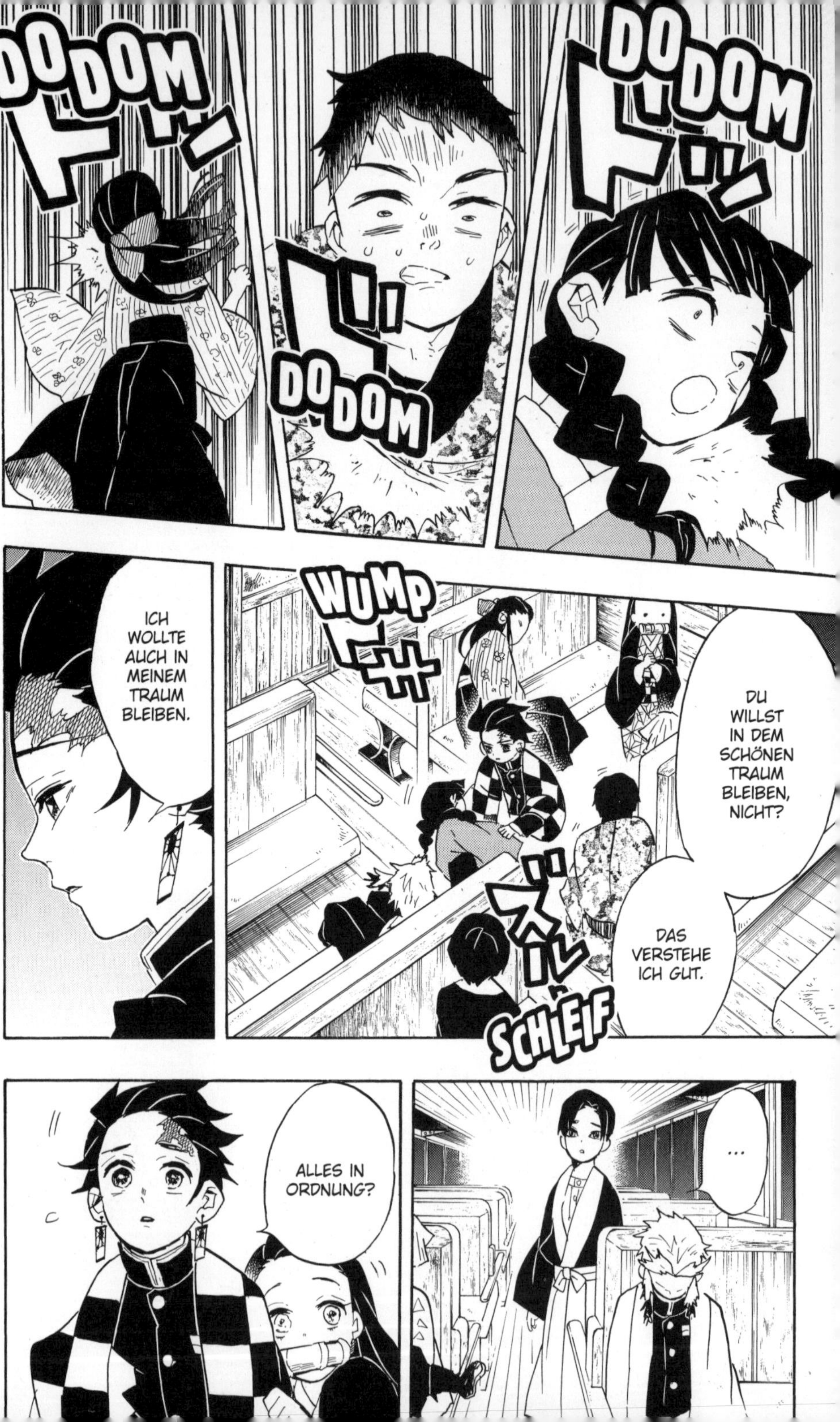
DODOM
DODOM
DODOM
WUMP
SCHLEIF
DU WILLST IN DEM SCHÖNEN TRAUM BLEIBEN, NICHT?
DAS VERSTEHE ICH GUT.
ICH WOLLTE AUCH IN MEINEM TRAUM BLEIBEN.
...
ALLES IN ORDNUNG?

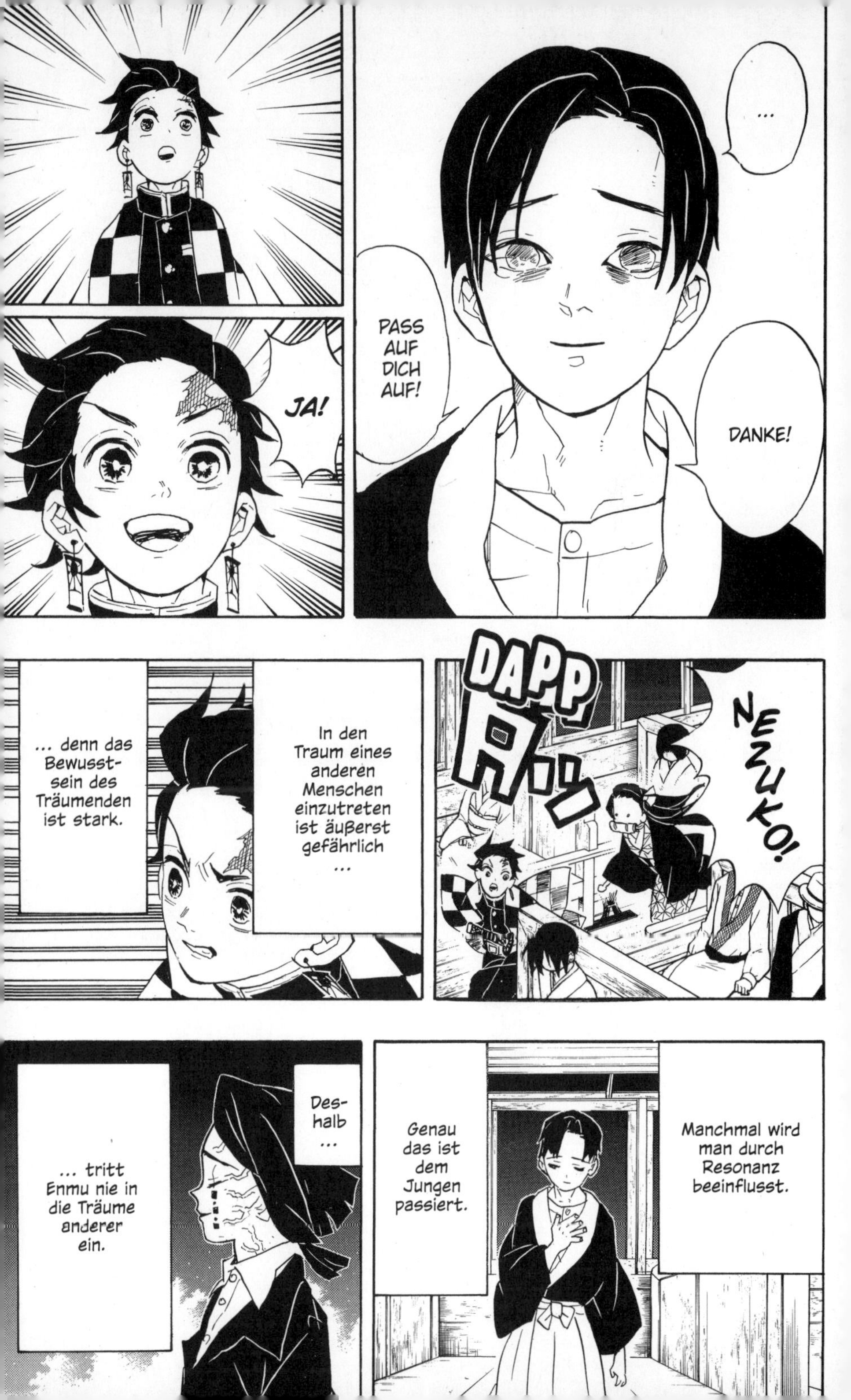
…
PASS AUF DICH AUF!
DANKE!
JA!
DAPP
NEZUKO!
In den Traum eines anderen Menschen einzutreten ist äußerst gefährlich …
… denn das Bewusstsein des Träumenden ist stark.
Manchmal wird man durch Resonanz beeinflusst.
Genau das ist dem Jungen passiert.
Deshalb …
… tritt Enmu nie in die Träume anderer ein.

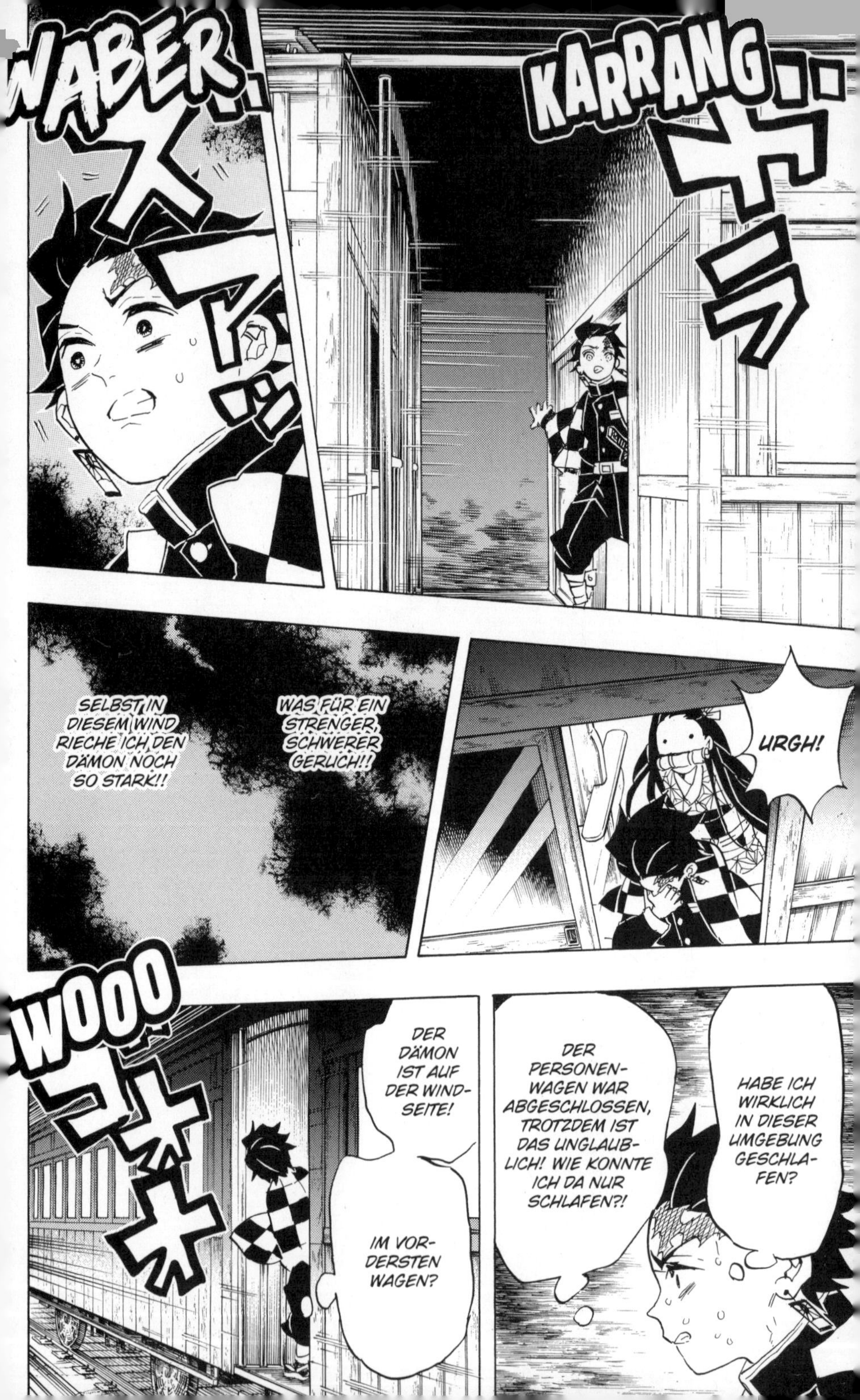
WABER!
KARRANG...
SELBST IN DIESEM WIND RIECHE ICH DEN DÄMON NOCH SO STARK!!
WAS FÜR EIN STRENGER, SCHWERER GERUCH!!
URGH!
WOOO
DER DÄMON IST AUF DER WIND-SEITE!
IM VOR-DERSTEN WAGEN?
DER PERSONEN-WAGEN WAR ABGESCHLOSSEN, TROTZDEM IST DAS UNGLAUB-LICH! WIE KONNTE ICH DA NUR SCHLAFEN?!
HABE ICH WIRKLICH IN DIESER UMGEBUNG GESCHLA-FEN?

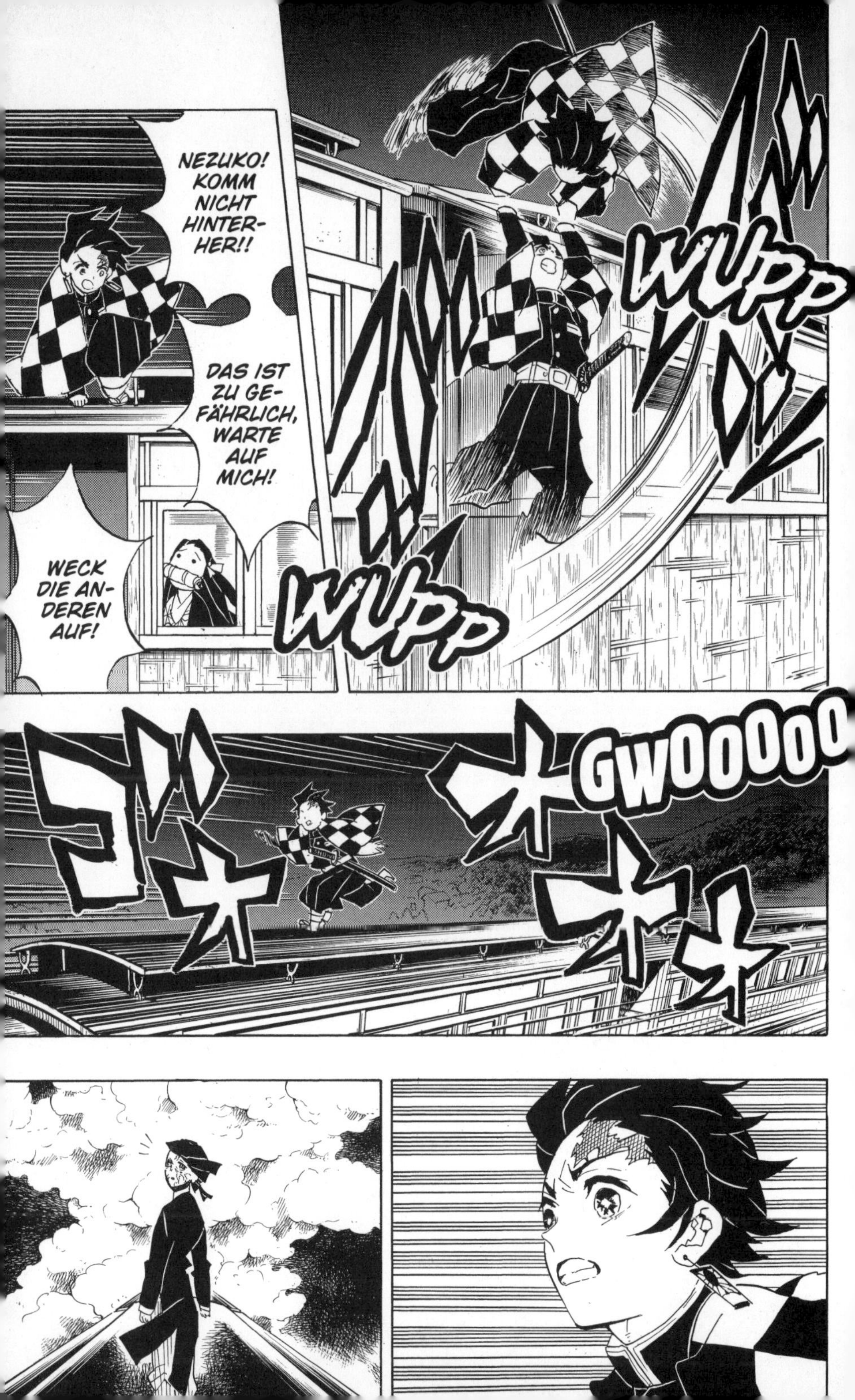
WUPP
NEZUKO! KOMM NICHT HINTER-HER!!
DAS IST ZU GE-FÄHRLICH, WARTE AUF MICH!
WECK DIE AN-DEREN AUF!
WUPP
GWOOOOO

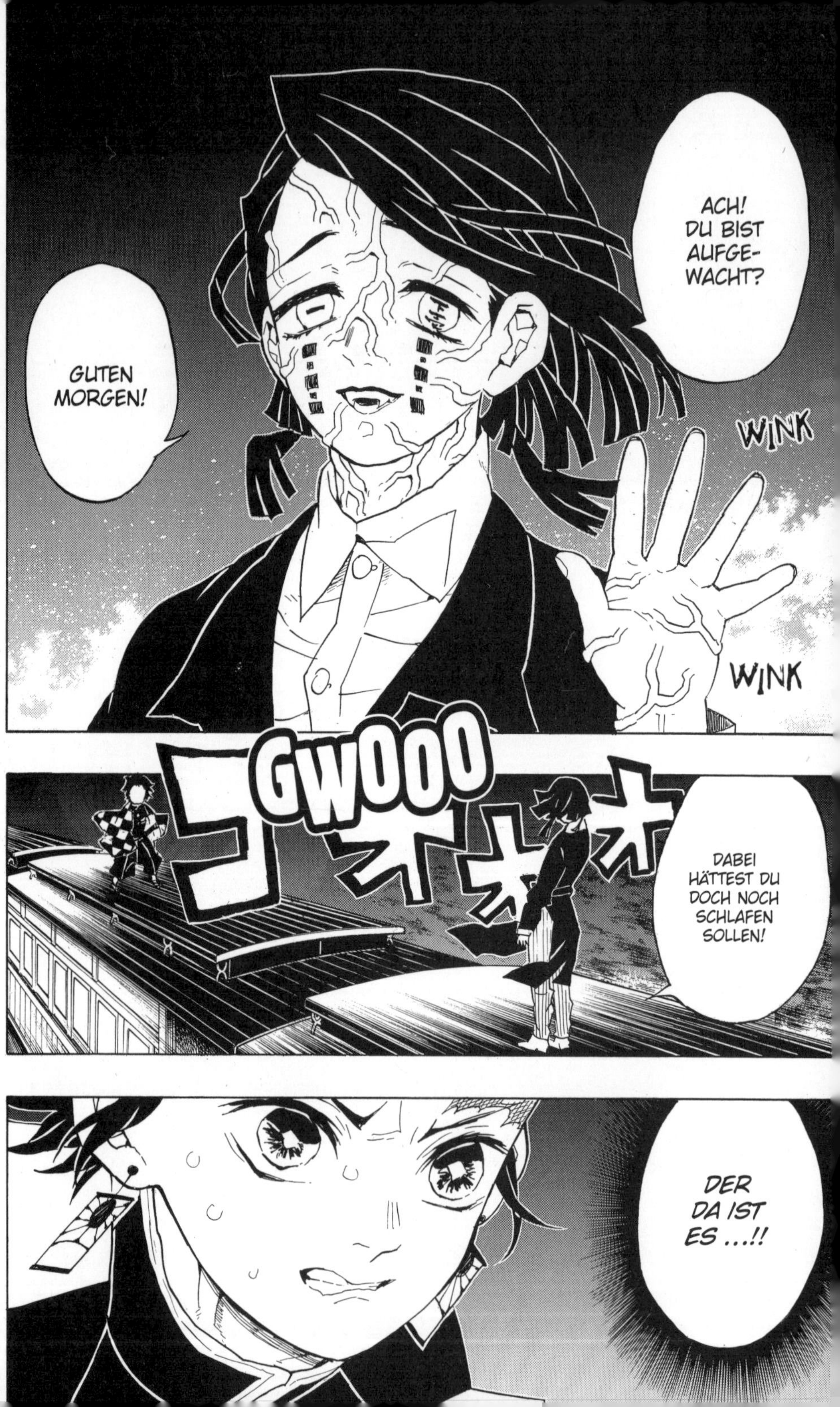
ACH! DU BIST AUFGE-WACHT?
GUTEN MORGEN!
WINK
WINK
GWOOO
DABEI HÄTTEST DU DOCH NOCH SCHLAFEN SOLLEN!
DER DA IST ES ...!!

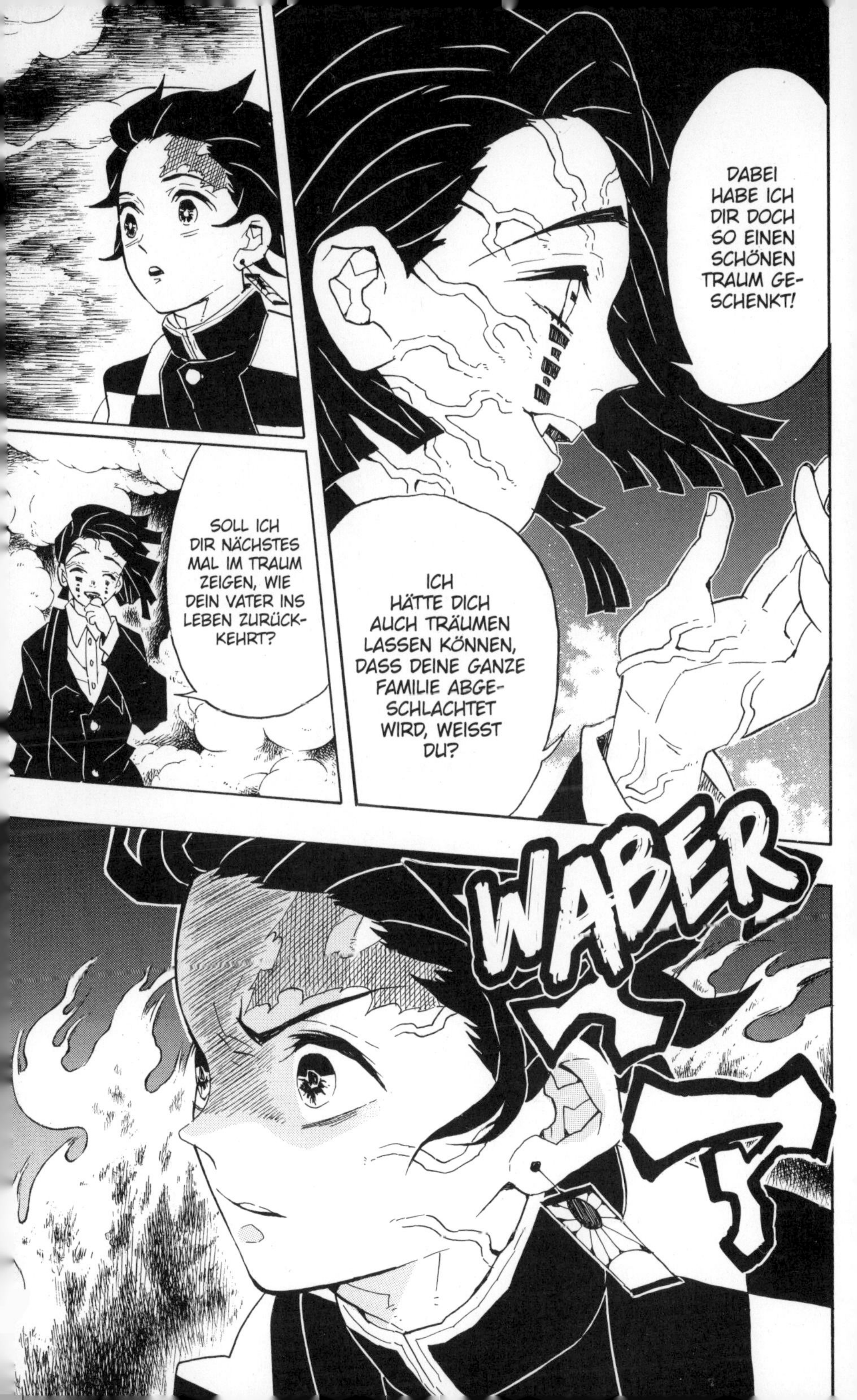
DABEI HABE ICH DIR DOCH SO EINEN SCHÖNEN TRAUM GESCHENKT!
ICH HÄTTE DICH AUCH TRÄUMEN LASSEN KÖNNEN, DASS DEINE GANZE FAMILIE ABGESCHLACHTET WIRD, WEISST DU?
SOLL ICH DIR NÄCHSTES MAL IM TRAUM ZEIGEN, WIE DEIN VATER INS LEBEN ZURÜCKKEHRT?
WABER

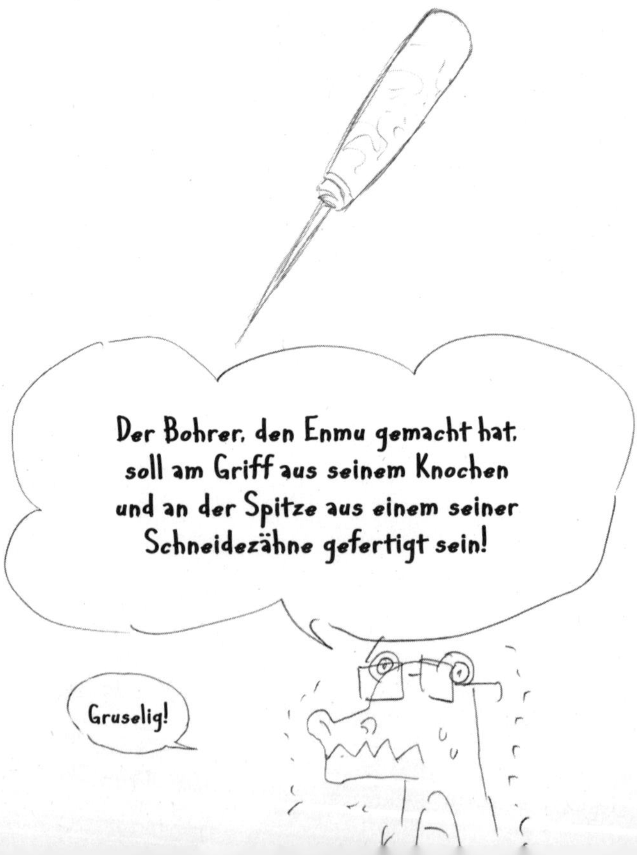
Der Bohrer, den Enmu gemacht hat,
soll am Griff aus seinem Knochen
und an der Spitze aus einem seiner
Schneidezähne gefertigt sein!
Gruselig!

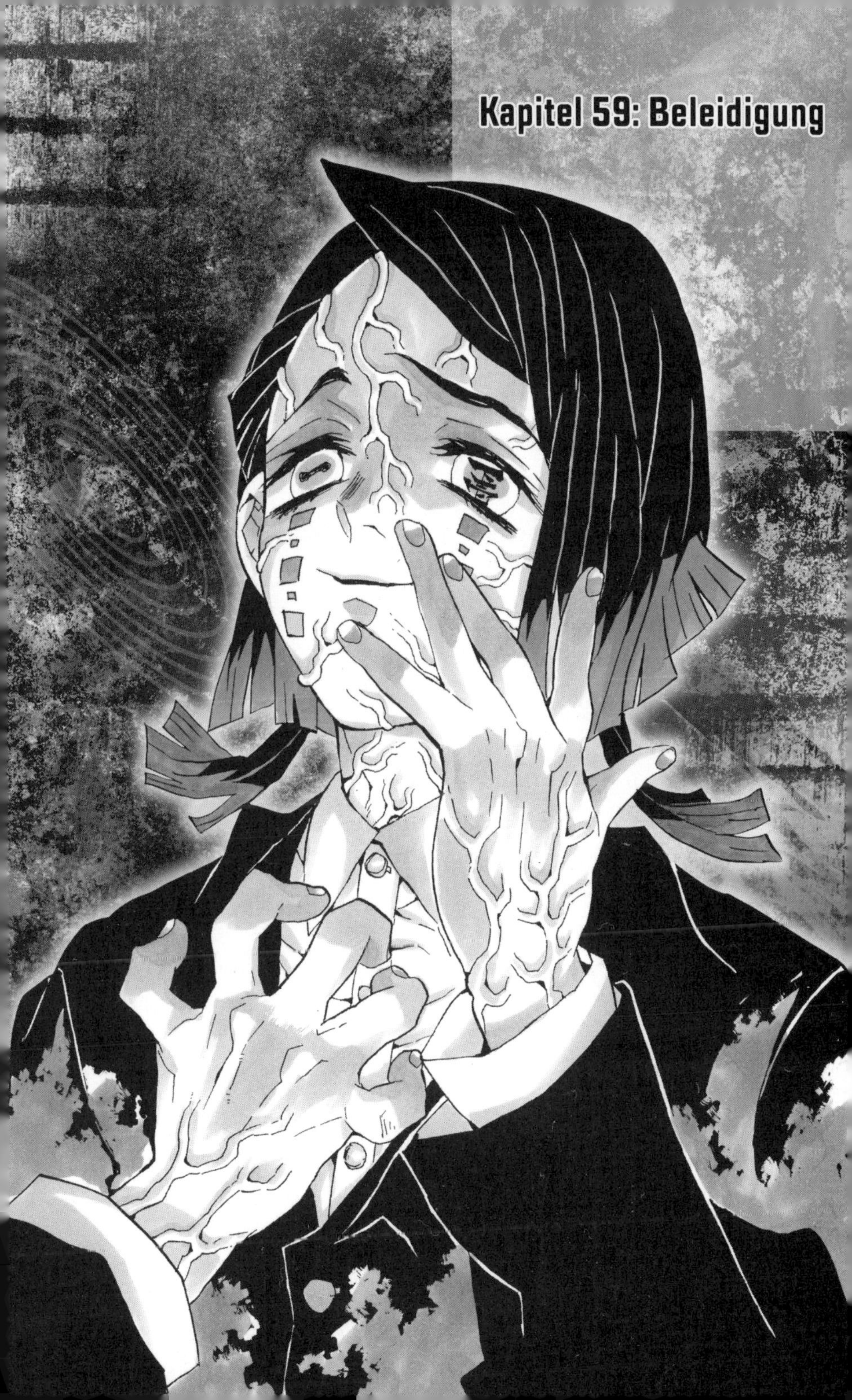
Kapitel 59: Beleidigung

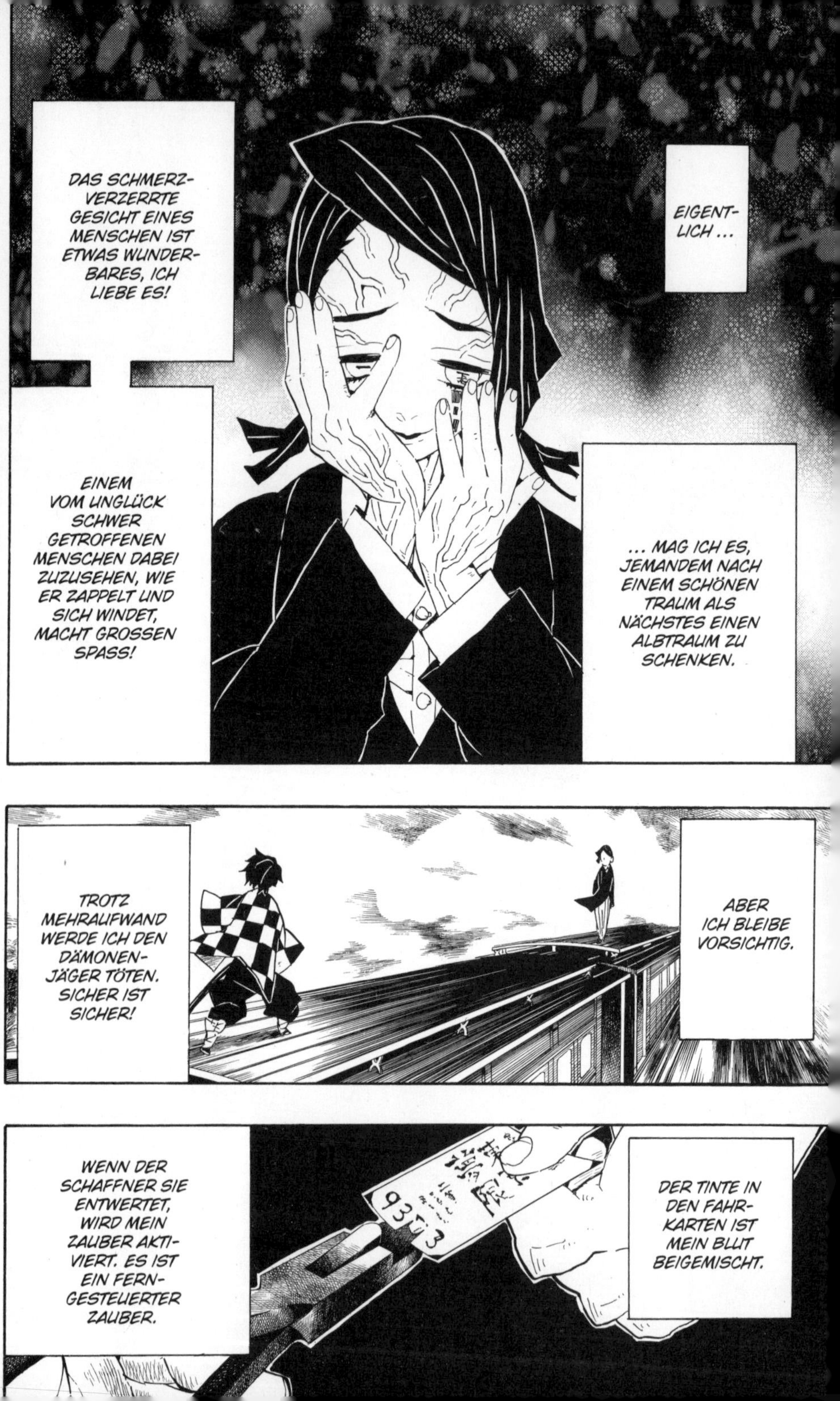
EIGENT-LICH ...
DAS SCHMERZ-VERZERRTE GESICHT EINES MENSCHEN IST ETWAS WUNDER-BARES, ICH LIEBE ES!
... MAG ICH ES, JEMANDEM NACH EINEM SCHÖNEN TRAUM ALS NÄCHSTES EINEN ALBTRAUM ZU SCHENKEN.
EINEM VOM UNGLÜCK SCHWER GETROFFENEN MENSCHEN DABEI ZUZUSEHEN, WIE ER ZAPPELT UND SICH WINDET, MACHT GROSSEN SPASS!
ABER ICH BLEIBE VORSICHTIG.
TROTZ MEHRAUFWAND WERDE ICH DEN DÄMONEN-JÄGER TÖTEN. SICHER IST SICHER!
DER TINTE IN DEN FAHR-KARTEN IST MEIN BLUT BEIGEMISCHT.
WENN DER SCHAFFNER SIE ENTWERTET, WIRD MEIN ZAUBER AKTI-VIERT. ES IST EIN FERN-GESTEUERTER ZAUBER.

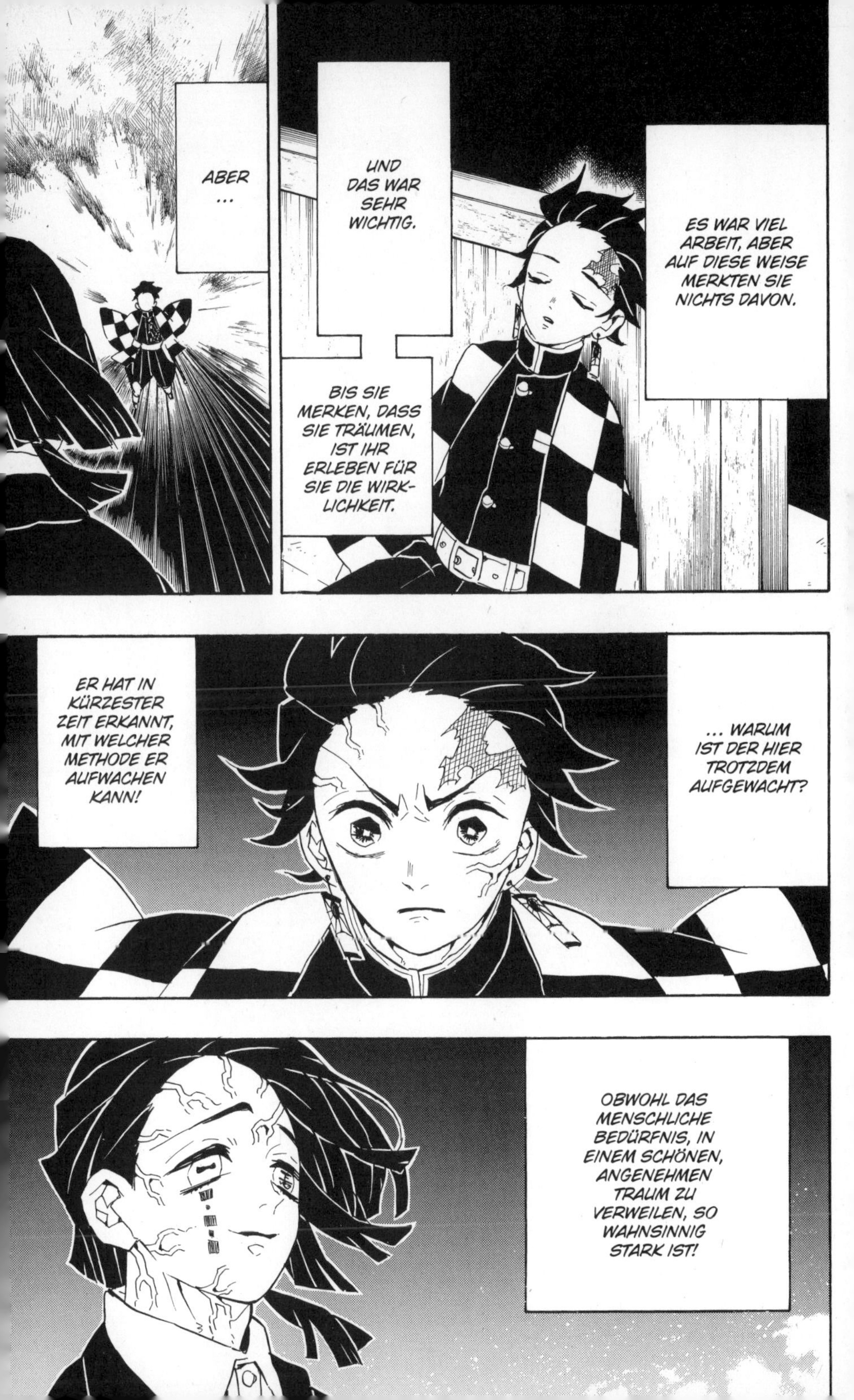
ES WAR VIEL ARBEIT, ABER AUF DIESE WEISE MERKTEN SIE NICHTS DAVON.
UND DAS WAR SEHR WICHTIG.
BIS SIE MERKEN, DASS SIE TRÄUMEN, IST IHR ERLEBEN FÜR SIE DIE WIRKLICHKEIT.
ABER …
… WARUM IST DER HIER TROTZDEM AUFGEWACHT?
ER HAT IN KÜRZESTER ZEIT ERKANNT, MIT WELCHER METHODE ER AUFWACHEN KANN!
OBWOHL DAS MENSCHLICHE BEDÜRFNIS, IN EINEM SCHÖNEN, ANGENEHMEN TRAUM ZU VERWEILEN, SO WAHNSINNIG STARK IST!

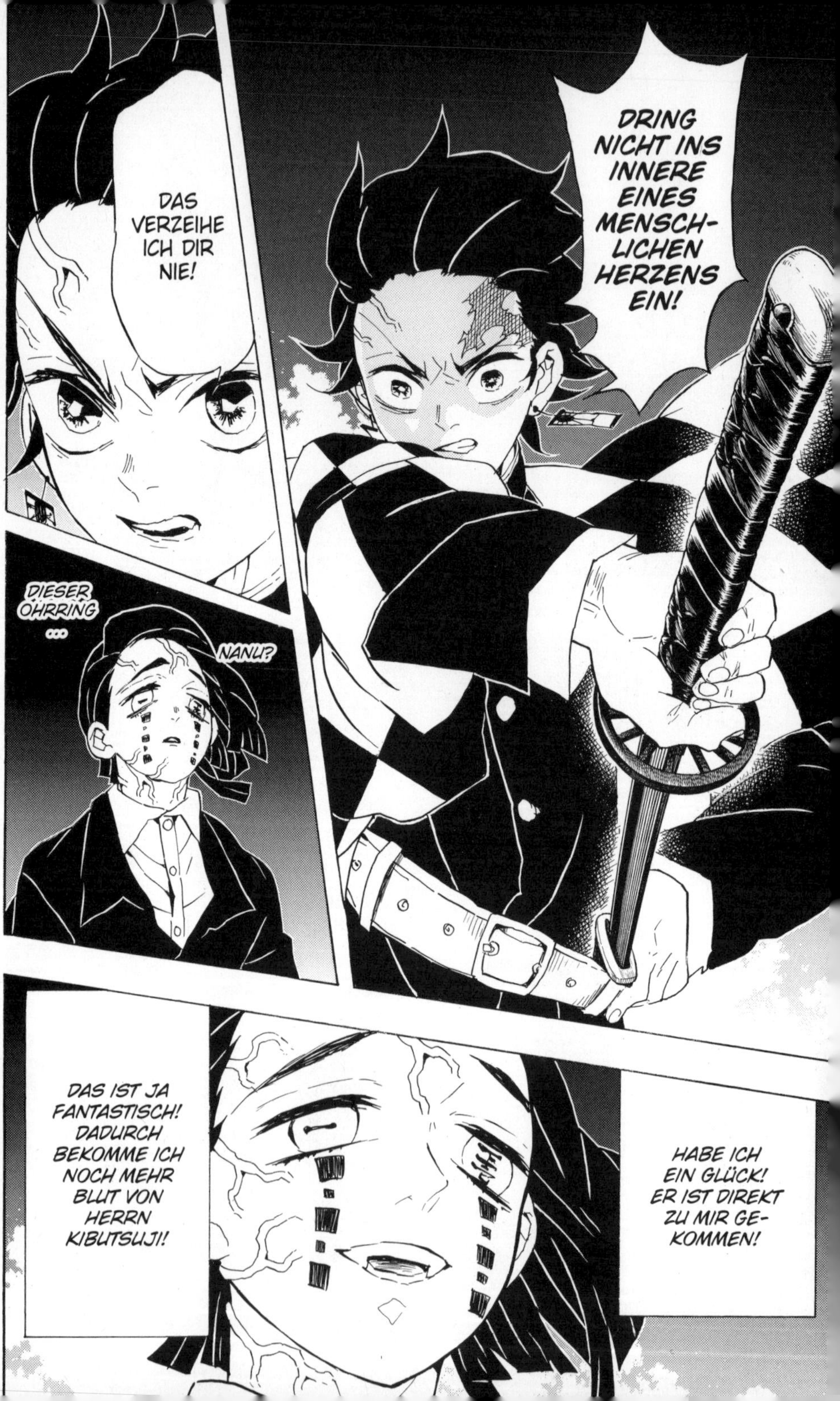
DRING NICHT INS INNERE EINES MENSCH-LICHEN HERZENS EIN!
DAS VERZEIHE ICH DIR NIE!
NANU?
DIESER OHRRING ...
HABE ICH EIN GLÜCK! ER IST DIREKT ZU MIR GE-KOMMEN!
DAS IST JA FANTASTISCH! DADURCH BEKOMME ICH NOCH MEHR BLUT VON HERRN KIBUTSUJI!

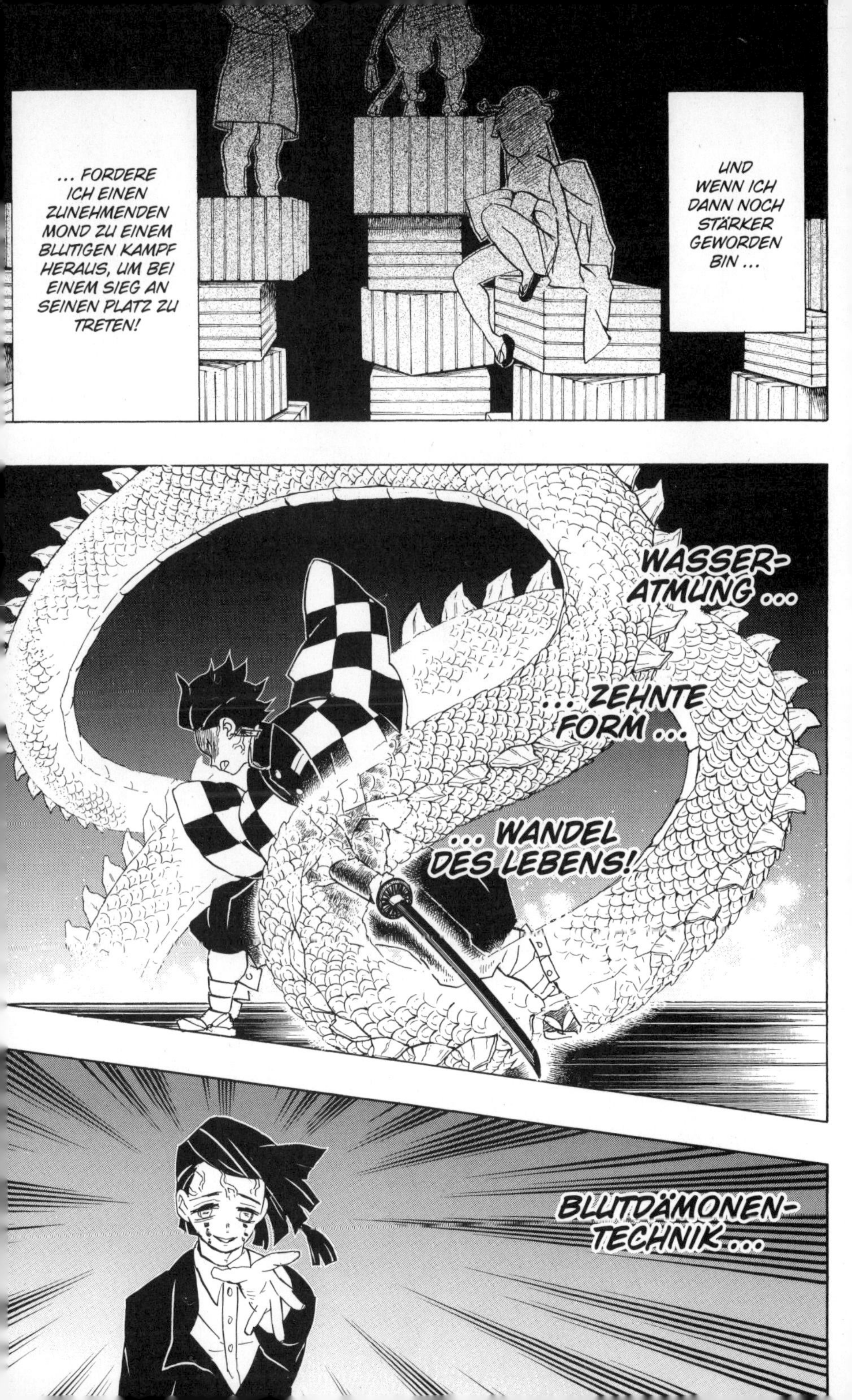
UND WENN ICH DANN NOCH STÄRKER GEWORDEN BIN …
… FORDERE ICH EINEN ZUNEHMENDEN MOND ZU EINEM BLUTIGEN KAMPF HERAUS, UM BEI EINEM SIEG AN SEINEN PLATZ ZU TRETEN!
WASSER-ATMUNG …
… ZEHNTE FORM …
… WANDEL DES LEBENS!
BLUTDÄMONEN-TECHNIK …

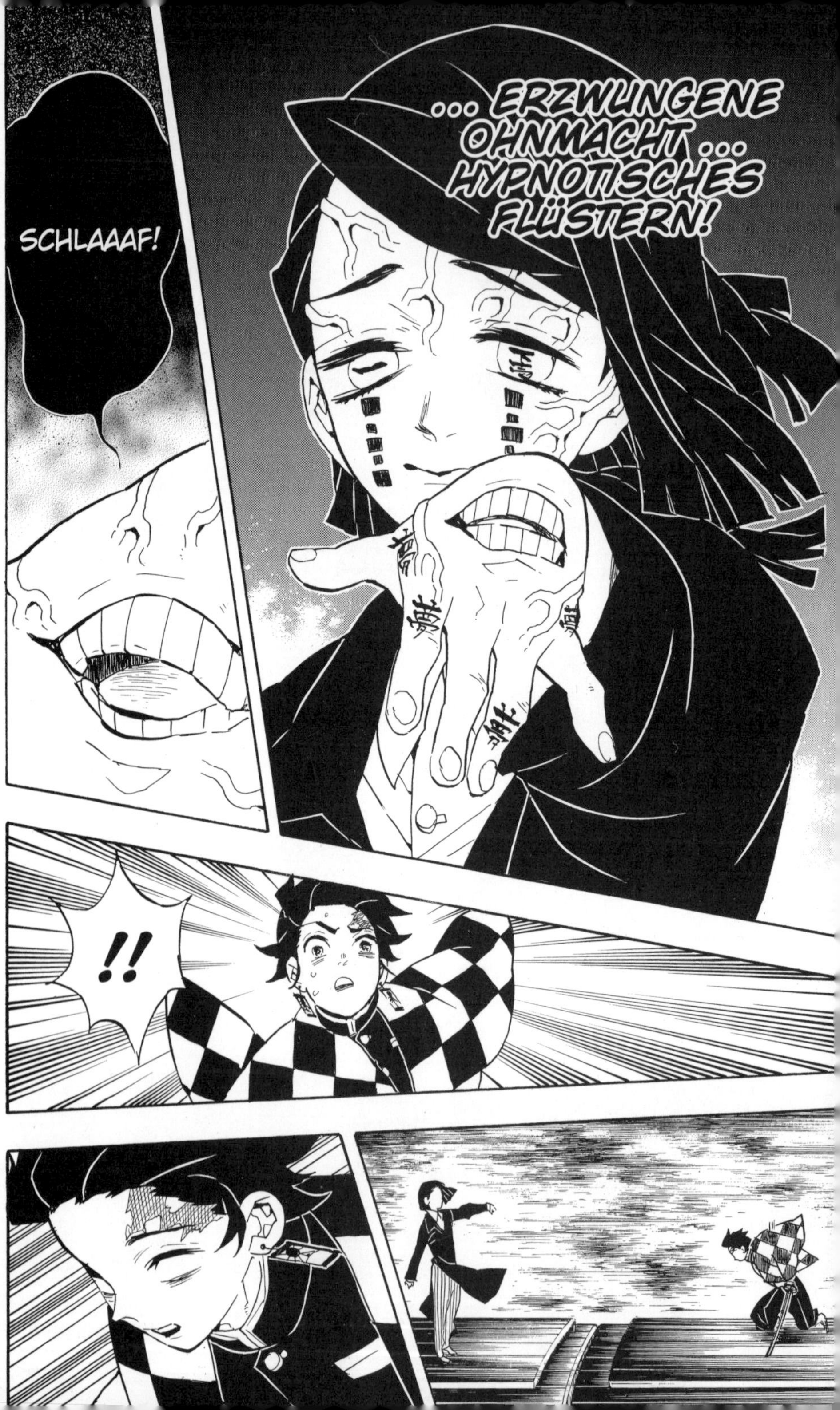
... ERZWUNGENE OHNMACHT ... HYPNOTISCHES FLÜSTERN!
SCHLAAAF!
!!

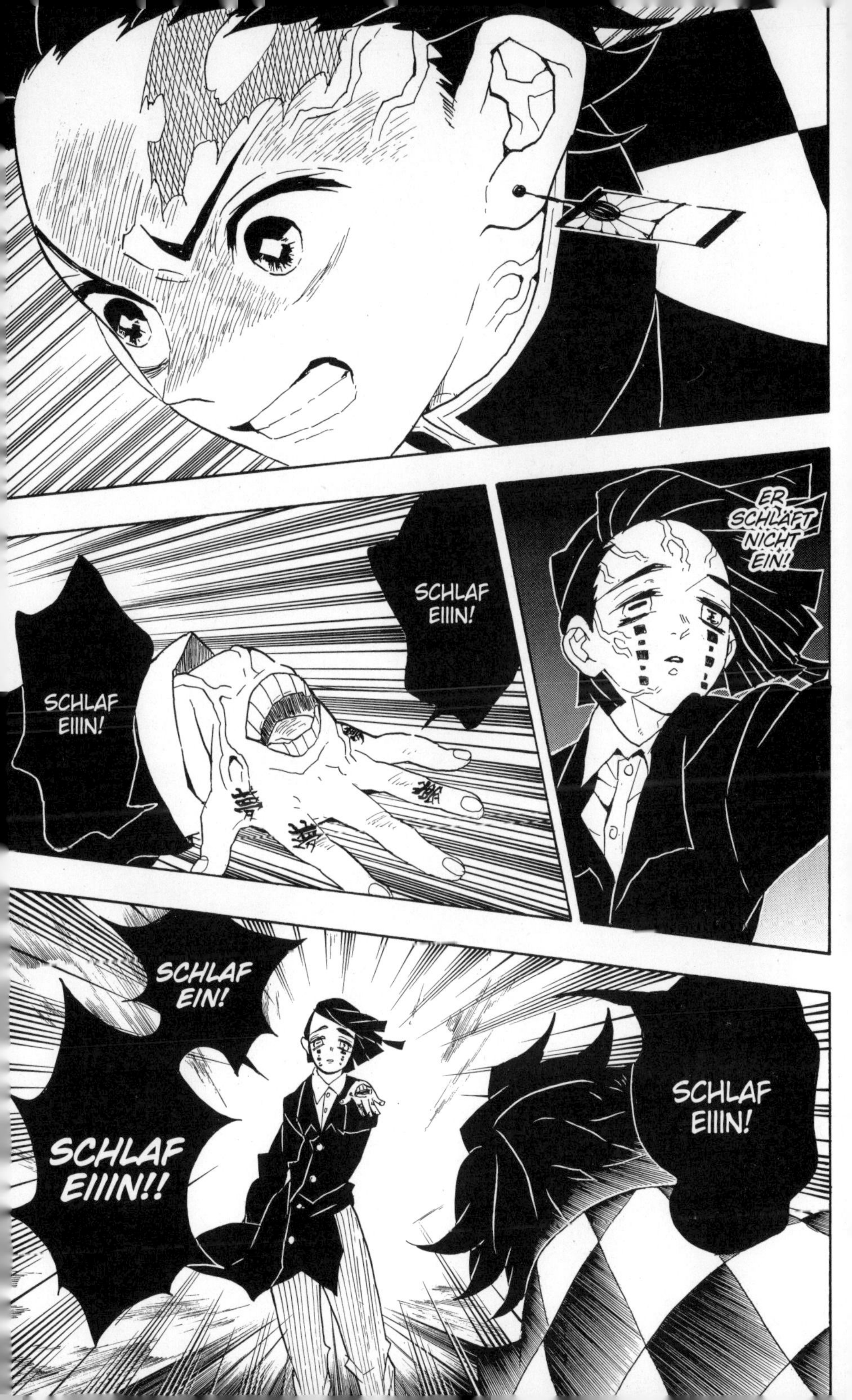
ER SCHLÄFT NICHT EIN!
SCHLAF EIIIN!
SCHLAF EIIIN!
SCHLAF EIIIN!
SCHLAF EIN!
SCHLAF EIIIN!!

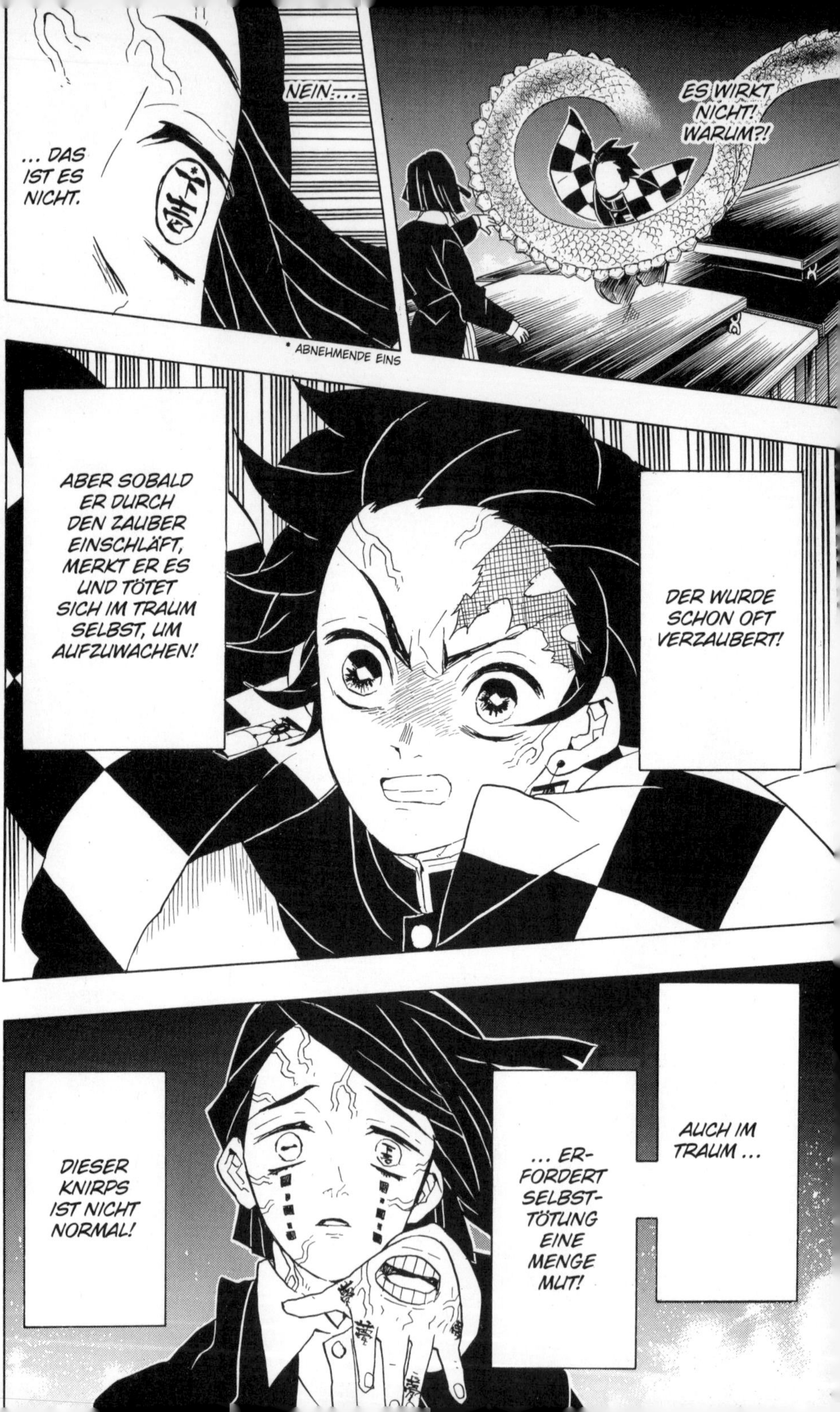
NEIN ...
... DAS IST ES NICHT.
* ABNEHMENDE EINS
ES WIRKT NICHT! WARUM?!
DER WURDE SCHON OFT VERZAUBERT!
ABER SOBALD ER DURCH DEN ZAUBER EINSCHLÄFT, MERKT ER ES UND TÖTET SICH IM TRAUM SELBST, UM AUFZUWACHEN!
AUCH IM TRAUM ...
... ERFORDERT SELBSTTÖTUNG EINE MENGE MUT!
DIESER KNIRPS IST NICHT NORMAL!

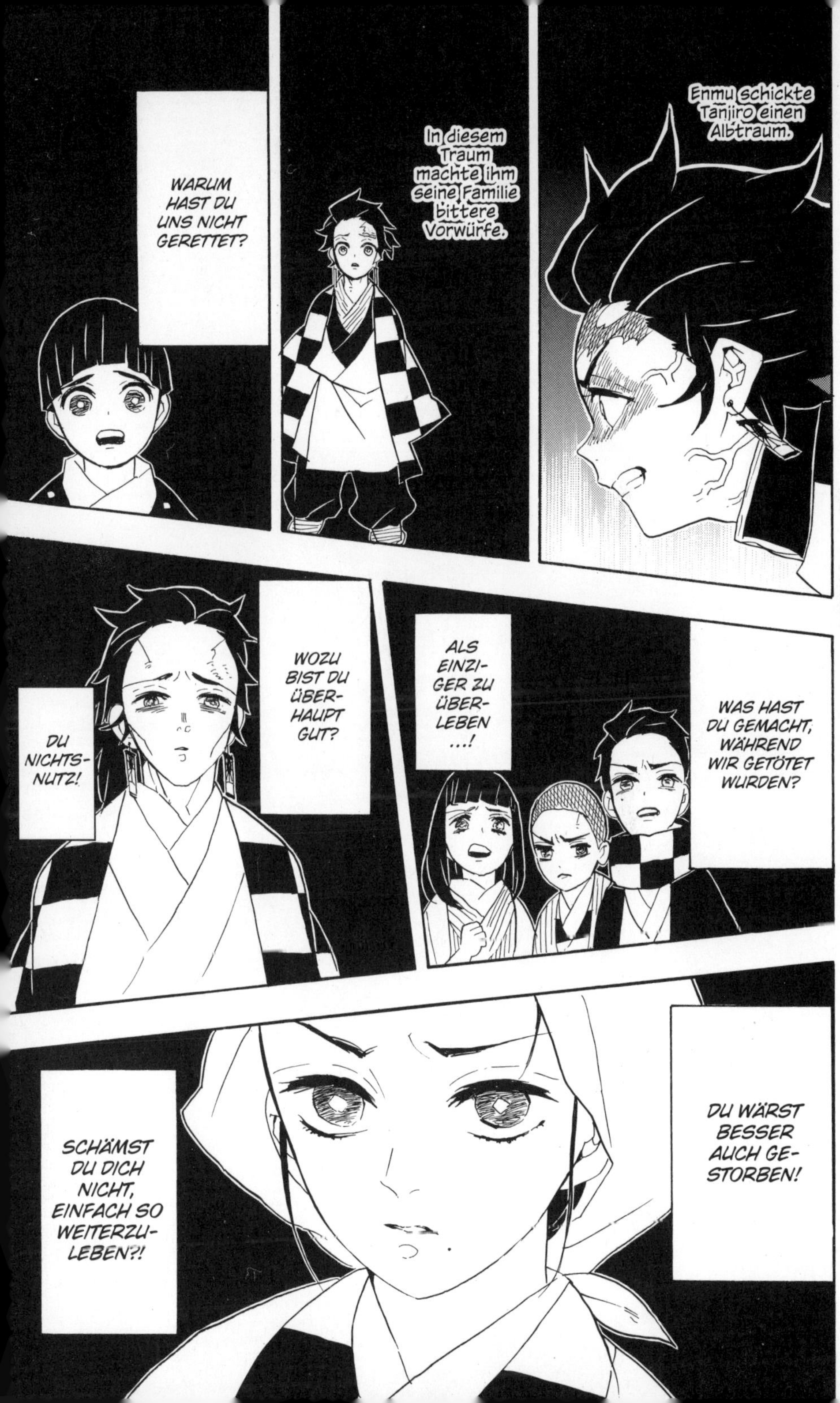

Enmu schickte Tanjiro einen Albtraum.
In diesem Traum machte ihm seine Familie bittere Vorwürfe.
WARUM HAST DU UNS NICHT GERETTET?
WAS HAST DU GEMACHT, WÄHREND WIR GETÖTET WURDEN?
ALS EINZIGER ZU ÜBERLEBEN …!
WOZU BIST DU ÜBERHAUPT GUT?
DU NICHTSNUTZ!
DU WÄRST BESSER AUCH GESTORBEN!
SCHÄMST DU DICH NICHT, EINFACH SO WEITERZULEBEN?!

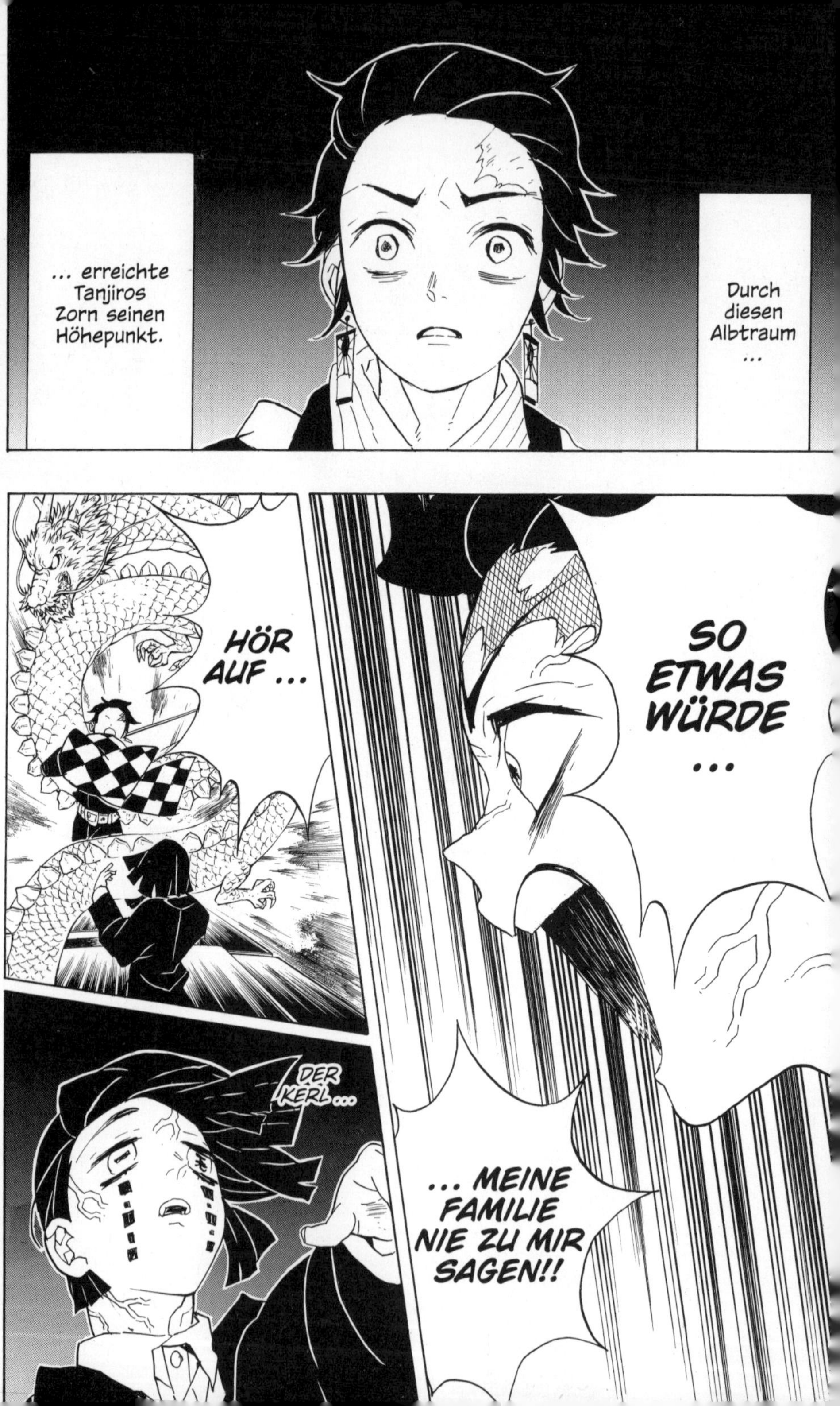
Durch diesen Albtraum ...
... erreichte Tanjiros Zorn seinen Höhepunkt.
SO ETWAS WÜRDE ...
... MEINE FAMILIE NIE ZU MIR SAGEN!!
HÖR AUF ...
DER KERL ...

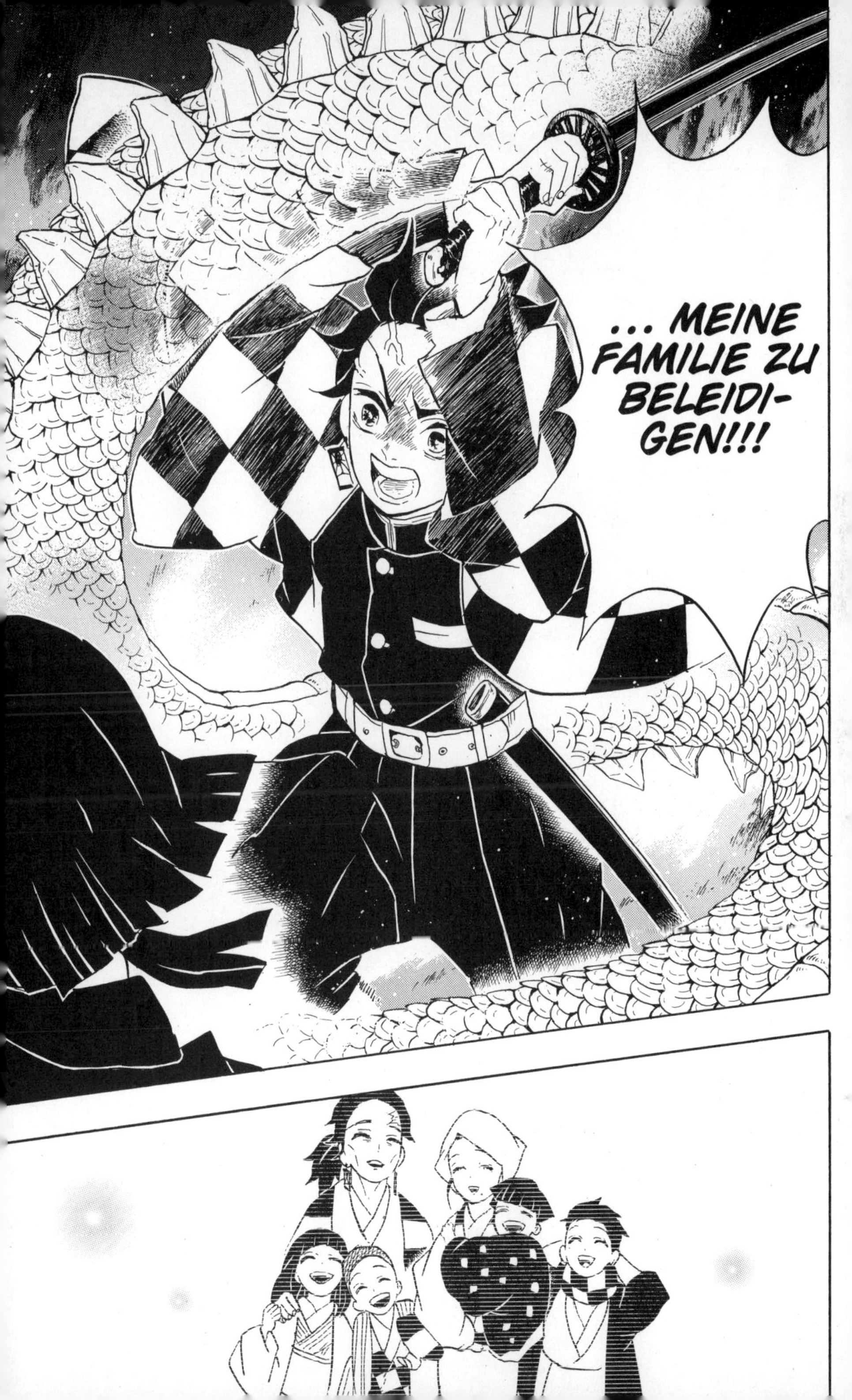
... MEINE FAMILIE ZU BELEIDI-GEN!!!

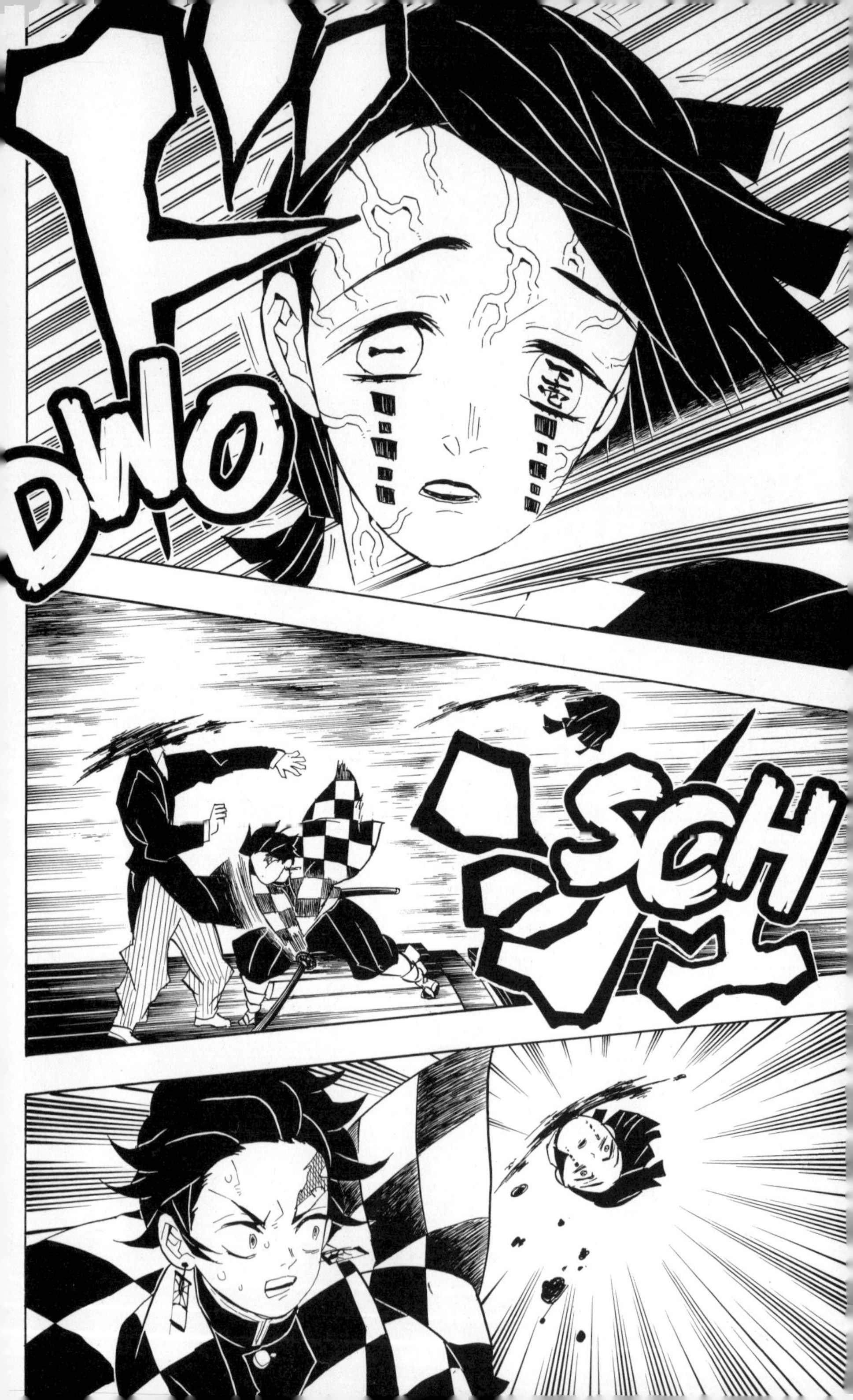
DWO
SCH

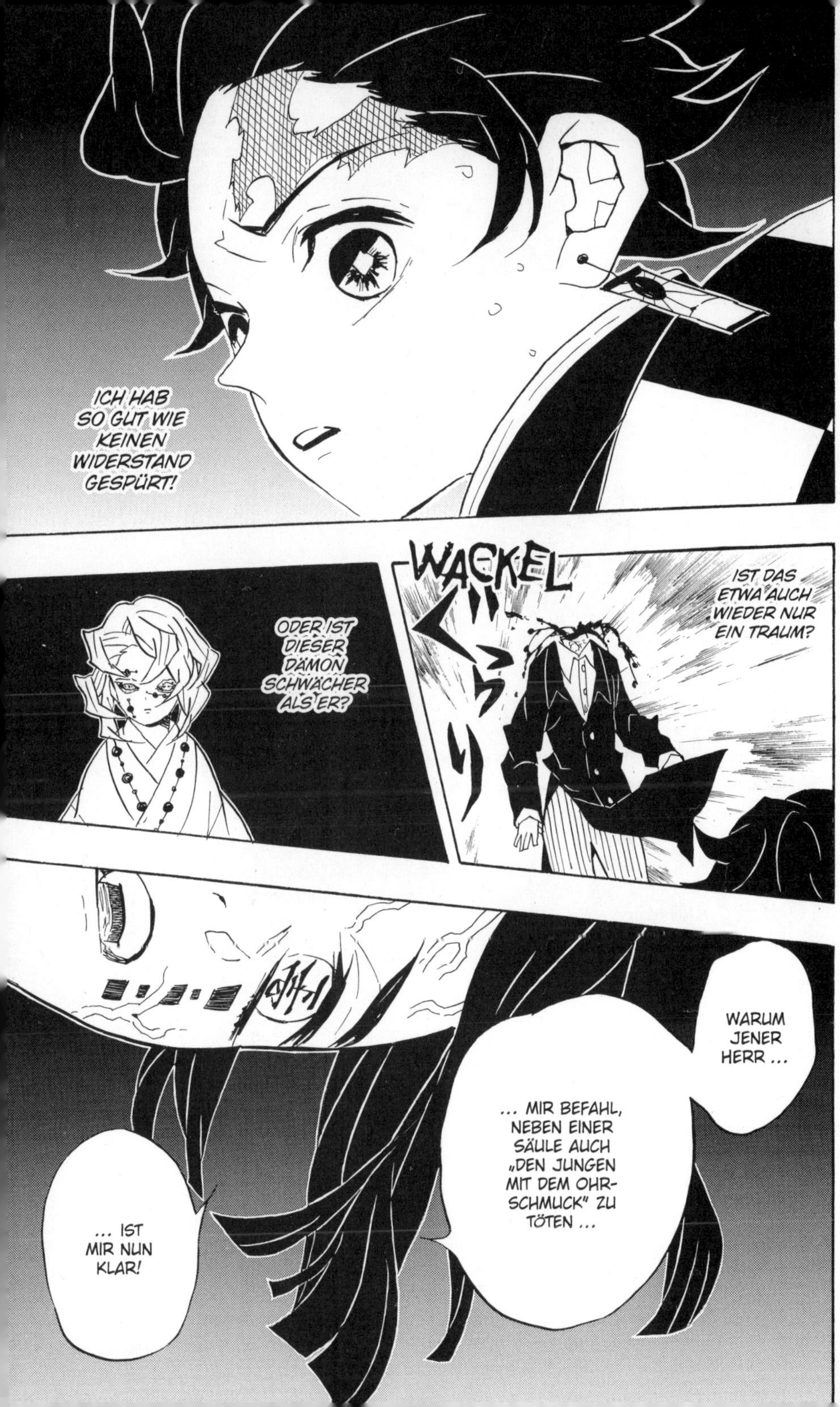
ICH HAB SO GUT WIE KEINEN WIDERSTAND GESPÜRT!
WACKEL
IST DAS ETWA AUCH WIEDER NUR EIN TRAUM?
ODER IST DIESER DÄMON SCHWÄCHER ALS ER?
WARUM JENER HERR …
… MIR BEFAHL, NEBEN EINER SÄULE AUCH „DEN JUNGEN MIT DEM OHR-SCHMUCK" ZU TÖTEN …
… IST MIR NUN KLAR!

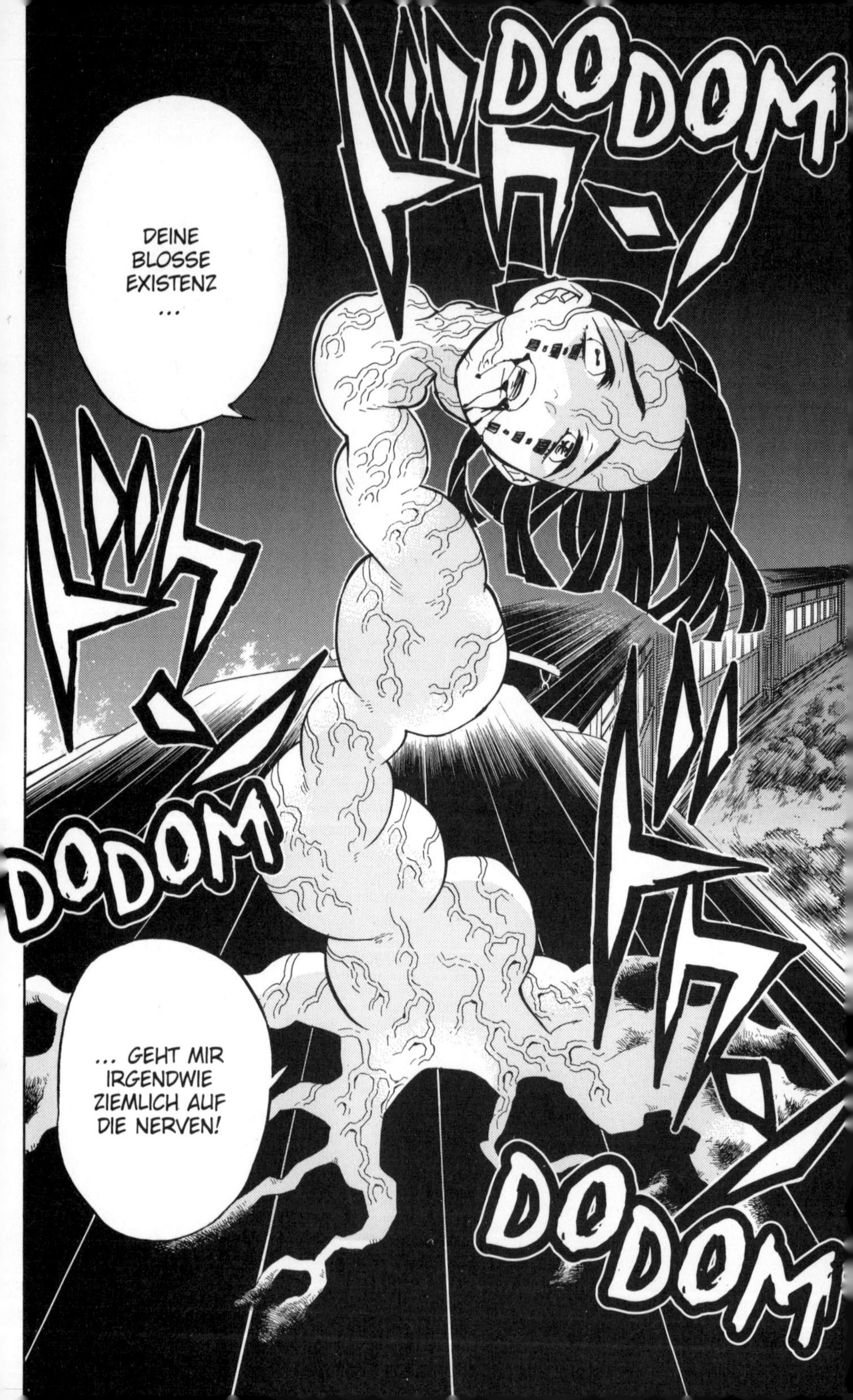
DODOM
DEINE BLOSSE EXISTENZ ...
DODOM
... GEHT MIR IRGENDWIE ZIEMLICH AUF DIE NERVEN!
DODOM

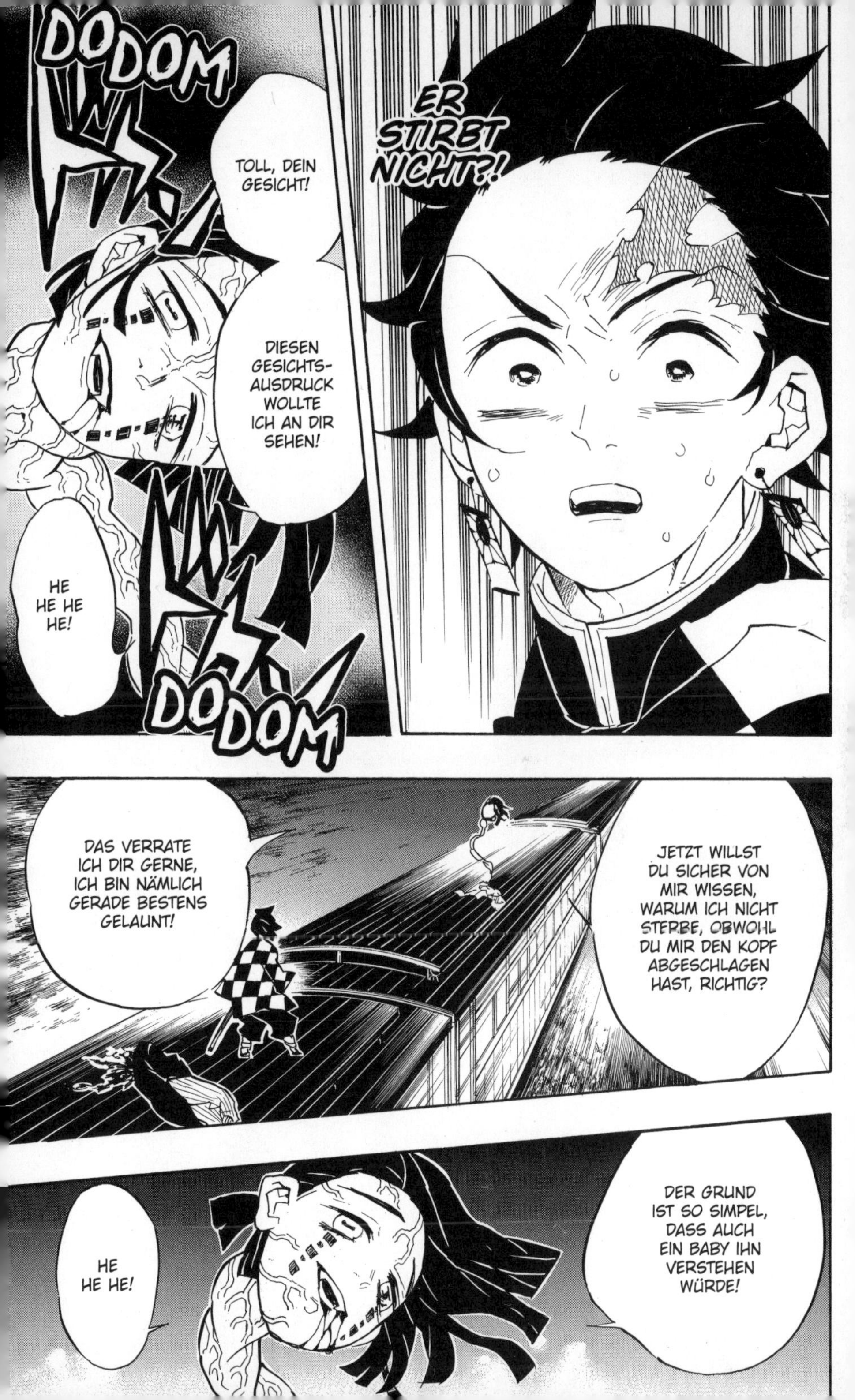
ER STIRBT NICHT?!
DODOM
TOLL, DEIN GESICHT!
DIESEN GESICHTS-AUSDRUCK WOLLTE ICH AN DIR SEHEN!
HE HE HE HE!
DODOM
JETZT WILLST DU SICHER VON MIR WISSEN, WARUM ICH NICHT STERBE, OBWOHL DU MIR DEN KOPF ABGESCHLAGEN HAST, RICHTIG?
DAS VERRATE ICH DIR GERNE, ICH BIN NÄMLICH GERADE BESTENS GELAUNT!
DER GRUND IST SO SIMPEL, DASS AUCH EIN BABY IHN VERSTEHEN WÜRDE!
HE HE HE!

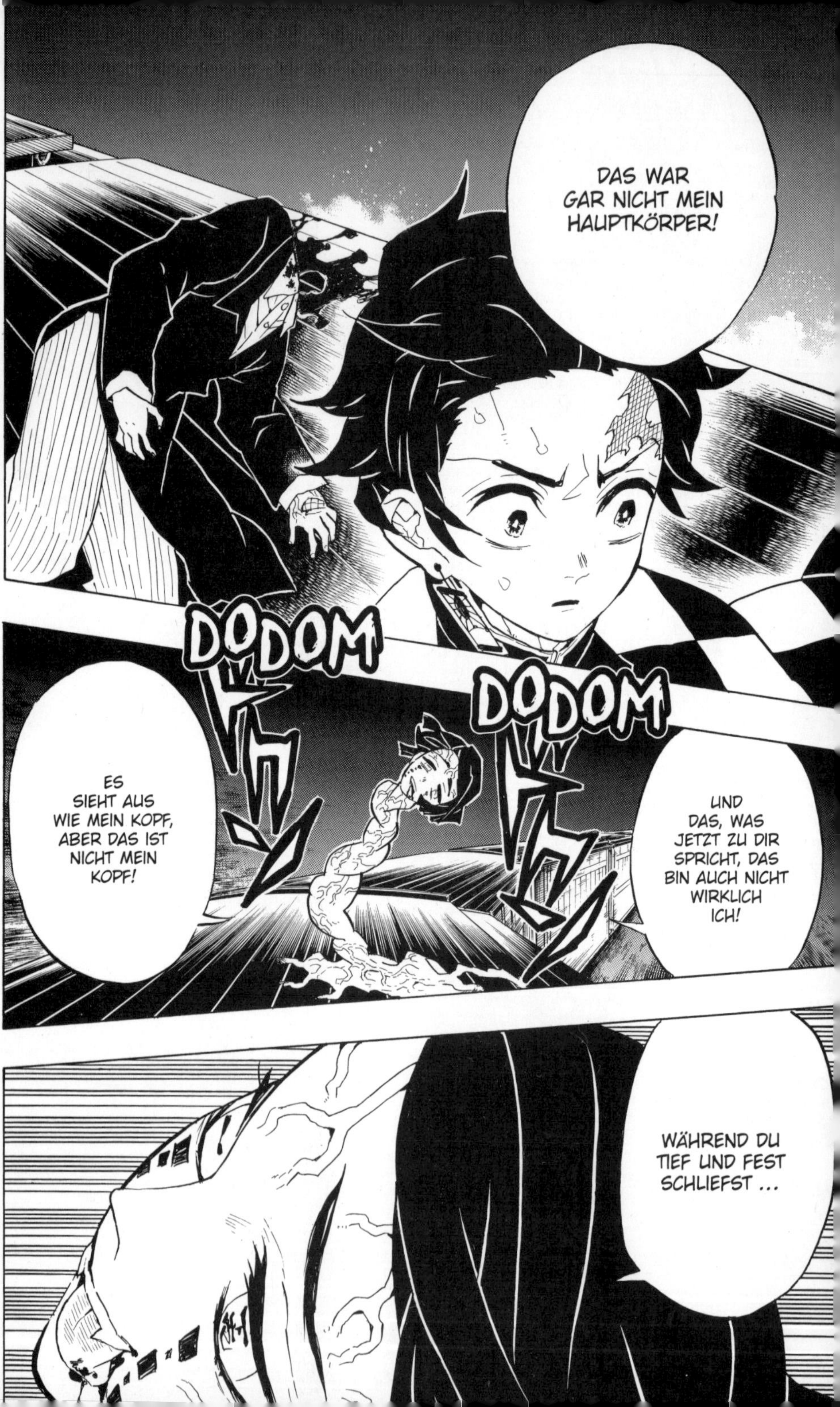
DAS WAR GAR NICHT MEIN HAUPTKÖRPER!
DODOM
DODOM
UND DAS, WAS JETZT ZU DIR SPRICHT, DAS BIN AUCH NICHT WIRKLICH ICH!
ES SIEHT AUS WIE MEIN KOPF, ABER DAS IST NICHT MEIN KOPF!
WÄHREND DU TIEF UND FEST SCHLIEFST …

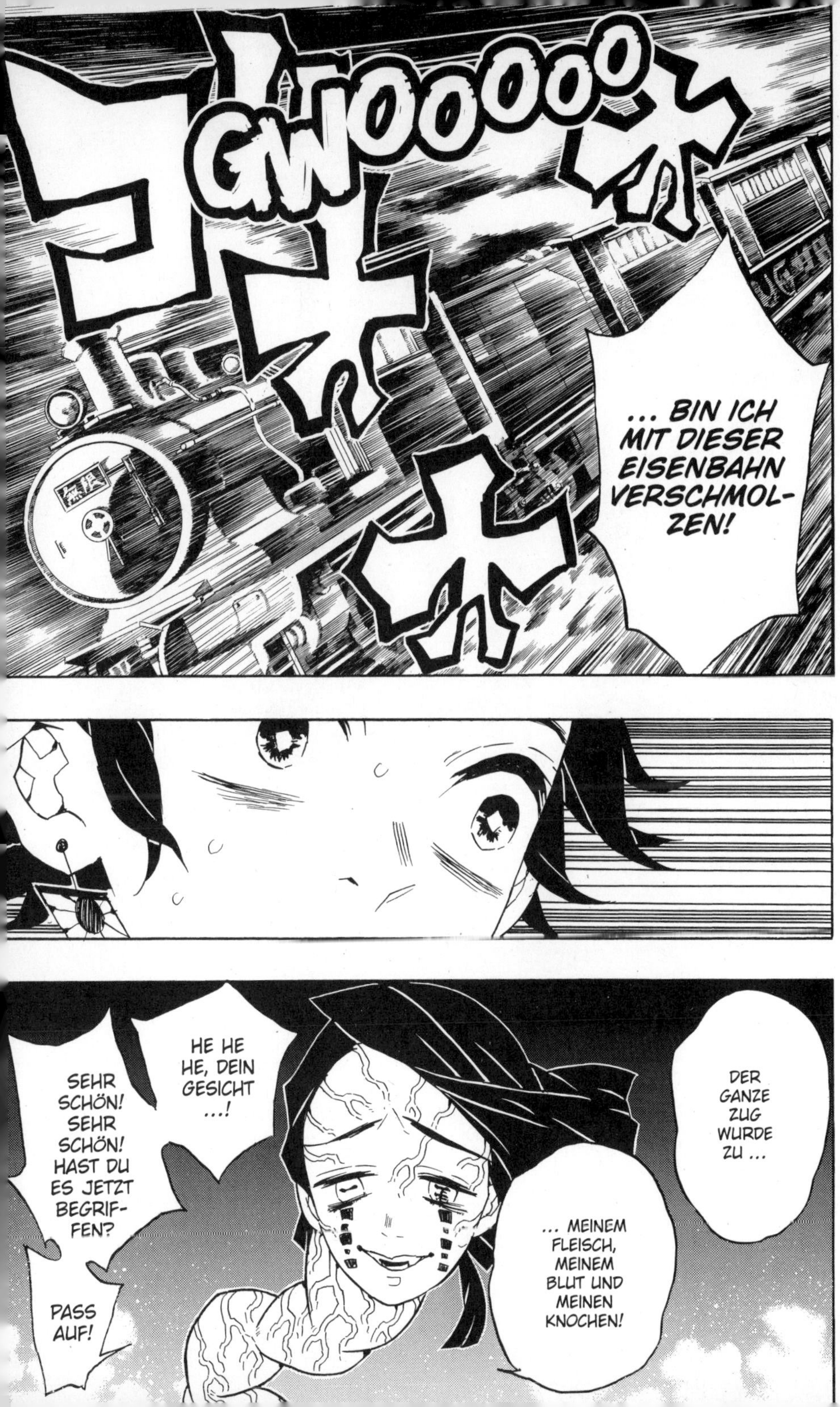
GWOOOOO
... BIN ICH MIT DIESER EISENBAHN VERSCHMOL-ZEN!
DER GANZE ZUG WURDE ZU ...
... MEINEM FLEISCH, MEINEM BLUT UND MEINEN KNOCHEN!
HE HE HE, DEIN GESICHT ...!
SEHR SCHÖN! SEHR SCHÖN! HAST DU ES JETZT BEGRIF-FEN?
PASS AUF!

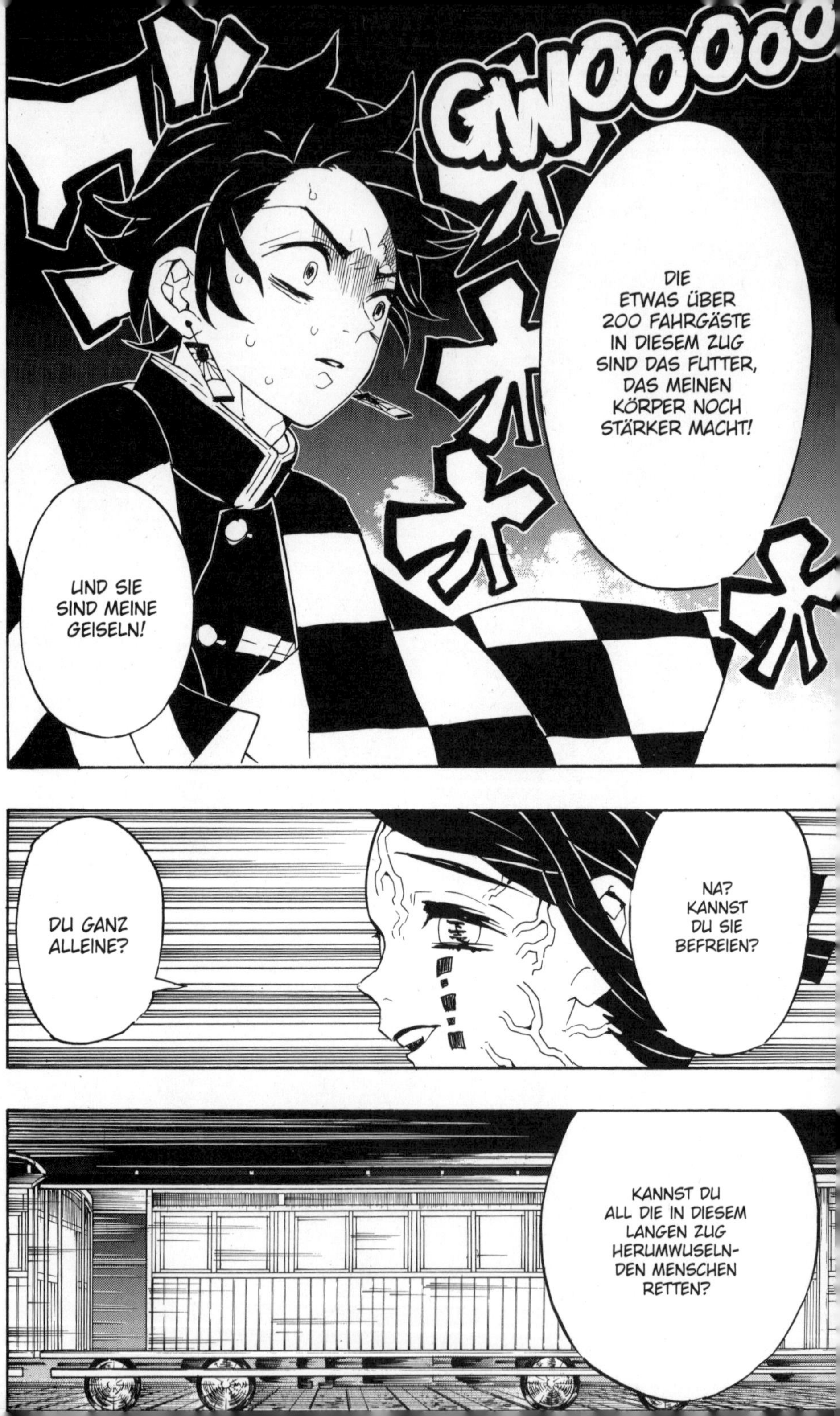
GWOOOOO
DIE ETWAS ÜBER 200 FAHRGÄSTE IN DIESEM ZUG SIND DAS FUTTER, DAS MEINEN KÖRPER NOCH STÄRKER MACHT!
UND SIE SIND MEINE GEISELN!
NA? KANNST DU SIE BEFREIEN?
DU GANZ ALLEINE?
KANNST DU ALL DIE IN DIESEM LANGEN ZUG HERUMWUSELN-DEN MENSCHEN RETTEN?

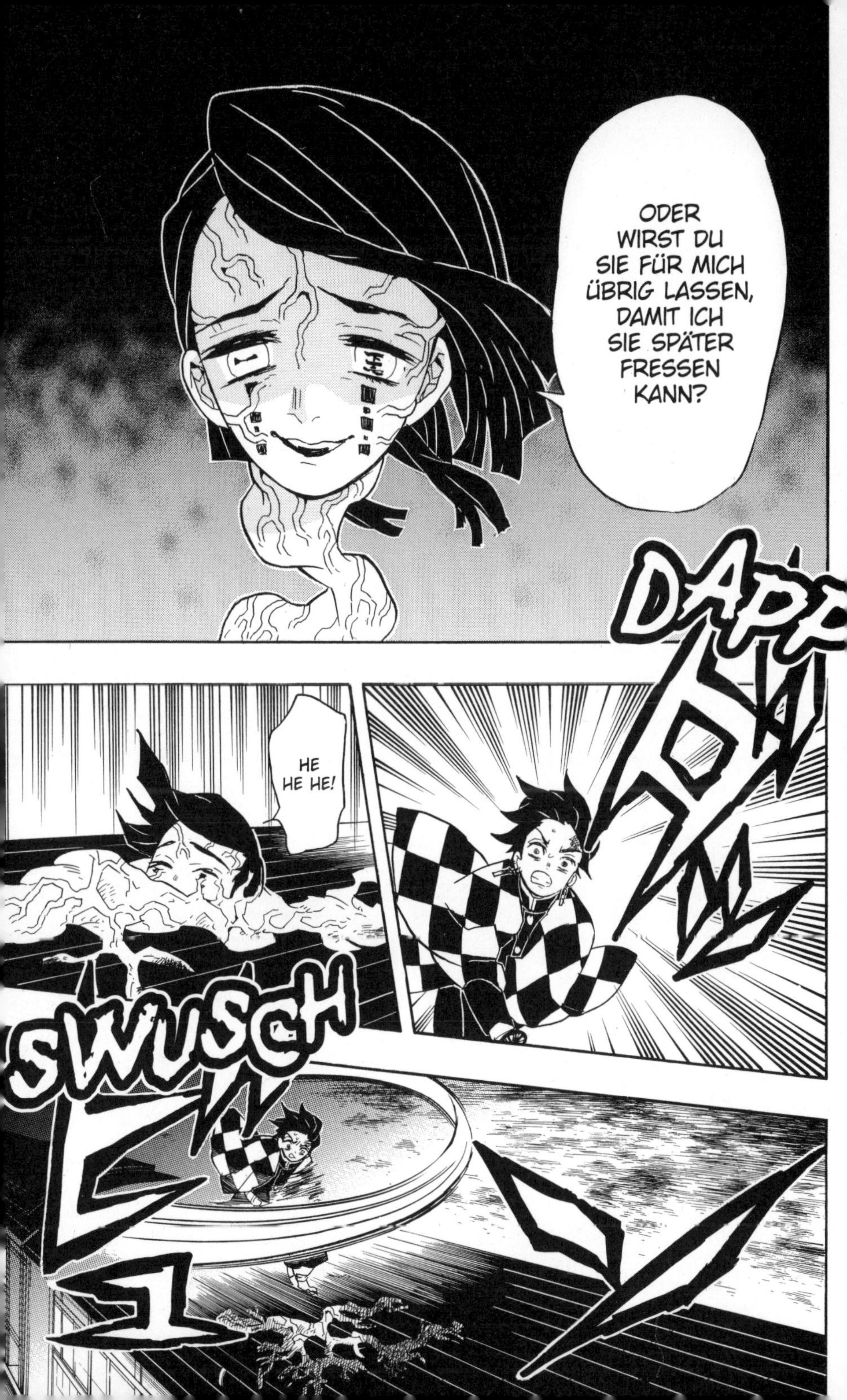
ODER WIRST DU SIE FÜR MICH ÜBRIG LASSEN, DAMIT ICH SIE SPÄTER FRESSEN KANN?
DAPP
HE HE HE!
SWUSCH

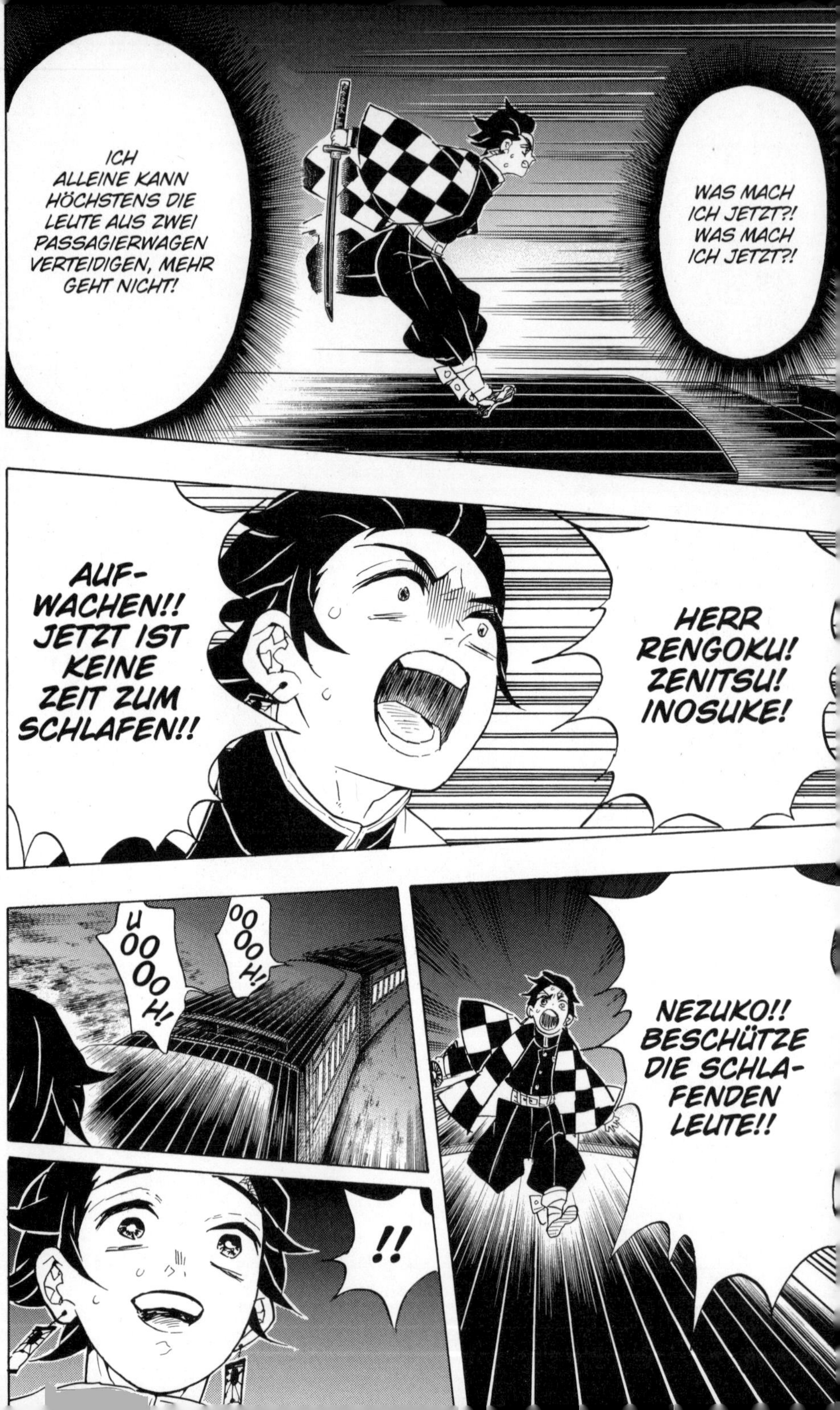
WAS MACH ICH JETZT?! WAS MACH ICH JETZT?!
ICH ALLEINE KANN HÖCHSTENS DIE LEUTE AUS ZWEI PASSAGIERWAGEN VERTEIDIGEN, MEHR GEHT NICHT!
HERR RENGOKU! ZENITSU! INOSUKE!
AUF-WACHEN!! JETZT IST KEINE ZEIT ZUM SCHLAFEN!!
NEZUKO!! BESCHÜTZE DIE SCHLA-FENDEN LEUTE!!
OOOOH!!
UOOOOH!
!!

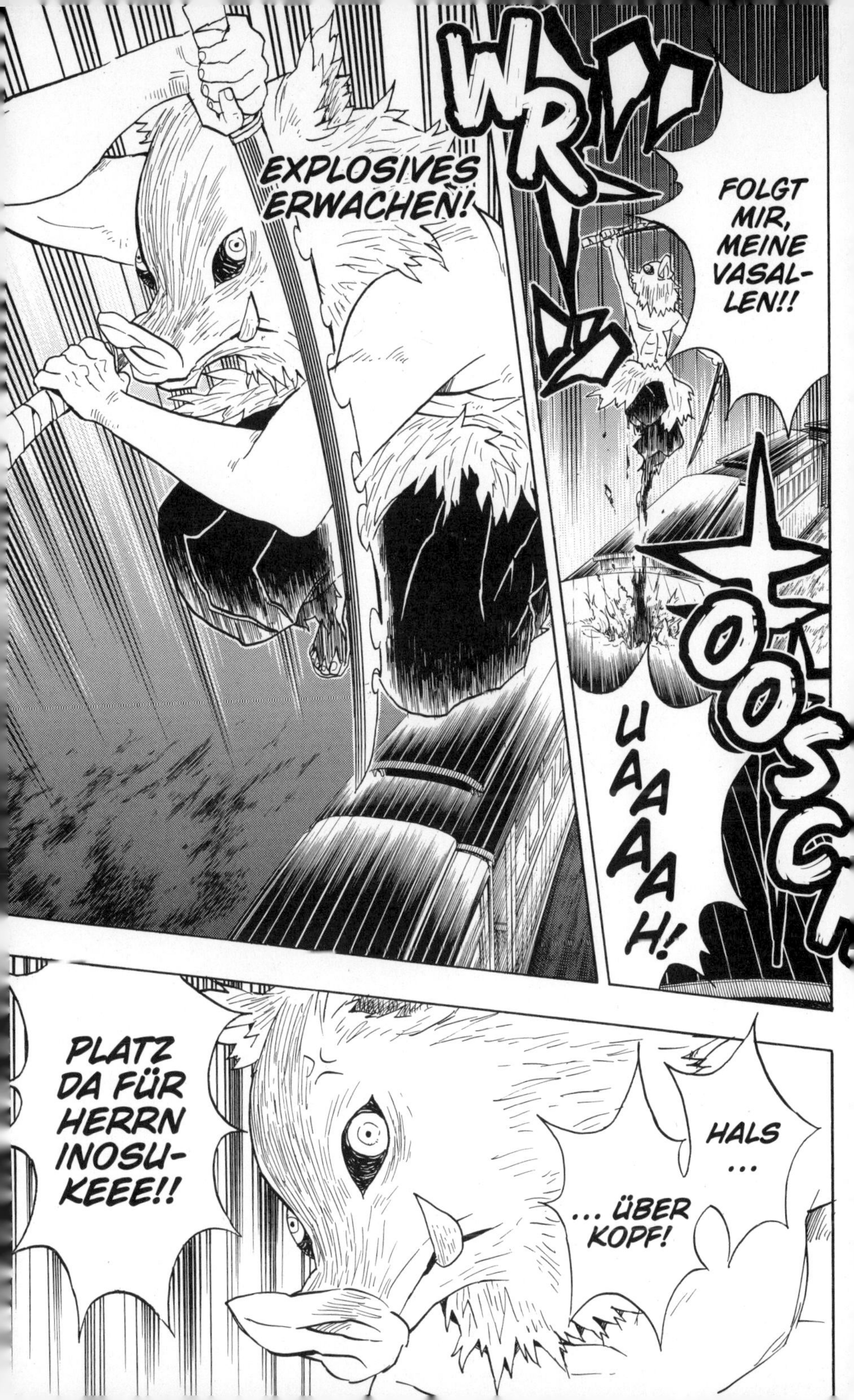
FOLGT MIR, MEINE VASAL-LEN!!
UAAAAH!
EXPLOSIVES ERWACHEN!
HALS …
… ÜBER KOPF!
PLATZ DA FÜR HERRN INOSU-KEEE!!

Geheime Gerüchte
der Taisho-Zeit
Nachtrag

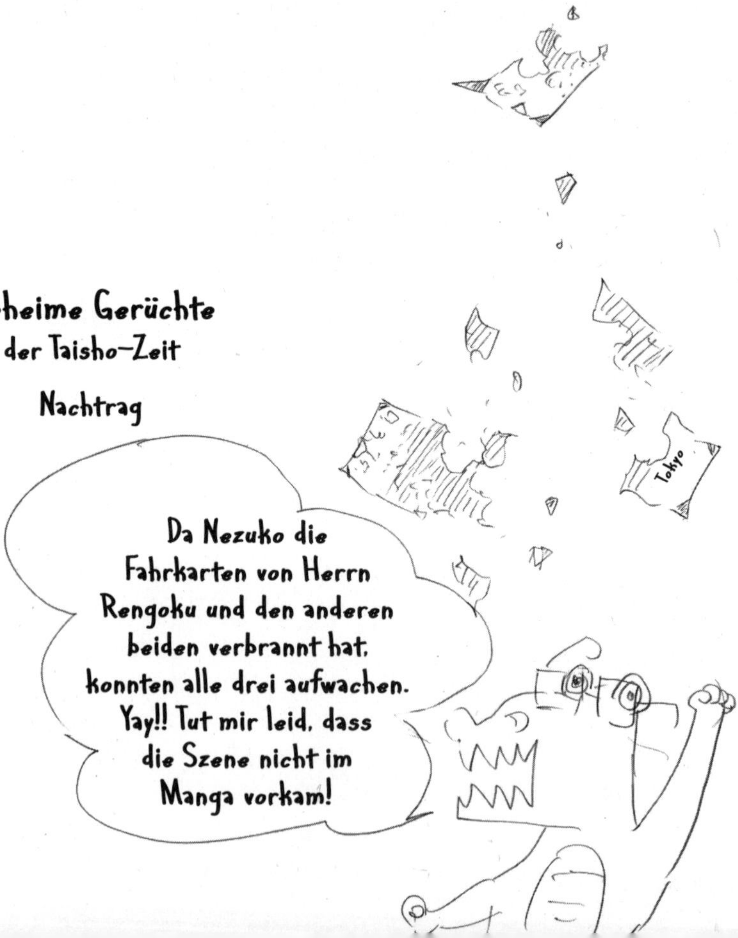

Kapitel 60: Schutz für 200 Menschen

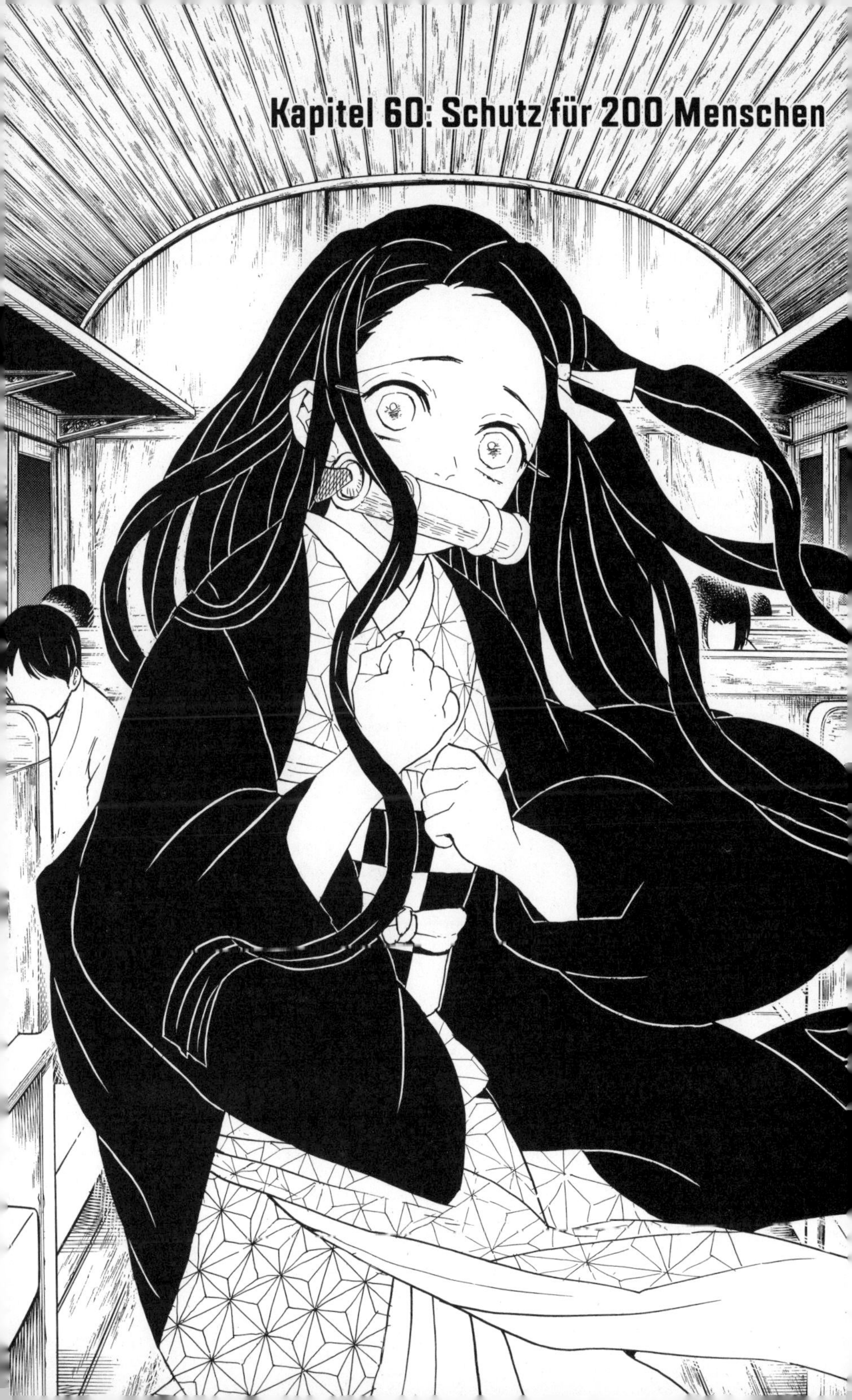

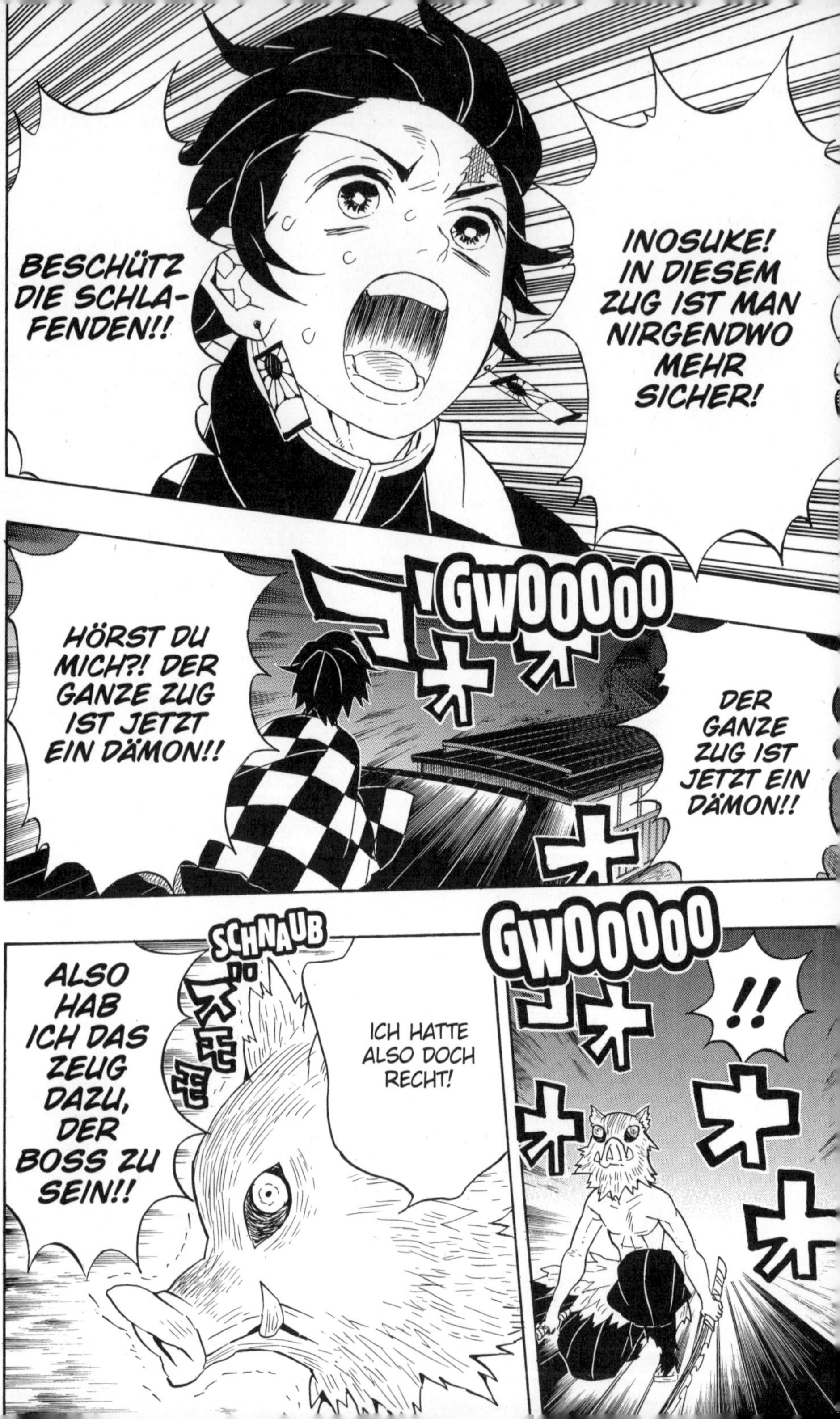
INOSUKE! IN DIESEM ZUG IST MAN NIRGENDWO MEHR SICHER!
BESCHÜTZ DIE SCHLAFENDEN!!
GWOOOOO
DER GANZE ZUG IST JETZT EIN DÄMON!!
HÖRST DU MICH?! DER GANZE ZUG IST JETZT EIN DÄMON!!
GWOOOOO
!!
SCHNAUB
ICH HATTE ALSO DOCH RECHT!
ALSO HAB ICH DAS ZEUG DAZU, DER BOSS ZU SEIN!!

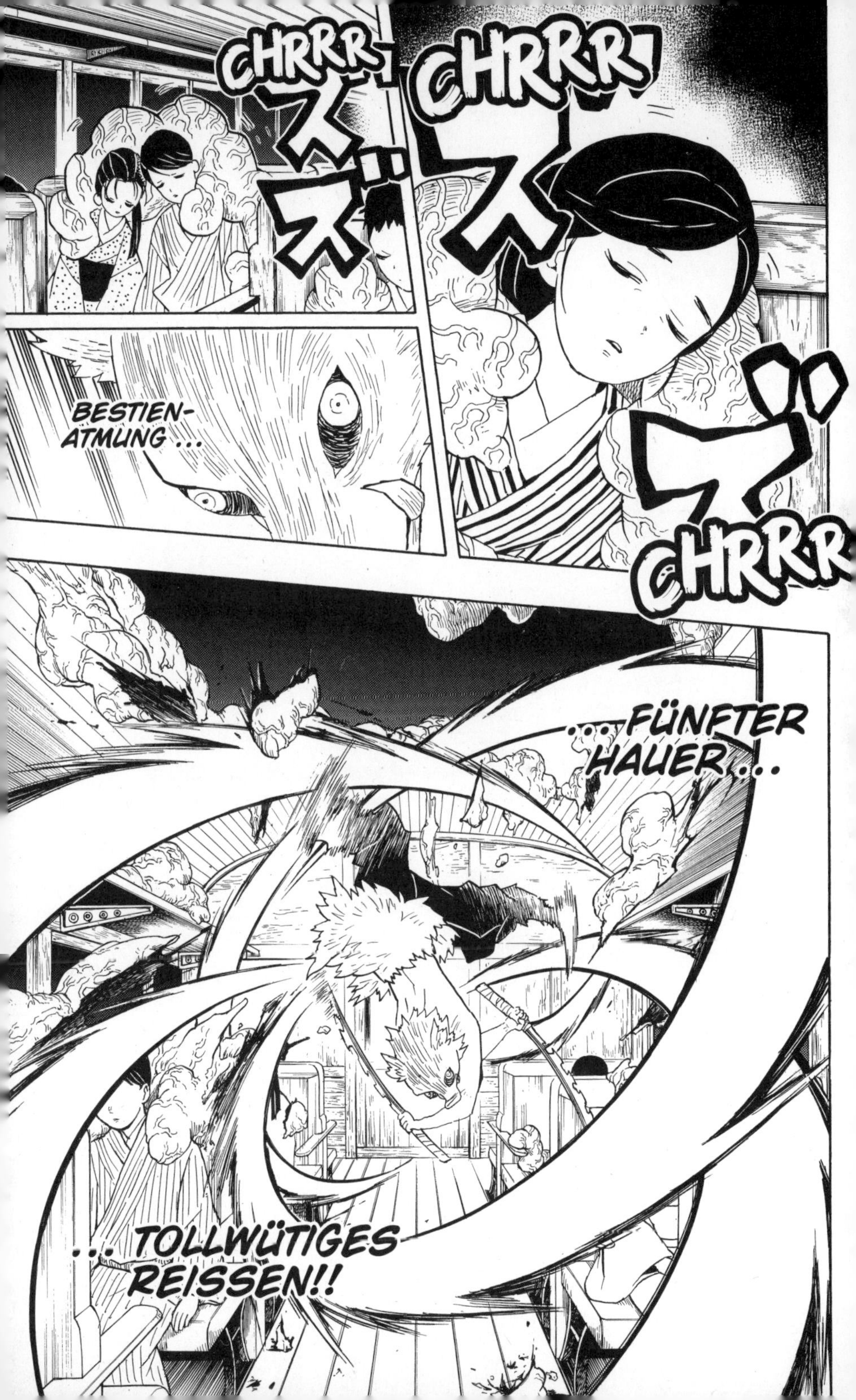
CHRRR
ズズ
CHRRR
ズ
BESTIEN-
ATMUNG …
… FÜNFTER
HAUER …
… TOLLWÜTIGES
REISSEN!!

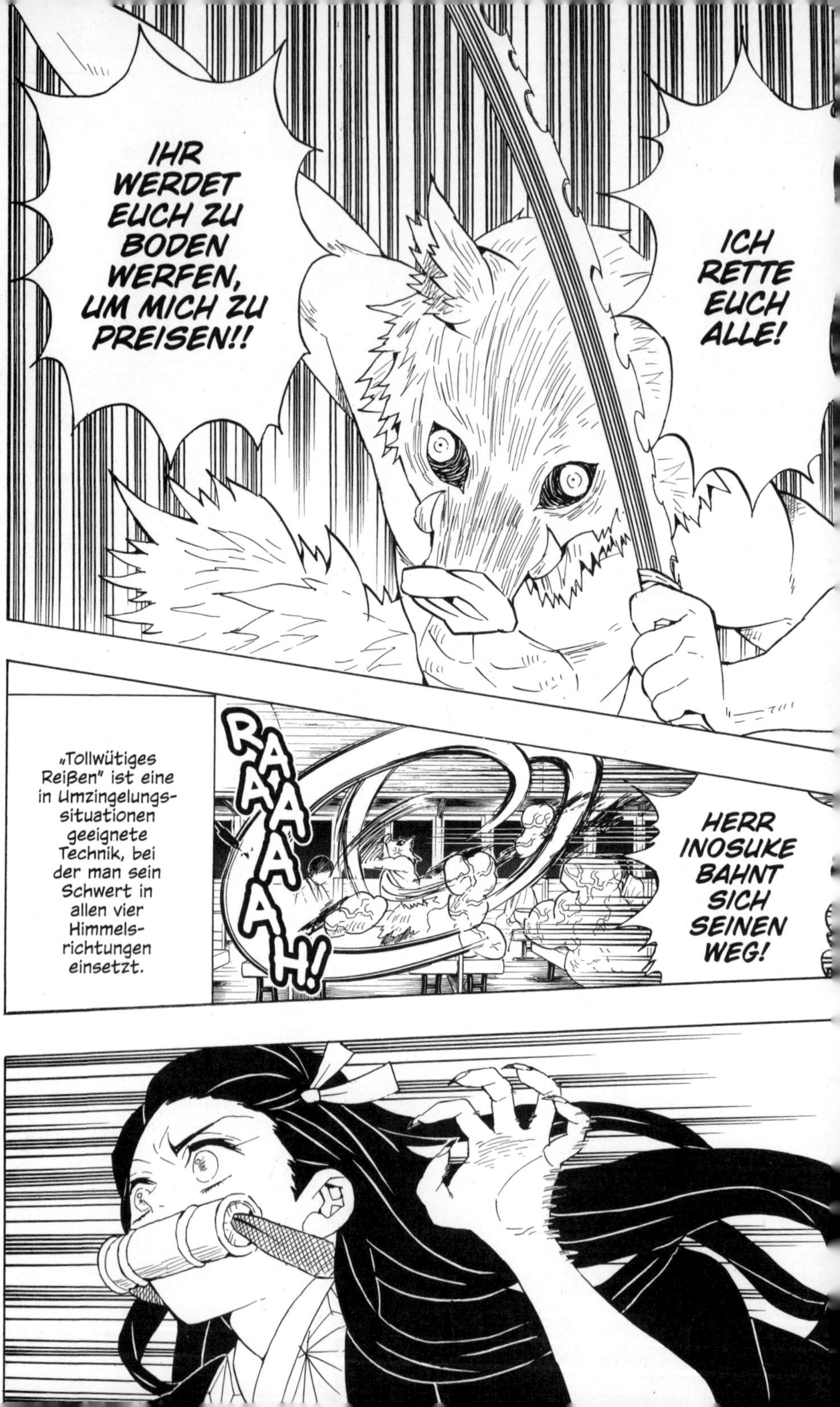
ICH RETTE EUCH ALLE!
IHR WERDET EUCH ZU BODEN WERFEN, UM MICH ZU PREISEN!!
HERR INOSUKE BAHNT SICH SEINEN WEG!
RAAAAAH!
„Tollwütiges Reißen" ist eine in Umzingelungs-situationen geeignete Technik, bei der man sein Schwert in allen vier Himmels-richtungen einsetzt.

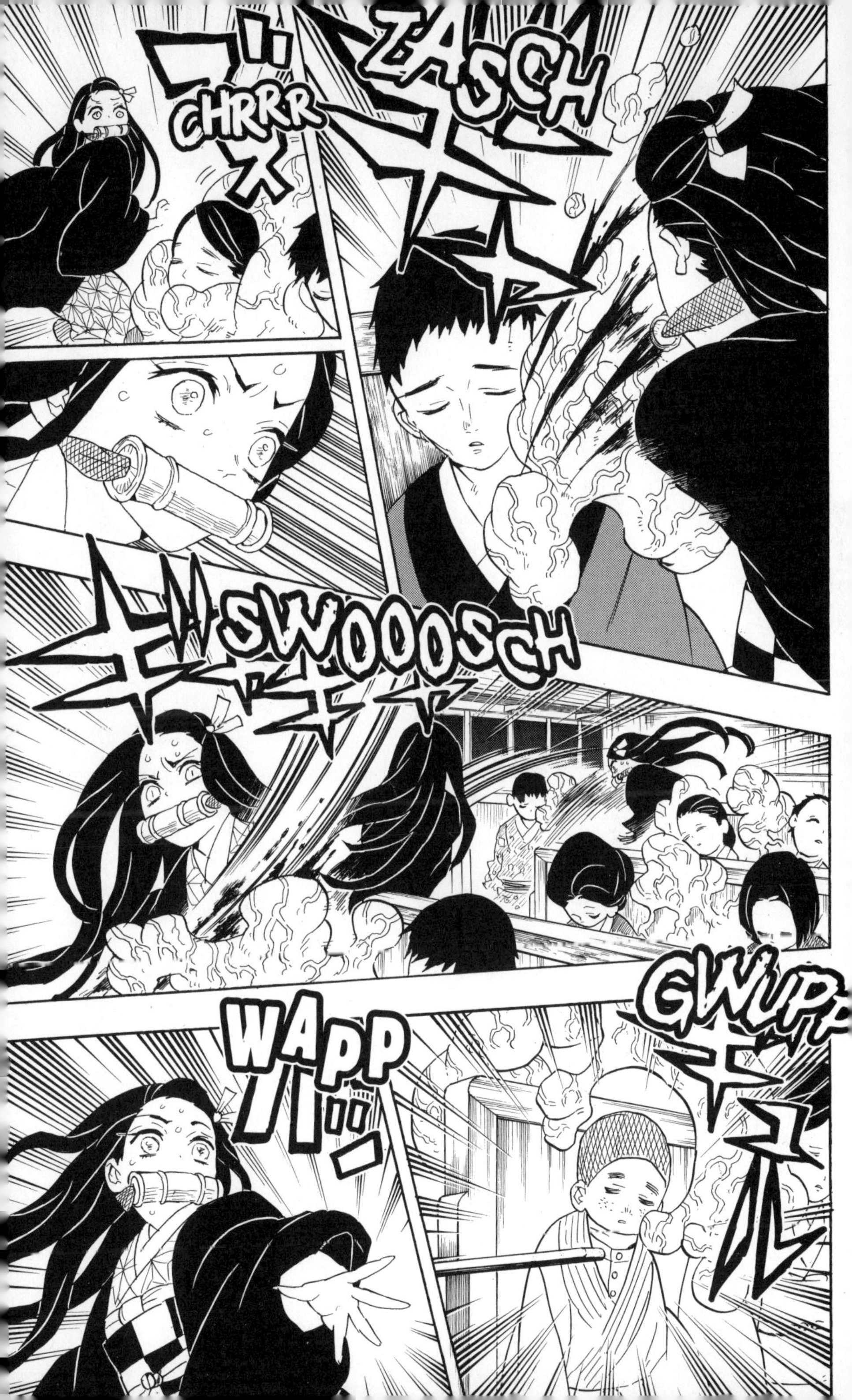
ZASCH
CHRRR
SWOOOSCH
GWUP
WAPP

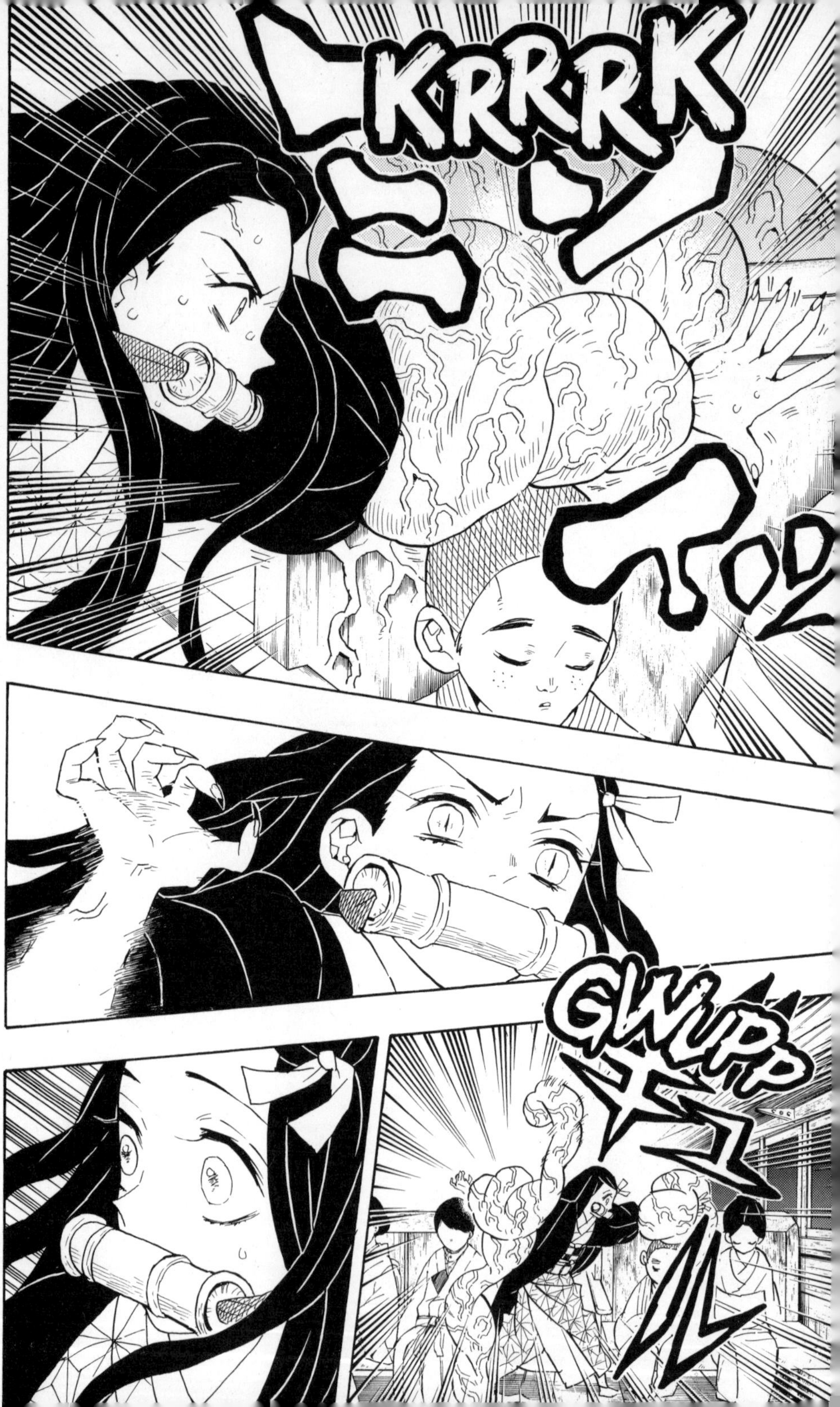
KRRRK
THOD
GWUPP

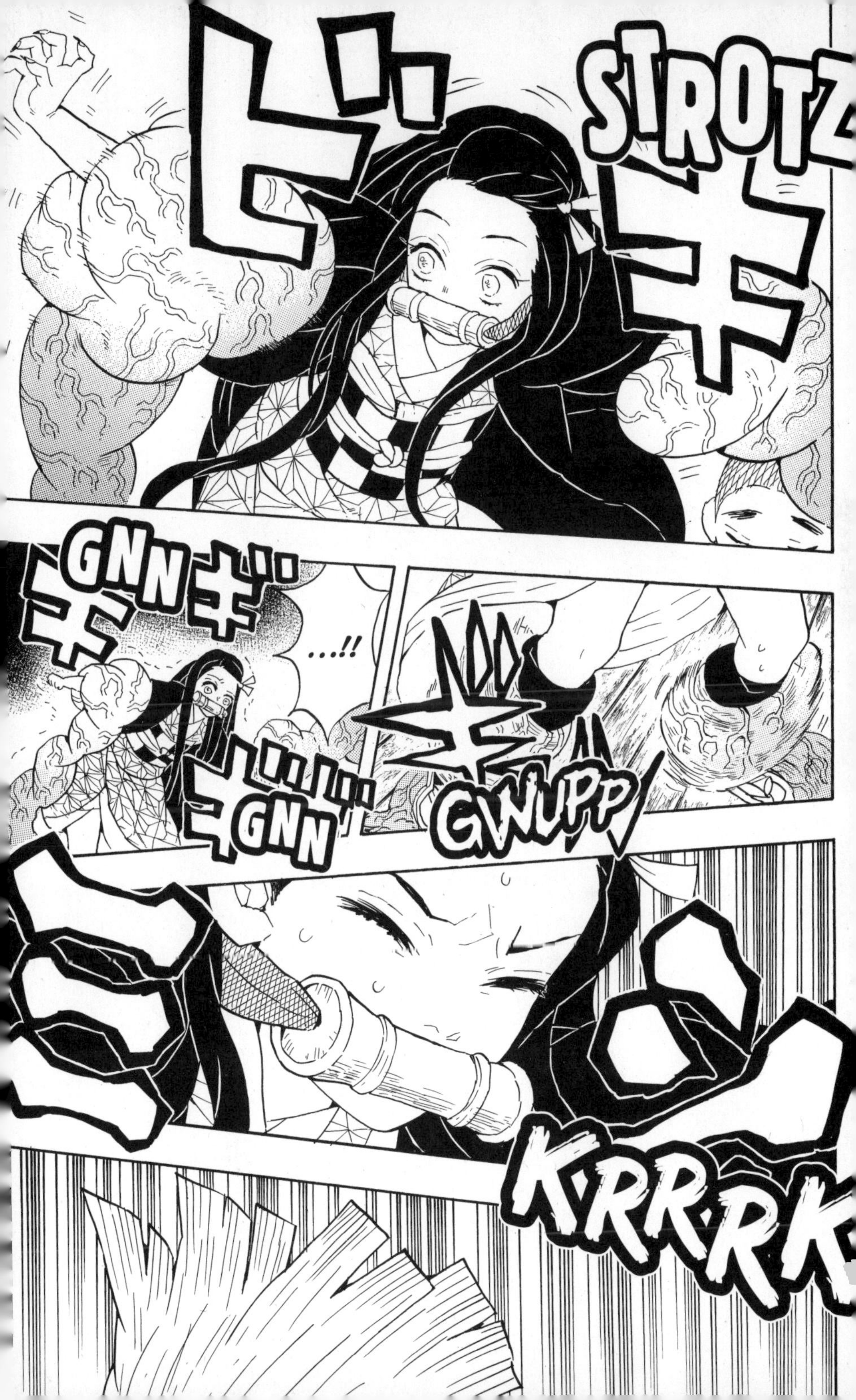
STROTZ
GNN
...!!
GNN
GWUPP
KRRRK

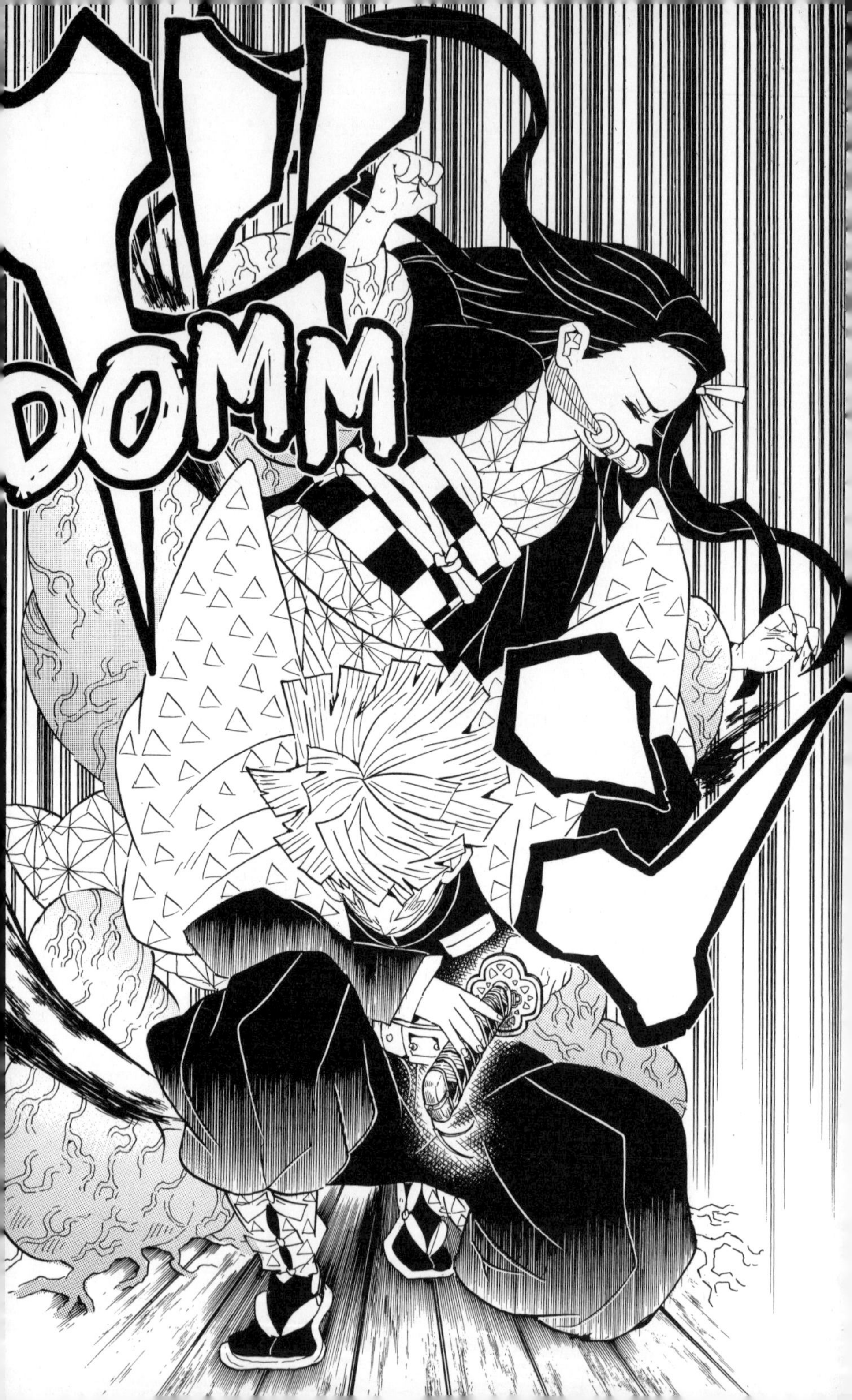
DOMM

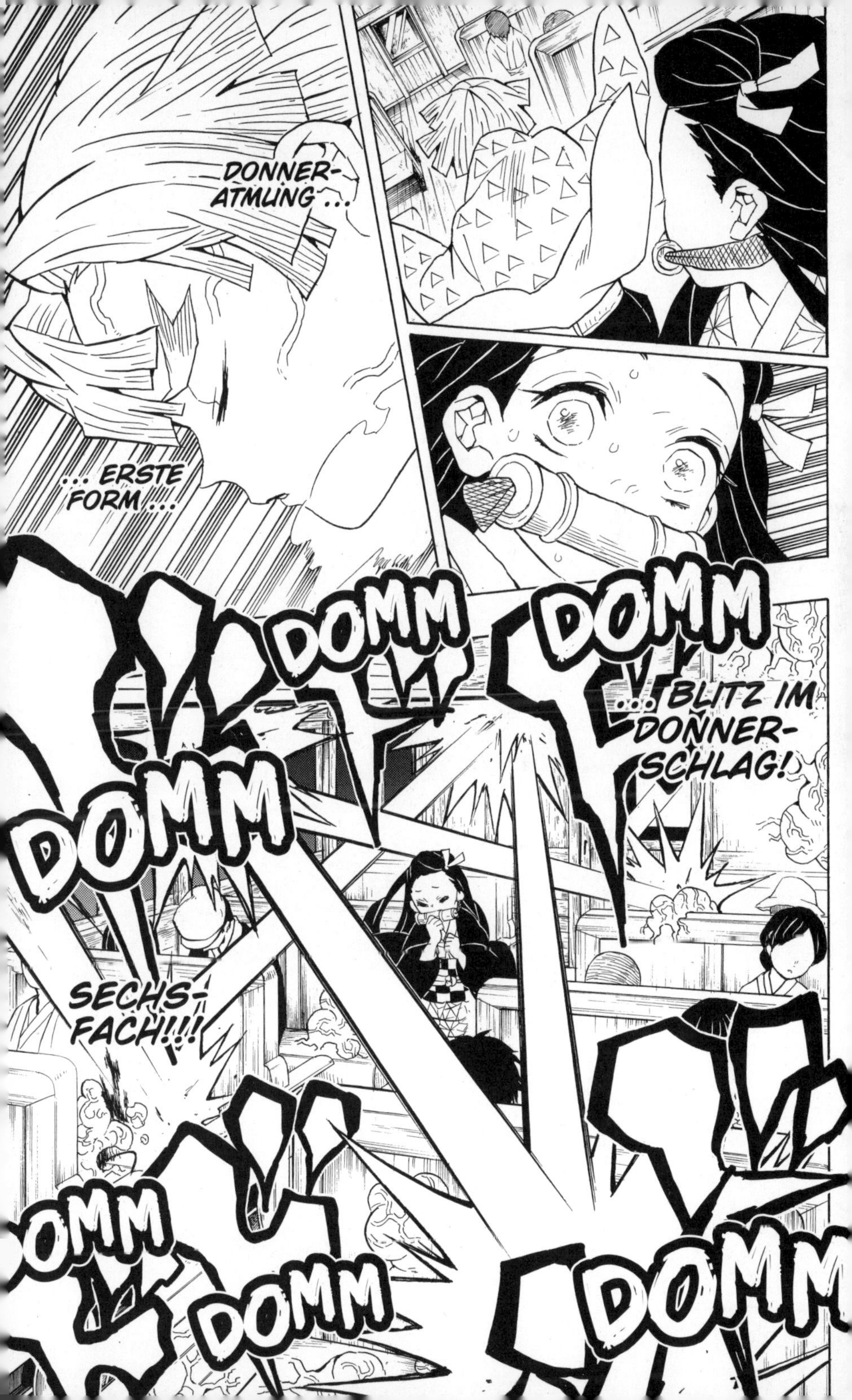
DONNER-ATMUNG ...
... ERSTE FORM ...
DOMM
DOMM
... BLITZ IM DONNER-SCHLAG!
DOMM
SECHS-FACH!!!
DOMM
DOMM
DOMM

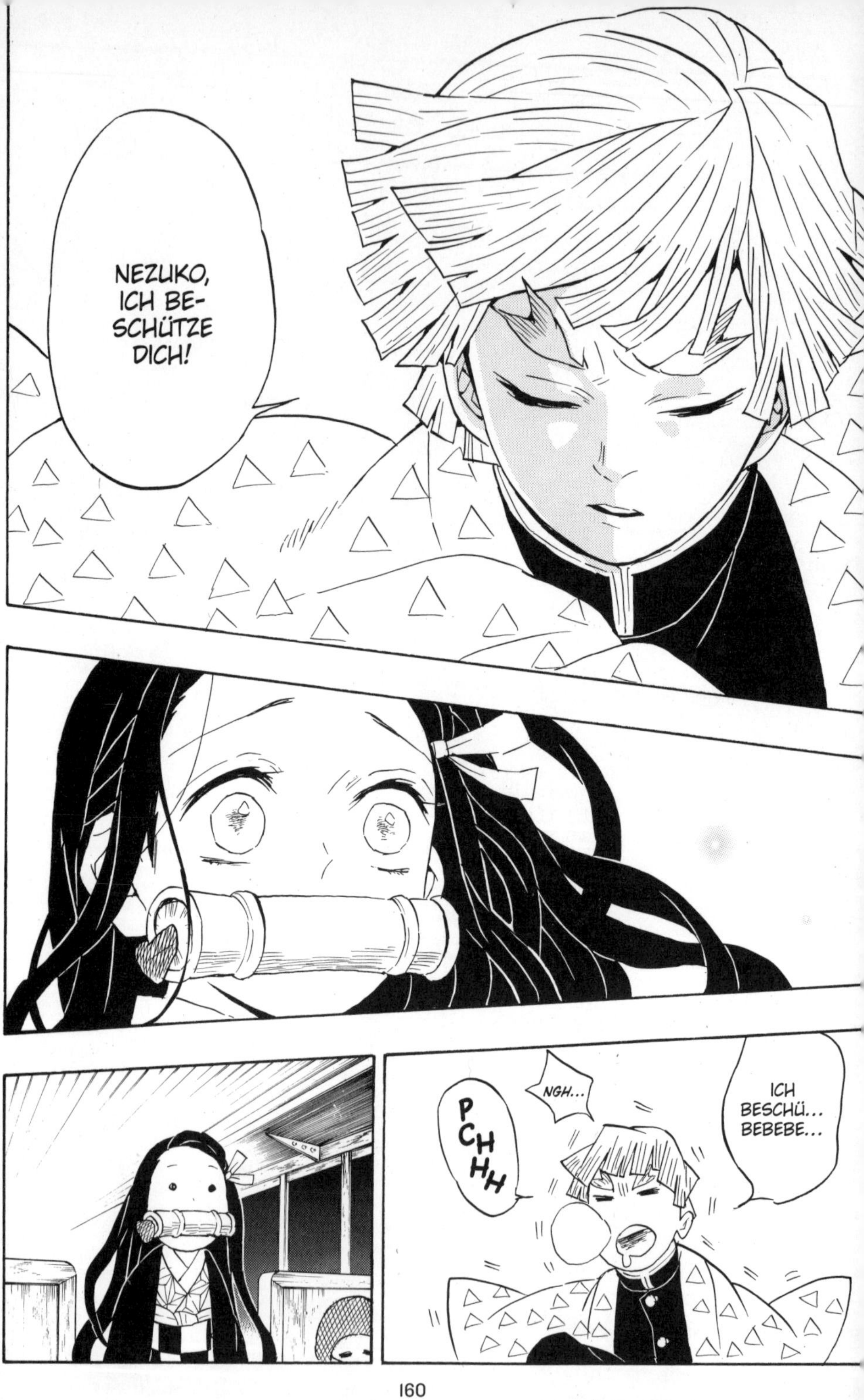
NEZUKO, ICH BE- SCHÜTZE DICH!
ICH BESCHÜ... BEBEBE...
NGH...
PCHHH

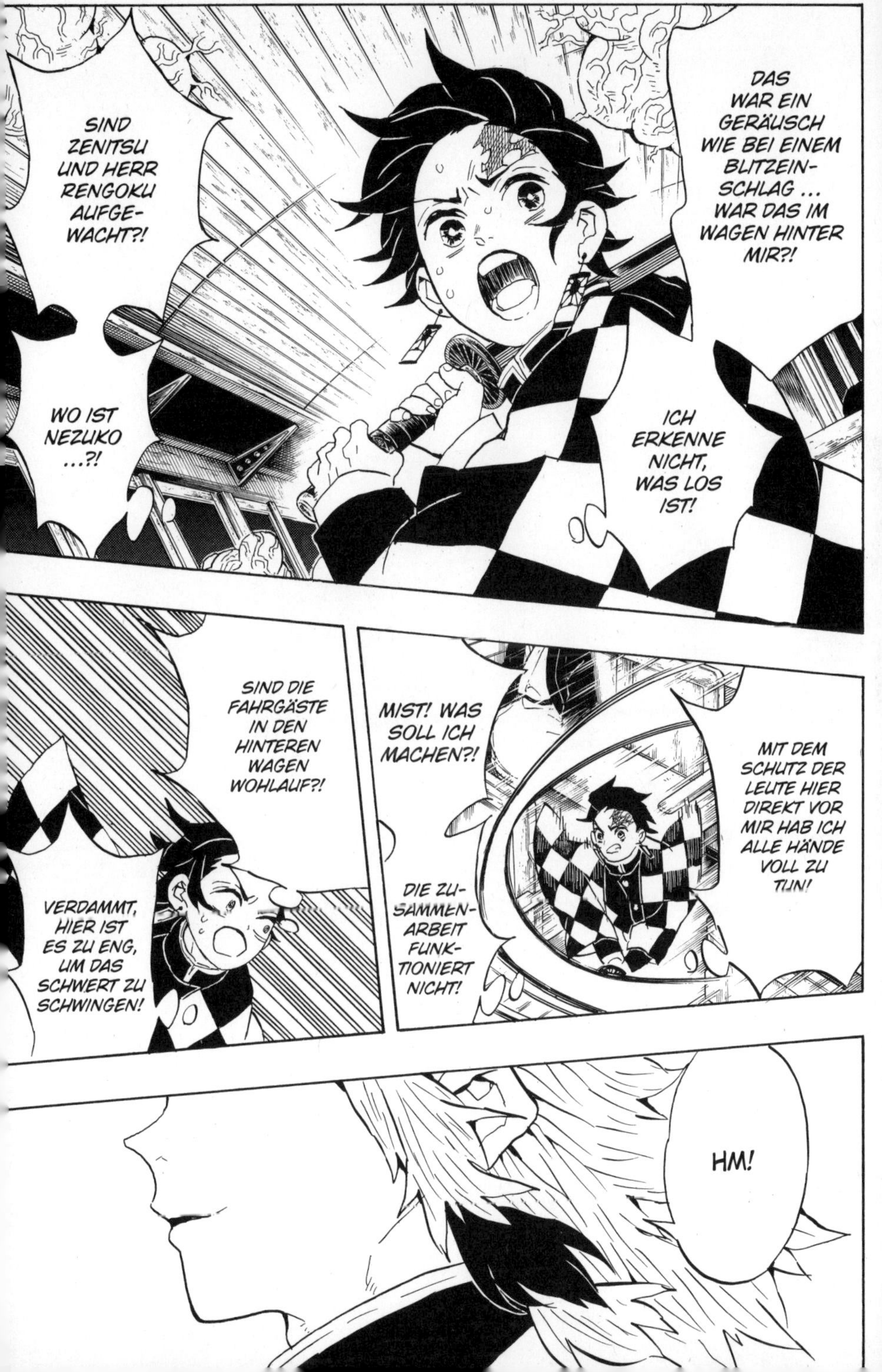
DAS WAR EIN GERÄUSCH WIE BEI EINEM BLITZEIN-SCHLAG … WAR DAS IM WAGEN HINTER MIR?!
ICH ERKENNE NICHT, WAS LOS IST!
SIND ZENITSU UND HERR RENGOKU AUFGE-WACHT?!
WO IST NEZUKO …?!
MIT DEM SCHUTZ DER LEUTE HIER DIREKT VOR MIR HAB ICH ALLE HÄNDE VOLL ZU TUN!
MIST! WAS SOLL ICH MACHEN?!
DIE ZU-SAMMEN-ARBEIT FUNK-TIONIERT NICHT!
SIND DIE FAHRGÄSTE IN DEN HINTEREN WAGEN WOHLAUF?!
VERDAMMT, HIER IST ES ZU ENG, UM DAS SCHWERT ZU SCHWINGEN!
HM!

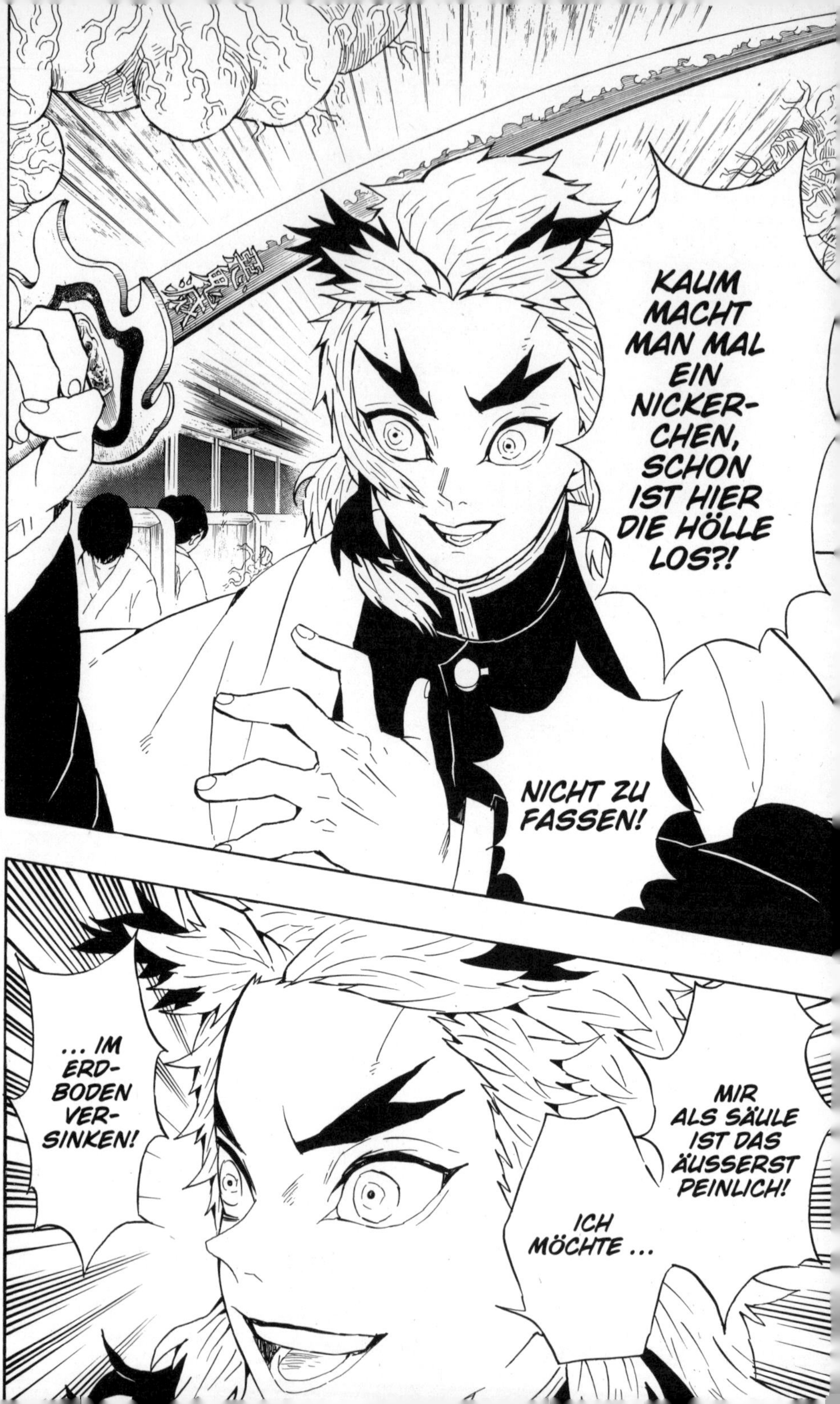

KAUM MACHT MAN MAL EIN NICKER-CHEN, SCHON IST HIER DIE HÖLLE LOS?!
NICHT ZU FASSEN!
MIR ALS SÄULE IST DAS ÄUSSERST PEINLICH!
ICH MÖCHTE ...
... IM ERD-BODEN VER-SINKEN!

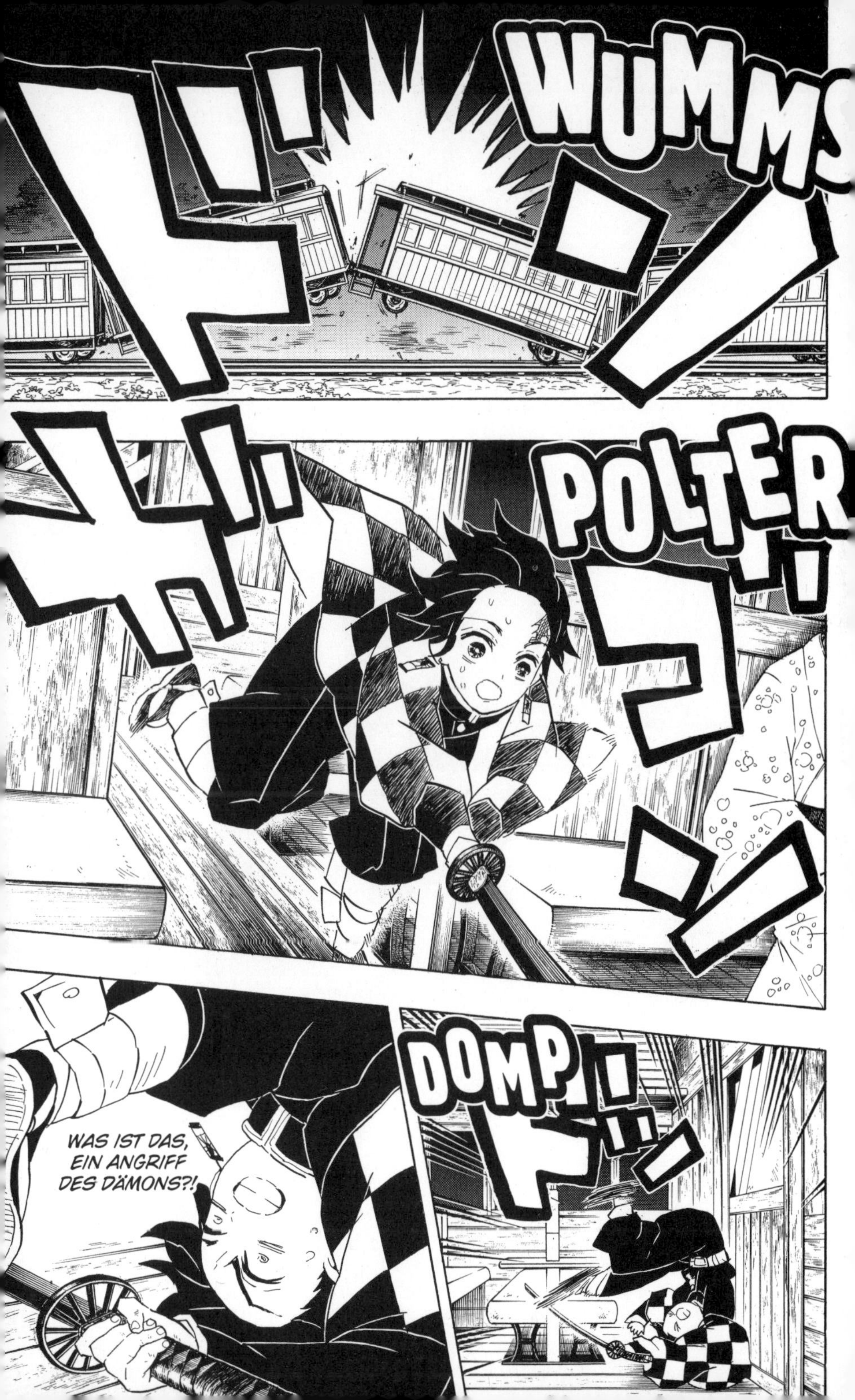
WUMMS
POLTER
WAS IST DAS, EIN ANGRIFF DES DÄMONS?!
DOMP

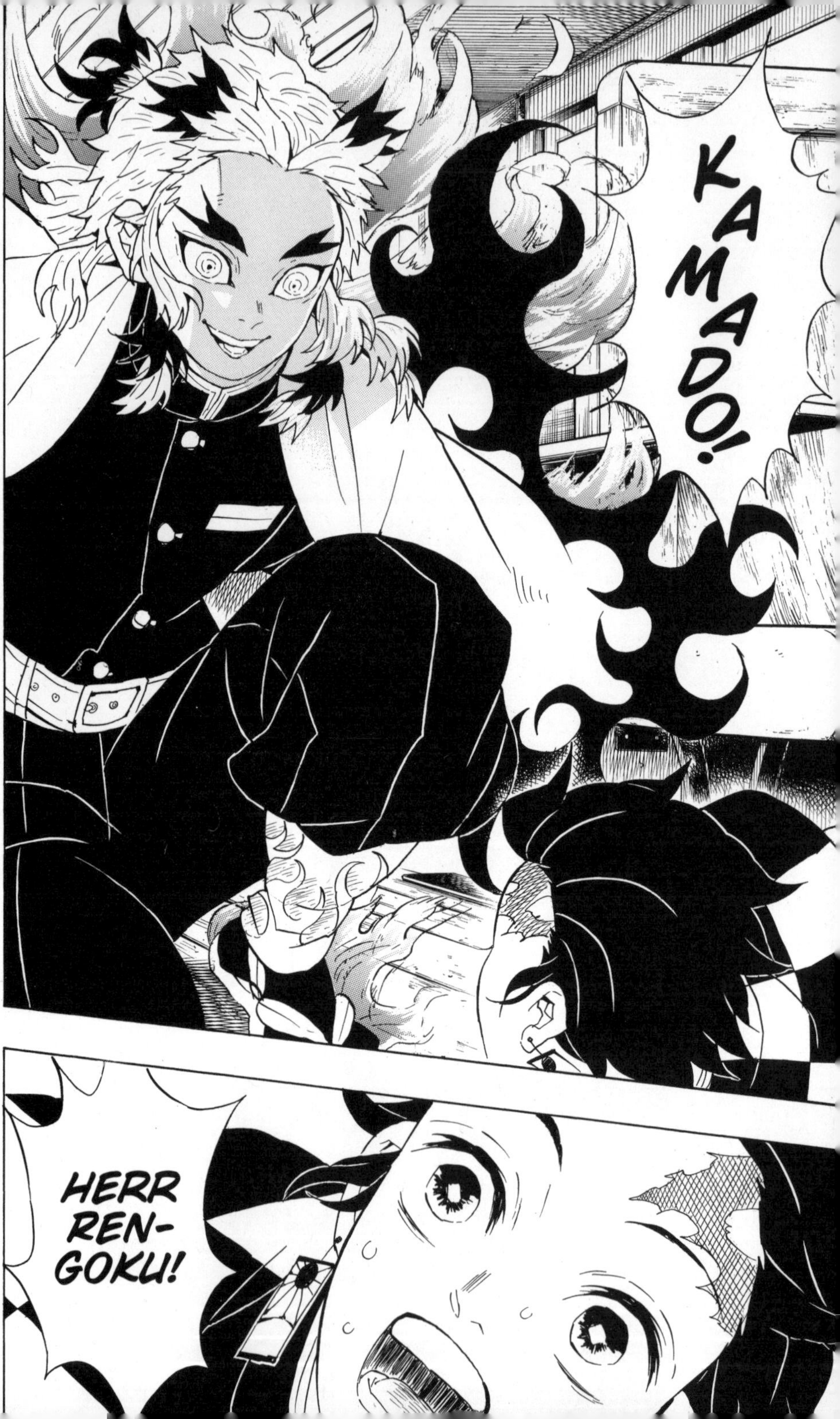
KAMADO!
HERR REN-GOKU!

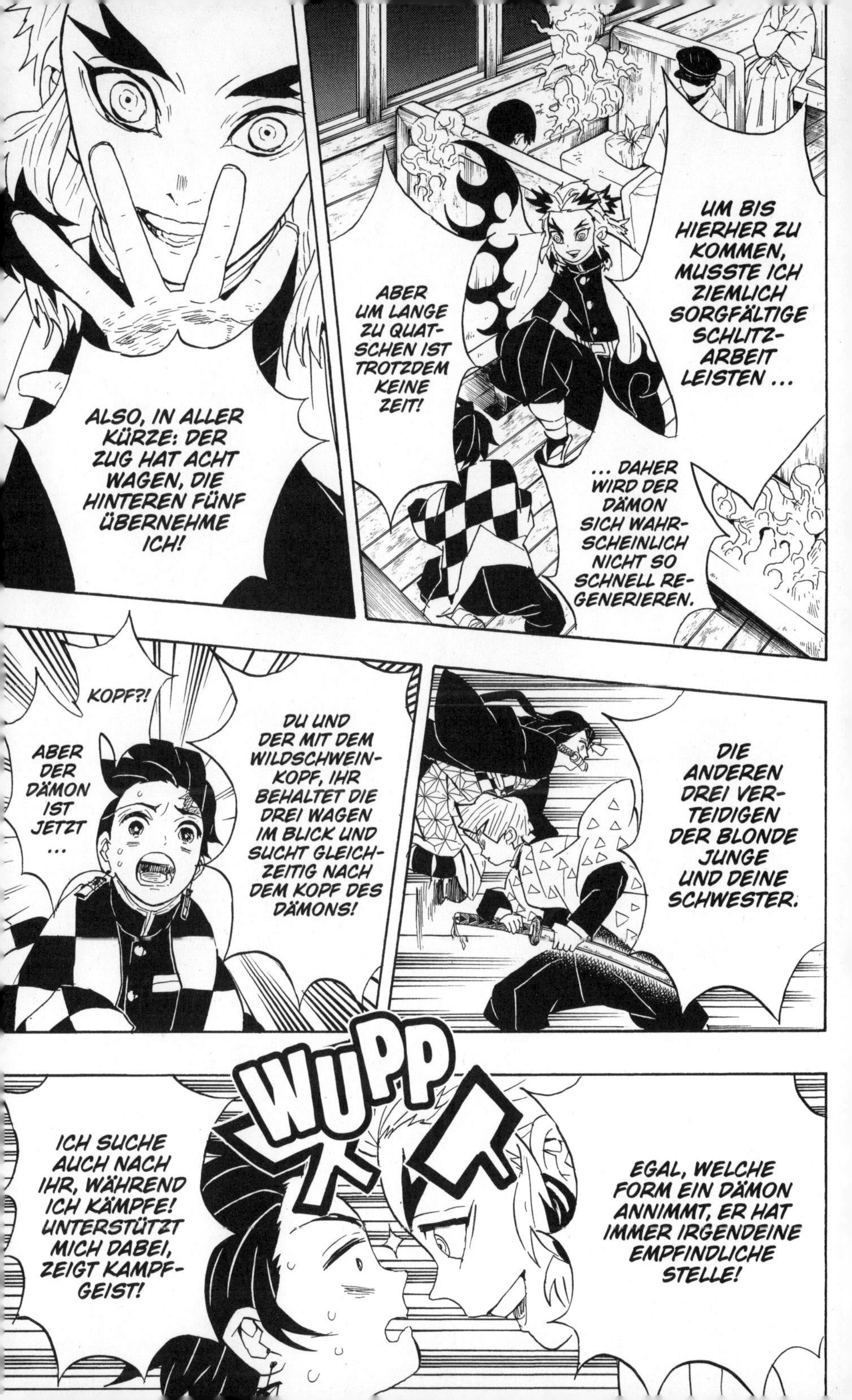
UM BIS HIERHER ZU KOMMEN, MUSSTE ICH ZIEMLICH SORGFÄLTIGE SCHLITZ-ARBEIT LEISTEN …
… DAHER WIRD DER DÄMON SICH WAHRSCHEINLICH NICHT SO SCHNELL REGENERIEREN.
ABER UM LANGE ZU QUATSCHEN IST TROTZDEM KEINE ZEIT!
ALSO, IN ALLER KÜRZE: DER ZUG HAT ACHT WAGEN, DIE HINTEREN FÜNF ÜBERNEHME ICH!
DIE ANDEREN DREI VERTEIDIGEN DER BLONDE JUNGE UND DEINE SCHWESTER.
DU UND DER MIT DEM WILDSCHWEINKOPF, IHR BEHALTET DIE DREI WAGEN IM BLICK UND SUCHT GLEICHZEITIG NACH DEM KOPF DES DÄMONS!
KOPF?!
ABER DER DÄMON IST JETZT …
EGAL, WELCHE FORM EIN DÄMON ANNIMMT, ER HAT IMMER IRGENDEINE EMPFINDLICHE STELLE!
WUPP
ICH SUCHE AUCH NACH IHR, WÄHREND ICH KÄMPFE! UNTERSTÜTZT MICH DABEI, ZEIGT KAMPFGEIST!

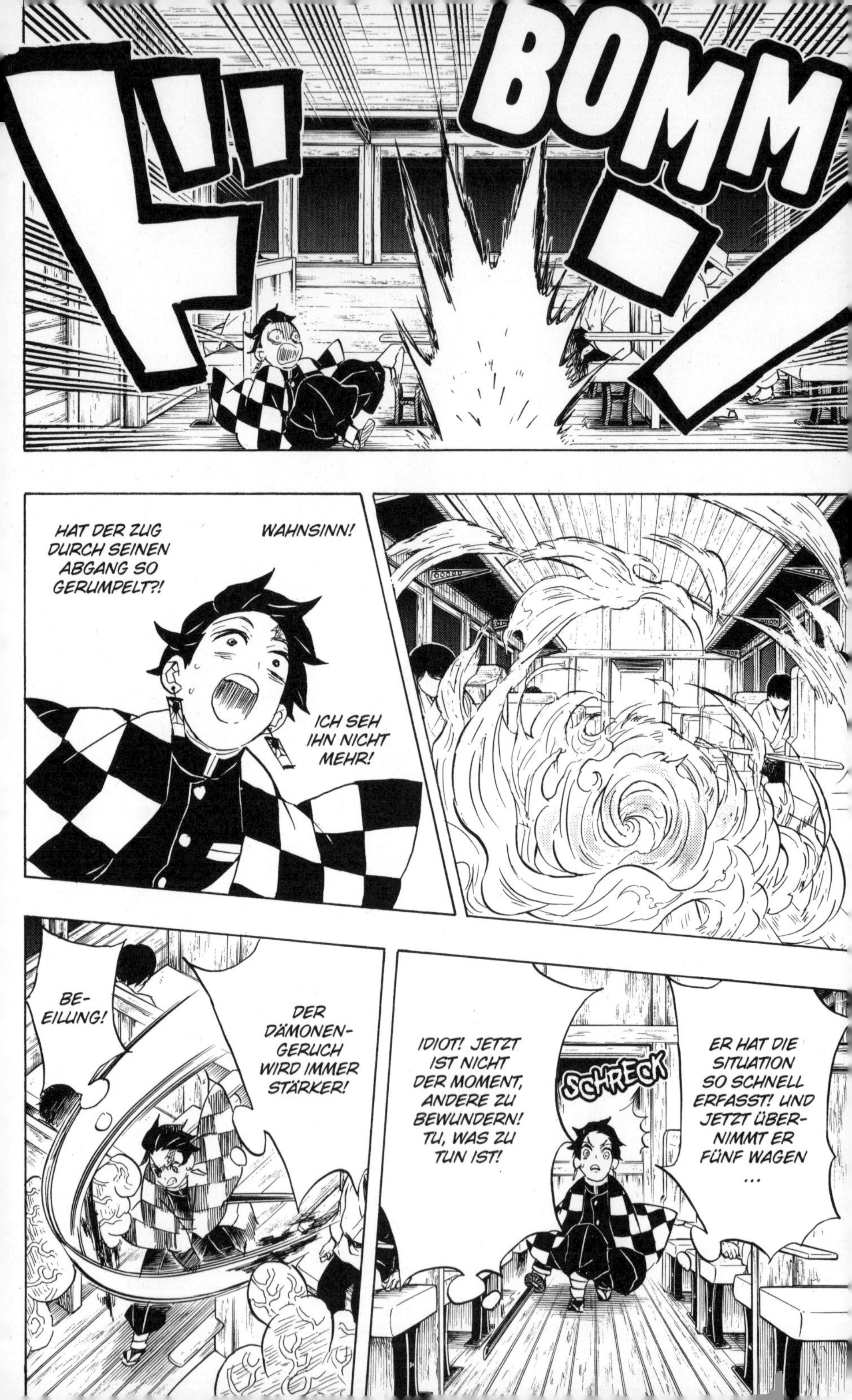
BOMM
WAHNSINN!
HAT DER ZUG DURCH SEINEN ABGANG SO GERUMPELT?!
ICH SEH IHN NICHT MEHR!
DER DÄMONENGERUCH WIRD IMMER STÄRKER!
BE-EILUNG!
ER HAT DIE SITUATION SO SCHNELL ERFASST! UND JETZT ÜBERNIMMT ER FÜNF WAGEN ...
SCHRECK
IDIOT! JETZT IST NICHT DER MOMENT, ANDERE ZU BEWUNDERN! TU, WAS ZU TUN IST!

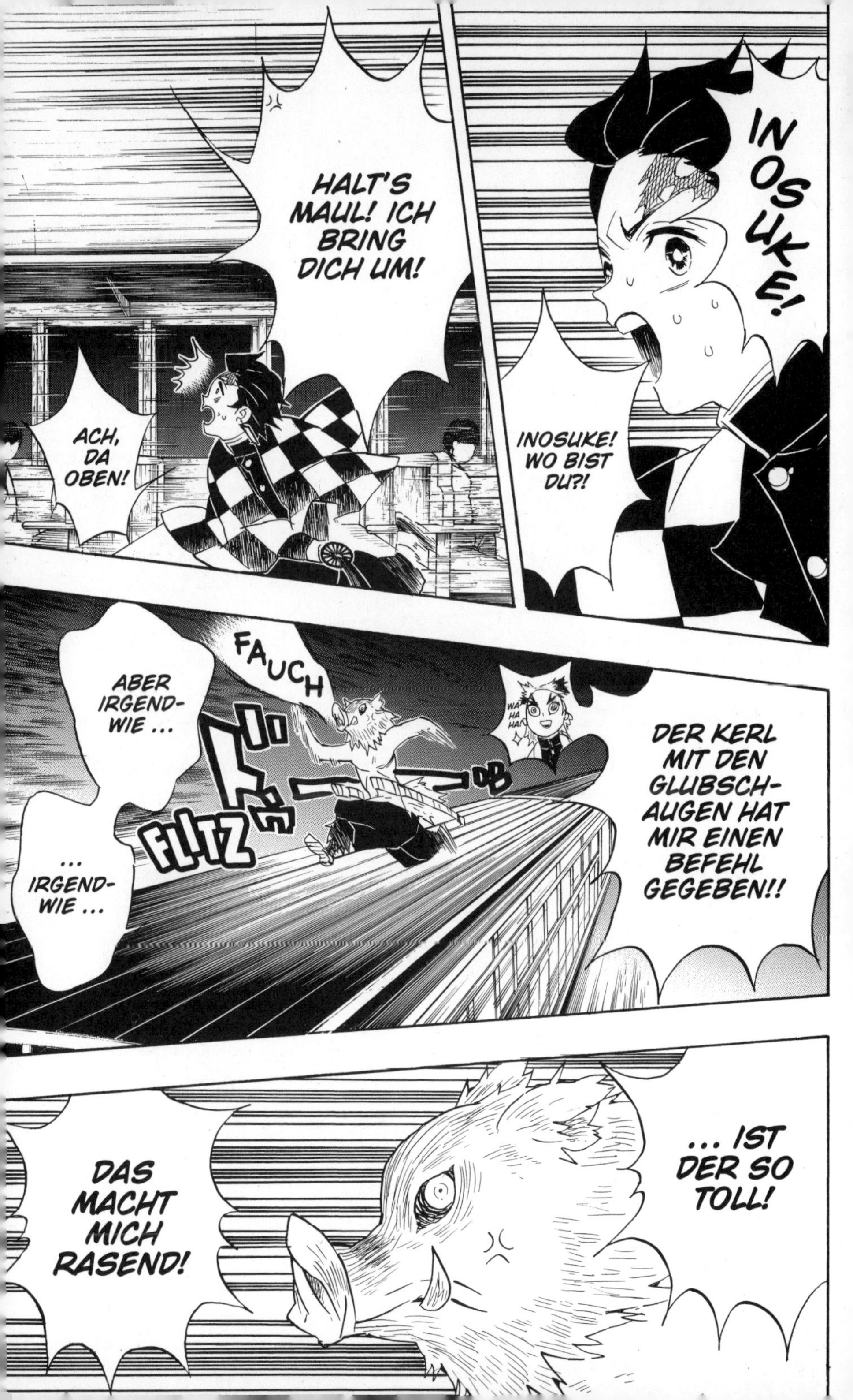
INOSUKE!
INOSUKE! WO BIST DU?!
HALT'S MAUL! ICH BRING DICH UM!
ACH, DA OBEN!
DER KERL MIT DEN GLUBSCHAUGEN HAT MIR EINEN BEFEHL GEGEBEN!!
FAUCH
FLITZ
ABER IRGENDWIE ...
... IRGENDWIE ...
... IST DER SO TOLL!
DAS MACHT MICH RASEND!

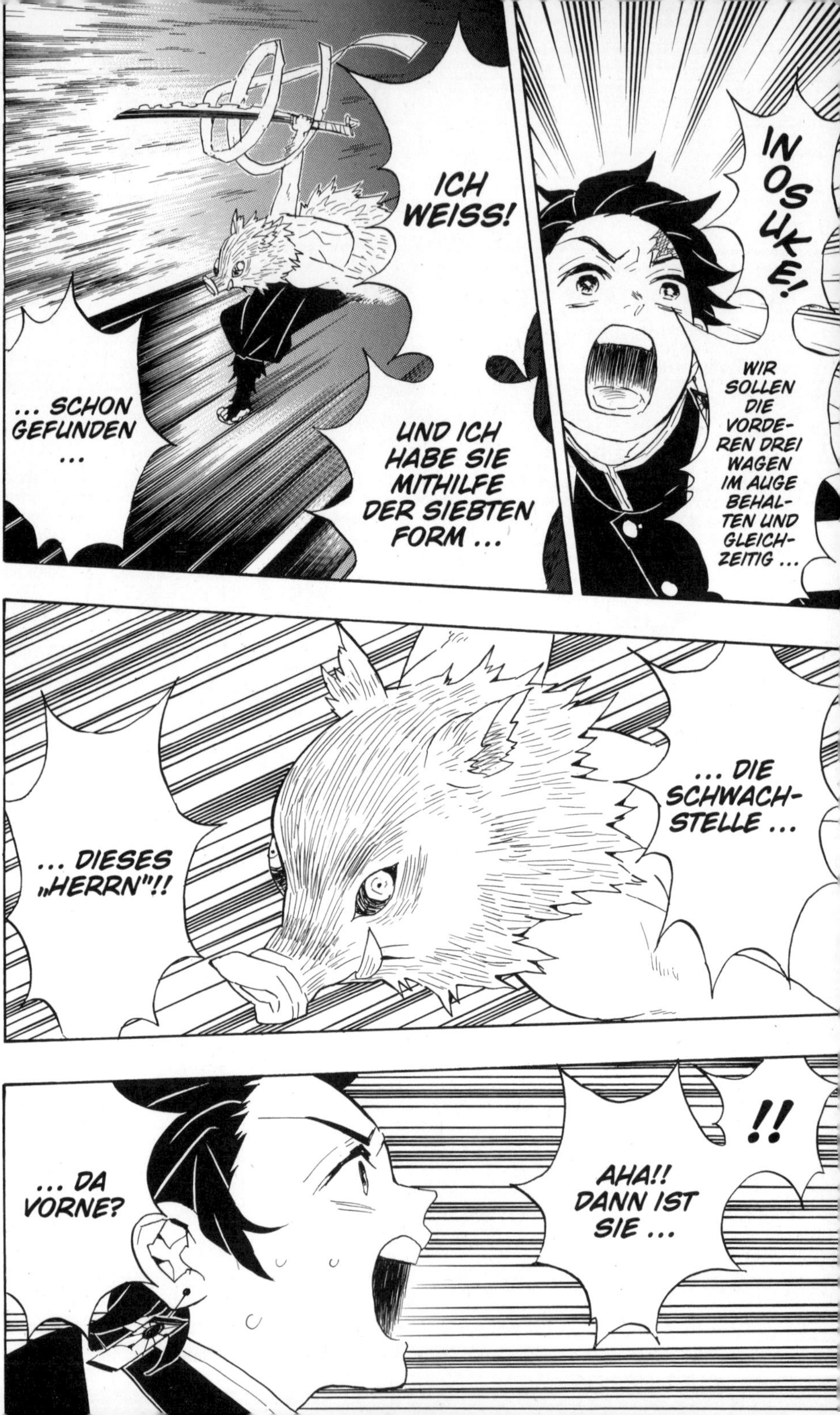
INOSUKE!
WIR SOLLEN DIE VORDEREN DREI WAGEN IM AUGE BEHALTEN UND GLEICHZEITIG ...
ICH WEISS!
UND ICH HABE SIE MITHILFE DER SIEBTEN FORM ...
... SCHON GEFUNDEN ...
... DIE SCHWACHSTELLE ...
... DIESES „HERRN"!!
!!
AHA!! DANN IST SIE ...
... DA VORNE?

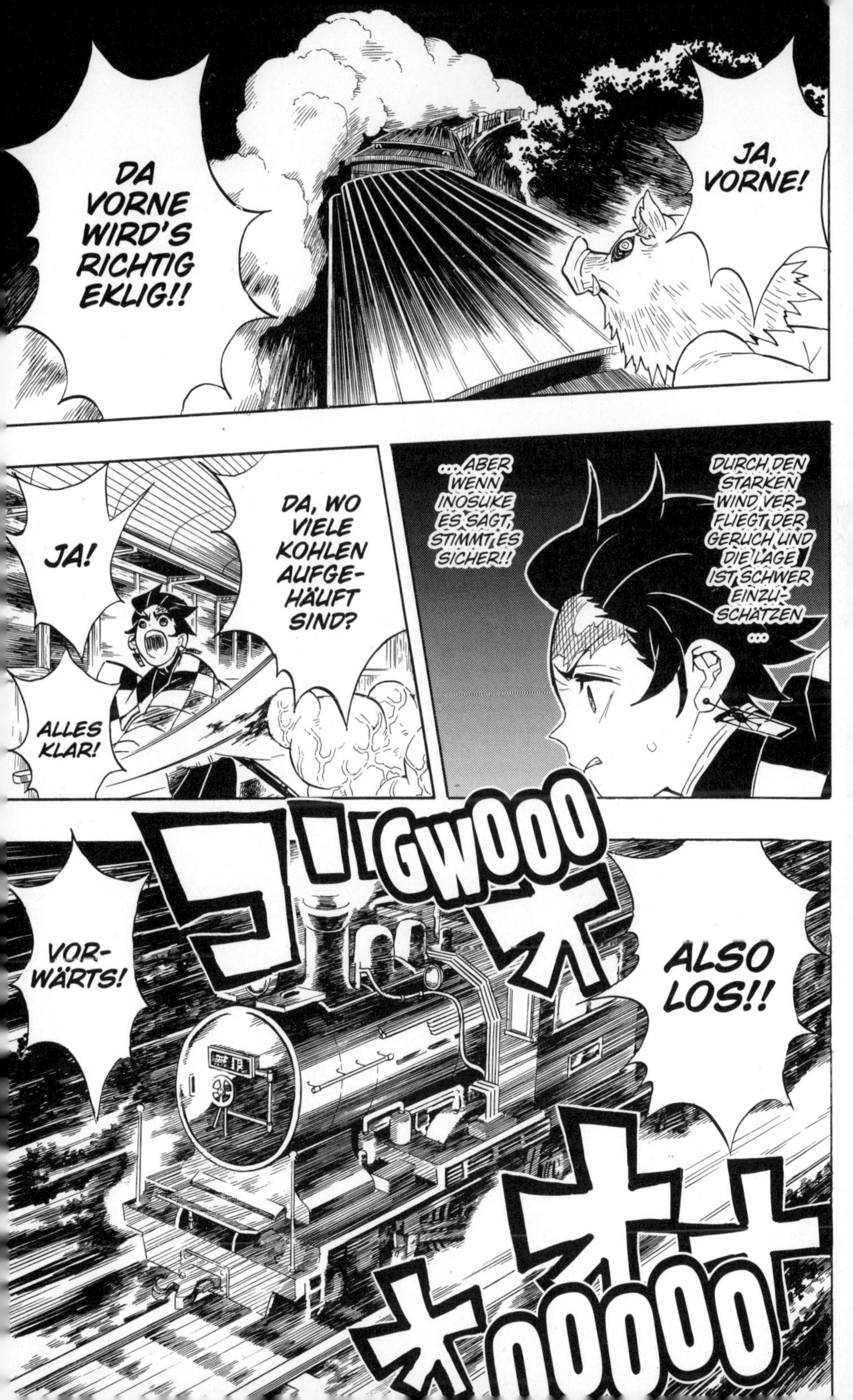

JA, VORNE!
DA VORNE WIRD'S RICHTIG EKLIG!!
DURCH DEN STARKEN WIND VERFLIEGT DER GERUCH UND DIE LAGE IST SCHWER EINZUSCHÄTZEN …
… ABER WENN INOSUKE ES SAGT, STIMMT ES SICHER!!
DA, WO VIELE KOHLEN AUFGEHÄUFT SIND?
JA!
ALLES KLAR!
ALSO LOS!!
VORWÄRTS!
GWOOO
OOOOOO

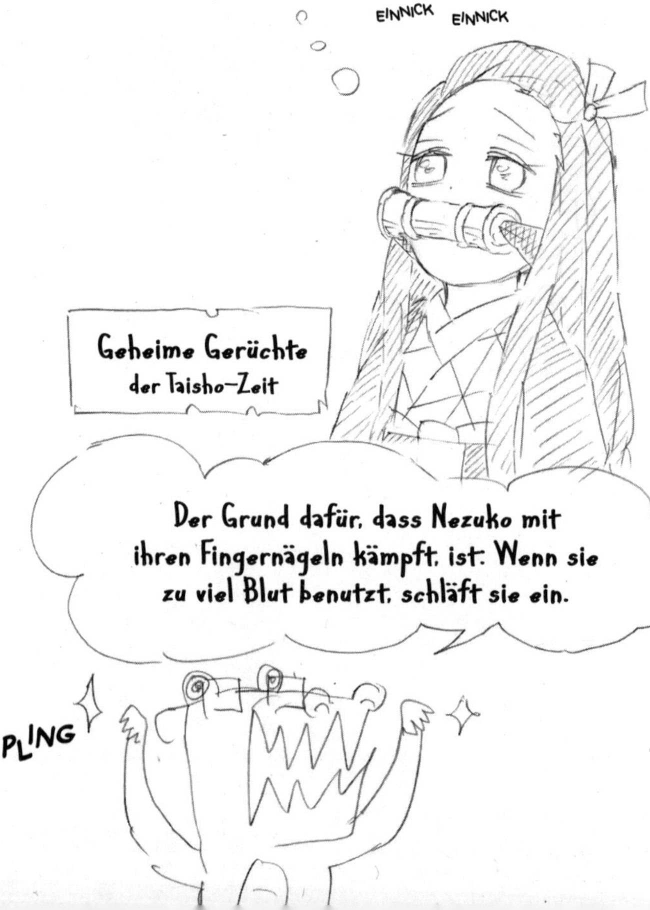
EINNICK EINNICK
Geheime Gerüchte der Taisho-Zeit
Der Grund dafür, dass Nezuko mit ihren Fingernägeln kämpft, ist: Wenn sie zu viel Blut benutzt, schläft sie ein.
PLING

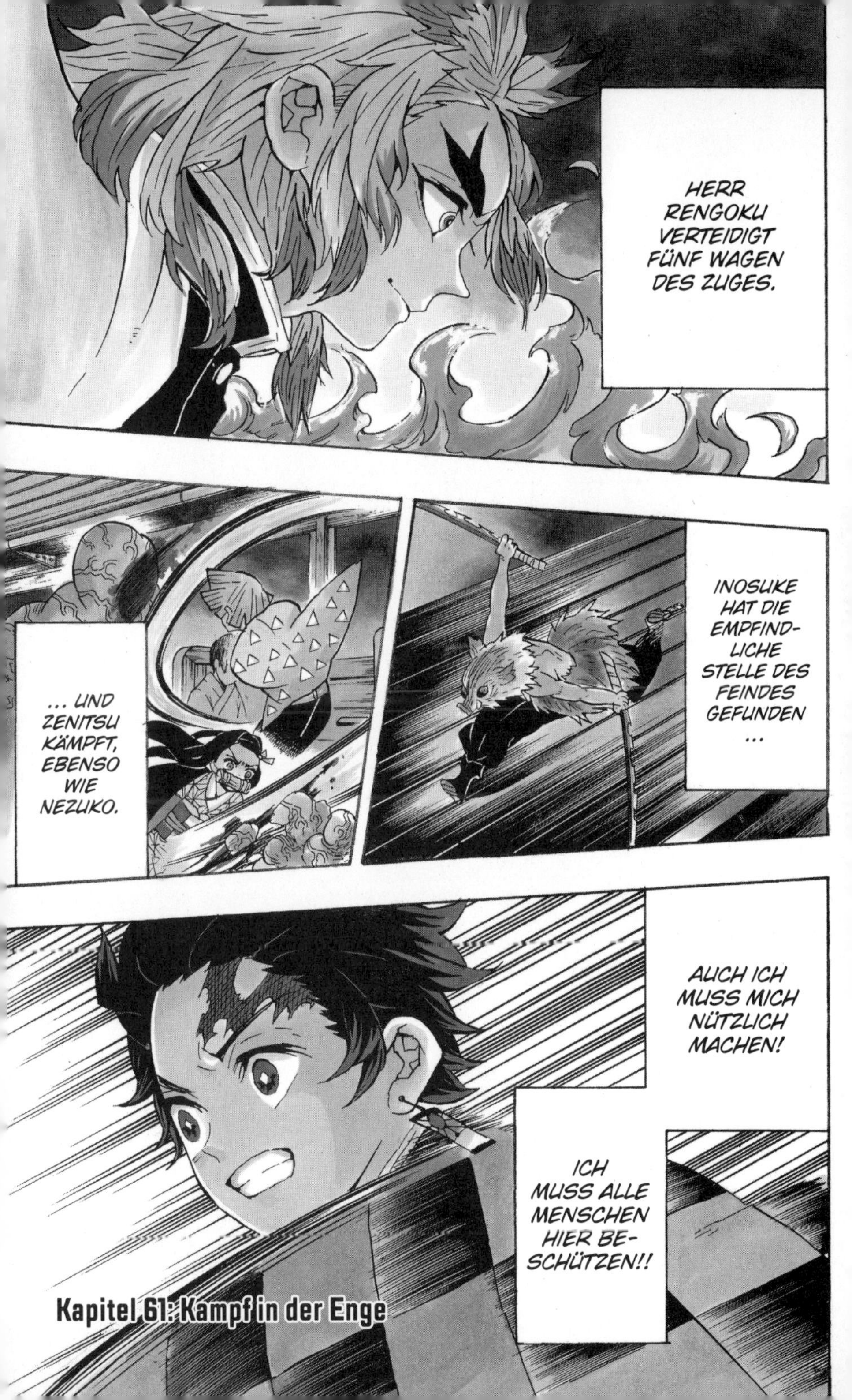

HERR RENGOKU VERTEIDIGT FÜNF WAGEN DES ZUGES.
INOSUKE HAT DIE EMPFIND-LICHE STELLE DES FEINDES GEFUNDEN …
… UND ZENITSU KÄMPFT, EBENSO WIE NEZUKO.
AUCH ICH MUSS MICH NÜTZLICH MACHEN!
ICH MUSS ALLE MENSCHEN HIER BE-SCHÜTZEN!!
Kapitel 61: Kampf in der Enge

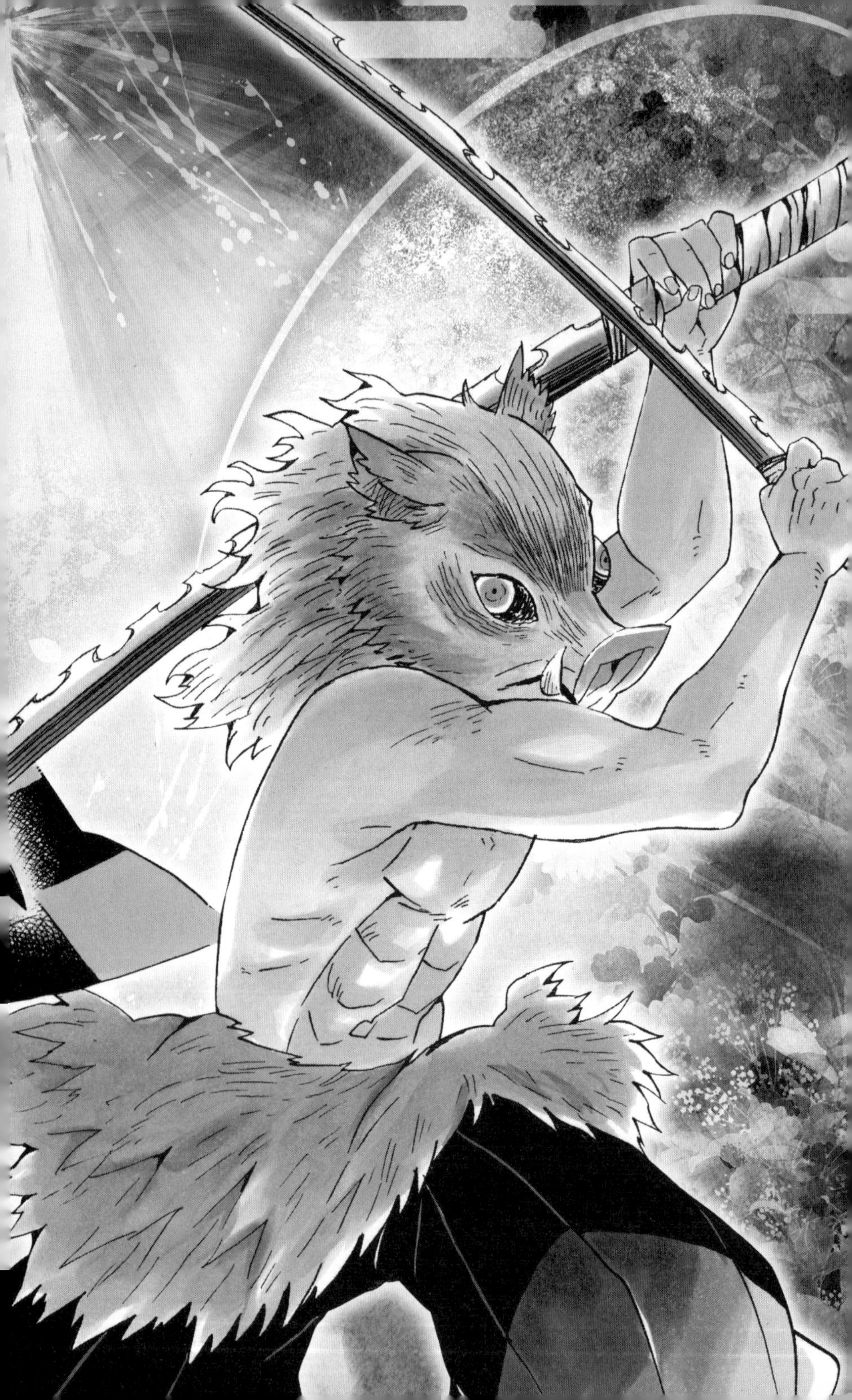

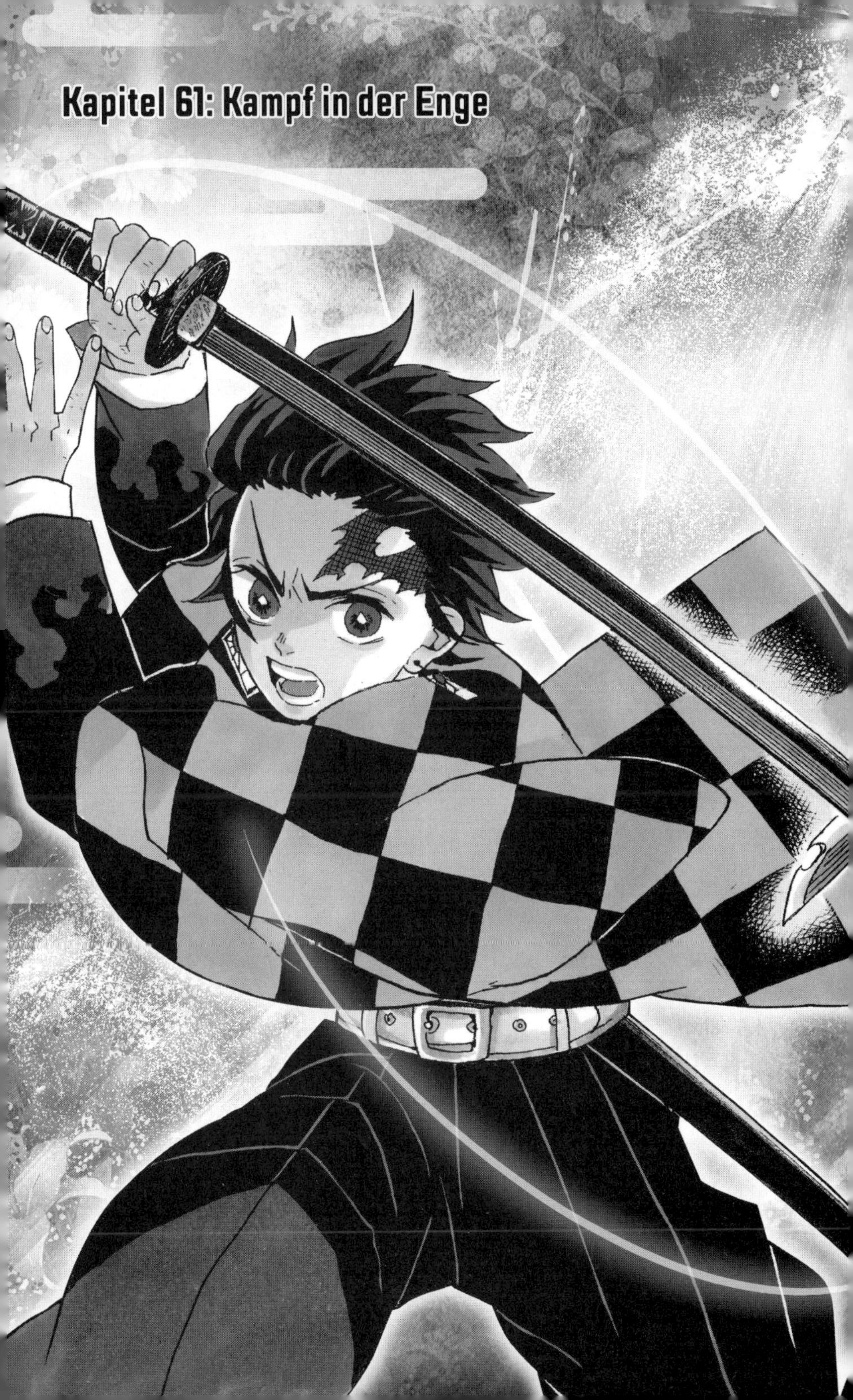
Kapitel 61: Kampf in der Enge

DEMON SLAYER
KIMETSU NO YAIBA

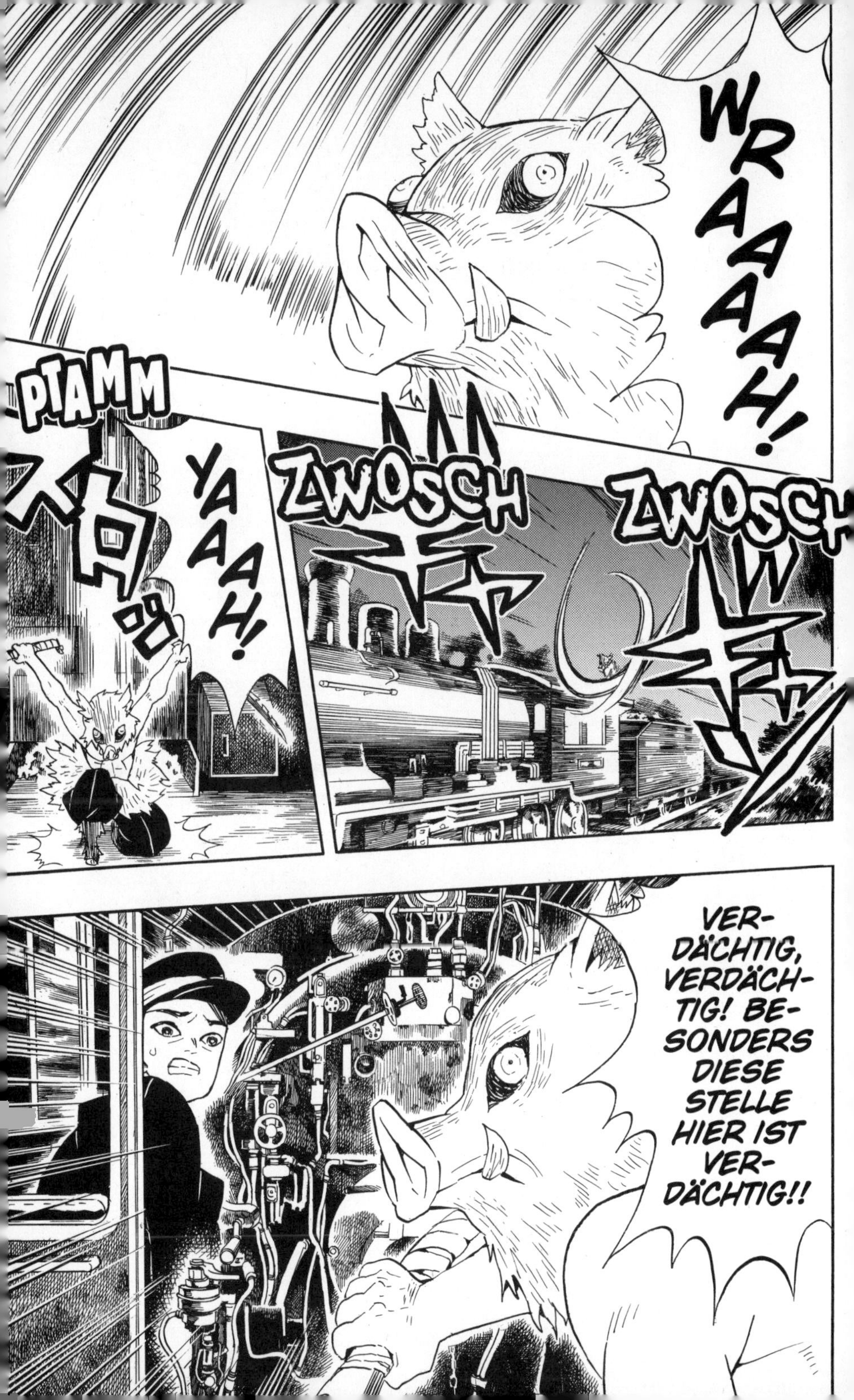

WRAAAAAH!
PTAMM
ZWOSCH
ZWOSCH
YAAAAH!
VERDÄCHTIG, VERDÄCHTIG! BESONDERS DIESE STELLE HIER IST VERDÄCHTIG!!

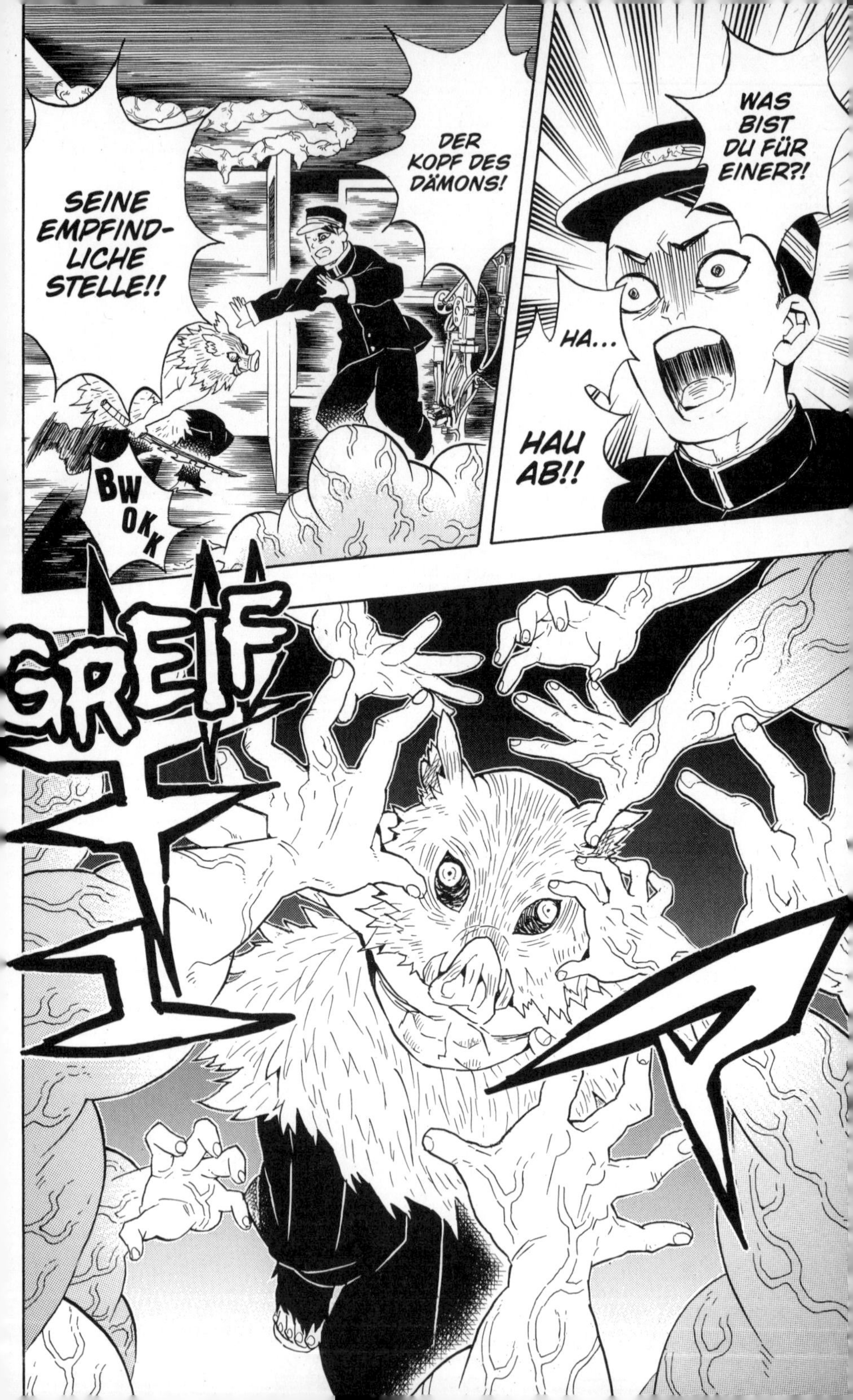
WAS BIST DU FÜR EINER?!
HA...
HAU AB!!
DER KOPF DES DÄMONS!
SEINE EMPFIND-LICHE STELLE!!
BWOKK
GREIF

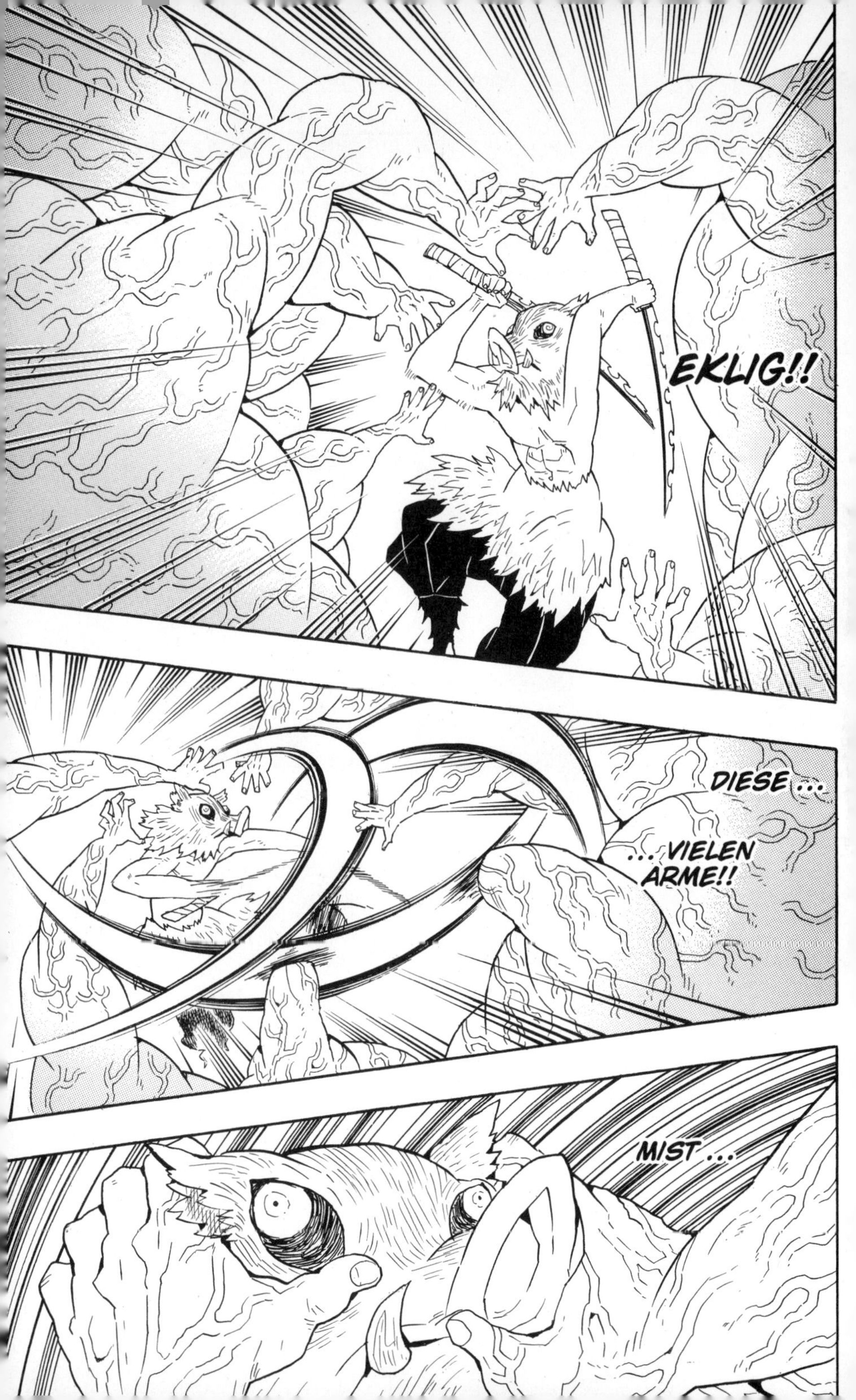
EKLIG!!
DIESE ...
... VIELEN ARME!!
MIST ...

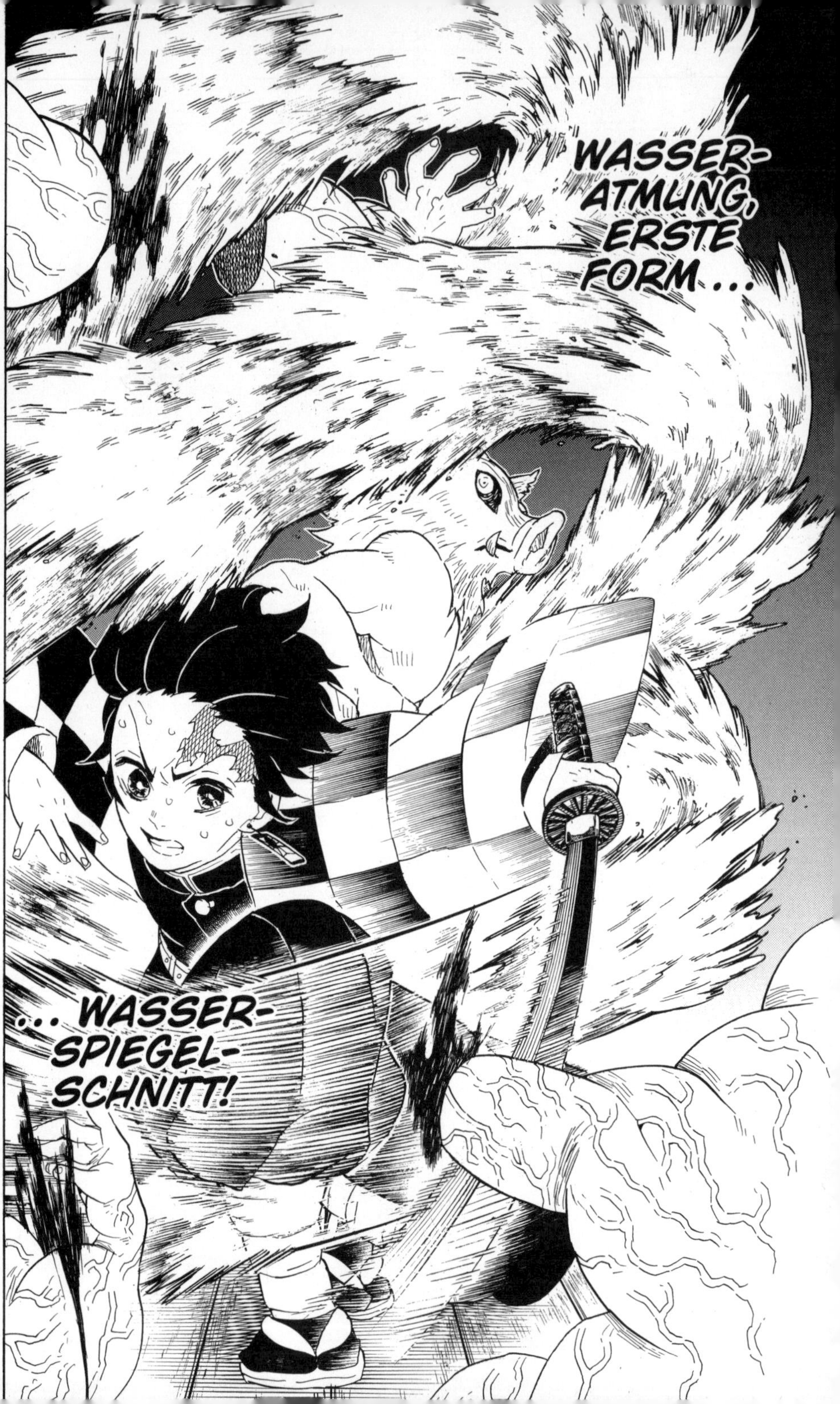
WASSER-
ATMUNG,
ERSTE
FORM ...
... WASSER-
SPIEGEL-
SCHNITT!

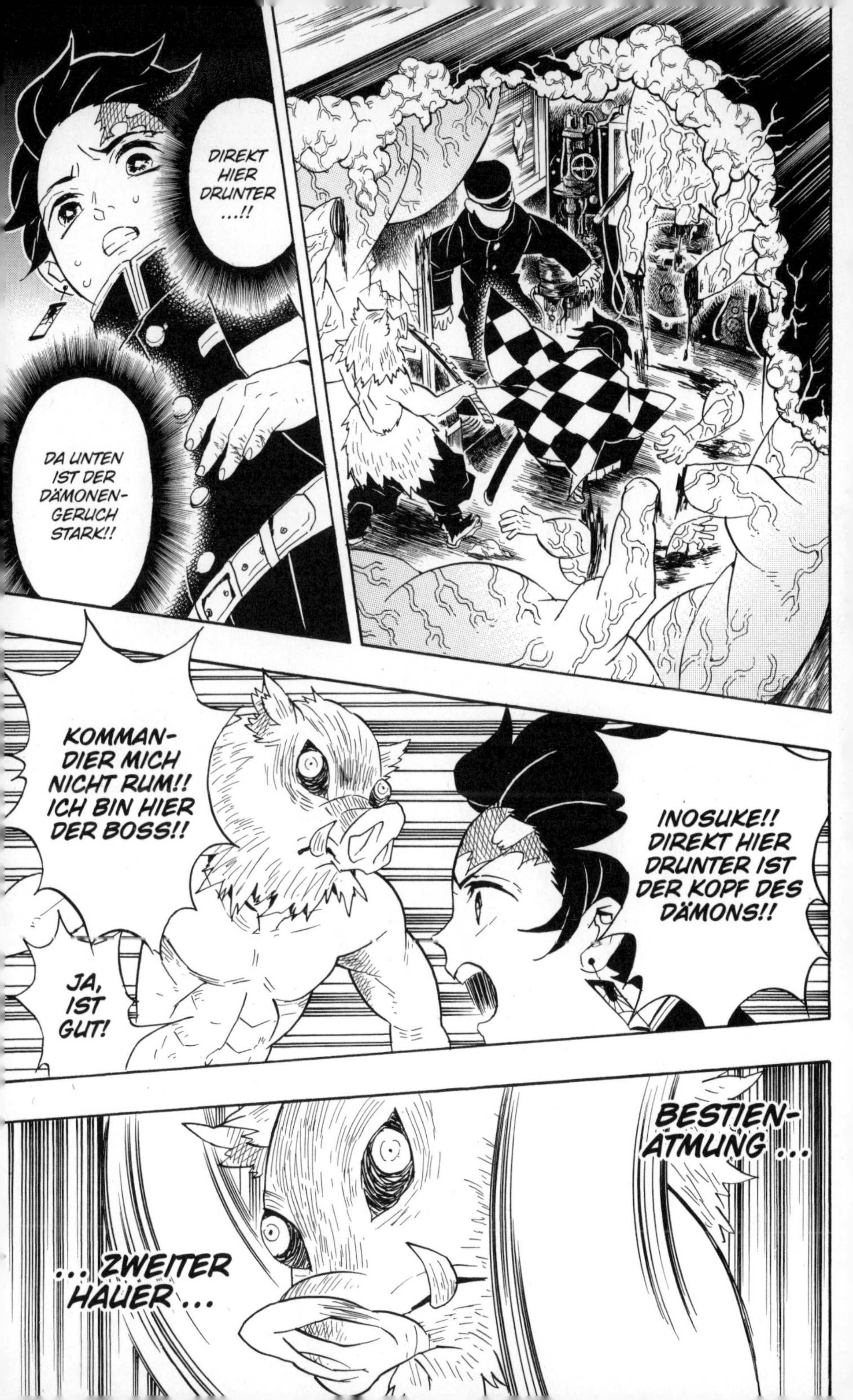
DIREKT HIER DRUNTER ...!!
DA UNTEN IST DER DÄMONEN-GERUCH STARK!!
INOSUKE!! DIREKT HIER DRUNTER IST DER KOPF DES DÄMONS!!
KOMMAN-DIER MICH NICHT RUM!! ICH BIN HIER DER BOSS!!
JA, IST GUT!
BESTIEN-ATMUNG ...
... ZWEITER HAUER ...

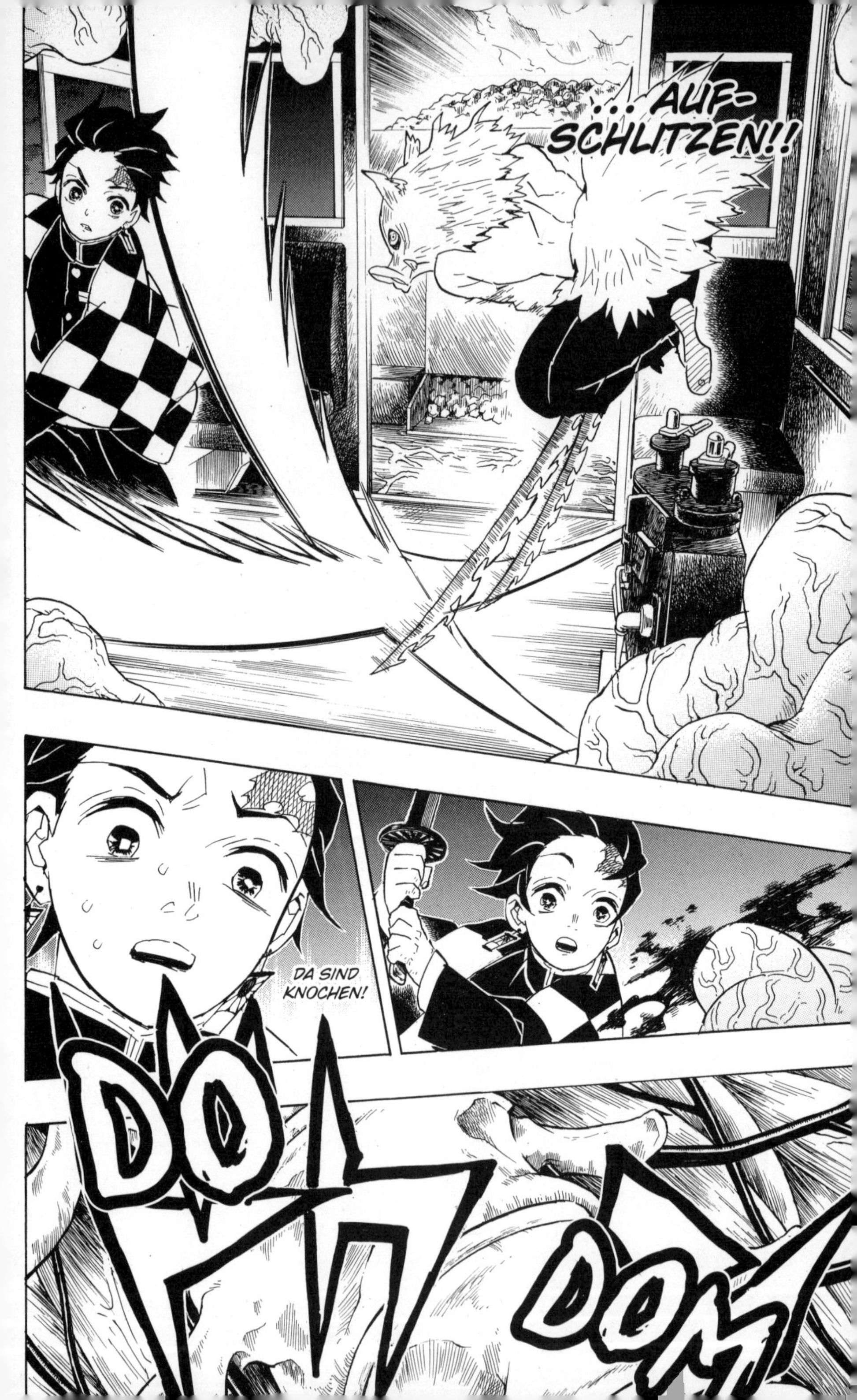

... AUF-
SCHLITZEN!!
DA SIND
KNOCHEN!
DO
DOM

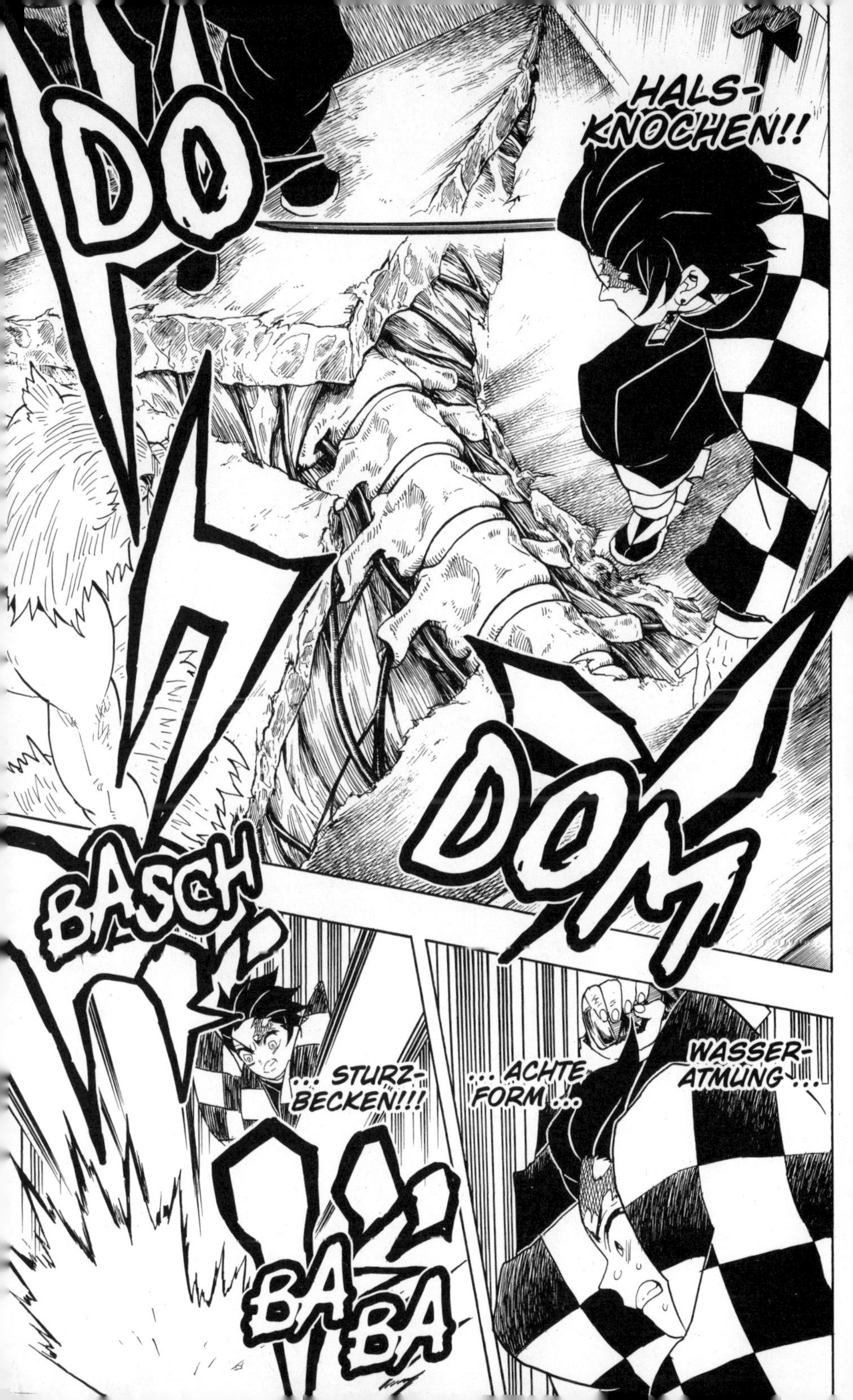

HALS-
KNOCHEN!!
DO
DOM
BASCH
WASSER-
ATMUNG ...
... ACHTE
FORM ...
... STURZ-
BECKEN!!!
BA
BA

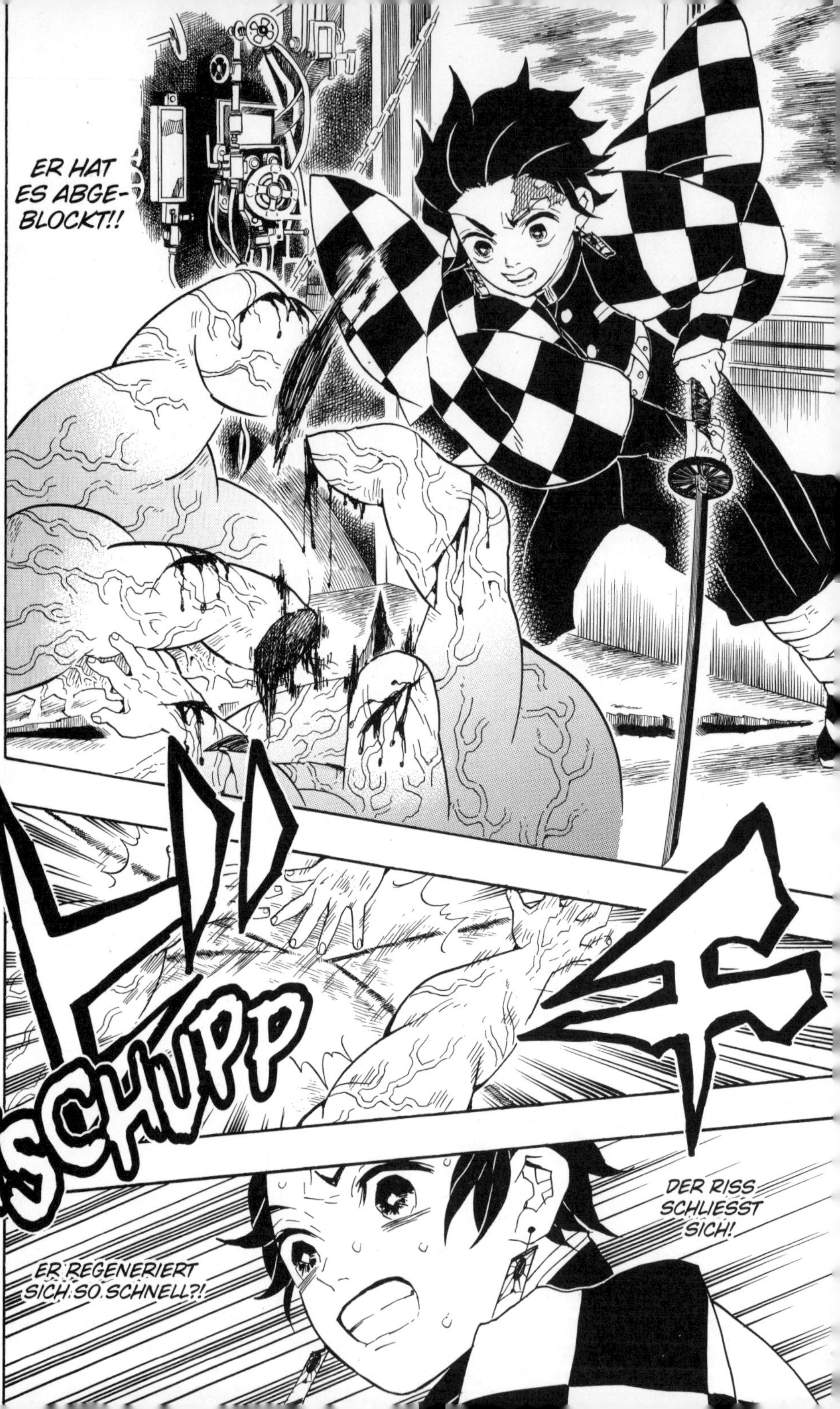
ER HAT ES ABGE-BLOCKT!!
SCHUPP
DER RISS SCHLIESST SICH!
ER REGENERIERT SICH SO SCHNELL?!

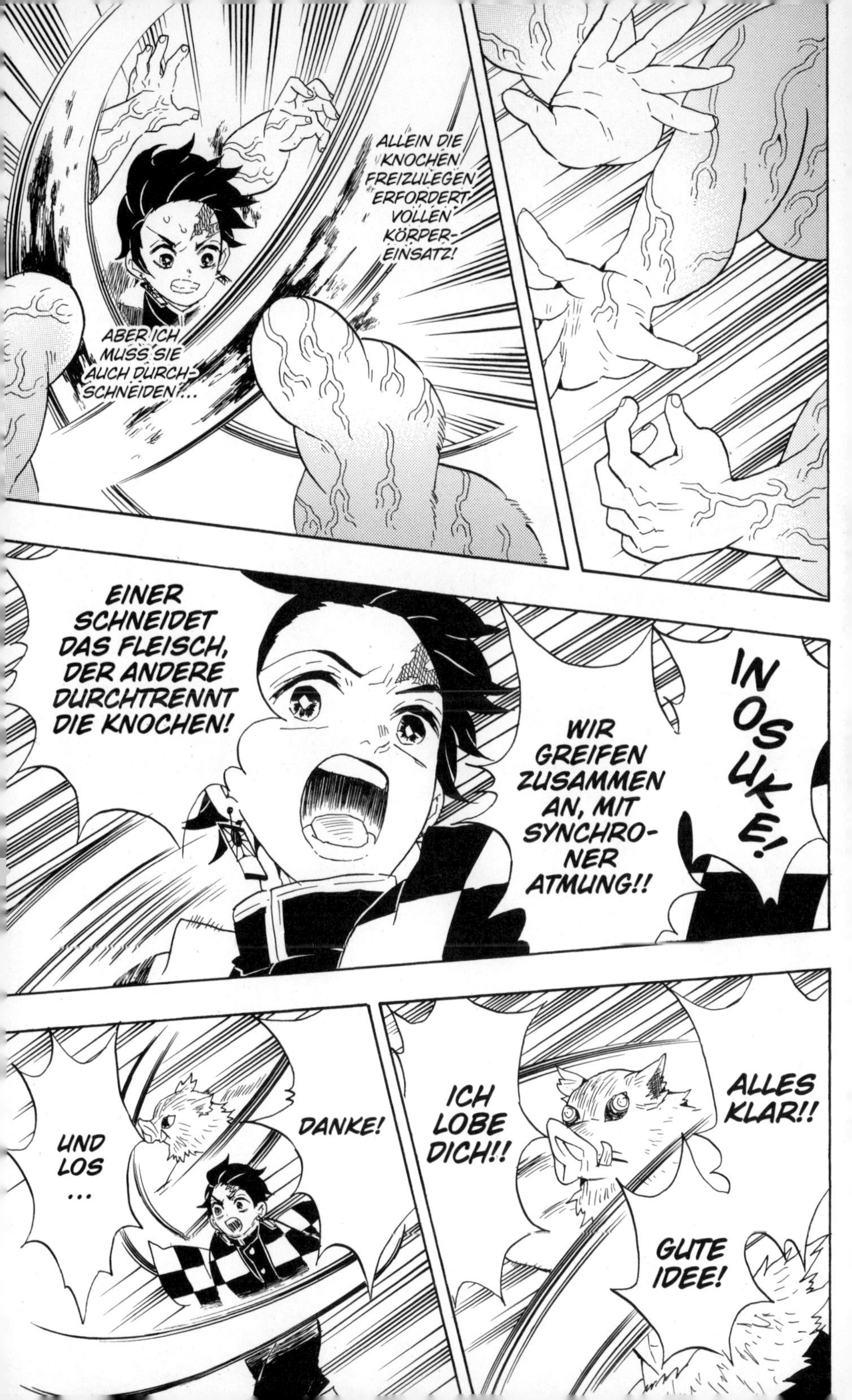
ALLEIN DIE KNOCHEN FREIZULEGEN ERFORDERT VOLLEN KÖRPER-EINSATZ!
ABER ICH MUSS SIE AUCH DURCH-SCHNEIDEN ...
INOSUKE!
WIR GREIFEN ZUSAMMEN AN, MIT SYNCHRO-NER ATMUNG!!
EINER SCHNEIDET DAS FLEISCH, DER ANDERE DURCHTRENNT DIE KNOCHEN!
ALLES KLAR!!
ICH LOBE DICH!!
GUTE IDEE!
DANKE!
UND LOS ...

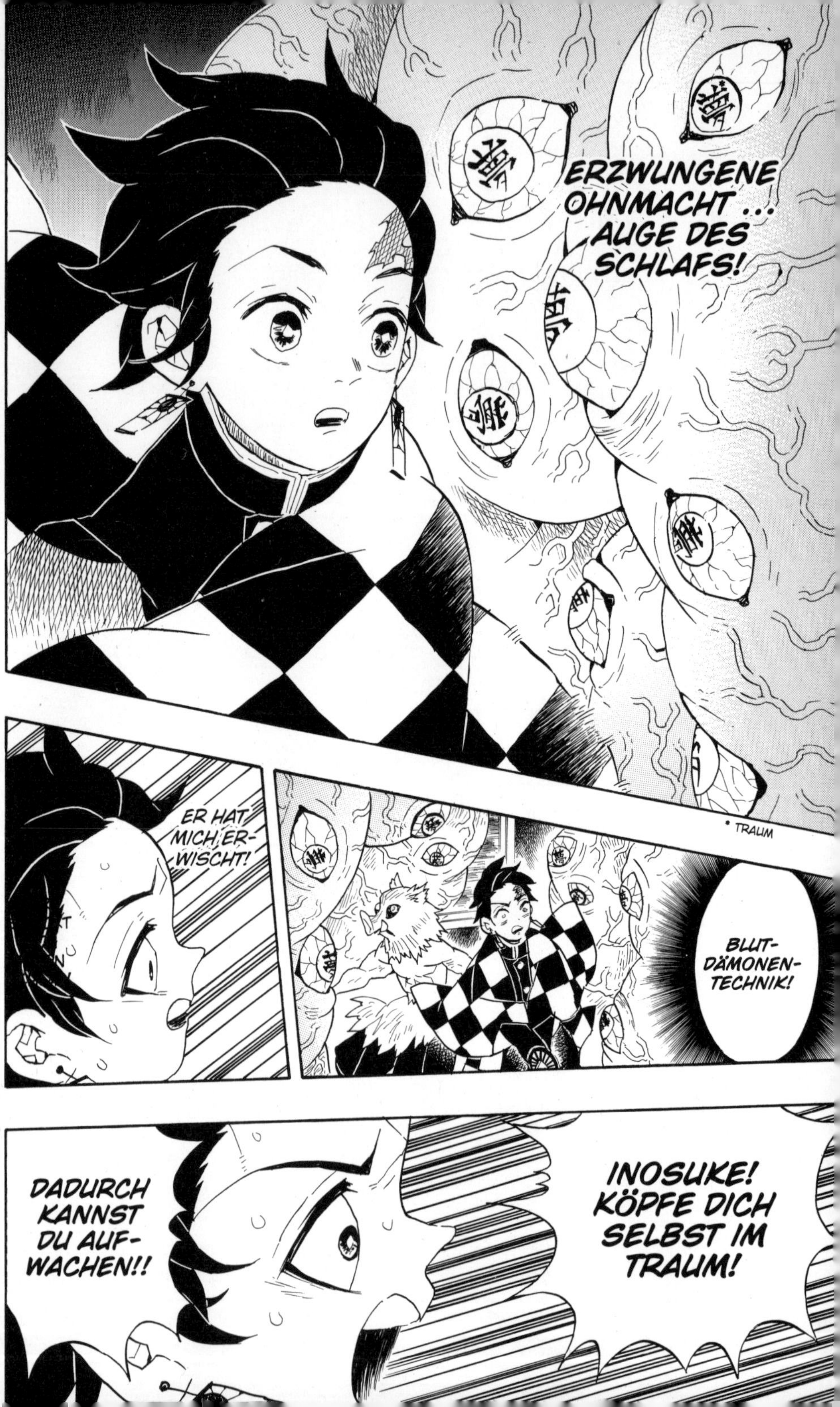
ERZWUNGENE OHNMACHT ... AUGE DES SCHLAFS!
* TRAUM
BLUT-DÄMONEN-TECHNIK!
ER HAT MICH ER-WISCHT!
INOSUKE! KÖPFE DICH SELBST IM TRAUM!
DADURCH KANNST DU AUF-WACHEN!!

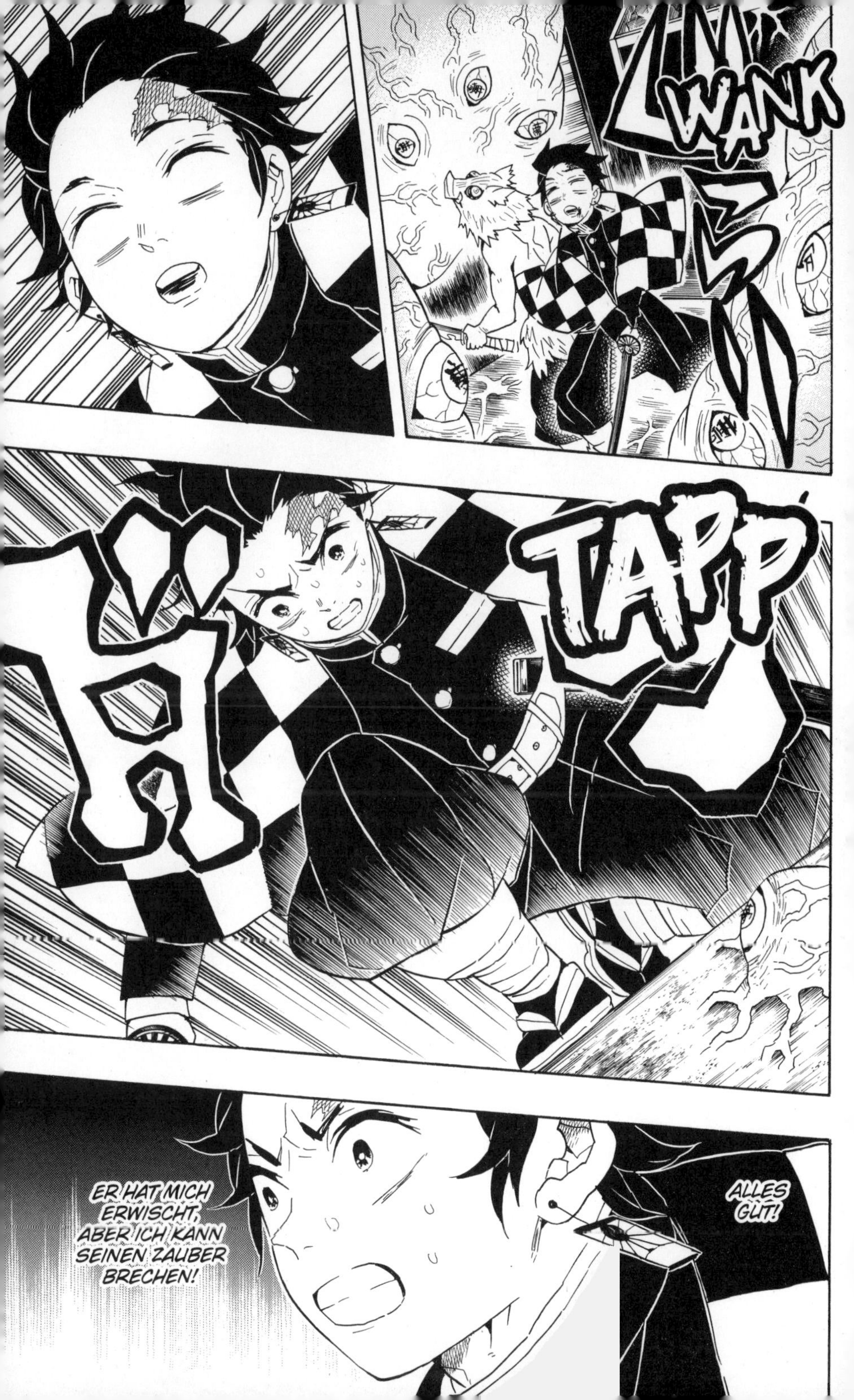
WANK
TAPP
ALLES GUT!
ER HAT MICH ERWISCHT, ABER ICH KANN SEINEN ZAUBER BRECHEN!

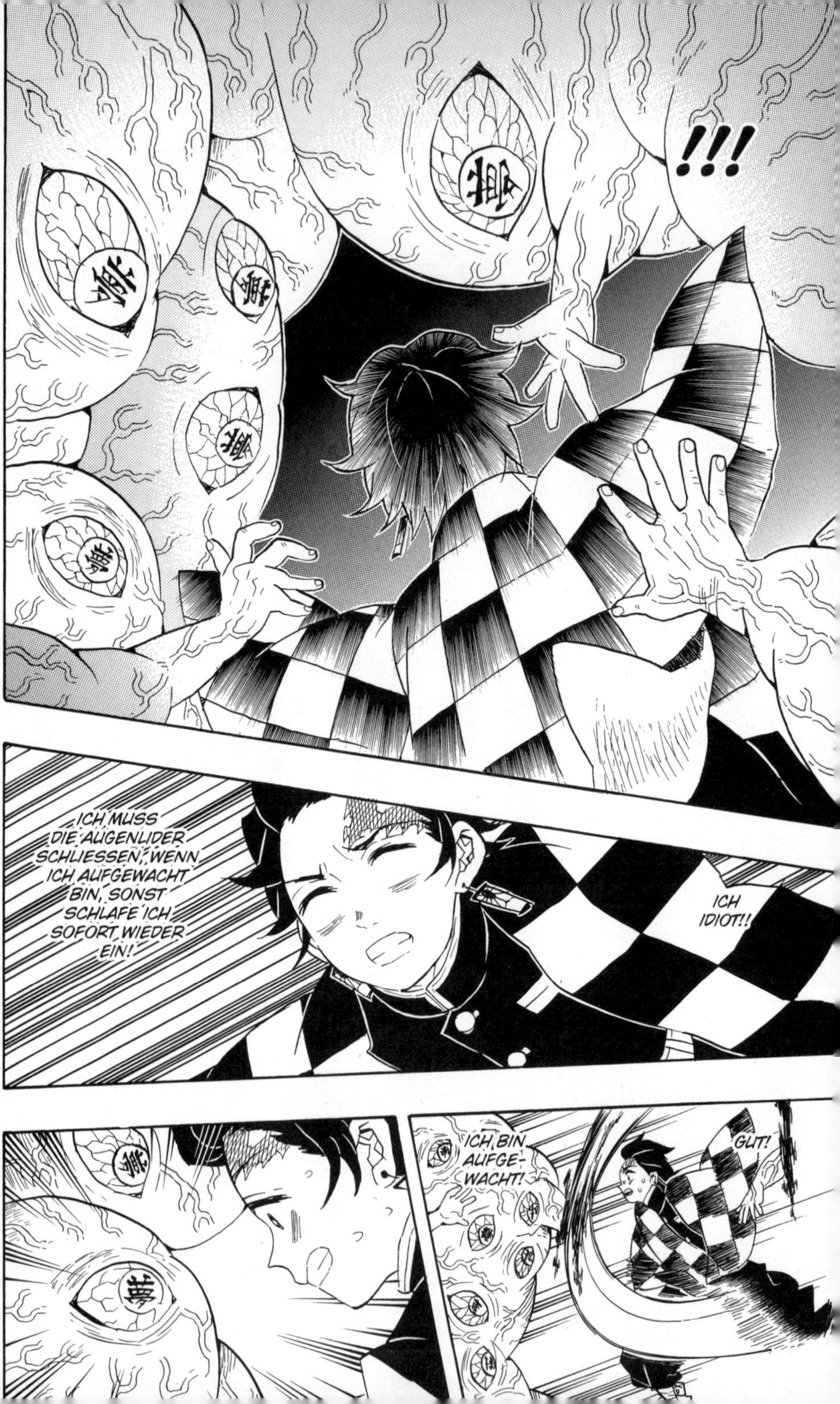
!!!
ICH IDIOT!!
ICH MUSS DIE AUGENLIDER SCHLIESSEN, WENN ICH AUFGEWACHT BIN, SONST SCHLAFE ICH SOFORT WIEDER EIN!
GUT!
ICH BIN AUFGE-WACHT!

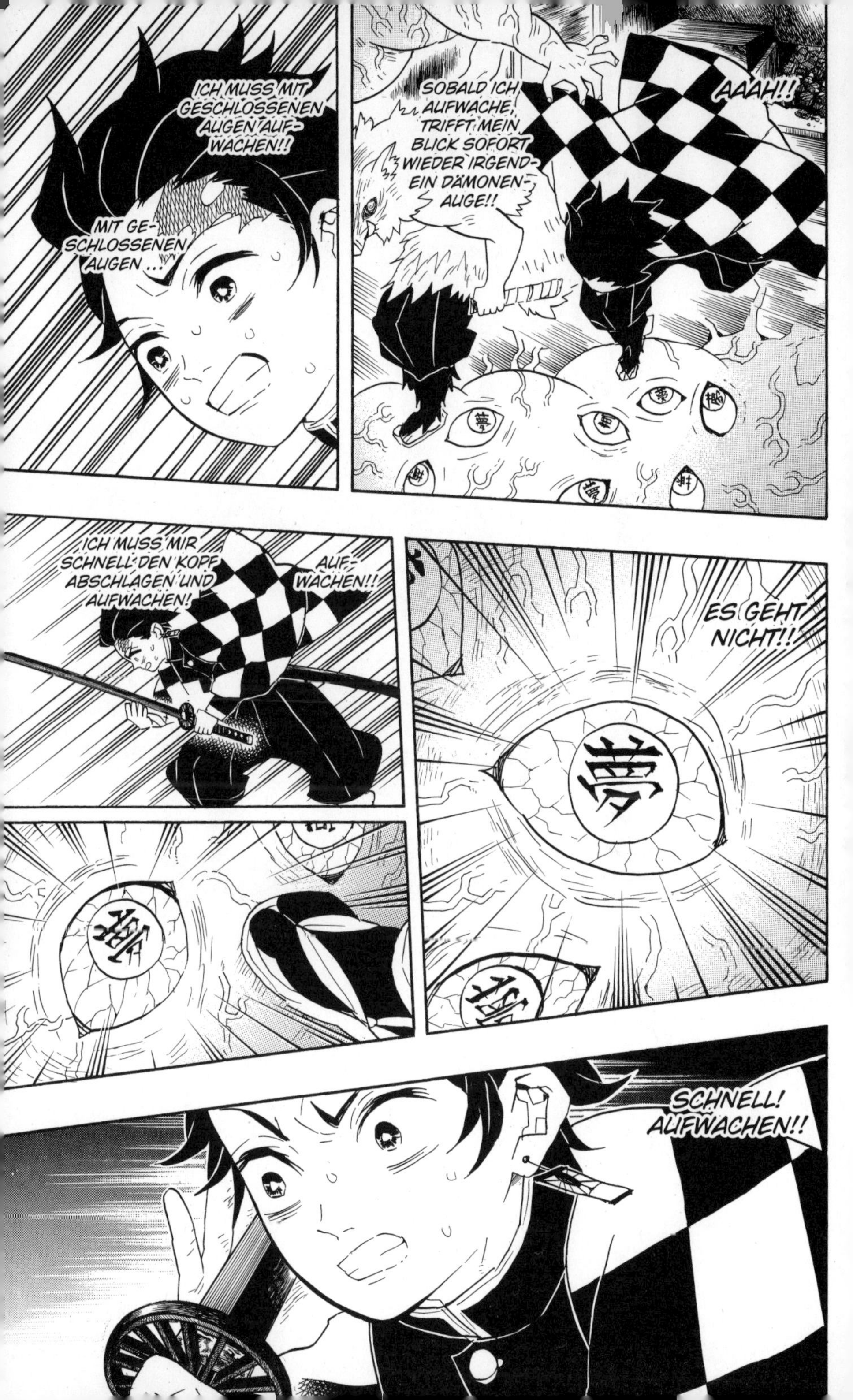
AAAH!!
SOBALD ICH AUFWACHE, TRIFFT MEIN BLICK SOFORT WIEDER IRGENDEIN DÄMONEN-AUGE!!
ICH MUSS MIT GESCHLOSSENEN AUGEN AUFWACHEN!!
MIT GESCHLOSSENEN AUGEN ...
ES GEHT NICHT!!
AUFWACHEN!!
ICH MUSS MIR SCHNELL DEN KOPF ABSCHLAGEN UND AUFWACHEN!
SCHNELL! AUFWACHEN!!

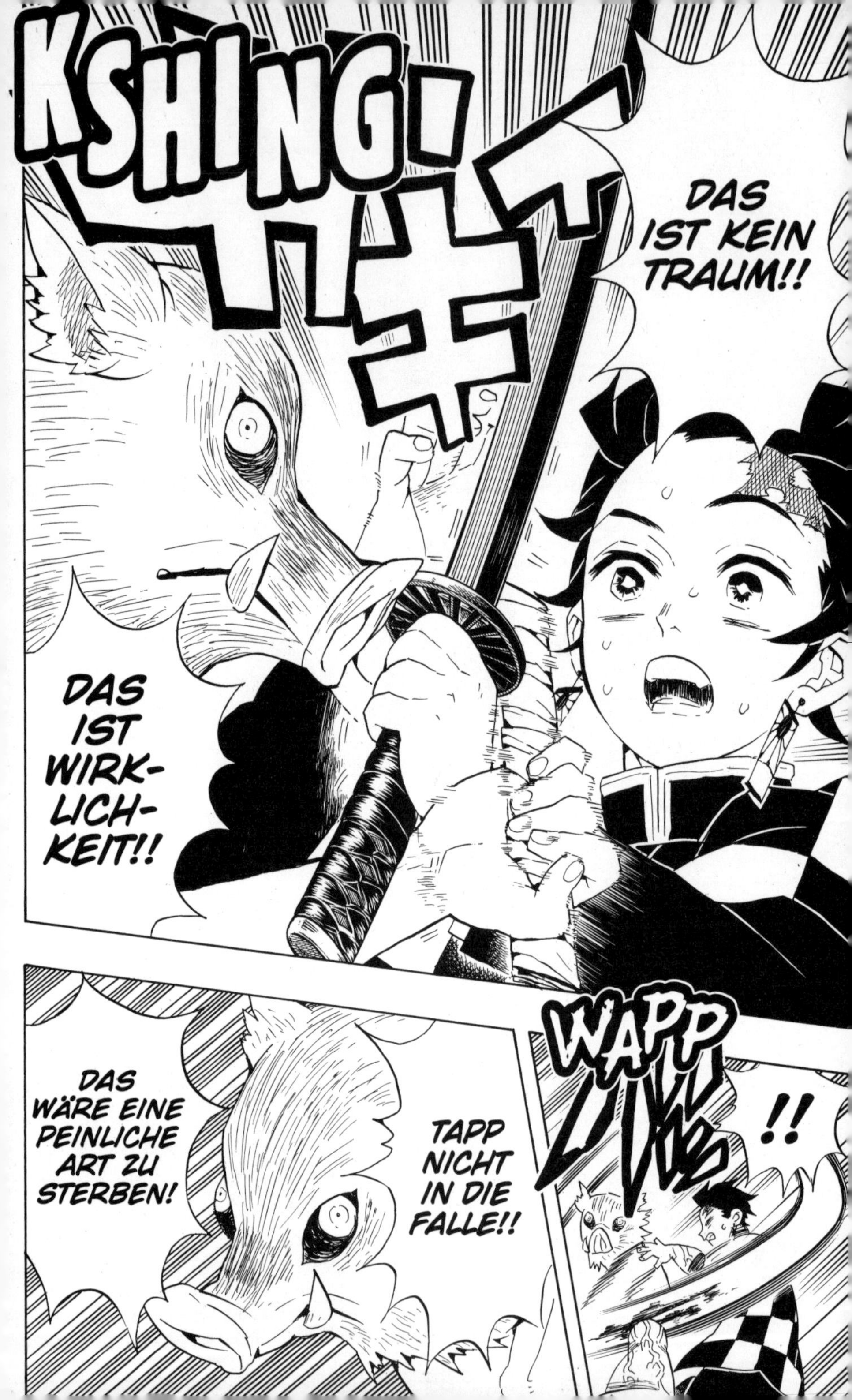
KSHING!
DAS IST KEIN TRAUM!!
DAS IST WIRKLICHKEIT!!
WAPP
!!
TAPP NICHT IN DIE FALLE!!
DAS WÄRE EINE PEINLICHE ART ZU STERBEN!

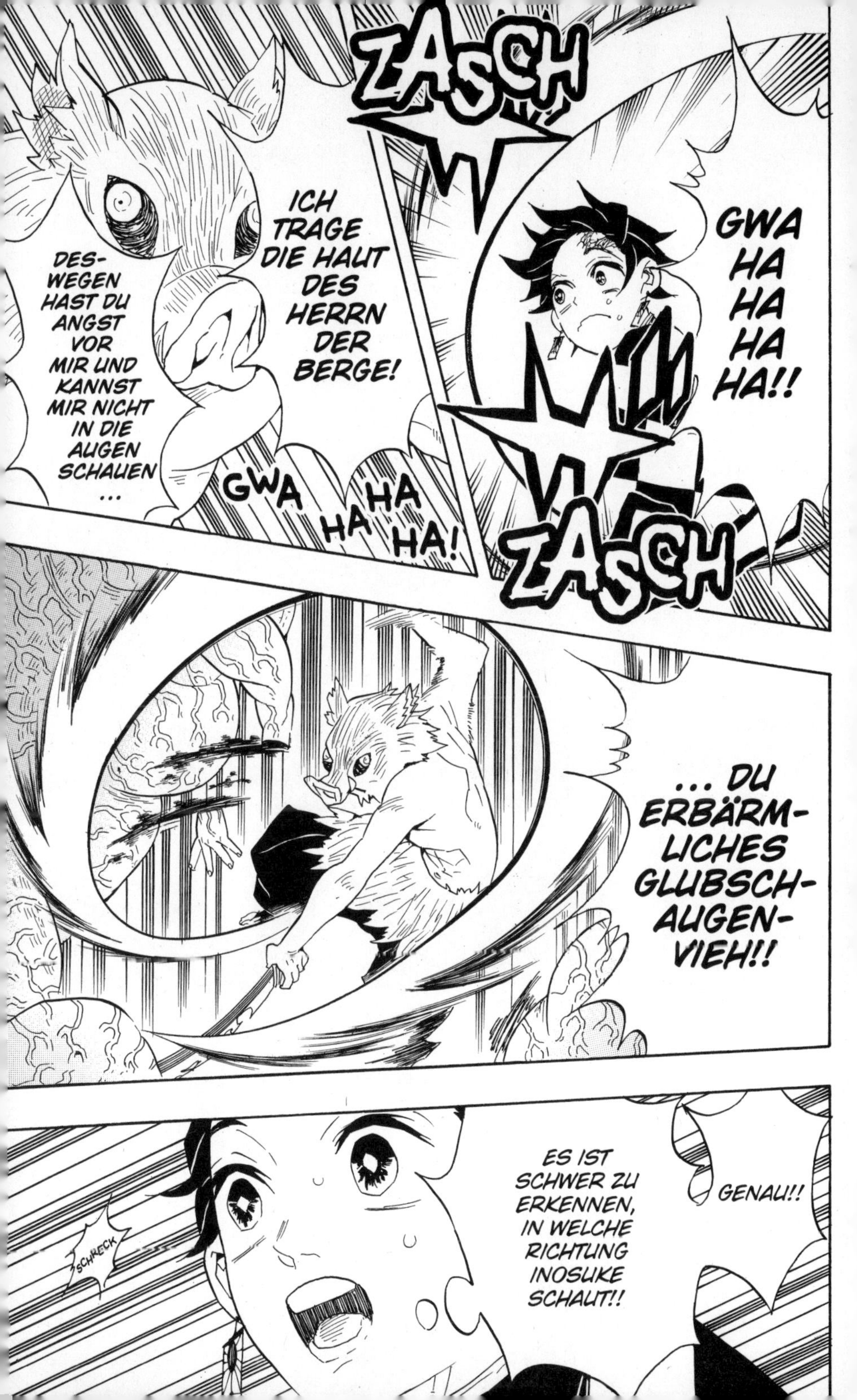
ZASCH
GWA HA HA HA HA!!
ZASCH
ICH TRAGE DIE HAUT DES HERRN DER BERGE!
DES-WEGEN HAST DU ANGST VOR MIR UND KANNST MIR NICHT IN DIE AUGEN SCHAUEN …
GWA HA HA HA!
… DU ERBÄRM-LICHES GLUBSCH-AUGEN-VIEH!!
GENAU!!
ES IST SCHWER ZU ERKENNEN, IN WELCHE RICHTUNG INOSUKE SCHAUT!!
SCHRECK

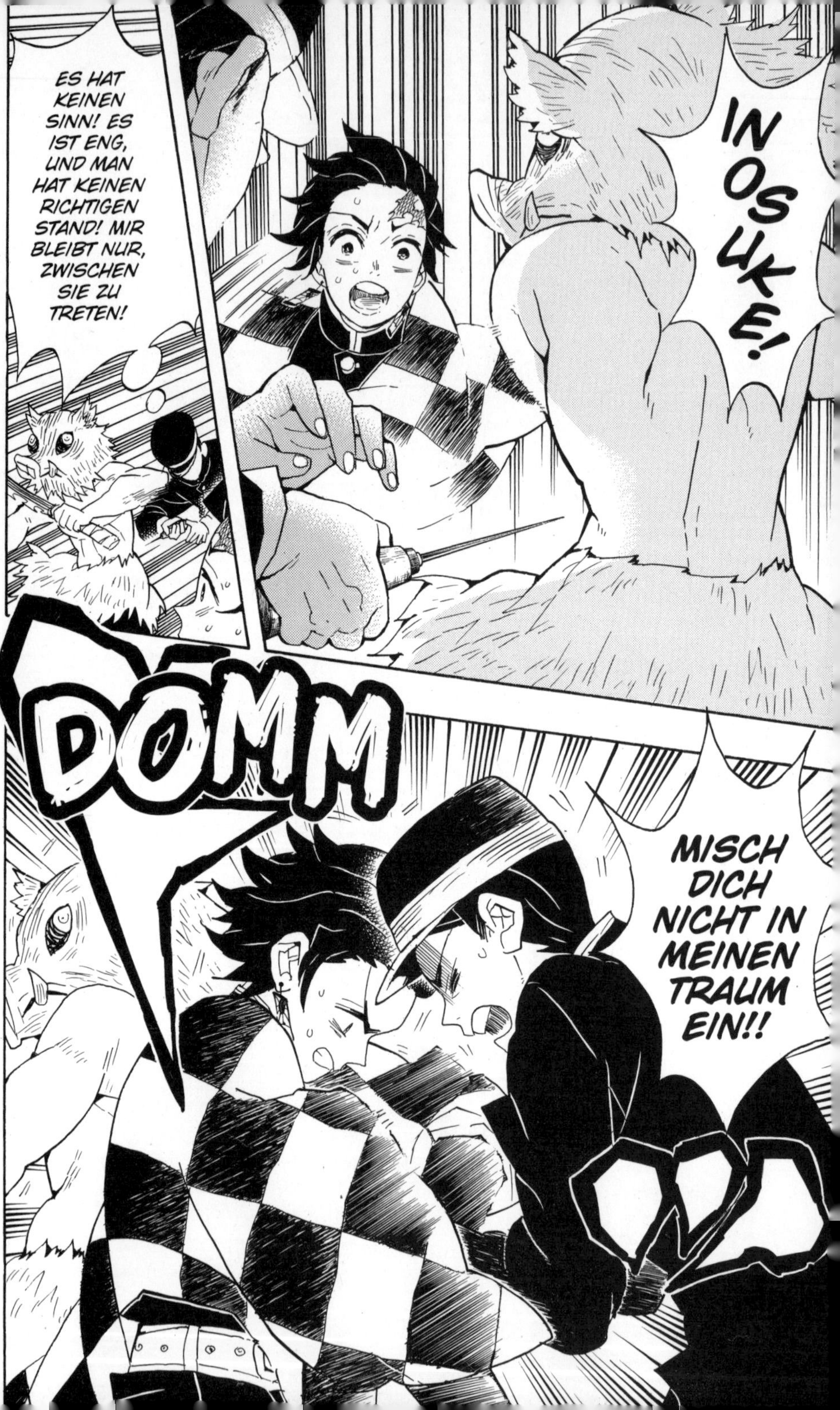
INOSUKE!
ES HAT KEINEN SINN! ES IST ENG, UND MAN HAT KEINEN RICHTIGEN STAND! MIR BLEIBT NUR, ZWISCHEN SIE ZU TRETEN!
MISCH DICH NICHT IN MEINEN TRAUM EIN!!
DOMM

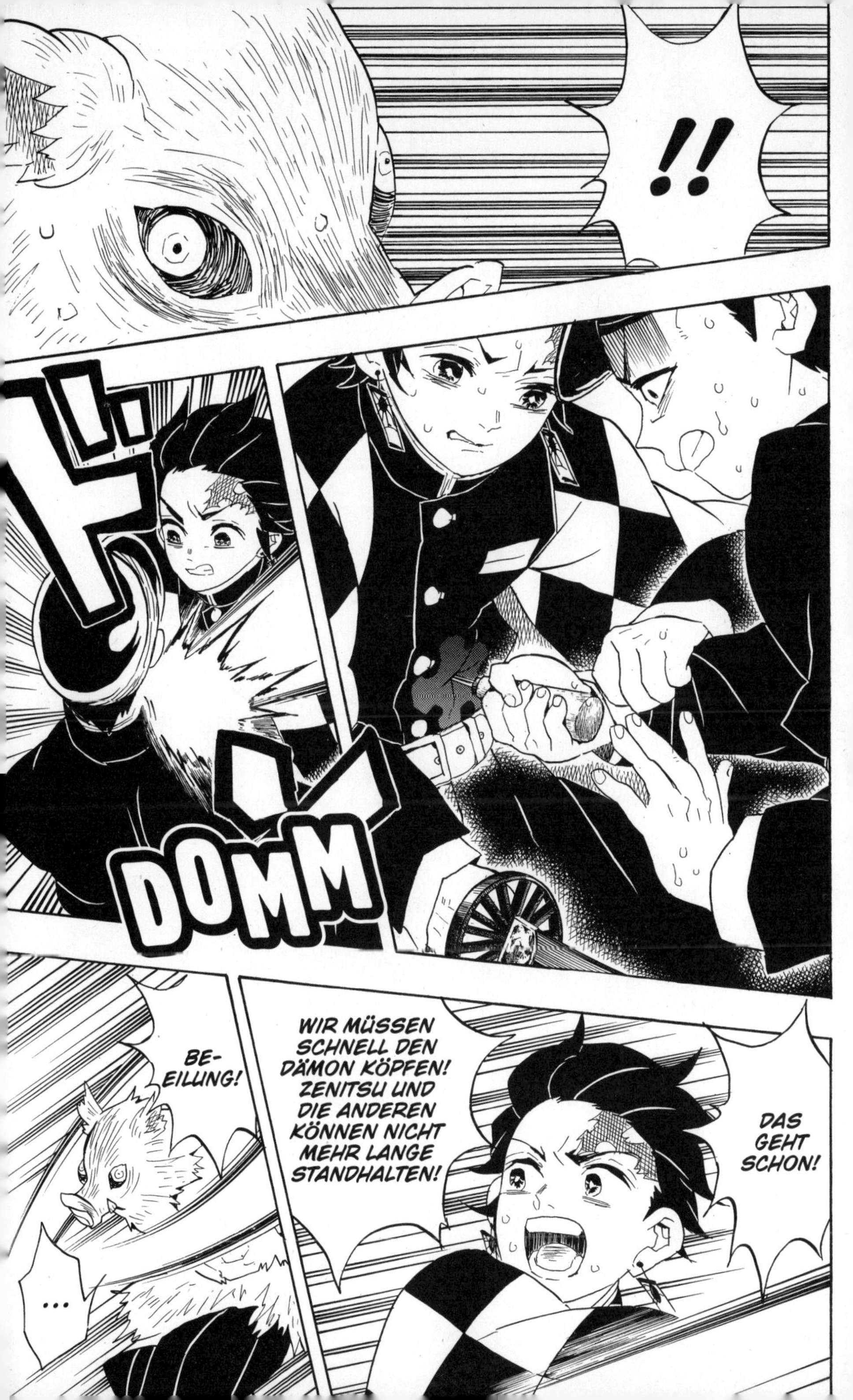
!!
DOMM
DAS GEHT SCHON!
WIR MÜSSEN SCHNELL DEN DÄMON KÖPFEN! ZENITSU UND DIE ANDEREN KÖNNEN NICHT MEHR LANGE STANDHALTEN!
BE-EILUNG!
...

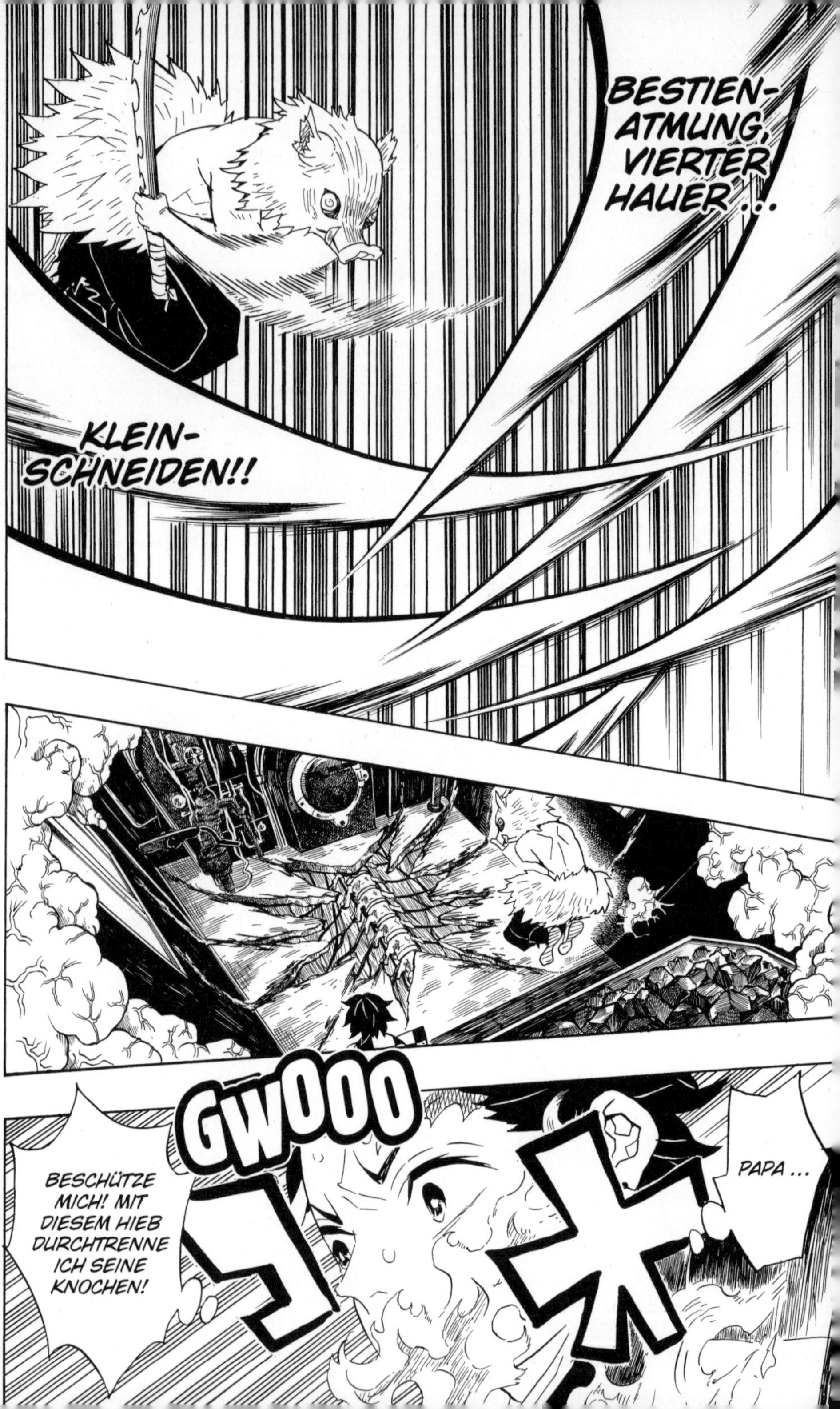
BESTIEN-ATMUNG, VIERTER HAUER ...
KLEIN-SCHNEIDEN!!
GWOOO
PAPA ...
BESCHÜTZE MICH! MIT DIESEM HIEB DURCHTRENNE ICH SEINE KNOCHEN!

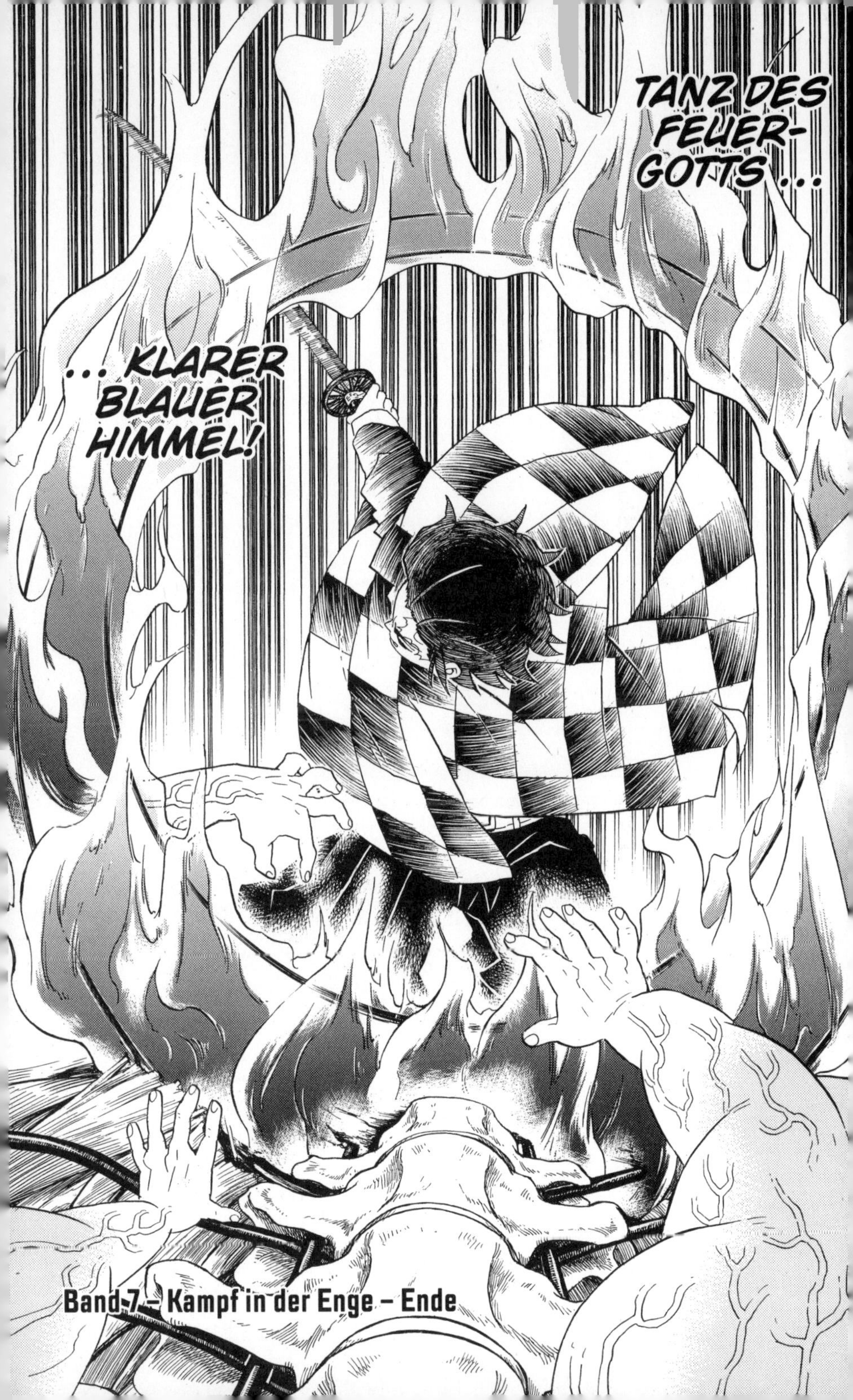
TANZ DES FEUER-GOTTS ...
... KLARER BLAUER HIMMEL!
Band 7 – Kampf in der Enge – Ende

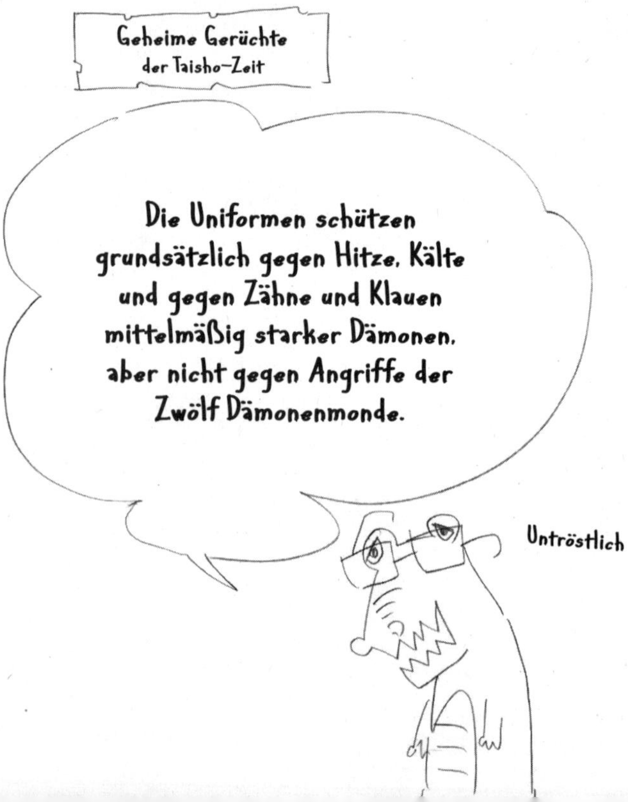
Geheime Gerüchte
der Taisho-Zeit
Die Uniformen schützen grundsätzlich gegen Hitze, Kälte und gegen Zähne und Klauen mittelmäßig starker Dämonen, aber nicht gegen Angriffe der Zwölf Dämonenmonde.
Untröstlich

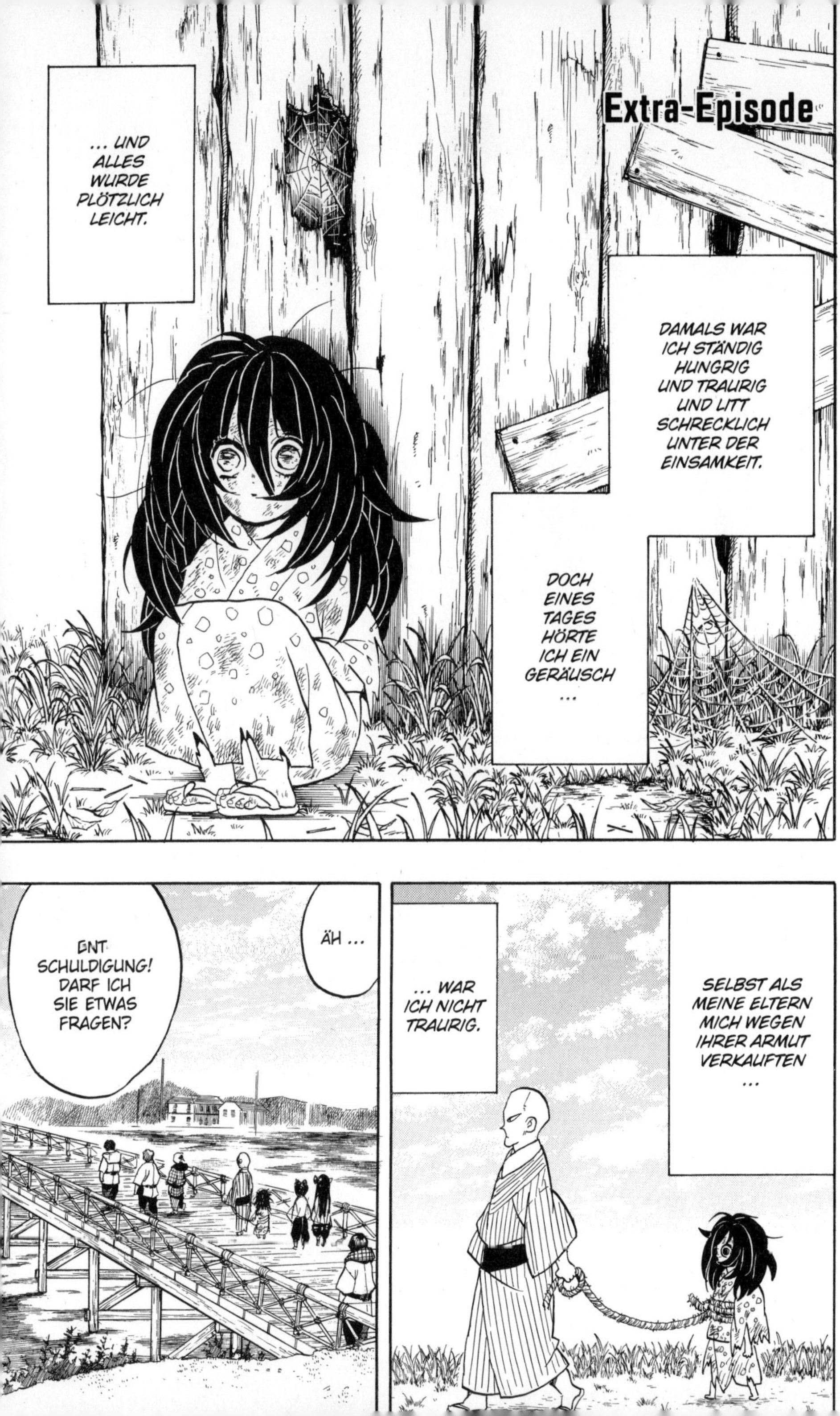
Extra-Episode
DAMALS WAR ICH STÄNDIG HUNGRIG UND TRAURIG UND LITT SCHRECKLICH UNTER DER EINSAMKEIT.
DOCH EINES TAGES HÖRTE ICH EIN GERÄUSCH …
… UND ALLES WURDE PLÖTZLICH LEICHT.
SELBST ALS MEINE ELTERN MICH WEGEN IHRER ARMUT VERKAUFTEN …
… WAR ICH NICHT TRAURIG.
ÄH …
ENTSCHULDIGUNG! DARF ICH SIE ETWAS FRAGEN?

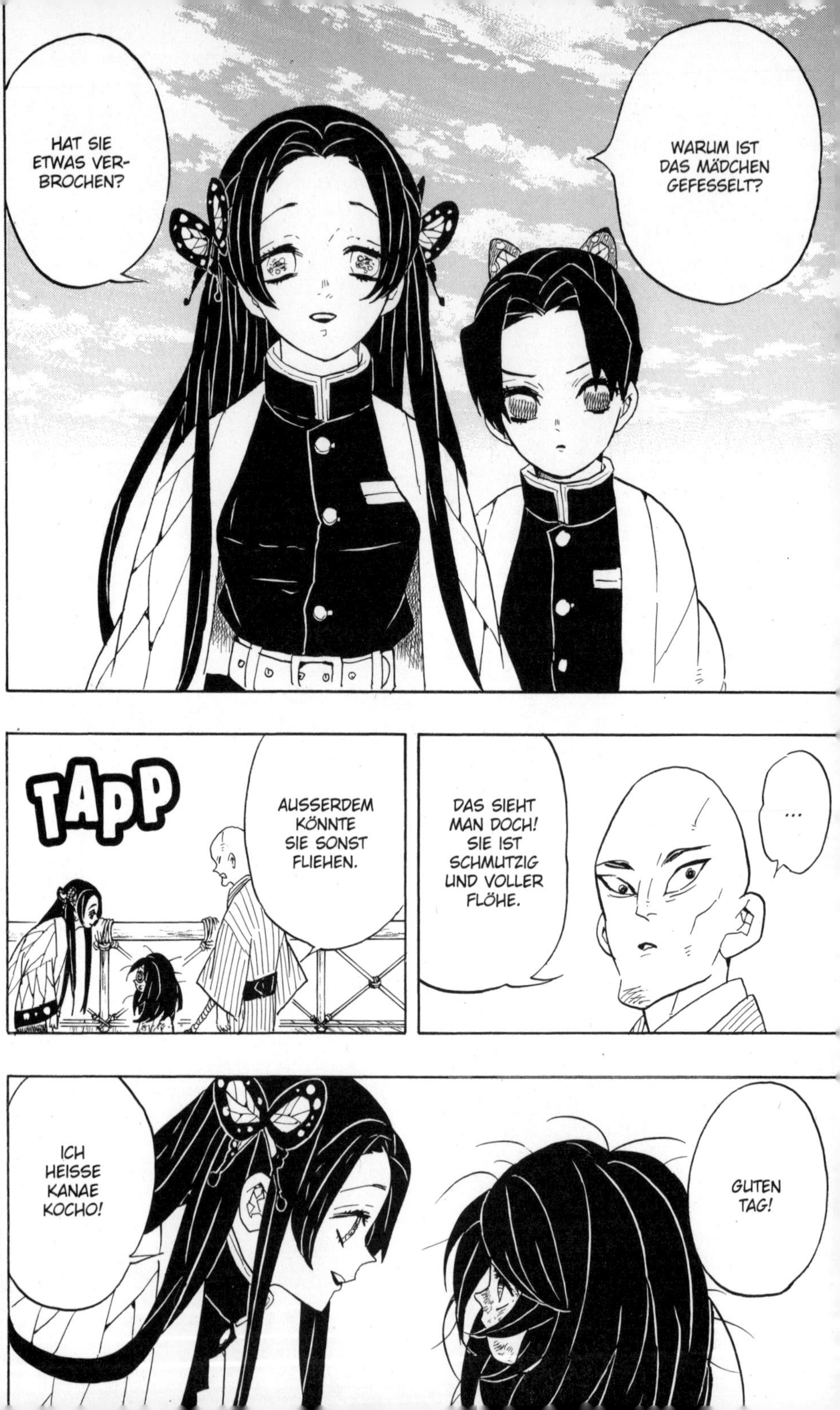
WARUM IST DAS MÄDCHEN GEFESSELT?
HAT SIE ETWAS VERBROCHEN?
...
DAS SIEHT MAN DOCH! SIE IST SCHMUTZIG UND VOLLER FLÖHE.
AUSSERDEM KÖNNTE SIE SONST FLIEHEN.
TAPP
GUTEN TAG!
ICH HEISSE KANAE KOCHO!

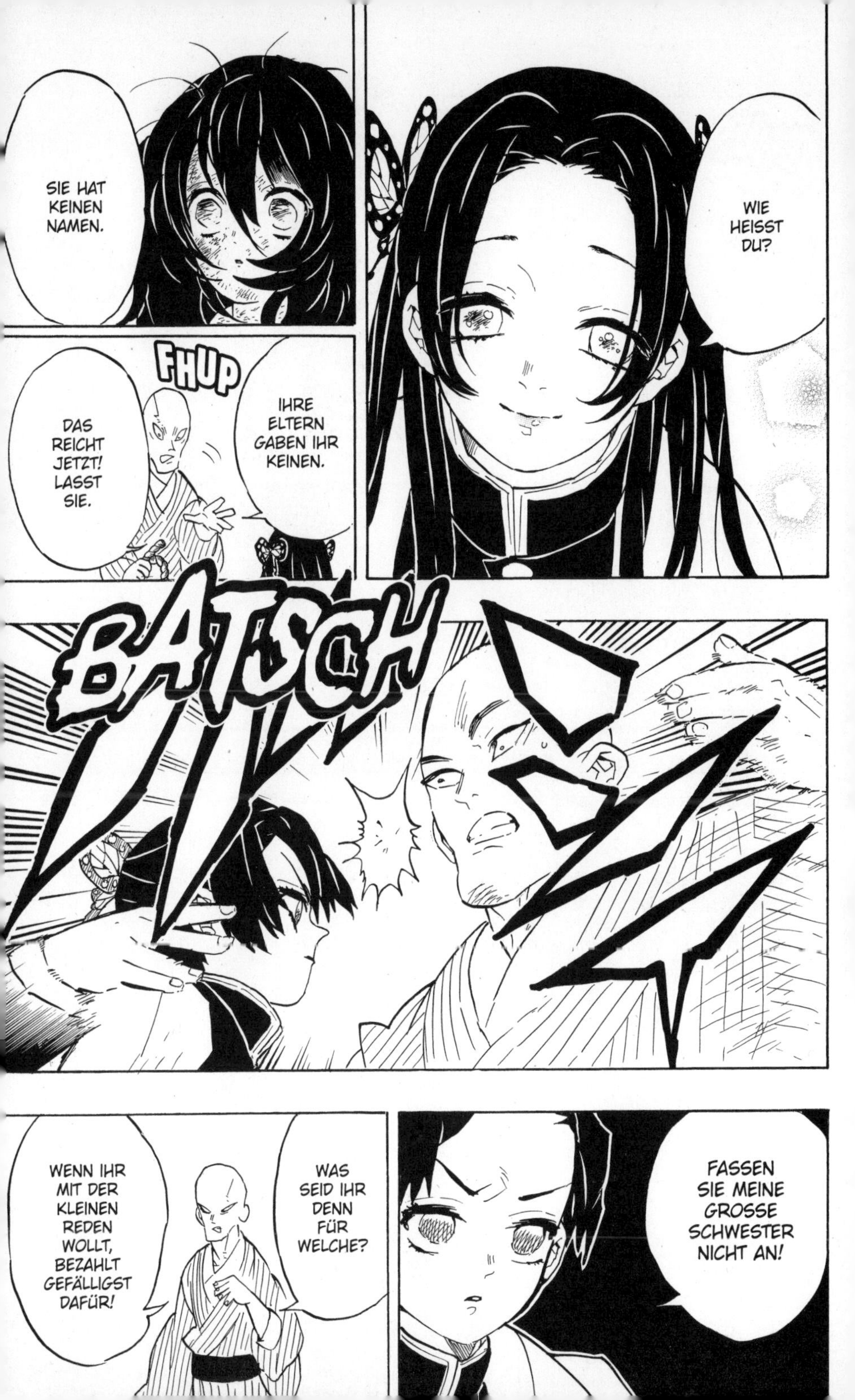
WIE HEISST DU?
SIE HAT KEINEN NAMEN.
IHRE ELTERN GABEN IHR KEINEN.
FHUP
DAS REICHT JETZT! LASST SIE.
BATSCH
FASSEN SIE MEINE GROSSE SCHWESTER NICHT AN!
WAS SEID IHR DENN FÜR WELCHE?
WENN IHR MIT DER KLEINEN REDEN WOLLT, BEZAHLT GEFÄLLIGST DAFÜR!

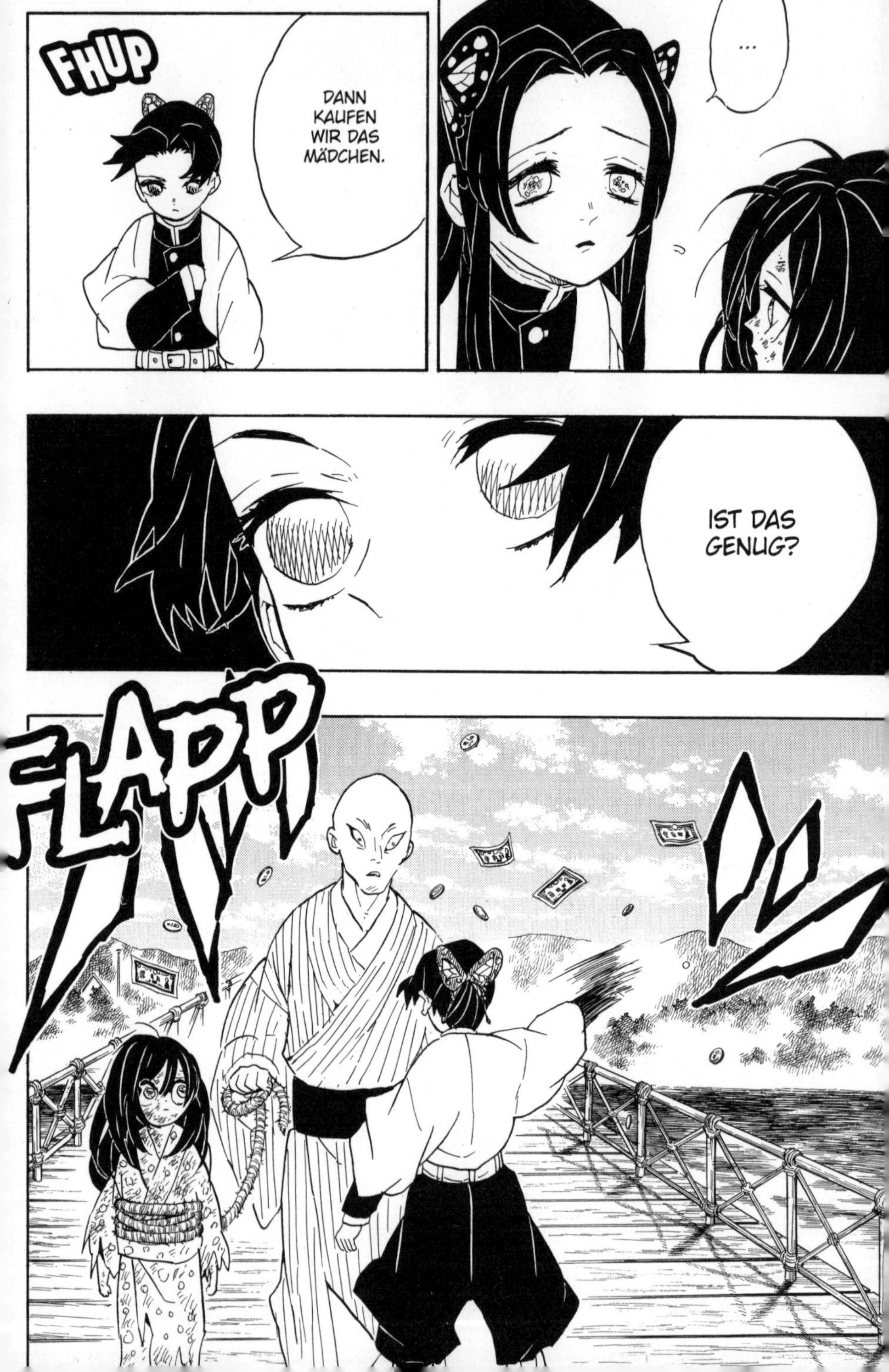
...
FHUP
DANN KAUFEN WIR DAS MÄDCHEN.
IST DAS GENUG?
FLAPP

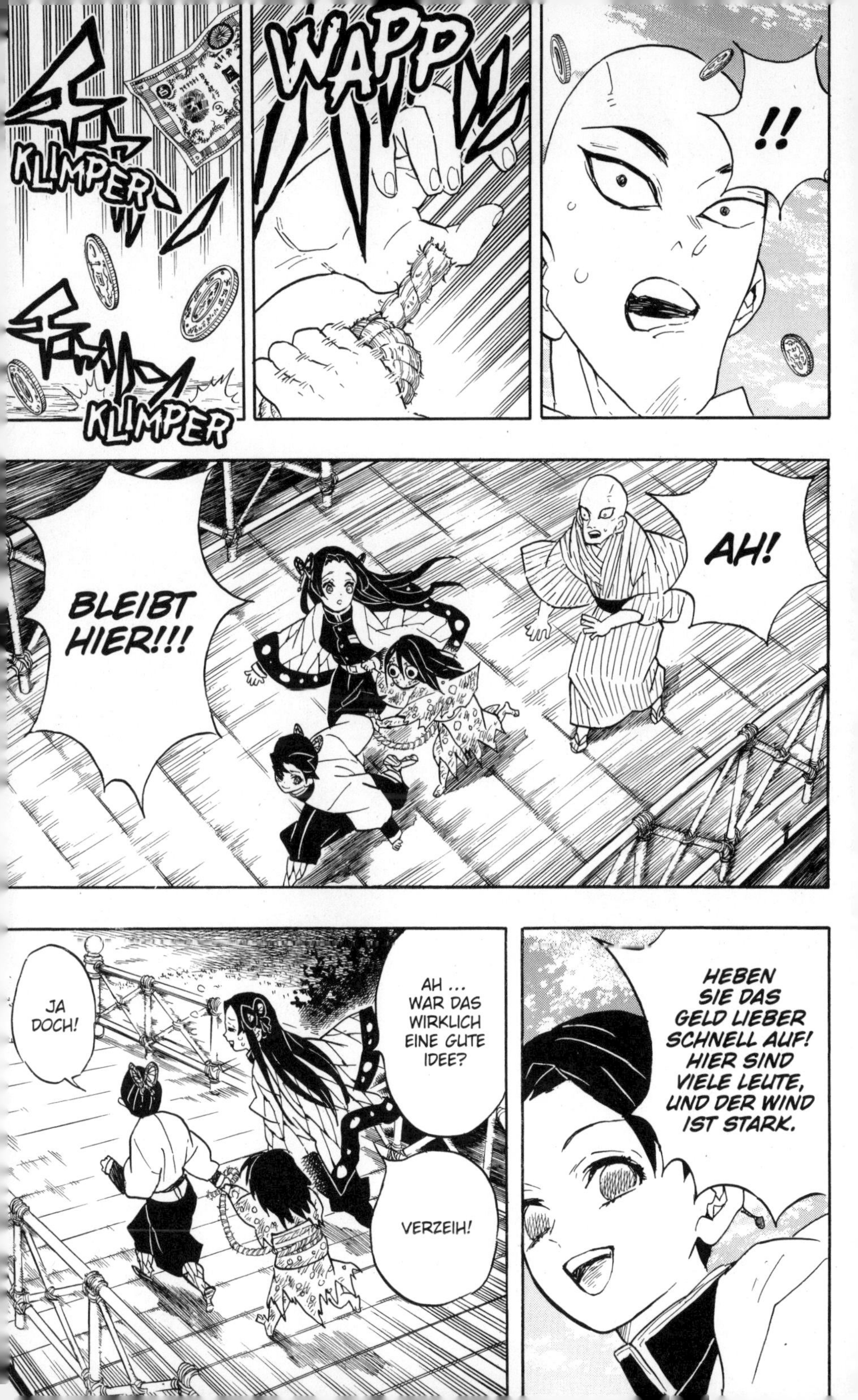
!!
WAPP
KLIMPER
KLIMPER
AH!
BLEIBT HIER!!!
HEBEN SIE DAS GELD LIEBER SCHNELL AUF! HIER SIND VIELE LEUTE, UND DER WIND IST STARK.
AH … WAR DAS WIRKLICH EINE GUTE IDEE?
VERZEIH!
JA DOCH!

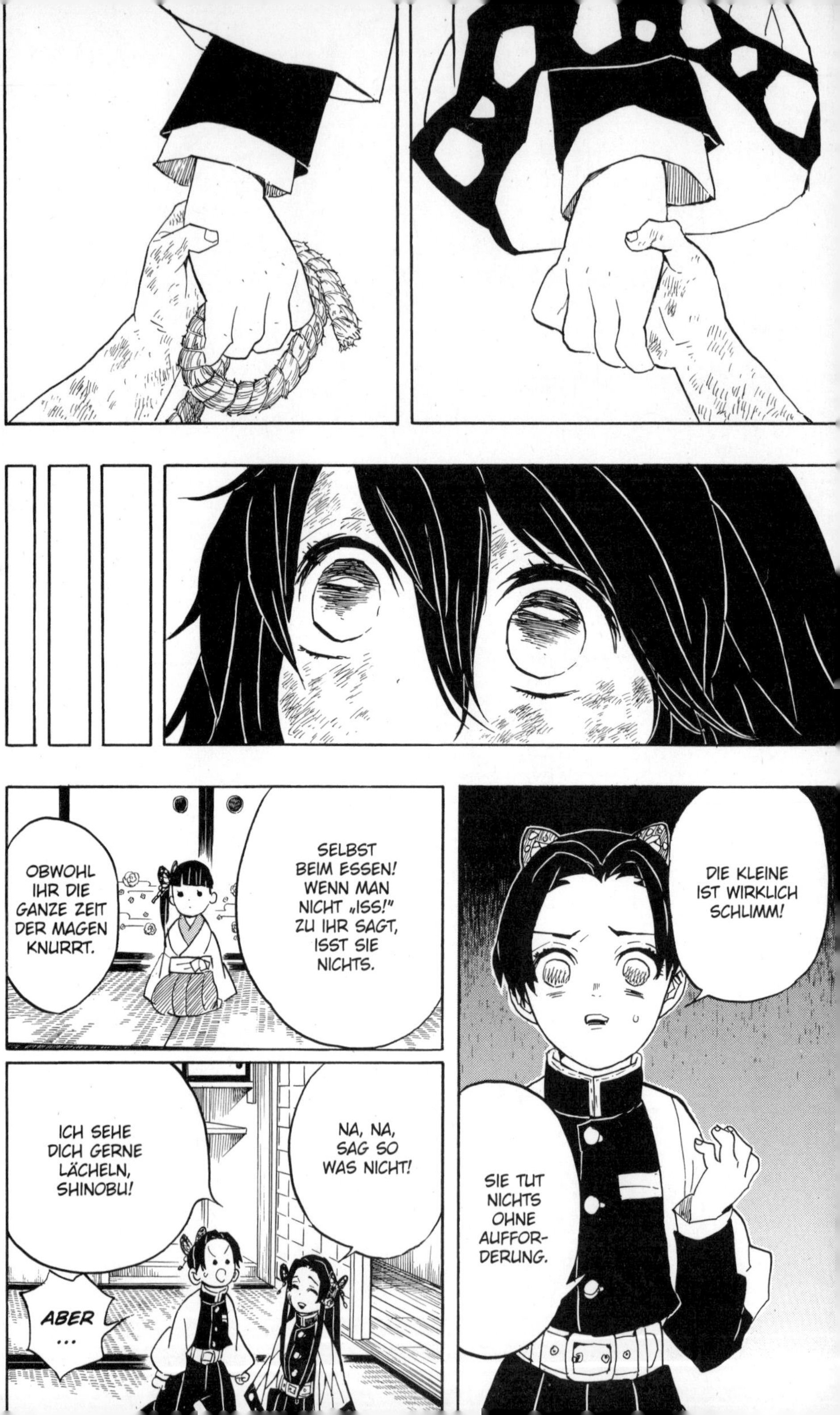
DIE KLEINE IST WIRKLICH SCHLIMM!
SIE TUT NICHTS OHNE AUFFORDERUNG.
SELBST BEIM ESSEN! WENN MAN NICHT „ISS!" ZU IHR SAGT, ISST SIE NICHTS.
OBWOHL IHR DIE GANZE ZEIT DER MAGEN KNURRT.
NA, NA, SAG SO WAS NICHT!
ICH SEHE DICH GERNE LÄCHELN, SHINOBU!
ABER ...

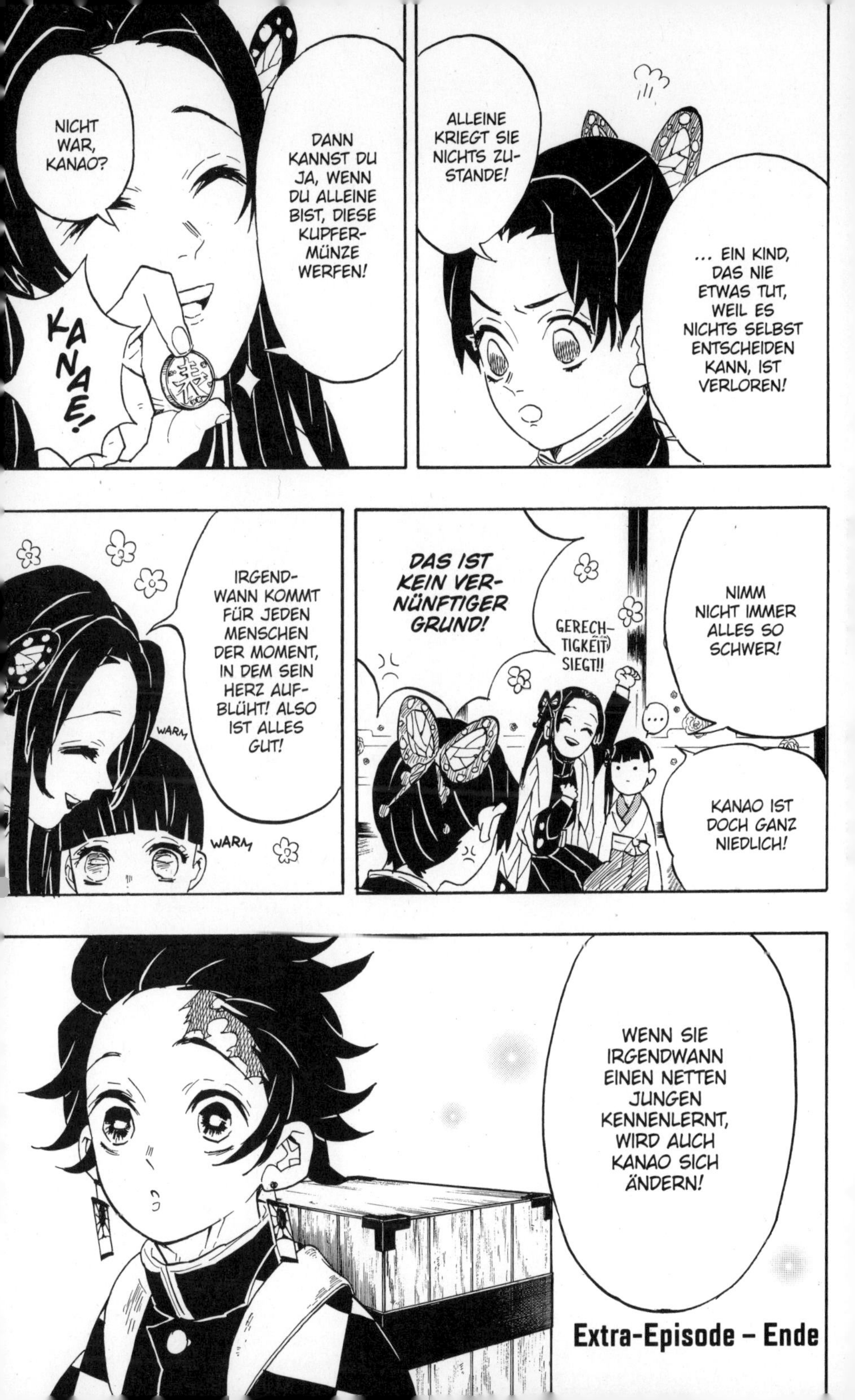

Extra-Episode – Ende

Doppelausgabe 21/22 von 2017 des Weekly Shonen Jump

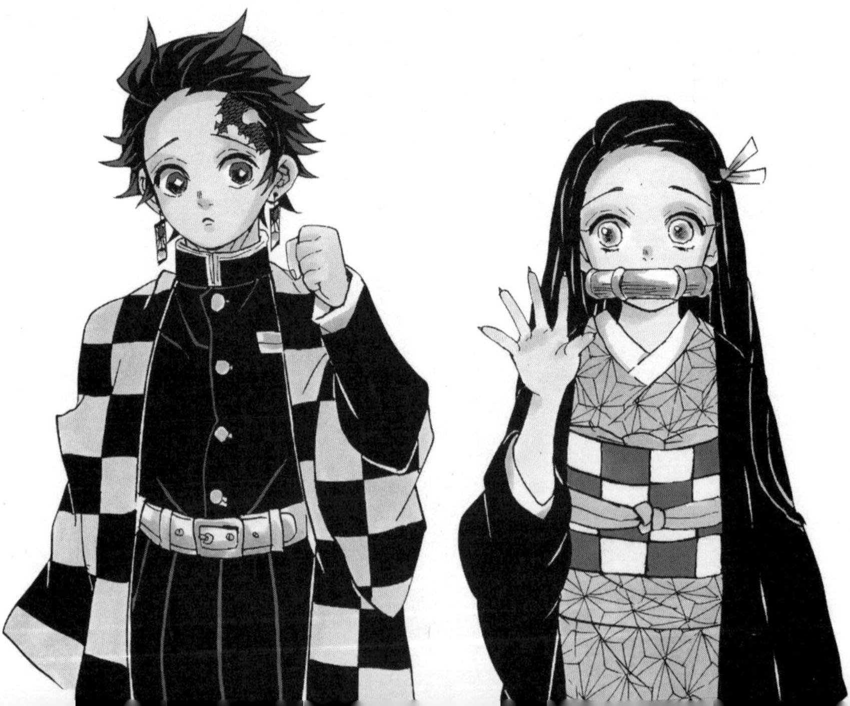

Aus Shonen Jump GIGA 2017 Vol. 2

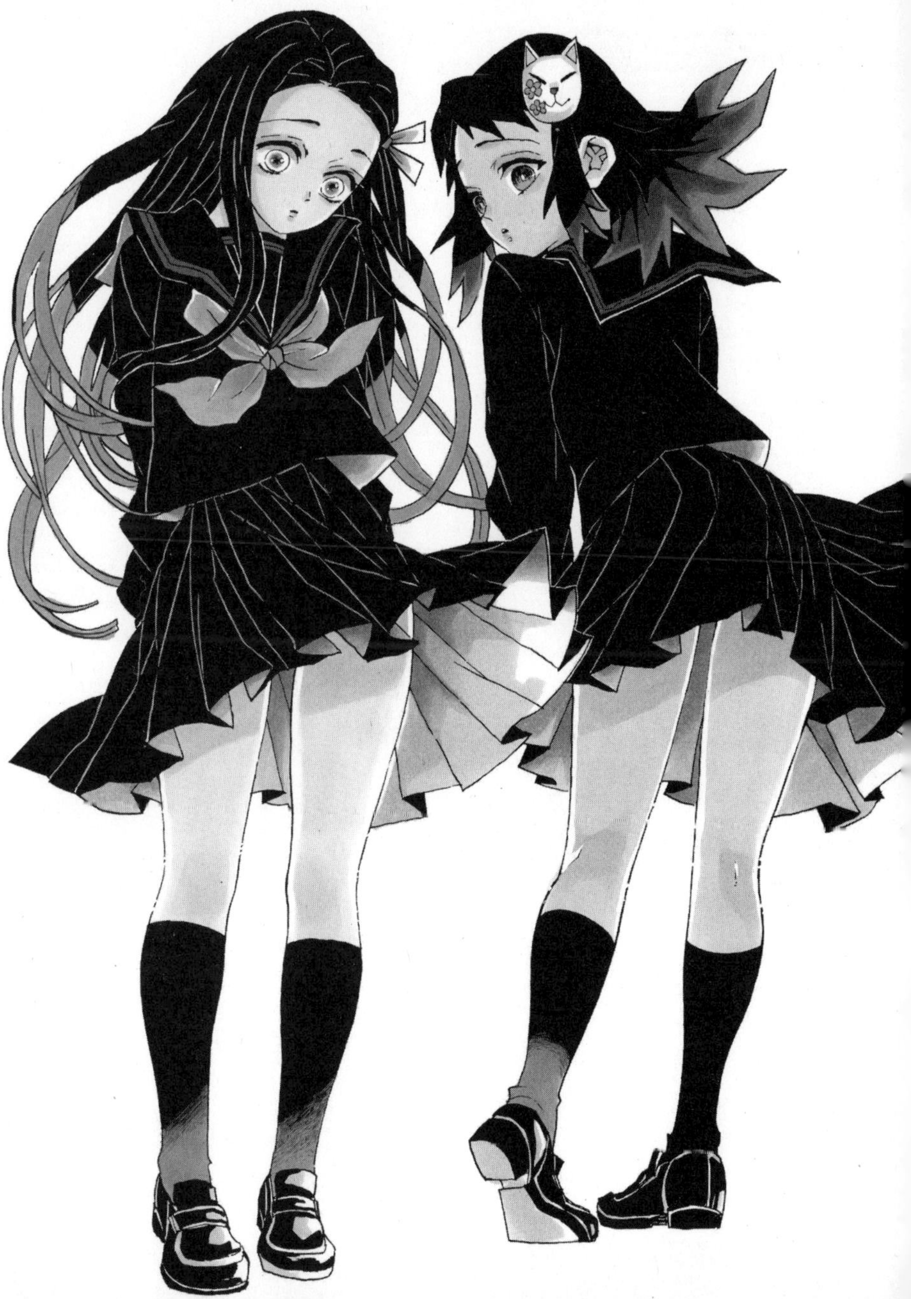

Mittel- und Oberschule in einem!!

☆ Die Geschichte von der Demon-Slayer-Schule

Geschichtslehrer Kyojuro Rengoku ist ein gewissenhafter Pädagoge und hat viel Leidenschaft für die Geschichte, deshalb wirft er seine Schüler im Unterricht auch schon mal durch die Gegend und inszeniert Reiterkämpfe. Er ist beliebt bei seinen Schülern, und in dieser Schule gibt es niemanden mit schlechten Noten in Geschichte.

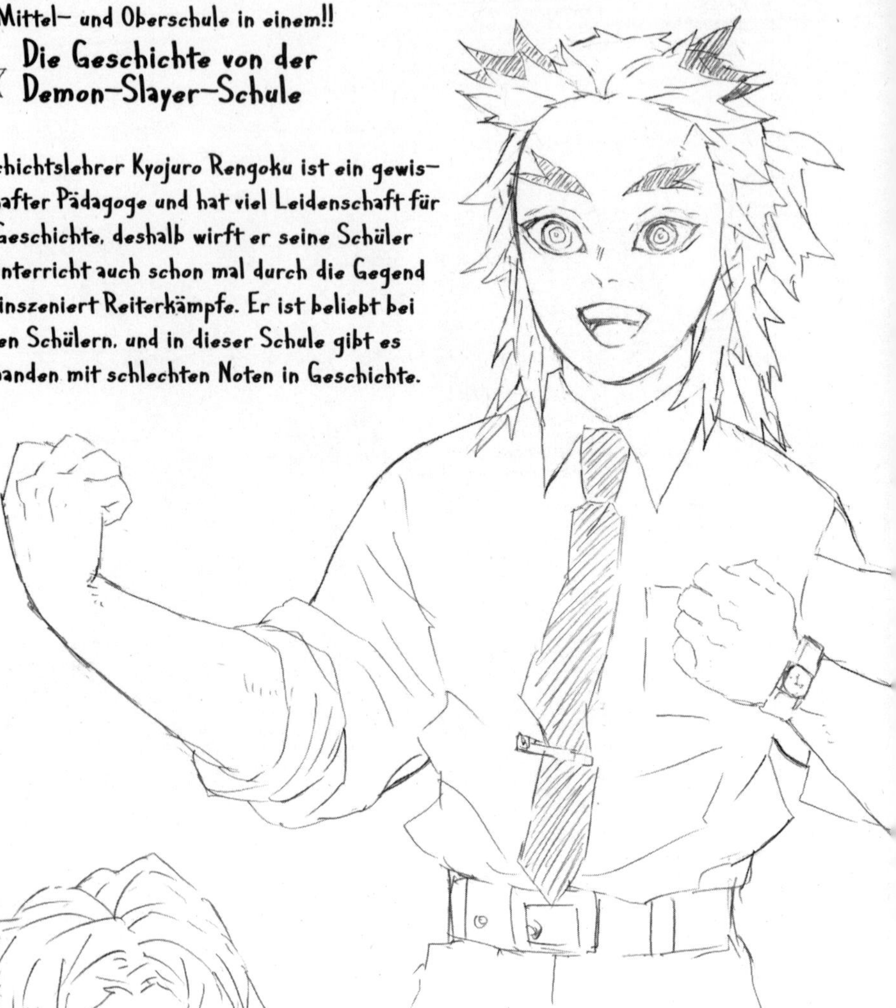

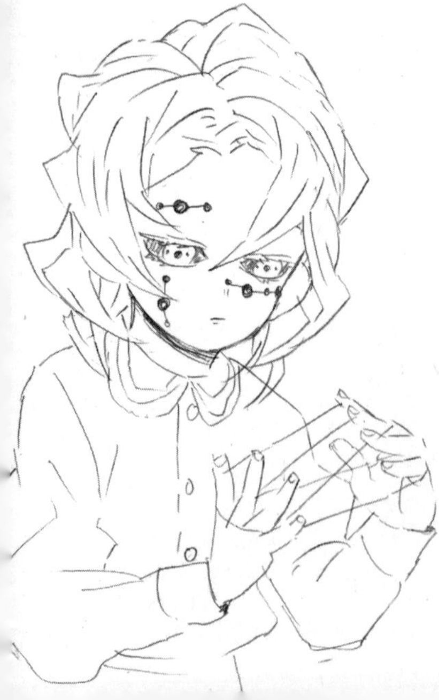

Rui Ayaki

Nach seinem Sieg im Fadenspiel-Turnier wurde er über Nacht zum Star, und in der Zeitung von Kimetsu wurde ein Special über ihn abgedruckt. Im Internet sollen seine „süßen" Muttermale ein beliebtes Gesprächsthema sein.

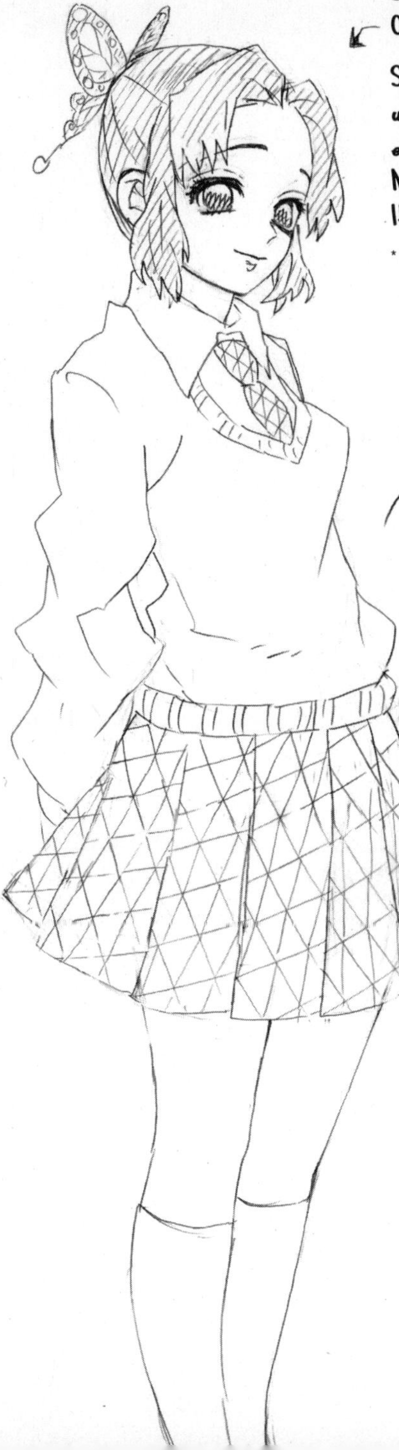

Shinobu Kocho

Oberschule, 3. Jahr, „Beifuß-Klasse"

Sie ist Mitglied der Pharmazie-AG und der Fecht-AG, für die sie auch einmal einen Turniersieg errungen hat. Mit den Mitgliedern der benachbarten Ikebana*-AG ist sie befreundet.

* Kunst des Blumenarrangierens

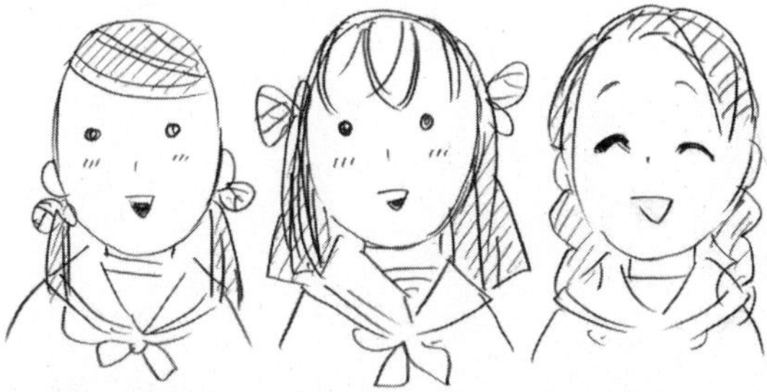

Naho Takada Kiyo Terauchi Sumi Nakahara

Mittelschule, 1. Jahr, „Herbstlaub-Klasse". Sie bemühen sich, auch in der Mittelschule eine Pharmazie-AG zu gründen.

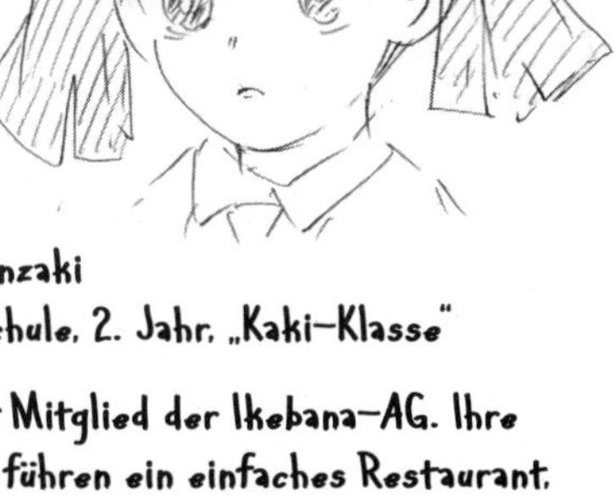

Aoi Kanzaki

Oberschule, 2. Jahr, „Kaki-Klasse"

Sie ist Mitglied der Ikebana-AG. Ihre Eltern führen ein einfaches Restaurant, wo sie oft aushilft. In letzter Zeit hat sie dort manchmal Ärger mit einer besonders gefräßigen Frau.

manga 漫画 cult

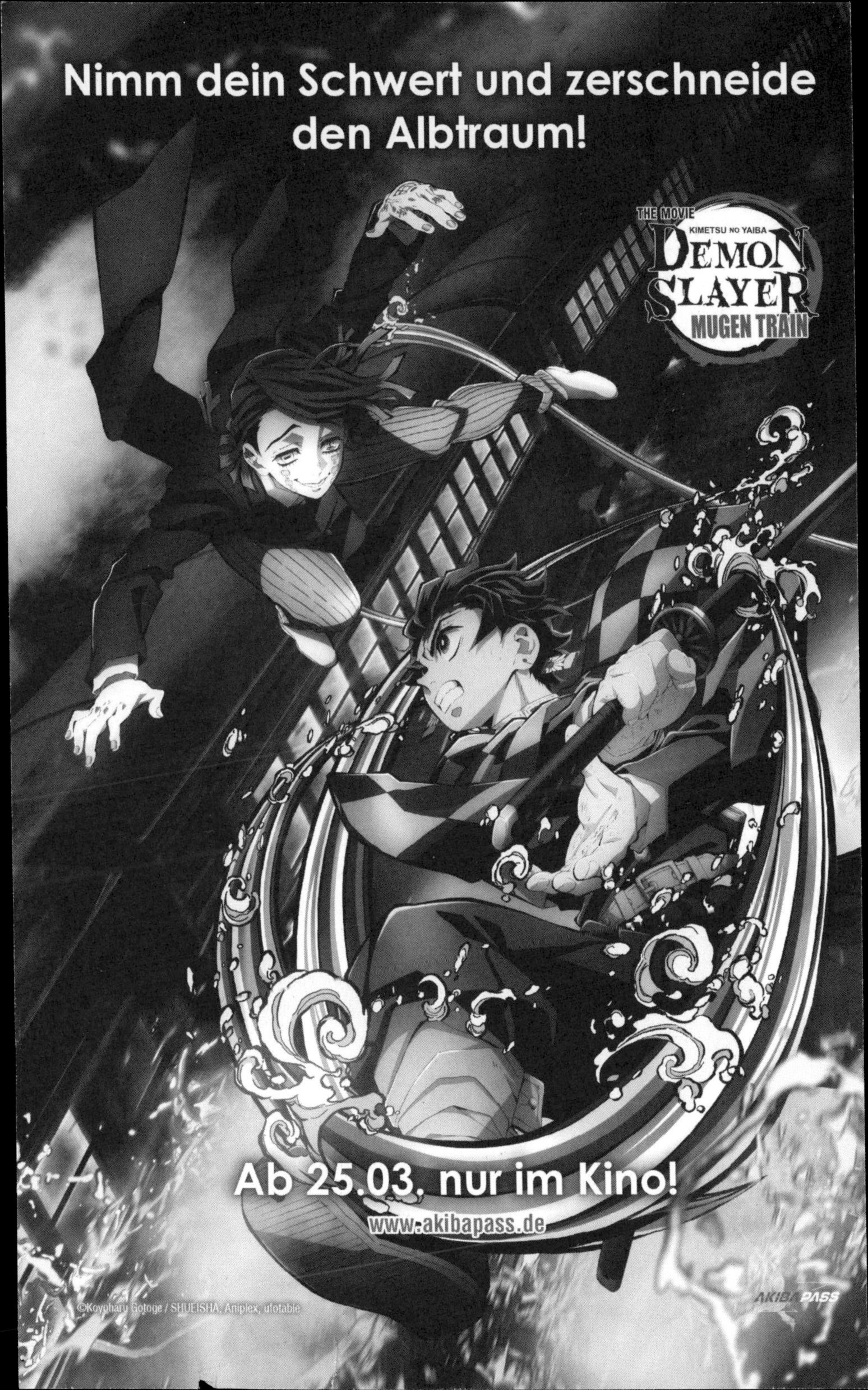
Nimm dein Schwert und zerschneide den Albtraum!
THE MOVIE
KIMETSU NO YAIBA
DEMON SLAYER
MUGEN TRAIN
Ab 25.03. nur im Kino!
www.akibapass.de
©Koyoharu Gotoge / SHUEISHA, Aniplex, ufotable
AKIBA PASS

STOPP!

STOPP!
DIES IST DIE LETZTE SEITE!

Dies ist ein Manga, und einen japanischen Comic liest man von hinten nach vorne. Auch die Lesereihenfolge der Bilder und Sprechblasen auf den Seiten ist anders als gewohnt: von rechts oben nach links unten.

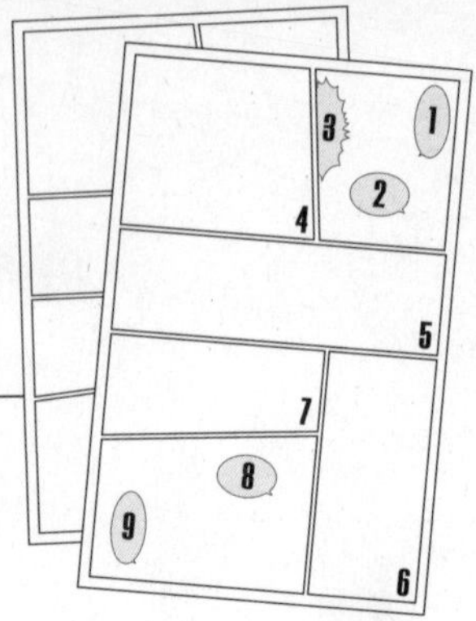

DEMON SLAYER 07
von Koyoharu Gotouge

10. Auflage, Dezember 2025
Deutsche Ausgabe/German Edition

CCE ist ein Unternehmen der Penguin Random House Verlagsgruppe
CCE-Verlagsleitung: Andreas Mergenthaler

Aus dem Japanischen von Burkhard Höfler

Redaktion: Alexandra Grimsehl
Lektorat: Andrea Bottlinger
Grafik/Produktionsleitung: Elke Epple
Layout und Lettering: Manga Cult
Herstellung: Gerald Schmitt
Druck: GGP Media GmbH, Pößneck, Deutschland

FSC
www.fsc.org
MIX
Papier | Fördert gute Waldnutzung
FSC® C014496

produktsicherheit@cross-cult.de
(Vorstehende Angaben sind zugleich Pflichtinformationen nach GPSR)

Print-ISBN: 978-3-96433-407-7

www.manga-cult.de